历史的棋局

《国家人文历史》 编著

局

人民日报出版社

北 京

图书在版编目（CIP）数据

历史的棋局 /《国家人文历史》编著. —北京：
人民日报出版社，2022.11（2023.10重印）
ISBN 978-7-5115-7498-5

Ⅰ.①历… Ⅱ.①国… Ⅲ.①中国历史—通俗读物
Ⅳ.①K209

中国版本图书馆CIP数据核字（2022）第178898号

书　　　名：历史的棋局
　　　　　　LISHI DE QIJU
作　　　者：《国家人文历史》

出 版 人：刘华新
选题策划：鹿柴文化
特约编辑：李　安　郭星秀
责任编辑：张炜煜　霍佳仪
封面设计：异一设计

出版发行：人民日报出版社
社　　　址：北京金台西路2号
邮政编码：100733
发行热线：（010）65369509　65369512　65369531　65369528
邮购热线：（010）65369530　65363527
编辑热线：（010）65369514
网　　　址：www.peopledailypress.com
经　　　销：新华书店
印　　　刷：三河市华润印刷有限公司
法律顾问：北京科宇律师事务所　010-83622312

开　　　本：710mm×1000mm　　1/16
字　　　数：327千字
印　　　张：24
版次印次：2023年1月第1版　　2023年10月第5次印刷

书　　　号：ISBN 978-7-5115-7498-5
定　　　价：68.00元

目录

善弈者谋势
不善弈者谋子

因伐而失
因弃而获

胜败无定
亏成相转

善弈者谋势
不善弈者谋子

一 夫差为什么会放过勾践？
真的是因为西施吗？

公元前 494 年，吴王夫差在夫椒之战中大败越军后，乘胜长驱攻入越国腹地。越王勾践仅剩五千残兵，退保会稽山。

大好形势之下，吴国君臣却就如何处置越国发生了重大分歧——以伍子胥为代表的一派，指出越国"与我同壤而世为仇雠（chóu）""三江环之，民无所移，有吴则无越，有越则无吴"，生存竞争的矛盾不可调和，主张乘势灭越；而太宰伯嚭（pǐ）一派则认为"闻古之伐国者，服之而已。今已服矣，又何求焉"，主张按中原争霸的规则办，接受越国的求和。

经过一番激烈争论，吴王夫差最终采纳伯嚭的意见，接受了越国的求和。此后，夫差又对越国长期采取怀柔羁縻的政策，让越王勾践得到了"十年生聚，十年教训"的战略喘息期，最终成功翻盘，灭吴取霸。

后世史家，多将吴国之败归咎于夫差在会稽山下的这次决策。

很多人实在看不懂夫差和勾践这两大高手对弈的棋路，他们又勇于替古人分忧，于是便"列（编）举（排）"出了一大堆干扰夫差决策的花边八卦——比如说，伯嚭被越国的糖衣炮弹击倒、夫差本人惑于女色，刚愎自用等，硬是将越国的公关运作和战略忽悠拔高到了中国史上的顶尖水平。

历史就这么简单？

非也，非也。

吴越之争，由来已久。

越国自称夏禹之后，为少康庶子封于会稽以守大禹之祀者（《史记·越王勾践世家》）。

吴国则为姬周之分支。史称周太王欲传位给小儿子季历之子姬昌（即周文王），季历长兄太伯、次兄仲雍遂主动推贤让能，托词采药而离国南奔，远走长江流域，建立了吴国（《史记·吴太伯世家》）。

吴太伯十九世传至吴王寿梦，吴国始强。

吴、越两国的上层统治者，虽都从中原南迁而来，凭借文化或武力优势征服了当地土著，建立起国家，但越国作为南迁的先行者，生存空间却遭到后续络绎而来、拥有更先进文化以及农业、军事技术者的不断挤压。

至吴越相继崛起之际，两国间的地理形势大致如此——

吴国立国于长江流域，其核心区为富庶的太湖平原；越国则被挤压到了钱塘江和杭州湾南岸之间，一片东西向的狭长海岸平原及其以南山地。

这片狭长的海岸平原，西起杭州湾喇叭口（在杭州兴起之前，以会稽／绍兴为中心），东至宁波海岸，即今之宁（波）绍（兴）平原。这片平原由钱塘江、曹娥江、姚江、奉化江、甬江等多条江河冲积而成，肥沃且适于稻作。

从宁绍平原再往南，即进入浙西南山地，为龙门山、会稽山、四明山等山系切割成无数小碎片。当时居住在这片山地的越族因地理阻隔而极其分散，故被称为"百越"。时至今日，浙江仍然"十里不同音，百里不同语"。

对于越国而言，宁绍平原是其最后一块平原根据地，若失去这块平原，就只能向西向南退入浙闽山区。山地既不适宜稻作农耕，贫瘠的产出也不足以支撑大规模的人口聚落，无论是政权规模、军事组织，还是以冶金、铸剑为代表的手工业技术，都将迅速而全面地退化——一言以蔽之，若失去宁绍平原，越国就要遭受降维打击，从奴隶制到封建制过渡期的文明程度，跌回蛮荒的部族时代。可预期的最好结果，也不过是在群山环绕的金衢（qú）盆地继续维持一个规模极有限的小政权——比"夜郎自大"中的夜郎国好不了多少。

越族历史上至少遭受过两次这样的降维打击。

第一次是自然灾害。从考古发现来看，从河姆渡文明较高水平的水田稻作至越国早期粗糙的旱地农业之间，就曾有一次明显的文明退化断层。断层的原因，就是距今6000—7000年前达到最高峰的"卷转虫海侵"事件，海平面上升破坏了宁绍平原的农耕基础，导致河姆渡文明大幅退化，即《吴越春秋》所载古越传说"乃复随陵陆而耕种，或逐禽鹿而给食"的情况。

第二次是军事失败。战国后期楚国攻越，设郡江东。越王在楚军逼迫下"走南山"（即退入浙南闽北山区），"越以此散，诸族子争立，或为王，或为君，滨于江南海上，服朝于楚"。越王退入山区后，族群分散，政权瓦解，越国再也没能翻身。

鉴于宁绍平原关乎国运兴衰，故越国建都于平原西端头之会稽（即今绍兴），以"君王死社稷"的姿态保卫这一核心区域。从人类历史的规律来看，但凡两个文明的核心区之间存在一条狭窄的陆桥，则这条狭窄陆桥的两端必是战争频发之地。

原因很简单。

因为无论哪一个文明强势起来，都必然尝试在陆桥的对面建立一个桥头堡——既有利于拱卫己方核心区，又有利于伺机向对方核心区出击。弱势方也必须拼死阻止这一企图，因为控制住陆桥的狭窄出口，是阻止对方袭扰最省力的办法。

以中国历史为例，如雁门关之扼阴山孔道，山海关之扼辽西走廊，都是典型的陆桥防御。

宁绍平原与太湖平原之间，恰好就有这么一条狭窄的陆桥，即杭州湾喇叭口顶点，在天目山、龙门山与海岸线之间，由钱塘江冲积而成的一小段狭窄陆岸——这块地，当时称之为钱塘，后世称之为杭州。

也就是说，因为有了杭州，所以苏州人跟绍兴人便无法和平相处了。

对于占据宁绍平原的越国而言，若能从钱塘陆桥硬挤过去，夺据太湖以南的杭（州）嘉（兴）湖（州）平原，不但相当于给宁绍平原上了双保险，而且有了与吴国隔太湖对峙的本钱，还随时都能威胁吴都姑苏——这是多么诱人的一件事！

但残酷的事实是，吴国实力远强于越国——看看地图上两家的平原面积就能明白。两个同质化的农耕国家，平原面积基本决定了农业产出，进而也就决定了人口基数和可供养的军队上限。

吴国当然不能容忍越国北上控制杭嘉湖平原。

然而吴国也有它的难处。虽然吴国更强一些，但它西邻强楚，北邻霸齐，在两个主要方向都有强大威胁，无暇收拾越国。因此虽然吴强而越弱，但吴国反而长期对越国采取防御姿态，基本上是你不过钱塘江，我可以不理睬你；但若过江靠近太湖，那就必须往死里打！所以太湖以南、钱塘以北的杭嘉湖平原，就成了两国常年拉锯作战的修罗场。这就有点像"一战"中的英德海军战略，德国拼命想冲出北海，而英国则竭力堵住，不让它冲出去。

只有捋清了吴越之间的地理形势和各自的关注点，才能理解两国的战略抉择。

公元前584年，晋国接受楚国叛逃大夫巫臣的建议，与吴国通使，结成了针对楚国的军事同盟。

虽然中原史官站在晋人角度，将吴国的崛起全部归因于巫臣父子所教授的车战之法，但从吴国崛起的历次战役史料来看，新兴的步兵才是吴军的绝对主力，车战的记录倒是无处可寻。

晋吴联盟之于吴国，更大的意义是使它减少了一个主要的防御方向：可以把与晋国同属一条战线的北方大国齐、鲁从假想敌名单里剔除。想想看，要是

1870 年的普鲁士背后有个虎视眈眈的俄国，这普法战争还能打得起来吗？

与晋国结盟后，吴国一方面高调派遣王子季札北上中原，与鲁、齐、郑、卫、晋等国展开外交；另一方面，则频频在楚国东线搞事，伐楚、伐巢、伐徐、灭钟吾、入州来，分化瓦解楚之属国唐、蔡，等等。

晋扰其北，吴扰其东，搞得楚国疲于奔命。

楚国当然也要思考对策。而最简单的办法，就是依葫芦画瓢，扶持吴国的南方宿敌越国，把吴国从齐、鲁削减下来的战略负担再加回去。

既有地缘死结，又有历史血仇，还有两个超级大国的幕后怂恿，吴越关系自然剑拔弩张。

但关于吴越早期的战争记录相当模糊。

虽然史载公元前 544 年（鲁襄公二十九年）之前，吴越就已经发生过战争——吴国用这次战争中抓获的越俘看守船只，结果这些俘虏却伺机刺杀了吴王馀祭——但战争的原因和经过并不清晰。

公元前 537 年，楚国联合越国等伐吴。

公元前 514 年，吴公子光弑君自立，是为吴王阖闾。他在楚国亡臣伍子胥、伯嚭、齐人孙武等人的帮助下，整军经武，积极筹划伐楚。

几乎同期，越王允常也在楚国的支持下发展壮大起来。

公元前 510 年，吴王阖闾发起了一次伐越作战，此役或是为了在伐楚之前先解除近在咫尺的越国威胁。

这次战役的过程与结果均不详，但从 4 年后阖闾敢放心大胆地倾巢而出远征楚国来看，越国应当吃亏不小，很可能丧失了杭嘉湖三角区，甚至已经退过了钱塘。

公元前 506 年，吴国出兵三万，联合唐、蔡两国攻楚。吴军在柏举之战中大败楚军主力，随即穷追不舍并"五战五胜"，直入楚都郢。

但入郢之后，吴国兵力不足，无力控制辽阔的楚国腹地，且吴国君臣又贪恋郢之财富、女色，不肯撤军，于是逐渐陷入被动。

接下来连续发生了三件事，让吴国灭楚之冀望彻底破灭。一是秦国派兵援楚，在沂邑击败吴军；二是吴军大将、阖闾之弟夫概率军回国并自立为王；三是公元前505年春，越王允常趁吴国内空虚之机伐吴。

在内忧外患之下，阖闾只得放弃楚国，班师回吴。夫概不是其兄的对手，兵败出逃楚国，吴国基本安定下来。越王允常的偷袭未完全得手，但吴国在接下来的一年中忙于应对楚国的反攻报复，暂时也无力大举攻越。虽然史料不载，但双方显然是达成了停战协议，越国重新控制了杭嘉湖三角区。

但伐楚功亏一篑这笔账，阖闾是不能不找越国算的。9年后（公元前496年），越王允常去世，勾践继位。吴王阖闾趁机伐越，双方战于槜李。史书对此战记载详细——勾践以死士三行自尽于吴军阵前，吴军因阵型扰乱而落败，吴王阖闾被越将灵姑浮用戈击伤脚趾，感染而亡。

如前所述，槜李与吴都姑苏近在咫尺，脚程一日可达。但获胜的越军并未乘胜追击，估计其损失也相当惨重。吴军方面虽云战败，但阖闾死处距槜李仅七里，可见吴军是小却而非溃退——且很可能是阖闾受伤后的混乱所致。

槜李之战，越军最拿得出手的战果，也就是阖闾的脚指头和鞋。但击杀一位名震天下的老英雄，足以让新登王位的勾践自我膨胀，他被这一充满偶然性的胜利冲昏了头脑，竟觉得百战之师的吴军也不过尔尔。

经过一年多的休整后，勾践于公元前494年与夫差战于太湖东侧之夫椒山水域。越军惨败。吴军则祭出对楚作战的穷追绝招，竟一路长驱，将溃退的越军撵过了钱塘——连钱塘天险都不守了，可以想见溃退中越军之张皇失措。

一旦钱塘弃守，宁绍平原就更无险可守了。所以在溃过钱塘之后，勾践就要面对一个事关生死的问题了——接下来该往哪里去？

如前所述，宁绍平原是一条东西向的S形狭长带状平原。

摆在勾践眼前的有两条路。

一条路是沿着平原的 S 形走向逃，从绍兴一路狂奔到宁波，如果对手还跟着，那就只好上船出海了。一千多年后的宋高宗就是这样跑的，那次追他的是"搜山检海"的金兀术（zhú）。

另一条路则是在宁绍平原的西端上山。如果手里还有一定的兵力，对手倒也不敢在干掉你之前就钻进 S 形平原腹地里，因为那很可能会被截断后路。

勾践选择了后一条路，率残兵"五千"上了会稽山。

会稽山本是越人的发祥地，群众基础和物质基础都好，且身后还有群山沟壑可供回旋，至少短期内吴兵难以捕捉。

所以勾践大胆向夫差提出了和谈。初期的接洽中，双方都在互相试探对方的底牌。

勾践最大的和谈本钱，所谓"余兵五千人"，出于越国谈判代表文种的单方说辞。从越军溃退的情况来看，连钱塘天险都无力防守，勾践手里究竟还剩多少兵力其实相当可疑。

吴国伐楚之战，倾国投入的水陆之军才不过三万人，且此后征战损耗，疮痍不断。这次对越作战显然也很难超过伐楚之战。夫椒之战又是一场恶战，吴军虽胜，损耗也当不小。战后又从太湖之滨穷追数百里至会稽山下，掉队失散的又不在少数，且已成强弩之末。

勾践对吴军的情况并不陌生，若他手里真有五千甲士，就算不守钱塘，诱敌深入到会稽山下也足可反击。然而他就是不打，却带着五千大军上山蹲着，还一门心思地请降。

无他，如前所述，即便是近现代的农耕水平，山地的物产也不足以养活大军，更何况是春秋之吴越！所以文种是在使诈。

他的算盘打得很清楚，吴军总数不过三万，除战场损失外，剩下的也不可能悉数攻越，毕竟西边还有成天想要报仇的楚国，能攻到会稽山下的吴军充其量万余人。

若勾践手里还有五千敢拼命的甲士，客场作战的吴军仅凭万余人，毫无必胜的把握。

但是文种低估了吴国君臣的战争经验，尤其是伍子胥这样的老手——都输成啥样了，还五千甲士？五千扛木棒的民兵你越国这会儿都不一定凑得齐。

伍子胥毫不犹豫地拒绝了越国的初次和谈提议。

诈和不成，只好装孙子了。第二次还是文种出马。这回找了伯嚭，先送上"美女宝器"，再开口说话。

西施是不是在这批美女之列，史不可考。但西施的籍贯诸暨，是一个重要信号。诸暨恰好就在勾践打游击的会稽山与龙门山的峡谷之中。贡献一个诸暨美女所释放出的信息，表示勾践的越国政权仍能在浙西山地得到百越部落的支持。"宝器"则透露出越国在财政上还有办法，还不至于马上崩盘。

整个信息链串联起来，就是勾践手里还有一定兵力，逼急了可能拼死一搏；山地里的百越部落仍然支持他（能得到粮食和兵员补给）；越政权还有施政能力，物质上还能维持一段时间。

以上三条，正是入郢之战后楚国得以复国的原因。眼前的吴国君臣恰好都上过这一课——灭国并不容易，如果民心不弃，即便征服一个国家，也难以有效利用，反而虚耗人力、物力；如果战事旷日持久，其他国家就会趁机在背后捅刀子。

对于西、南两线受敌的吴国而言，只能打速决战，击败一个对手后必须迅速收回拳头，否则就要第二次吃入郢之战的亏。如果能够一劳永逸地把这个敌人变成朋友甚至盟友，那就更完美了。

所以伍子胥只看到了对手诈和，没有看到吴国自身的迫切需求。他完全没有领悟夫差的用意——夫差要干的，就是诸葛亮的"七擒七纵"嘛！

吴越最终协商出一个双方都能接受的方案——勾践夫妇及重臣入吴为臣妾（毕竟吴国要给国民一个场面上的交代），越国退出部分土地（具体让地之情况，史无明文，但可推测，杭嘉湖三角区、钱塘天险和宁绍平原西端桥头堡是必然要交出的。这些让出地，后又部分退还了越国），文种代替勾践经营越国（正是这一条，为文种埋下了杀身之祸）。

这个条件，对越国并不算苛刻，勾践夫妇入吴后也受到优待。选择客卿文种掌国，不选择勾践的兄弟子侄，也有防范发生越国版夫概之乱的深意。

整体来说，从议和条件到后续处置，都充分表达了吴国希望长久和平的真实意愿。如果不是夫差一意孤行远征中原，又适逢吴国遭遇灾荒，吴越永久和平也许真能实现。

二

刘邦开国后大杀功臣？
非也，那可是教科书级别的削藩

刘邦当了皇帝之后大杀功臣？这或许是刘邦的千古奇冤。以萧何、曹参为首的丰沛元从集团和其他陆续加入的功臣们，只要不像陈豨（xī）那样公开叛乱，基本得到了封赏和善终，包括雍齿这种早年背叛过刘邦的归正叛臣，也没有一个被杀的。以萧何、曹参为首的功臣长期和汉皇室通婚，在长房绝嗣或者犯罪失去爵位后，汉皇室还会找出他们的支脉继承爵位。可以说，刘邦算得上是对待功臣最为宽厚的古代帝王之一。

说刘邦杀功臣，更多的是把他削除异姓诸侯王的事迹理解错了。但是，异姓藩王有自己的朝廷，有独立的领土、财政和军队，他们是为了各自利益和刘邦短期合作的伙伴，不是功臣。韩信早年只是刘邦部将，被封为齐王后，在刘邦和项羽对峙的关键时刻，还多少有观望的心态，直到刘邦把大量土地划分给他，才愿意出兵。

刘邦击败项羽时，汉政权直辖的土地和战国后期的秦国差不多，关东绝大部分地区仍然掌握在异姓诸侯王手里。虽然这些诸侯王都亲汉，但若是刘邦想把这些诸侯国吞并，那么这些人联合起来对抗刘邦的后果依旧不可预料。从这个角度看，刘邦削藩的难度不低，几乎是要把关东再打一遍。他是如何举重若轻地做到这一切的呢？

楚汉战争中刘邦大封诸侯，项羽却极小气

当年，项羽依靠诸侯联军拥戴他分封天下的机会，吞并了楚怀王的大部分领地，随后对魏国和韩国巧取豪夺，成为当时最大势力。所谓"项羽开历史倒车搞分封"和"刘邦顺应时代潮流，继续郡县制中央集权"，实际上是一种历史的误会。无论是项羽还是刘邦，肯定不可能把吃进嘴里的肉再吐出来。当我们仔细查看历史细节时，将惊讶地发现：在楚汉战争的具体操作中，刘邦是大封诸侯，项羽则极度小气。也就是说，在这一时期，刘邦代表了分封，项羽代表了集权。

刘邦和项羽在此时的表现有着明显的区别：刘邦在表面上是分封制的明显支持者，对合作的盟友从来不吝惜予以加封，甚至扩大其封国。在刘邦最终击败项羽称帝前，他所封的诸侯都是盟友而非属下。从刘邦重新占领关中，到最后击败项羽，他直接统治的范围只是战国中后期秦国的地盘，关东所有国家在被汉灭亡后依然存续，只是换了亲汉的国王——汉灭魏后彭越担任魏相，随后接替魏豹成为魏王，其领土从西部被秦国在战国时征服同化已久的地区换回到被项羽吞并的战国后期魏国核心地带；汉灭赵后，刘邦老友、赵国本土实力派张耳成了赵王；汉击败项羽临时任命的韩王郑昌后，把韩国还给了韩国王族的韩王信；汉灭齐后，把齐国封给了大将韩信；汉灭燕后，把燕国封给了卢绾；楚国体系内的九江王英布被项羽击败后，领地被西楚直辖，刘邦又封英布为淮南王，助他复国，甚至在项羽灭亡后，楚国仍然被改封给了齐王韩信。所以这一时期，刘邦是一个彻头彻尾的分封制度维护者。

项羽的表现却完全相反。韩信评价项羽时曾说，项羽对手下人非常谦和有礼，若手下人生病还会亲自去慰问，把自己的食物分给病人并且哭一场。但是真正需要封赏的时候，印章上的角都被磨平了，也不舍得给人。韩信把这种情况称作项羽的"妇人之仁"，并非说项羽像女人一样心肠软，项羽屠杀关中和齐地平民的时候何尝手软过？韩信的意思是，项羽虽然能给手下一些笼络人心

的小恩小惠，但是在别人立下大功需要封赏的时候却很小气。试想，连印章都犹豫半天不舍得给，更何况封王？

项羽在关中分封后，不断巧取豪夺魏、韩领土，因为舍不得分出一部分魏国土地绥靖盘踞在这里的彭越，被迫面对无休止的游击战。随后项羽又入侵了齐国，但是除了在汉军东进的时候临时封过一个韩王郑昌外，他并没有在新占领区封过任何一个诸侯。即使是这个郑昌，也是因为正在和齐国作战的项羽希望利用他的影响力拖住大举东进的汉军才封的。后来西楚大将龙且平定了投靠刘邦的九江王英布，胜利后的他不但没有受封英布的土地，连善后工作都被项羽交给了自家的项伯。由此可知，项羽真的是小气到了极点。

兵不血刃，齐楚之地尽归刘邦

无论是刘邦还是项羽，打倒了主要对手后肯定是要削藩的。刘邦击败项羽后，马上开始了自己的削藩行动。整个过程中，他的手法可谓浑然天成，堪称教科书级别的操作，为后世留下了一本生动的削藩指南。

刘邦平定三秦，初步统一了秦国故地。不过，项羽分封的三个秦王还是有一定影响力的。章邯虽败，但到彭城战役结束后，才被回军的刘邦主力彻底消灭；司马欣在秦地也颇有人望，所以直到汜水之战司马欣死后，刘邦还特意把他枭首示众。总的来说，刘邦很快就基本确立了在秦地的统治。

巩固关中的秦国故地是刘邦扩张的第一步。但是，直到刘邦最终击败项羽时，汉国在关东吞并的领土只有魏王豹的辖地。后来，刘邦平定赵国、齐国，天下局势已经对他非常有利了，他尚且把这两国分封给了张耳和韩信，那为何刘邦敢于直辖魏王豹的领地？因为魏国领土的西边部分已经被秦国占领很久，因此许多方面受到关中势力的影响，魏王室在此地的影响力早就消散了。魏国则被改封到被项羽吞并有彭越活动的梁地。

此外，韩国的位置非常特殊，几乎在关中进出关东的咽喉要道上。表面上看，刘邦并没有在这里设置郡县，韩地被封给了韩王信。但是，韩王信并没有真正到自己的封国去统治，他一直以高级将领的身份在刘邦军中服役，活跃于荥阳、成皋的作战一线，还被项羽军俘虏过。因此，他对韩国的控制力是相当低的。等刘邦击败项羽重新分封时，刘邦把韩王信改封到北方抗匈奴前线去了，如此便把韩国故地纳入了中央政府的实际控制下。但除了这两个动作，刘邦击败项羽时，汉王朝的领土并不比战国中后期的秦国大多少。那么，刘邦是如何把东方诸国真正变成汉家天下的？

刘邦削藩关键性的第一步是把整个齐地纳入自己的管控中。他借口让韩信衣锦还乡，把韩信从齐地改封到项羽的西楚国故地，让跟随韩信长期在齐地经营的嫡系曹参辅佐自己的儿子刘肥做新的齐王。

刘邦不露痕迹地取得了整个齐地的控制权。从此之后，无论是北方三晋之地还是南方楚地发生反对刘邦的叛乱，叛乱者都要面对关中和齐地两个方面强有力的夹击，中央政府获得了显著的地缘优势。

完成这一步之后，刘邦要求燕王臧荼觐见。对于臧荼来说，去觐见很可能被扣押在中央政府，获得一个很高的虚衔养老，不去则属于明显的抗命。犹豫之后，他选择武力对抗，但很快失败了，整个燕国也被纳入了刘邦嫡系卢绾的控制中。同样的方式，解决的还有共尉的临江国。临江国在战国时的楚国灭亡半个世纪前就被秦国吞并为南郡了，就像魏国西部一样，和关中联系更紧密，因此也被刘邦的汉政府直辖了。

关键性的第二步则是控制韩信统治下的西楚国故地。当时有人举报韩信私自窝藏了项羽麾下大将钟离眛，打算谋反。这并非全然诬告，韩信私藏钟离眛的动机是什么，我们无从得知。但刘邦对于庇护项羽将领的行为一向很宽容，譬如大侠朱家保护项羽大将季布后成功为他向刘邦请求特赦，朱家还得到了奖励。韩信私自收留的性质却完全不一样。也许韩信已经感觉到刘邦可能对他不放心，因此预防性地招揽能对抗中央政府的高级人才。这时候刘邦之前布局的威力就显现出来了。长期跟随韩信、熟知他作战风格的曹参为刘邦掌握了富庶、强大的齐国，一旦双方彻底翻脸，韩信很难在两个方向上同时对抗刘邦的汉军和曹参的齐军，最终他选择了服软。

让人大跌眼镜的是，韩信服软的方式竟然是逼死钟离眛，拿他的首级去讨好刘邦。这根本不是一个有能力问鼎天下的人的气度，甚至作为一个诸侯王也完全不合格。韩信的政治能力实在不敢恭维，先是打擦边球，私自收留项羽的高级将领，结果刘邦一较真却尿了。这种主动露怯，让刘邦占据了极大的主动。最后，刘邦用陈平之计成功诱捕韩信，把他的楚王废掉，随后将楚国领土封给了自己的两个亲戚。

等英布反应过来时，只剩他一个人了

等刘邦把齐、楚、燕三个国家的辖区封给自己人后，刘邦对其他异姓藩王的优势已经是决定性的了。剩下的所有异姓诸侯加在一起，也不是刘邦的对手。即便到了这个时候，刘邦对自己的意图仍然隐藏得非常好。表面上看，每个诸侯被废黜是各有原因，有刘邦不对在先的，也有自己感到不安起来叛乱的。在这个过程中，刘邦用最小的代价逐渐用自己的家族成员取代了原先的异姓王。

最倒霉的一位是彭越。因为在陈豨叛乱中的骑墙态度，在被诱捕后，他也被废除了王位。本来彭越已经被流放，结果流放途中竟然遇到吕后。他异想天开地向吕后求情。在吕后的力劝之下，彭越被杀。彭越是公认的死于冤案，刘邦都承认这一点，事后封赏了直接指斥他不义的彭越旧臣栾布。在杀彭越这个问题上，刘邦的确做得不光彩，算得上一个污点。

张耳之子张敖的被废，则更是离谱。刘邦路过这里时态度倨傲，但张敖并不以为意，毕竟刘邦是张敖的老丈人，还帮助赵国复国。但是燕赵多慷慨悲壮之士，国相贯高为首的部分张敖门客看不下去，打算背着张敖谋杀刘邦。这更像刘邦的一种服从度测试——如果张敖和他的门客都对他的倨傲态度不以为意，那么说明暂时不用动赵国；不然的话，就借此机会兵不血刃地把赵国改封给刘氏子弟。刘邦在处理此事过程中再度显示出了政治家的风范，提拔重用了张敖的许多门客，甚至宽恕了带头组织谋刺他的贯高。但贯高看到主君张敖已经摆脱麻烦，很有个性地自杀了。

韩王信和卢绾的叛乱对刘邦而言反倒颇为意外，因为这两个人和刘邦一直很投缘。他们的领地夹在汉匈之间，作为缓冲地带的君主无力对抗匈奴，但是任何私自和匈奴达成的妥协在刘邦眼中都很难接受，毕竟刘邦希望他们的王国可以作为抗击匈奴的前沿阵地。因此，他们的叛乱更多的是边境上的匈奴势力崛起后的两难处境导致的。

等到这些诸侯国都被刘邦削除，重新分封给宗室子弟后，发现只剩下自己孤零零在淮南国的英布终于叛乱了。在英布看来，他的军事能力大约能排同时代第五，前四名中项羽、韩信、彭越已死，刘邦本人已经重病，很难远行，现在是他的时代了。但他没想到的是，刘邦强拖病体，御驾亲征，经过一番苦战将他讨灭。

在讨伐完英布的回军途中，刘邦终于可以吟唱起那首流传千古的《大风歌》："大风起兮云飞扬，威加海内兮归故乡，安得猛士兮守四方！"大约在这前后，汉高祖和群臣立下了著名的白马之盟——"非刘氏而王者，天下共击之"。

至此，他才真正完成了西汉王朝的统一大业。

可以说刘邦削藩的成功，前无古人，后无来者，堪称教科书级的操作。他成功的关键是在获得压倒性优势之前完全隐藏自己的意图，隐藏到韩信、英布这种顶尖人物都心存侥幸。哪怕在获得压倒性优势之后，他仍然用最小的成本去削藩。如削除张敖的操作，哪怕到现在，大部分人还觉得是他待女婿轻慢惹出的意外事件。当然，在这个过程中，刘邦吸取了秦帝国灭亡的教训，也知道自己无力直接统治这么广大的领土，因此只是先消灭敌对自己、不受管辖的诸侯国，然后找理由吞并亲近自己的异姓诸侯国，把这些诸侯国都变成了宗室亲王的同姓诸侯国。通过郡县制和分封制的结合，刘邦实现了统一战争后的平稳过渡，为汉帝国的进一步兴盛奠定了基础。

后世典型的反面案例

比起刘邦的高明操作，后世最典型的两个反面案例也值得一看。

康熙高喊着"削亦反，不削亦反"的口号，逼反了本来态度游离的耿、尚二藩，创下了一个历史纪录：被以云南为基地的叛乱势力席卷了半个中国。如果康熙当时有刘邦的政治智慧，吴三桂哪能掀起这么大的风浪。不过康熙毕竟是非常聪明的君主，很快察觉到了自己的失策，并且在三藩叛乱后手忙脚乱地宣称"暂缓撤耿、尚二藩"，后期成功分化了三位藩王。虽然因为年轻气盛搞出了不少乱子，但是康熙有机会纠错、继续成长，到中年后也算得上顶级政治家了。

不过，康熙完全不需要为此感到尴尬，因为比起建文帝朱允炆的操作，他的小失误简直不算个事。朱允炆和他手下对刘邦留下的削藩教科书视而不见。在朱元璋都做好制度性安排、藩王主动叛乱成功的可能性为零的情况下，朱允炆偏偏觉得自己比朱元璋和刘邦更聪明，先是往死里逼毫无威胁的藩王们，成功把实力最强的燕王和宁王逼得铤而走险，随后一顿操作，最终创下了中国古代史上一项独一无二的纪录：他成了两千年间唯一一位被藩王造反推翻的大一统王朝君主。

三 想获得霍去病的"封狼居胥"到底有多难？

和所有少年成名的将领一样，霍去病自其去世以来便饱受争议。司马迁虽然没有正面批评霍去病，但明褒暗贬也不在少数，如明明是抨击邓通、赵同和李延年的《佞幸列传》，却非要带上一句"卫青、霍去病亦以外戚贵幸"，甚至在讲述霍去病出塞万里的远征之时，也不忘指出他还有铺张浪费的恶习。

那么，这位"冠军侯"的军事才能究竟如何？我们不妨通过霍去病在"漠北之战"的表现，来看看缘何"封狼居胥"的桂冠会落在这个少年头上？

汉帝国远征军深入漠北过程中难以逾越的距离屏障

元朔六年（公元前123年），兵败漠南的匈奴单于伊稚斜（chá）采纳了汉帝国降将赵信的建议，将匈奴本部向漠北迁移，试图诱使汉军深入，以逸待劳，再给予迎头痛击。然而令伊稚斜没有想到的是，汉武帝刘彻在漠南之战获胜后，并没有继续向北进击，而是命骠骑将军霍去病率军直击河西。

河西之地的丢失，不仅令匈奴失去了以焉支山为中心，冬暖夏凉、水草丰茂的优良牧场，更斩断了匈奴经当地与西域诸国相连的商道。为了挽回颓势，元狩三年（公元前120年），伊稚斜命匈奴左贤王部出兵，对汉朝的右北平郡和定襄郡展开袭扰。

虽然出动数万骑兵的匈奴方面仅取得"杀略千余人"的可怜战绩，但匈奴的主动进犯，还是令本就雄心勃勃的汉武帝刘彻嗅到了战机。他随即召集一干亲信将领，公开表示："（匈奴）常以为汉兵不能度幕轻留，今大发士卒，其势必得所欲。"由于这句话颇为拗口，因此后世剧作家将其概括成了颇为牛气的"寇可往，吾亦可往！"

应该说，相对于其他习惯在地图上挥斥方遒的帝王将相，汉武帝刘彻还算掌握了战争的真谛，除了战前大举推行"算缗（mín）法""盐铁专卖"等财政改革，想尽办法广开财源以充盈军费之外，还命有司征集了十万匹以精粮豢养的"粟马"、调动数十万步兵以承担后勤转运任务，全力支持卫青、霍去病统率所部远征大漠。

虽然司马迁在《史记·卫将军骠骑列传》中称，此次军事行动中，卫青与霍去病手中皆为"五万骑"，却又刻意强调"敢力战深入之士皆属骠骑（霍去病）"，似乎在暗示霍去病之所以能取得更为辉煌的战果，无非是因为他所率的部队更为骁勇。但在后续的文章中，我们发现司马迁详细记录了卫青麾下云集着李广、公孙贺、赵食其、曹襄等宿将，霍去病的部将却多是无名之辈。

面对同样陌生的战场，霍去病却好像从来都不曾迷路，总能精准完成远距离的奔袭任务。那么，这位少年将军难道是与生俱来就自带导航功能吗？答案显然是否定的。

大汉"北斗"，广为人知的"活地图"

霍去病并非从未迷路，只是其所部机动性较高，以至于在战场上即便是走错了路，也能迅速折返，甚至误打误撞，收获意外之喜。如霍去病于元朔六年（公元前123年）跟随卫青的两次出塞，其均率领本部八百余骑游离于距汉军主力数百里之外的广袤草原之上。

司马迁也承认，霍去病所展开的轻骑游击，至少是"斩捕首虏过当"（斩获超过自身战损）的。

霍去病在长安担任侍中时，已经练就了一身弓马娴熟的强健体魄。而按照汉武帝喜欢游猎的生活习惯，作为天子近臣的他可能在上林苑中进行过无数次远程奔袭的演练。

但初出茅庐的霍去病缘何敢于脱离大部队、深入敌方纵深数百里去"赴利"呢？司马迁在《史记·卫将军骠骑列传》中早已给出答案。当时，卫青军中正有一位对匈奴内部的水草分布、部族领地等情况了如指掌的人跟随汉军深入塞外。这张"活地图"正是在出使西域途中为匈奴拘押了十三年之久的外交家张骞。

建元二年（公元前139年），张骞奉汉武帝之命率百余人出使西域，以图联络大月氏夹击匈奴。然而，在经过当时仍为匈奴控制的河西走廊时，张骞使团遭到了扣押。司马迁以"径匈奴，匈奴得之"这简短的七个字概括了张骞的倒霉。史学界对此有几种不同的推测，比较主流的观点认为，在武力扣押张骞使团的成员后，执掌河西走廊的匈奴右贤王认为此事关乎汉匈关系，因此将张骞等人押赴漠北的单于王庭，听候单于的发落；另一派的观点则认为，右贤王出于政治方面的考虑，虽然将扣押一事向单于进行了汇报，但并未将张骞等人送往单于王庭，而是就地软禁，直到很久之后，才将使团的主要成员，如张骞、甘父等人押送漠北，余者则长期滞留于河西走廊。

张骞被扣押在匈奴境内的具体生活状况，后世同样没有留下太多资料。《史记》和《汉书》中，只有"留骞十余岁，予妻，有子，然骞持汉节不失"的记载。通过另一位因"留胡不辱节"而名留青史的苏武的境况，我们多少可以猜测张骞的遭遇。客观地说，苏武出使时，汉、匈关系已因连年交战而降到了冰点。

同时导致苏武被扣押的直接原因是，匈奴贵族缑（gōu）王伙同长水胡人虞常勾结苏武的副使张胜，意图刺杀时为匈奴谋主的卫律，劫持匈奴单于且鞮（dī）侯的母亲归汉。这显然要比张骞使团的"非法过境"严重得多，但具体分析苏武被囚禁时的遭遇，仍有利于我们想象张骞的待遇。

张骞可能没有遭受苏武那般折磨，但各种威逼利诱的劝降想必也不会少。劝降不成后，匈奴方面可能会对张骞采取类似日后消磨苏武斗志的种种手段，先将其流放至荒芜偏远的无人区，随后以游猎、出巡等名义，对其进行探望，并赠予各种物资，安排匈奴女孩陪侍。和苏武一样，张骞虽然坚持了民族大义，却也最终私节有亏，在被扣押期间迎娶了匈奴女子，生下孩子。

正因为在匈奴有明确的个人生活记录，也有一些后世学者据此认为，张骞滞留匈奴期间，可能在一定程度上为匈奴单于提供过诸如翻译、教学等服务，并由此换取了一定的活动自由。因此，张骞可能走遍了漠北、漠南的大多数牧场。

正是由于汉朝官员中缺乏了解匈奴内部情况的人，汉武帝在张骞从匈奴脱逃、完成出使西域的使命返回长安之后，授予了其校尉的军职，命他跟随卫青出兵塞外。

司马迁在《史记》中称"（张骞）导军，知善水草处，军得以无饥渴"。但是，长期滞留于匈奴这一点，令张骞无法真正获得李广等功勋宿将的信任。这样的矛盾最终导致元狩二年（公元前 121 年），积功被封为"博望侯"的张骞在受命与李广一同率军从右北平郡出征之后各自为战，最终李广所部为匈奴包围，几乎全军覆没，张骞也因救援迟缓而被剥夺了爵位。

霍去病对张骞持怎样的态度，史料中没有明确记载。但从张骞被贬为庶民之后，霍去病很快率部出征河西走廊，为张骞第二次出使西域打通道路这点来看，霍去病即便与张骞没有太多的私人感情，两人在战略见解上似乎也早已达成共识。这些共识很可能是霍去病初次跟随卫青出塞时，在与张骞的相处中一点一滴积累下来的。

漠北骠骑，霍去病所部精锐骑兵是如何练成的？

即便霍去病在与张骞的交流中获得了诸多有关匈奴内部部族及牧场分布的第一手资料，数千里的远距离奔袭终究不是靠纸上谈兵就能轻松实现的。事实上，一支强大的骑兵部队，才是霍去病完成"封狼居胥"伟业的真正物质保障。

汉匈战争形势的变迁，很大程度上源于两军骑兵战斗力的此消彼长。早在汉武帝初期，汉朝从北方草原获取马匹的数量大量减少。为了能够积蓄力量，汉武帝采用两条渠道来获取战马：首先是牧场，如卫青出兵夺取的河套地区就盛产马匹；其次是在民间推行马政，汉朝鼓励民间养马，采取"今令民有车骑马一匹者，复卒三人"，也就是每家能养一匹马，并上交给国家，会有三个人可以免除徭役赋税。

政策的双管齐下，很快可以给予卫青、霍去病数万匹优质战马的调配权。但是，马可以由中央调拨，精锐骑兵却需要将帅们费尽心血去训练。只有经过长期的训练，再配备优良的武器装备，在面对生于马背、长于马背、死于马背的匈奴人时，汉人骑兵才能成为不可小觑的存在。

汉军轻骑兵与匈奴骑兵差别不大。汉军的轻骑兵身穿皮衣，一般不穿甲胄，以矮小快速的马匹为主，主要使用弩箭作为攻击武器。汉军的重骑兵则是配备带着内衬的甲胄和铁质的头盔，主要武器是传统的戟和戈，以体形高大的战马进行冲锋。从杨家湾汉墓中出土的兵马俑得知，汉朝的骑兵部队中，轻骑兵与重骑兵的比例为1∶5。这显然是在长期同灵活的匈奴骑兵作战后形成了战术配置。

汉军的骑兵构成相当精密。五名骑兵构成最小的单位，设立一名队长；两个小队十名骑兵组成一个骑什长指挥的小组；五个小组设立一个骑士吏，指挥这五十名骑兵；每一百骑设立一名骑卒长，每两百骑设立一名骑五百，每四百名骑兵组成一个曲，由骑千人或是军候率领；然后，由两个曲加上辅助的士兵组成一个近千人的部，由校尉或骑都尉指挥；最后根据需要，出动的规模由几个或更多的部组成出征部队。

在实际战斗时，汉军会以曲作为基本的作战单位，以一百骑构成一个个的战斗小方阵，再根据实际的战斗情况进行调整，基本上采取轻骑兵从两翼快速包抄、重骑兵中央推进的战术进行战斗。

霍去病麾下的骑兵很可能是像这样以百骑为单位，在辽阔的战线上迅速展开，再以分进合击的战术，迅速北进两千多里，越过离侯山、渡过弓闾河，击破当面的匈奴游骑，最终通过一场正面决战重创匈奴左贤王部主力。

辉煌不再，霍去病之后缘何难再"封狼居胥"？

无论后世怎样评价霍去病，他的功绩很难复制。且不说那些被辛弃疾写入诗词中"草草收场"的"仓皇北伐"，便是后世诸多富有雄心壮志的盛世君王，倾尽全国之力也无法再取得这一荣誉。此处，我们不妨试着进行一个案例分析：

永平十五年（公元72年），汉明帝刘庄决定对匈奴用兵。关于继承了光武帝刘秀对匈奴采取包容政策的刘庄，缘何突然表现得如此激进，相关史料中并未给出明确答案。但《资治通鉴》之中详细记录了时任谒者仆射的耿秉对此次军事行动的全面规划。耿秉认为，匈奴作为中原北方边患，汉朝之所以长期无法降服，除了匈奴本身的军事力量外，还缘于其得到了鲜卑、乌桓等草原部族的支援，以及控制着被称为"左衽之属"的西域诸国。

因此，历史上，汉武帝率先于河西走廊设立武威、酒泉、张掖、敦煌四郡，并屯兵于居延、朔方一线，从而在夺取匈奴"肥饶畜兵之地"的同时，切断了匈奴与西域的联系，最终迫使匈奴在连番的军事打击下陷入分崩离析的境地。

基于这一分析，永平十五年冬，汉明帝刘庄命耿秉与窦固分别带领副将秦彭、耿忠进入凉州地区整军备战。次年雪消冰解，太仆祭肜（róng）率先与度辽将军吴棠，率领河东、河西地区的羌人、胡人雇佣兵及归附汉皇朝的南匈奴人马，共一万一千余骑，浩浩荡荡地从高阙塞（今内蒙古乌拉特后旗呼和温都尔镇附近）深入大漠。与此同时，骑都尉来苗、护乌桓校尉文穆率领太原、雁门、代郡、上谷、渔阳、右北平、定襄等七郡的郡兵及乌桓、鲜卑所部，共一万一千余骑，从平城（今山西省大同市附近）方向出塞，配合祭肜所部，寻找匈奴主力，与其展开决战。

应该说，骑都尉来苗、护乌桓校尉文穆所统率的乌桓、鲜卑诸部大多对太仆祭肜心怀敬畏，如果祭肜指挥这一路人马，即便不能取得大胜，也会有所斩获。但偏偏祭肜所部人马多为南匈奴的骑兵，这些人本就不愿与同胞为敌，更兼其首领左贤王"信"与祭肜不合，因此大军从高阙塞出发后仅走了九百华里，南匈奴骑兵便谎称已经抵达了大漠天险——涿邪山。对匈奴境内地形不甚了了的祭肜信以为真，随即决定班师。不想一回到洛阳，祭肜便与度辽将军吴棠一道被以"逗留畏懦"的罪名逮捕了。

汉明帝刘庄之所以对祭肜如此决绝，很大程度上是因为祭肜此前设计的战略完全没有起到对匈奴的牵制作用，还白白浪费了大量兵力：骑都尉来苗、护乌桓校尉文穆的部队虽然一度抵达了匈河水畔（今蒙古国巴彦洪戈尔省的拜达里格河），但沿途的匈奴牧民早已逃散，并无斩获。原定投入西域战场的耿秉、秦彭从武威、陇西、天水三郡募集的勇士及羌、胡雇佣兵，也被要求从张掖居延塞方向配合祭肜的行动，最终横穿六百华里的沙漠，在到达早已人去楼空的北匈奴句林王牧场——三木楼山后无功而返。也就是说，在祭肜的错误战略指引下，汉朝四分之三的兵力在大漠之上进行了一场声势浩大的武装游行。

汉明帝刘庄对匈奴奇袭的失败，无疑衬托出霍去病的军事才能和历史功绩，狼居胥山，真的不是你想封就能封的啊！

曹魏爱写诗，蜀汉多论文：
东汉书生、宦官、外戚到底在争什么？

假如你有幸穿越两千年，回到东汉中后期的洛阳城，当街碰上那些冠巾招摇的知识青年时，可千万长个心眼——别随便跟人谈论诗歌。

因为你有97%以上的概率会被当成斯文败类，遭到白眼、嘲讽甚至是殴打。如果你谈论的恰好还是"古诗十九首"之类的五言诗，那么很可能闹出人命。若你运气足够好，撞上了那剩下3%的概率，那么恭喜你，你已经荣幸地跻身朝廷候补心腹之列了！

啊？

这是怎么回事？

书生的天下？

当书生们刚走上西汉帝国的政治舞台时，他们只是一群顽固、狡猾，但相当弱小的群体。

当他们逐渐站稳后，就原形毕露了——他们垄断了文化教育、左右了社会舆论、控制了干部梯队，还成天用"天人感应""五行始终"等给皇帝和朝廷大臣洗脑。

到西汉中后期，吃皇粮的书生们如"小强"一般疯狂滋长——《汉书》作者班固曾经吐槽："自武帝立五经博士，开弟子员，设科射策，劝以官禄，讫于元始，百有余年，传业者浸盛，支叶蕃滋，一经说至百余万言，大师众至千余人。"有些所谓的大师更是超级话唠，仅就《尚书》中"曰若稽古"这四个字，就能演绎出三万字的讲义来！这么能说，谁受得了！

汉宣帝算是明白人，懂得"汉家自有制度，本以霸王道杂之"的道理，治天下哪能全听知识分子们的！他主持召开了"石渠阁会议"，企图按朝廷的意愿统一思想，但会后不久就去世了，这次尝试宣告失败。

最后，王莽和一群知识分子搞了一次开天辟地的政治实验。他们依照《周礼》来改造衰亡中的帝国，并把这个实验性帝国改名叫"新"——结果这个倒霉的"新"帝国，不出意外地被这帮胆大心急、眼高手低的理论派搞垮了。

汉光武帝刘秀依靠南阳、颍川、河北的豪强势力拥戴而上位，为了羁縻、笼络这些豪强，便和他们结成儿女姻亲——刘秀不敢触动业已根深蒂固的豪强势力，只好让他们以血统参股的方式，来共享帝国的最高权力。

但汉光武皇帝的妥协，从一开始就给东汉帝国埋了雷。皇位仅仅两传之后，这些姻亲舅爷们便反客为主，靠挟持外甥而成为帝国的实际主人。外甥皇帝当然也不服气，又依靠身边的宦官发动反击，从舅爷手中夺回权力。

东汉中后期的历史，就是一场外戚和宦官轮番把持帝国权柄的乱战。

这场乱战中，业已靠边站的书生们只能跑跑龙套。

当权派虽然偶尔也邀请他们入朝参政，但他们可不敢再像西汉一样，以"天人感应""五行始终"等为辞，忽悠皇帝退位让贤。他们现在的日子并不怎么好过。

但书生们胸中有伟大的理想。他们中的佼佼者，继续刻苦钻研传统政治理论，著书立说、广收弟子、私相授受、朋比牵引，遂逐渐上升为学阀世家，子孙世代相继把持着对经书文义的阐释权。

这就与中世纪欧洲僧侣所扮演的角色差不多了。

外戚做朋友

欧洲的僧侣以神权维护王权，东汉的学阀以圣人之说、谶纬之言维护皇权。大家玩的是同一套把戏——通过加强意识形态工作，让被统治者变得更加驯服，从而降低统治成本。口衔圣人之说的学阀们，讲的是"君君臣臣"之道，维护着"上智与下愚不移"的既得利益秩序。

他们给自己标定的人设是如此清晰，即便是不学无术的豪强外戚，也很快意识到书生是自己天然的同盟军——所有的既得利益集团，自然喜欢现行秩序的维护者。

所以在外戚当权的时代里，舅爷总会装出一副礼贤下士的样子，客客气气地邀请有社会影响力的学阀出来做官。书生虽然也会做出各种姿态，但到底扛不过千钟粟和颜如玉的"真香定理"。他们非常不情愿地说："罢了，为了天下苍生，老夫就入世走一遭吧！"或掐指一算道："自筹的经费不够学生们吃了，老夫还是去找大将军申领点皇粮吧！"就这样，他们很欢快地搭上公车去洛阳城，累世为官。

正所谓"利之所在，熙熙攘攘"，洛阳城里的学阀和候补学阀很快就多到让朝廷吃不消、养不起的地步——因为仅仅是太学生，就达到了三万人之众！

涌入洛阳城的书生越来越多，朝廷能提供的"经费"有限，难免竞争激烈。

经学主旨是维护大一统局面和既有秩序的，主力是各路学阀。寒门出身的宦官和他们的朋友（主要是商人和庶族地主），恰恰是既有秩序的破坏者——他们既要从舅爷手里抢皇帝，又要从学阀手里抢编制（或者叫"经费"），还要跟世家大族争做土豪——所以正统的书生和公公，显然就不可能做好朋友啦！

书生们只能更拼命地抱紧帝国权力的另一极——舅爷，交投名状的主题是用各种方法排挤、打击舅爷的敌人公公，除了继续垄断文化教育、操纵社会舆论、控制官吏梯队等传统优势项目之外，后来竟不惜赤膊上阵、斯文扫地，对公公们大打出手。比如说"望门投止思张俭"的张俭，在东部督邮任上时，不仅上书弹劾宦官侯览家人的不法行为，还发掘了侯览母亲的坟墓，追捕其家属、宾客百余人。又如清流领袖陈蕃，帮助皇帝的老丈人窦武发动武装政变，企图族灭宦官，结果他办事拖沓，反被狗急跳墙的宦官领袖曹节率领公公们反杀。

宦官也不傻

这两次事件，直接导致了公公对"正统派"，或更确切地说是"经学派"的全面开战。这就是两次"党锢"事件。

公公们虽然出身寒微，但脑子并不傻。

在与书生的斗争中，他们逐渐明白了一个道理——只要经学的原教旨不改，以"经义"为政治纲领的书生们就绝不可能跟自己做好朋友。

于是他们想出一条既釜底抽薪又杀人诛心的妙计。

为了不让书生们全部站到舅爷的阵营里去，公公们便啖之以利，忽悠皇帝成立了一个叫"鸿都门学"的大学堂，以和"正统派"大本营的三万太学生相抗衡。

和太学里那些成天鼓捣经学、钻研政治、积极参与党争的"正统派"不同，"鸿都门学"的学术专业显然要平和得多，他们研究的是诗歌、小说、词赋、绘画、书法这些修身养性的东西。

公公们当然希望书生们把精力投入到这些东西中去，因此对"鸿都门学"大力推介，学生考试成绩及格的，就给大官做；不及格的，也给个不错的出身，多少让他做个小官。

从这时候起，经学与文学就算分了家。文学到底算是一件工具还是一门艺术，从此就纠缠不清。这就为科举时代的"经义"与"文学"之争，埋下了千古伏笔。

"鸿都门学"的学生人数在高峰期曾达到一千多人——但与多达三万人的"正统派"太学生相比，又属微不足道了。所以若穿越回桓灵时期的洛阳街头，你所遇上的知识分子，有97%的概率是太学生——跟他们，得讲《书》《礼》大义，最好多唱唱"王正月，大一统也"之类的高调。

但不管是太学，还是"鸿都门学"，终究都还是书生的阵营，公公们所要依仗的下层寒门盟友，单要靠这条出路参与国家政治，还是很不容易的——说来也很简单，这些奸商老财的子弟们如果真是读书的料，早投到书生的主流阵营里去了。

所以，公公们索性忽悠皇帝为自己的盟友打开另一扇方便之门——买官鬻（yù）爵。他们打算让那些有经济实力和社会影响力却又不具备做官资格的人，通过这种特殊的方式参与到国家政治中来。这个出卖参政议政权利的市场，就设在洛阳宫苑的西园，后世也称为"西园卖官"。

当时的定价机制相当灵活，实际成交价格常常依据买家的家资名望有所浮动，存在着明目张胆的价格歧视。比如说基价一千万钱的"三公"，大名士崔烈就可以享受五折实惠，只花了五百万钱就买到一个司徒。但同样是"三公"中的太尉，出身不那么清白的曹嵩（他是大宦官曹腾的养子，曹操的爸爸），就得掏十倍的价钱，也就是一亿钱才能得偿所愿。

我们当然可以说曹老爷是冤大头，不过我们更应该明白这样一个事实——崔大人即便不掏钱，也未必做不到"三公"；曹老爷正好相反，他即便掏了冤枉钱，也做不稳"三公"。所以崔大人虽然得了实惠，但未必会赞誉这个办法；曹老爷呢？他虽然吃了点小亏，但起码满足了一个家族梦想。

这些异想天开的行为，在为那些本来不具备参与国家政权资格的人打开一道大门的同时，也完全背离了帝国的传统政治轨道——因为从反方面讲，这正是以剥夺"正统派"的参政权利为代价的，他们当然没有任何理由喜欢它。

黄巾的冲击

公公们的胜利也注定是短暂的，因为帝国巨大的传统惯性很快就将发生作用。接下来发生的太平道所领导的"黄巾之乱"，又把它拉回原来的轨道。

下层出身的公公们，终究和那些深受儒家思想熏陶的书生有本质差别。书生知道"子不语怪力乱神"，所以他们也不大相信那些怪力乱神的东西。但公公们不同，他们不但相信，残缺的身体往往还驱使他们更为迫切地去寻找灵魂的寄托。所以，黄巾之乱爆发时，汉灵帝发现他所宠信的公公中，居然有两个太平道的信徒，而且正准备为了虚幻的信仰去出卖他和他的帝国！

皇帝愤怒了，但他手里再没有其他的力量可用——帝国体制只给他准备了两套班子，不是外戚，就是宦官。他只得走回用外戚的老路子，请出自己的大舅子何进来担任大将军，负责全国的"剿匪"行动，同时还拉出一帮仍然在"党锢"中的书生呐喊助威。

在他们的努力下，"黄巾之乱"很快被平息了。

靠平息"黄巾之乱"而重新回到政治舞台上的舅爷与书生联盟，成为拯救帝国的英雄。他们很自然地要求帝国政治重新洗牌。公公们也意识到自己暂时斗不过这些威震天下、有刀把子在手的家伙，答应退让。但书生还不肯答应，他们还在想着要报两次"党锢"事件之仇，所以以袁绍为首的"正统派"坚决要求根除宦官势力。这就使得双方的冲突激化，非你死我活不能了结。

公元189年，汉灵帝去世，双方立刻发生火并。先是宦官诱杀大将军何进，随后何进手下的袁绍等人又尽杀宦官，双方两败俱伤——这是人们所熟知的《三国演义》里的故事。

曹魏好诗词，蜀汉写论文

皇权的两大支柱——外戚与宦官一块完蛋，失衡的帝国顷刻间崩溃。乱世的烽烟中，书生们纷纷化为尘土，然而诗的种子却已播撒生根。

是谁写下了《青青河畔草》，今已无从详考。但后文"昔为倡家女，今为荡子妇。荡子行不归，空床难独守"之语，却给我们留下了寻踪的线索——这些诗篇，显然不是出自"正统派"士人之手。他们皓首穷经，一生只讲道德操守、微言大义、行文逻辑。在他们眼中，文学并非情感的寄托。他们之所以还能容忍四言诗，也仅仅是因为《诗经》中就有四言诗，算是"于传有之"、不得不认的特例。至于五言诗，在他们看来，不啻于离经叛道的"淫词滥调"，所以他们绝不可能写出"空床难独守"这样的市井艳词来传世。

所以，以《青青河畔草》为代表的汉末五言《古诗十九首》，几乎可以肯定是出自"鸿都门学"文人群体之手。

在东汉后期的公公们的关怀下，"鸿都门学"开创了五言诗与文学艺术化的先河。这个文人群体有过短暂的辉煌，但随即湮灭在汉末兵火中——灵魂与肉体、竹简与诗歌，都在"十常侍之乱"与董卓焚毁洛阳的劫难中灰飞烟灭。

但历史终究是有蛛丝马迹可循的。

后人所能看到的，是"建安七子"领导五言诗崛起（《文心雕龙》称汉魏之际"五言腾踊"），从此文学尤其是诗歌，乃可以登堂入室而成为艺术。而"七子"之中，沈德潜又说"孟德诗犹是汉音，子桓以下，纯乎魏响"——曹操还写了不少颇有影响力的四言诗，如《步出夏门行》；曹丕、曹植就以五言诗为主了。曹家本是公公之后，又处于挑战正统皇权的地位，自然也就不惮于引领一群邺下文人群体，再多搞出个文学革命来了。

反观"正统派"人设的蜀汉文人群体，他们就绝不写诗，更不会写五言诗——他们只写《出师表》《陈情表》《仇国论》这样铿锵有力的议论文。

曹魏写诗，蜀汉议论，原来如此。

五 赌上时局与命运，实现国力逆袭：他死后 25 年，中国重归大一统

公元 581 年，隋朝的建立标志着被命名为"魏晋南北朝"的将近 400 年的大乱世行将结束，中国隋唐大幕开启。

仅仅 8 年后，隋朝灭掉南方的陈朝，重新实现了中国大一统。

千百年来，人们赞赏隋朝开国皇帝杨坚的雄才大略，却忘记了他建立的王朝的前身，事实上已经为中国大一统铺好了路。

宇文泰的底牌

时间拨到公元 534 年，在北魏分裂为东、西魏以后，中国的历史发展出现了三条路径：

南梁—南陈；东魏—北齐；西魏—北周。

重返大一统的曙光若隐若现，但最终以哪条路径作为历史的出口，事后看得分明，当时却出人意料。

我们知道，公元 6 世纪的中国以西魏—北周—隋朝作为历史的出口，重新统一并主导了帝国的走向。杨坚建立的隋朝，实际上继承的是宇文泰家族控制的西魏—北周政权，完成的也是宇文泰家族未竟的统一大业。

然而，一开始并没有人看好西魏。

假如你不知道后来发生的事情，现在让你押注南梁、东魏、西魏三国分立的牌局，你会选哪一家作为最后的赢家？

估计有 50% 的人会押注南梁，那是纯正的汉人政权，具有无可替代的正统性；剩下 50% 的人会押注东魏，那里兵强马壮、人口密集、经济发达，是中国北方的核心所在。

显然，没有人会押注西魏。

当时，东魏、西魏这对死敌的实力对比悬殊：

东魏占据的是中原最富庶之地，辖下河北一带是粮食和丝绢的高质产地；而西魏的地盘除了关中平原，大部分是贫瘠的黄土高原和沙漠地带。

东魏人口逾两千万；而西魏人口不及千万。

东魏由高欢家族掌控的军队超过 20 万人；而西魏宇文泰掌控的军队不及其十分之一。

…………

这就是底牌。

最终的输赢，却因一个赌神式的人物而完全改写——西魏的实际掌权者宇文泰（507—556 年），通过四场赌局，在最短的时间内由弱变强，实现了对东魏和南梁的逆袭。

西魏—北周—隋朝—唐朝的历史一脉相承，而其背后真正的奠基者，正是传奇人物宇文泰。

孝武帝西迁及其死亡

宇文泰的第一场赌局，赌的是正统地位。

北魏末年的六镇起义，拉开了北方乱局的序幕。在长达 10 年的北魏乱局中，最终杀出了两大权臣家族，一个是高欢家族，一个是宇文泰家族。

高欢（496—547 年）的崛起比宇文泰更早。公元 532 年，当高欢拥立北魏孝武帝元修登位，自己遥掌朝权的时候，宇文泰还只是关中地区实际控制者贺拔岳手下的一员将领。

公元 534 年，高欢为占领关中，利用关中另一支军队首领侯莫陈悦除掉了贺拔岳。

贺拔岳死后，宇文泰被赵贵、侯莫陈崇等武川镇（北魏六镇之一）豪帅拥立为新首领。

历史学家认为，宇文泰能够在贺拔岳突然遇害的情况下成功接收其军团，主要源于武川豪酋家族的出身、个人的政治军事才能以及在关陇地区 4 年间积累的口碑。

不过，此时的宇文泰远远未能与高欢抗衡。他需要赌一把，与北魏"傀儡皇帝"——孝武帝联手，取得政治合法性。

孝武帝生不逢时，却不甘心接受被权臣操控的命运。他无时无刻不在关注和希望借助不愿降服于高欢的军事势力。

于是，两人一拍即合、暗通款曲，却又各取所需。

为了让宇文泰尽快率军东下，与高欢决战，孝武帝不断满足宇文泰的各种政治要求。而宇文泰的首要目的并不是勤王，而是消灭同在关陇地区的侯莫陈悦，称霸关陇。

宇文泰赌赢了。在"匡辅魏室"的旗帜下（尽管还没有任何"匡辅魏室"的实际行动），宇文泰以孝武帝的名义调动了各种效忠魏室的政治势力，导致侯莫陈悦的部将李弼等人阵前倒戈，侯莫陈悦被杀，其军队基本被宇文泰吞并。

灭掉侯莫陈悦之后，宇文泰称霸关陇已成定局。孝武帝也在第一时间派使臣慰劳宇文泰，正式承认其享有关陇地区的最高统治权，言外之意还是那句话：赶紧来洛阳打高欢，匡辅魏室呀！

宇文泰精得很，知道自己远非高欢的对手，仅象征性地派了一千轻骑奔赴洛阳，并作出请孝武帝迁都长安的政治表态。

孝武帝随后与高欢公开决裂。高欢从晋阳率军南下，进逼洛阳。孝武帝慌忙带领自己的人马西逃，投奔宇文泰。

这又是宇文泰的一张好牌。通过迎奉孝武帝迁都长安，把高欢置于乱臣贼子的舆论高压之下，自己则成为"宽仁大度，有霸王之略"的忠臣。关陇很多豪族死心塌地跟随宇文泰征战，正是基于宇文泰所塑造的政治正统性。这与当年曹操"挟天子以令诸侯"有异曲同工之妙。

但事实上，孝武帝与宇文泰的关系并不和谐。

孝武帝本质上是一个权力欲很强的年轻人，如同不愿受高欢摆布一样，他亦不会心甘情愿成为宇文泰的傀儡。入关之后，孝武帝采取了一系列打压限制宇文泰的策略，呈现出了杀伐赏赐由己出的势头。

眼看着自己在关陇地区的政治威望受到强有力的威胁，宇文泰决定先下手为强，在公元535年年初秘密鸩杀了年仅26岁的孝武帝。

随后，宇文泰改立好控制的元宝炬为帝。而在此之前，高欢以孝武帝弃国逃跑为由，废其帝号，另立元善见为帝，并迁都邺城。北魏从此正式分裂为东、西魏。

从跟随贺拔岳进入关中，到成为西魏政权的实际掌权者，宇文泰仅用了不到5年时间。自此，一代"赌神"冉冉升起。

影响深远的一场改革

宇文泰的第二场赌局，赌的是改革。

历史上，任何改革都指向富国强兵，但并非任何改革都能成功。恰恰相反，历史上的改革成少败多，大多数时候，改着改着就把一个国家改没了。

离宇文泰最近的一场改革，是北魏孝文帝主导的改革。这场改革在北魏立国百年左右，鲜卑贵族利益板结的时候进行，以汉化为核心。改革者是有魄力的，但改完后北魏也乱了，不到 30 年就分裂成了东、西魏。

从这个意义上看，宇文泰在西魏的改革，就是一场冒险式的赌博。

没有人意识到这场改革会成功，连改革的推手宇文泰心里也没底。他只知道，改革西魏可能会亡，但不改革西魏肯定亡。因此他选择了相对更有活路的一条路。

这场改革涉及广泛，政治、经济、军事、文化等方面无所不包。其建立起来的各项制度，成为北周、隋朝、唐朝的制度滥觞，堪称影响深远。史学界认为，隋唐帝国是"北朝化"的中国，很大程度上指的是西魏制度的影响力。

尤其是在军事制度上，宇文泰建立的府兵制以及由此形成的"关中本位政策"，深刻影响了此后 300 多年的中国历史。

东魏对于西魏的绝对兵力优势和军事压迫，使得宇文泰必须考虑一个根本性的问题：如何使弱势的西魏不被吞并，并迅速变强？

史学大师陈寅恪指出，宇文泰所凭籍的人才、地利远在高欢之下，如果要与高欢抗衡，一则须随顺当时鲜卑反对汉化的潮流，二则要有异于东魏北齐的鲜卑化、西胡化，争取汉化的政策。

鲜卑化与汉化，是北魏一直以来最为棘手的一对矛盾，宇文泰的厉害之处是从中找到了一条高明的道路，实现了胡汉政策的有效结合。而府兵制则是宇文泰胡汉政策结合最重要的内容。

东、西魏分立之时，均以北魏六镇军事力量为基础立国。只是高欢分走了六镇的绝大部分主力，宇文泰仅有武川镇一镇的军力。这成为高欢动辄以强势兵力碾压宇文泰的原因。

宇文泰要改变军力不足的局面，就必须扩大兵力来源。在原来以鲜卑为骨干的军队基础上，一方面不断吸纳各方部队，包括贺拔岳部、侯莫陈悦投降的军队，以及孝武帝西逃的追随者等；另一方面则持续吸收关陇地区地方豪强的私有兵力，这些地方大族及其乡兵虽以汉族为主，但被宇文泰吸纳后，既为原来的鲜卑军队注入了新鲜血液，也解决了地方豪族拥兵自重、尾大不掉的问题。

由于当时盛行军阀割据，而鲜卑的军队部落属性很强，基本只认各自的首领，不认中央。宇文泰还急需解决军权的中央集权化问题。

宇文泰采取了很高明的一招：设置八柱国、十二大将军的组织结构。

具体而言，八柱国除宇文泰和元魏宗室代表元欣之外，其余六人各督二大将军，分掌禁旅，合计十二大将军。每个大将军各领开府二人，每一开府各领一军，合计二十四军。

柱国与大将军的势力相互交错、牵制，有利于宇文泰进行最终的驾驭。特别是各个柱国，依次被任命为朝廷公卿，身份由边镇将领变成开国元勋、朝廷重臣，逐渐脱离军旅生涯，从而变相削弱了他们的军事实力，实现了军权的初步集权化。

此外，宇文泰将西迁的汉族将领原来的山东（崤山以东）籍贯，一律改为关陇郡望。按照陈寅恪的说法，此举是为了断绝西迁汉将的乡土之思，并给予大批出身寒微的汉将附会士族高门的机会。

而更重要的意义在于，由此构建"关中本位"或"关中正统"观念，强化本地华戎族群的凝聚力和认同感，从而与山东、江左争中原正统。宇文泰家族很看重立足关中的周朝历史资源，后来自立的政权干脆以"周"为国号，这些都是胡汉融合"关中化"的体现。

府兵制的创建和完备，在宇文泰手上前后历时12年才完成。最终西魏的军队人数翻了一番，府兵达到5万人；中央对军权实现了强有力的控制，结束了地方割据、私兵林立的状态；而且，府兵制是兵民分离的职业兵，相比东魏、北齐兵民合一的义务兵，整体素质和战斗力更强。

经过这场赌博式的改革，西魏拉近了与东魏的实力差距，并在某些方面能对东魏进行降维打击。宇文泰又赌赢了。

历史表明，关中本位政策使西魏变弱为强，到北周后，消灭了北齐，统一了中国北方；隋朝代北周后，又南下消灭了陈，最终实现了国家的统一。从北周到隋朝再到唐朝，三个朝代的权力更替，实际上是在关陇集团内部进行的，说得更具体一点，是在同一个婚姻圈内、一堆亲戚之间进行的。这一切的根源，都在宇文泰的改革中埋下了伏笔。

两大战神的心理博弈

宇文泰的第三场赌局，赌的是真刀真枪的战争。

整军、扩军、军制改革的最终目的，是要应对来自东魏的灭国威胁。在军事上抵御东魏，是宇文泰最为艰难的征程。

公元536年，东、西魏在潼关进行了第一次大战。当时，关中地区遭遇天灾，出现了"人相食"的惨状，高欢趁机发起战争，兵分三路进逼西魏：

大都督窦泰率上万兵力直趋潼关；司徒高敖曹率军围攻上洛（今陕西商州）；高欢本人率军自晋阳赴蒲坂（今山西永济西南），在黄河上造三座浮桥，扬言要西渡黄河。

宇文泰率军进抵广阳（今陕西临潼北），准备迎击。

面对东魏三路进攻，西魏一些将领建议分兵把守诸道。但若按此部署，则使本来就处于弱势的西魏兵力更为分散，极有可能被各个击破。

宇文泰没有采纳这种主张。

关键时刻，他做了一个赌徒式的判断——他赌高欢造浮桥渡河只是虚张声势，实则是要转移西魏的注意力，掩护窦泰从潼关趁虚而入。

高欢的真实打算是否如此，当时西魏各级将领无从得知。但宇文泰的冒险精神，让他决定博一搏：暂且不管高欢这一路军，先集中优势兵力消灭窦泰。

宇文泰放出烟雾弹，扬言欲保陇右，佯装退还长安，暗地里却率6千骑兵东出，日夜兼程，很快抵达小关（今陕西潼关附近）。窦泰听闻宇文泰军突至，惶惧不已，仓促应战。宇文泰则利用有利地形，四面设伏，引诱窦泰部陷入泥淖。这时，宇文泰军千弩齐发，窦泰军死伤大半，被俘万余人。窦泰兵败自杀（一说被杀）。

高欢闻窦泰军败，只好撤去浮桥，退回晋阳。高敖曹部虽攻陷西魏上洛城，但因恐孤军深入，亦弃城而走。

这是西魏阻击东魏的第一次较大胜利。

宇文泰在与高欢的心理博弈中，押中了后者兵分三路的真实目的，最终出奇兵，以少胜多击败窦泰，使得东魏军队全面撤退。

潼关之战后，宇文泰以攻为守，数次出兵侵蚀东魏领土。

公元537年，农历八月，宇文泰主动出击，派兵攻克东魏弘农（今河南三门峡市）等郡，获取大量粮食，缓解了关中饥荒造成的军队补给困难。

高欢听闻弘农丢失后震怒，集结10万大军渡河西击，又派大将高敖曹率兵3万围攻弘农。宇文泰部不过万人，只好从弘农回撤，匆忙入关，至渭水南岸迎战高欢。

双方兵力太过悬殊。西魏诸将认定此战必败无疑，提议放弃长安，继续西撤。

宇文泰再次"赌神"附体。他唯恐西撤引起骚乱，决意在渭河南岸坚守。也不知道是不是上天给他的启示，他又一次断言率领十倍于己兵力的高欢必败。

宇文泰率部渡过渭水，到达沙苑（今陕西大荔南，洛水与渭水之间），距高欢军仅60余里。

战前，宇文泰采纳李弼的建议，在沙苑东面一个叫渭曲的地方设伏，背水东西列阵，命将士们埋伏于芦苇丛中，届时闻鼓声出击。

高欢率大军到渭曲，以西魏兵少不足为虑，竟指挥大队人马一拥而上，结果兵多塞道。高欢只得下令大军稍稍退却。就在高欢大军进退之间自乱阵脚之时，宇文泰把握时机击鼓，芦苇丛中的伏兵突起奋击，东魏军队措手不及，纷纷败下阵来。

此战，西魏斩杀东魏军队两万多人，在追击途中，又"前后虏其卒七万"，高欢主力折损严重，自己狼狈东逃。

西魏取得沙苑大捷后，东魏再无法随意侵入关中。东、西魏的主战场由此转移到河东（今山西）和河南境内。

之后，公元 538 年和公元 543 年，洛阳河桥与邙山两场大战，宇文泰皆先胜后败。这表明，西魏军事实力仍弱于东魏，宇文泰打防御战能成功，但主动出击则难以吞下"巨象"。西魏还需积蓄力量。

公元 546 年秋，东、西魏迎来形势逆转的一战。

当时，高欢率军 10 余万围攻玉璧城（今山西稷山西南）。此地是东魏入侵西魏的必经之处，故高欢志在必得。然而，东魏大军昼夜不息苦攻 50 天，玉璧城在西魏大将韦孝宽的固守下，安然无恙。

最终，东魏大军战死及病故者约 7 万人，尸首堆成了一座山。高欢攻一座孤城而不克，遂忧愤成疾，解围撤军。回到晋阳不久，公元 547 年，高欢就病故了，时年 52 岁。

几场硬仗扛下来，东魏还是那个东魏，但西魏已不再是那个西魏。高欢死后 30 年，他的儿子代东魏自立的北齐政权，被宇文泰家族的北周政权攻灭。

什么是弱国的逆袭？这就是。

最后的大赢家

宇文泰的第四场赌局，赌的是时运。

如果说成功是 90% 的努力加上 10% 的运气，那么，东魏猛将侯景的"搅局"就是宇文泰那 10% 的运气。

侯景何许人也？

这么说吧，东魏如果没有高欢，侯景早就称王称霸了。据说，当年沙苑大战后，高欢忿于战败，侯景请求率精锐骑兵数千，直入关中，擒斩宇文泰，以雪此奇耻大辱。高欢起初表示同意，但回家和夫人娄昭君提起此事，娄昭君说，以侯景之能，杀掉宇文泰后他肯定不回来了。高欢被一语惊醒，当即阻止了这个动议。

高欢在世时，侯景拥兵 10 万，兢兢业业地镇守着他的地盘，史称侯景"专制河南"，即黄河以南直到梁境、洛阳以东直到大海的原北魏的大片领土，都是侯景的地盘。

但高欢病逝仅数日，侯景就造反了。

侯景的地盘，处于东魏、西魏、南梁三国的交界处。这块地虽然不小，但毕竟是四战之地，凭这个自立，独自对抗三国的哪一方，都是很难的事。因此，在举起反旗的那一刻，侯景就张罗着找靠山了。

他首先想到的是西魏。

应该说，侯景的选择是很精明的。身为东魏大将，叛归主子的死敌，又求以河南六州内附，这对西魏来说，难道不是稳赚不赔的买卖吗？

宇文泰起初也觉得划算，遂派兵去支援侯景。这时，宇文泰的部将王悦站出来劝谏，说侯景这个人反复无常，高欢一死便叛离，又怎会忠于西魏呢？他只是不愿作被困池中的蛟龙，想利用我们的军事支援罢了。

宇文泰一听，赶紧叫人把派出去的援军追回来。这才避免了一场惹火上身的大祸。

最终，侯景这枚苦果被晚年昏庸的梁武帝萧衍吞食了，酿成了历史上著名的"侯景之乱"。梁武帝被活活饿死，而梁朝原本有统一天下的可能，经此大乱，变成了无力复兴、任人宰割的弱国。北齐趁机侵蚀了长江以北的大片梁朝国土，西魏更是借机吃成了一个大胖子，成为"侯景之乱"中最大的赢家。

梁朝在最强盛时，兵锋几乎直抵长安城外，搞得宇文泰很头疼。现在，梁朝崩溃后，梁武帝的子侄们又陷入无尽的内斗，这让宇文泰看到了机会。

公元 551 年，宇文泰夺回汉中要塞。

公元 553 年，西魏军吞并西蜀后，变成一个真正的大国。蜀中土地肥沃，号称天府，人口众多，为西魏提供了巨大的财源与兵力。

公元 554 年，宇文泰派上柱国于谨、大将军杨忠、大将军宇文护等将领以 5 万兵马进攻江陵。江陵是梁元帝萧绎的大本营，而江陵北面的门户襄阳则由萧绎的侄子萧詧（chá）控制。萧詧为了灭掉亲叔，不惜向西魏称臣，史称西梁。西魏大军很快攻下江陵，萧绎被萧詧用土袋闷死。从此，荆襄成了西魏的地盘。

不仅如此，连荆襄以南的湘州（湖南）也一度被西魏拿下，只不过名义上属于西梁。

至此，西魏已发展为三国中的头号强国，综合实力在北齐之上，更不要说后来的陈朝了。

回看西魏这段攻城略地的"暴发史"，从公元 548 年侯景之乱算起，不过短短六七年时间。但若没有梁武帝昏聩到引入侯景、自我毁灭，宇文泰连关中都出不了，遑论蜀中和荆襄。所以这就叫机运，在宇文泰生命中的最后几年，被他牢牢地抓住了。

公元 556 年，宇文泰病逝，年仅 50 岁，临终前交代子侄，要完成他未竟的志向。

公元 557 年，宇文泰家族取代西魏自立，建立北周。

20 年后，公元 577 年，宇文泰之子、北周武帝宇文邕攻灭北齐，统一北方。宇文泰生前曾说"成吾志者，必此儿也"，果不其然。

可惜，公元 578 年，正当宇文邕打算平突厥、定江南，实现统一全国的理想的时候，不幸在出征前夕病逝。

3 年后，公元 581 年，杨坚篡北周自立，建立隋朝，拉开了中华第二帝国的序幕。此时，距离宇文泰之死，仅仅过去了 25 年。

不难想象，如果没有宇文泰、宇文邕父子为隋文帝杨坚打下的帝国基础，杨坚想在立国后短短的七八年内实现大一统，是绝对不可能的事。

离隋朝最近的一次统一历程，是西晋。与隋朝一样，西晋也是借助前朝奠定的统一基础，分别攻灭蜀、吴，轻松完成统一大业。

有所不同的是，西晋的前身的前身，是曹操掌权时，本身就是三国中最强大的一方，由其后继者来实现统一，并无多少悬念；而隋朝的前身的前身是西魏，立国时却是三国中最弱小的一方，最终在宇文泰父子的主导下能够强势逆袭，成为中国大分裂时期的统一出口，这确实是出人意料了。由此看来，宇文泰不愧是一个了不起的人物。

或许，宇文泰没有料到北周—隋朝的政权更替，但他肯定看到了中国大一统的未来。因为，不管接下来 300 多年的朝代如何变换，历史的进程基本都在他架设好的制度机器下运行。

六 玄武门之变发生前，李世民真的只是被动反击吗？

唐高祖武德九年（公元 626 年），唐高祖李渊次子李世民与太子李建成、齐王李元吉在太极宫的北宫门——玄武门附近发生冲突，史称"玄武门之变"。在这场兵变中，李世民亲手射死太子李建成和弟弟李元吉，事后李渊立李世民为太子，两个月后禅让皇位，李世民登基，是为唐太宗，年号贞观，开启了 23 年的"贞观之治"。

李世民当了皇帝后，深知自己这样对父亲和兄弟有点不太好。这是块心病，得好好治。首先，他隔三岔五去问史官："你们怎么记录的啊？"

第一个被问到的是褚遂良。褚遂良是一位敢于直谏的大臣，更是一位大名鼎鼎的书法家，因为字写得好，兼任起居郎，专门记录皇帝的一言一行。见褚遂良天天跟在自己身边写啊写的，唐太宗就很好奇，问他："你记录的这些东西，当君王的可以看吗？"

褚遂良被问愣了，自古以来没听说君主还可以看起居注的，只好硬着头皮回答："今之起居，古左右史，书人君言事，且记善恶，以为鉴诫，庶几人主不为非法。不闻帝王躬自观史。"意思是"您不能看！"

唐太宗不甘心，继续问："如果我有什么做得不好的地方，你也会记录下来吗？"这可把褚遂良难住了，不过，他还是一本正经地说："我的为官之道就是对得起这个官职，我的职责是记事，那么陛下您的一言一行、一举一动，我都必定会记下来的。"话音刚落，旁边的黄门侍郎（门下省副官）忍不住又跟着补充了一句："设令遂良不记，天下亦记之矣。"

好吧，唐太宗被说得哑口无言，第一回合的交锋只好以"太宗以为然"结束。

既然褚遂良如此固执，那再问问房玄龄？房玄龄是大唐贞观年间的贤相，众所周知，他很怕唐太宗，用唐太宗自己的话说，是"我经常看到房玄龄在我面前吓得面无人色，心里还是蛮愧疚的"。所以，唐太宗觉得可以突破一下，问正在修国史的房玄龄："以前那些史官记录的东西，一般不许皇上看，为什么？"房玄龄对曰："史官不虚美，不隐恶，若人主见之必怒，故不敢献也。"

唐太宗顺杆往上爬："朕之为心，异于前世。帝王欲自观国史，知前日之恶，为后来之戒，公可撰次以闻。"意思是"我这个人吧，和他们不一样。我看史书主要是为了引以为戒啊。所以，你写好了，给我看看吧！"

皇帝非要看，大臣拦不住啊！只好先把《高祖实录》《今上实录》做了删减，再送上去交差。唐太宗关心的是玄武门之变的记录和评价，马上翻到玄武门事变的那一页，一看，原来臣子们早做了删减，闪烁其词，又不满意了。他亲自给这个事定了性——玄武门之变本质上和"周公定三监"是一回事。

周公为了维护国家稳定对兄弟出手，所以，唐太宗对哥哥和弟弟发难，是为了国家和百姓。所以，"玄武门之变"不是所谓的篡权夺位，是安邦定国的大好事！

与此同时，在史书的字里行间，贞观修史的臣子们也经常把秦王这一系写成被打击、被压迫，最后不得已才开始还击的人。然而，即使史书经过了"删改"，但在历史的缝隙中，还是能看到兄弟互"黑"的蛛丝马迹。

明知是毒酒，咱就喝一口

唐太宗在玄武门之变中取得成功的前提，在于他擅长采集信息。采集自哪里呢？自然是李渊的后宫和敌方阵营的太子李建成、齐王李元吉团队。史书上虽多次强化了还是秦王的李世民一直处于被动状态的印象，连决定发动玄武门之变都是被逼到最后一刻才反击，但事实显然并非如此。

玄武门之变前，太子李建成和齐王李元吉已与李世民多次交锋，是交锋，而不是一方出击、一方接受。

最值得一提的首先是"杨文干事件"。那一年，李渊带老二李世民和老四李元吉去仁智宫避暑，身为太子的老大李建成则留在京师监国。李建成早已感受到来自秦王系的压力，于是把这次在京主政当作天赐良机，暗自调盔甲给老队友庆州刺史杨文干，再下令杨文干在外招一批年轻小伙儿入京，一是为了防范，二是为将来打起来做准备。结果，两个送盔甲的士兵放着庆州不去，直接掉转马头跑到仁智宫举报太子要谋反。史书上俩人的说辞是，事情太大，他们胆子小，怕兜不住，又不敢知法犯法。其实，这显然是秦王集团间谍工作干得好，李建成在京城的一举一动早就被秦王布置的天眼监视了。既然太子主动"作死"，秦王系干脆将计就计，收买了运送盔甲的士兵，让他们亲自告发太子。这一招不得不说干得漂亮，由太子的人举报太子，秦王完全置身事外。

收到告发的李渊当即派司农卿宇文颖去找杨文干，如果杨文干亲自来解释，说不定事情还有转圜的余地，谁知宇文颖一去，杨文干竟然真的谋反了。这样一来，坐实了李建成的罪名。

《新唐书》中说，是李元吉对出发前的宇文颖说了什么，宇文颖才对杨文干说了些什么，导致了杨文干的造反。这一点，恐怕不能成立。即使李元吉也有谋夺储位之心，但坐实太子谋反对他是百害无一利。他这时与太子的关系正打得火热呢！事后，李元吉也百般为李建成开脱，和《新唐书》所说的李元吉故意借此除掉太子全然相反，只要李元吉不是有精神障碍，就绝对不会有这样互相矛盾的举动。

那么，我们按现代最符合逻辑的"事件对谁有利就是谁干的"来看，一切就合理了。秦王李世民和宇文颖早已添加为私密好友，出门前，特地让他逼反杨文干。随后，秦王被任命前去平叛，根本没给杨文干留有辩解的机会，而是让他"为其下所杀"，一切也就死无对证了。这一招，无疑是秦王府对太子和齐王集团的一次大反击。

这之后，吃了暗亏的李建成曾想在夜宴上毒杀李世民。史书说，李世民是在不知情的情况下喝了少许，"吐血数升"，又被一起喝酒的叔叔救走。很多人借此怀疑这场"鸿门宴"的真实性，太子和齐王既然打算以这种方法结果秦王，又怎么可能只是让他吐点血，然后安全地被堂叔救走？

其实，这件事不需要怀疑真伪。如果我们把李世民设定为一个精于布局、早已安插间谍、洞悉太子和齐王一切举动的人，一切都好解释了——在太子和齐王请喝酒之前，在李世民决定赴宴时，他已经知道今晚将面临的是什么。所以，他显然是再次将计就计，小喝一点，吐吐血然后全身撤退。最终换得的结果也很不错——李渊警告太子和齐王，以后不要找秦王喝酒。李世民借此大大减少了跟太子和齐王的接触，受冷箭的概率自然随之降低。

开启天眼，监视太子、齐王

如果说这些只是猜测，那么我们就请出实时目击证人。他的存在，证明了秦王集团对兄弟的矛盾早有应对或谋划。

此人叫王晊（zhì），是太子东宫的官吏，任率更丞。这是个从七品的小官，在东宫主管礼乐秩序和漏刻，也就是记录一天的时辰，太子出行时再负责带头敲敲鼓、吹吹号。日常生活里，太子可能完全注意不到这个职位上的小人物。比如，太子和齐王想分化秦王府势力时，看上的都是尉迟敬德、段志玄之类赳赳武夫（两人都是后来一起参与玄武门之变，又图列凌烟阁二十四功臣的，可见是秦王府的中坚力量），秦王府一个管报时的，他们才没有兴趣了解。

可李世民完全不这么想，他就结交了太子府的这个"闹钟"王晊。

这类在太子东宫毫不起眼的角色，李世民和他结交有什么意义呢？

其实，就是这样日常无声、不受重视的人，更能轻巧地探秘。因为管报时，他可以一直待在太子宫里，那么太子商量机密时，就可以无所不知。而作为这样一个无关大局的人物，什么时候悄然离开一会儿，也不会有人注意到，更不容易发现他已"投敌"。当然，前提是他的演技不是太差。

事实证明，李世民的做法比太子集团的奏效得多。

请看决战时刻。

玄武门之变前夕，外面的突厥又跑来闹事，太子集团当即合谋出一则妙计：由李元吉主动请战，拿到了兵权，再借秦王府武将跟突厥正面对抗过为由，要求秦王府军士随军出征，由此抽空李世民的武装力量，再以饯别为由，请李世民赴宴，现场让武士把他暴力解决。领头狼一死，到时候尉迟敬德这些人再勇猛也无用武之地，出征路上随便找个地方坑杀了便是。

计划可谓天衣无缝，李渊同意秦王府武将出征，秦王也不好拒绝饯别之宴，真是万事俱备，只欠天亮。

结果，无缝的天衣中还是被人撕开了一条缝隙，这个计划被率更丞王晊听到了。

王晊一刻也没敢耽误，连夜溜走"密告太宗"。秦王府完全获知了敌方策略，也有了更多的时间做筹谋，从而在第二天清晨的玄武门里，率先了结了大哥和四弟。这场兄弟之间的争斗，李世民早就胜出了。真是细节决定成败！

走后宫女人的门路

关于李世民的那些暗线，除了王晊，还有很多。毕竟，玄武门之变之所以成功，除了要搞定太子和齐王，皇帝李渊也是重要的一环。所以，在李渊的后宫里也必然有和秦王组队的人。这一点，在李建成和李元吉的一次对话中可以得到印证。

在兄弟三人斗争白热化时，李建成曾忧心忡忡地对李元吉抱怨："秦王且遍见诸妃，彼金宝多，有以赂遗之也。吾安得箕踞受祸？安危之计决今日。"意思是，秦王曾拿金银珠宝贿赂李渊的后宫。这是二人私底下的对话，不存在故意作假，说给旁人听来嫁祸。由此可见，李世民确实给李渊的妃子献过宝，还因此给太子造成了巨大压力。

至于他究竟结交了谁，咱们也有迹可循。

史书记载，后宫的社交方面，基本都是由秦王妃长孙氏出面完成的。长孙氏的工作主要有两点——"后孝事高祖，恭顺妃嫔，尽力弥缝，以存内助"。

虽然不足 20 个字，信息量却不小。

首先，长孙氏对李渊很孝顺，填补秦王长期不在身边，被人离间的空隙；对李渊的嫔妃们，长孙氏也在其中周旋，该花的钱一点儿没小气，为的就是将她们拉拢为友军。

李渊的后宫庞大，从实干型到花瓶型都不缺，最能和秦王府一拍即合的，要属贵妃万氏。

现在提到万贵妃，我们都能想到与明宪宗谈忘年恋的万氏，但中国有史可查的第一个万贵妃，是我们接下来要说的这位。

史载李渊非常器重万贵妃，宫里有什么事都让她拍板，可以说，她是李渊后宫中最有分量的人。太穆窦皇后去世后，仅次于皇后的贵妃，就是后宫的主持人。

除了贵妃权势大、眼线多、容易成为秦王拉拢的对象，还有一条，也让万贵妃不可能站在太子、齐王一系。

万贵妃曾有一个孩子李智云，从小就善骑射，书法好，又下得一手好棋，是夫妻俩的小心肝。但李渊刚起兵时，李智云年纪还小，跟随大哥李建成在河东。李建成听说老爹起兵后，怕被隋朝廷抓捕，连忙卷铺盖逃跑，也没多少精力兼顾小弟，没去告知他一声。于是，李智云被隋朝廷抓住，不久就被隋朝大将阴世师杀死了。

这是万贵妃唯一的儿子，用头皮都可以想到，万贵妃对李建成不可能友好，并且心里应该带着恨。李建成将来正常即位，对她没一点儿好处。

还有一件小事，也可以佐证秦王府与万贵妃早有联盟。李渊在位的武德三年（公元 620 年），李世民将第二子李宽过继给李智云，继承他的香火。也就是说，李宽名义上的父亲是李智云，奶奶是万贵妃，他要孝顺的人，也是他们这一脉。虽然李宽后来也不幸早死，不过，这并不影响双方"同仇敌忾"。

虽然史书上并没有着重叙述李世民曾有结交后宫、探听消息的举措，对这位万贵妃着墨也不多，但可想而知，在玄武门之变矛盾慢慢递进的前期和中期，局势瞬息万变，李渊的一念就可以掌握每一方的成败，信息是斗争双方最急需的，所以，万贵妃这位掌握着最高情报的友军作用无疑至关重要。每当李元吉怂恿李渊开展什么对秦王不利的隐秘行动时，情报都能及时传回秦王府，让他们做好应对措施。间谍工作如此优秀，除了高层又亲密的万贵妃，还能有谁呢？

总之，唐太宗之所以能成为唐太宗，绝不是凭借他的绝地反击，也不仅仅是因为他战功卓绝。对大哥和老四，他早就在算计了。而造成这种局面的，李渊有责（多次放不平心态），政治制度有责（太子只能在朝廷做统筹工作），齐王有责（挑唆），秦王府底下那些拱事的人有责，身在其中的太子李建成和唐太宗本人也脱不开关系。

时人讨论唐太宗，总免不了要攻击他在玄武门之变中的伦理缺陷，从而蔑视和诋毁他。毕竟，人们通常只关心两件事：自身的利益和他人的道德。借用一句话说，批判别人很容易，君子要修的，是设身处地和感同身受。在政治斗争中的主动出手，或者说在上位之路上的道德遗憾，并不妨碍唐太宗是中国历史上颇有作为的帝王之一。

七 大唐国运之战：
邺城这场大败，埋下了五代乱世的种子

公元 758 年初，距离安禄山在河北发起叛乱已经 3 年，此时，叛军安庆绪的燕政权似乎已经到了穷途末路。

前一年，唐军在回纥援军的帮助下，相继在香积寺和新店两次决定性战役中歼灭了燕军安庆绪部主力，收复了长安、洛阳两京。安庆绪的残部勉强在邺城附近站稳脚跟。唐朝时的邺城位于漳水以南（今河南安阳）。位于漳水以北的历史名城邺都，早在一百多年前就被隋文帝彻底摧毁了。前一年年底，安禄山的好兄弟史思明宣布反正，杀掉了安庆绪派的监军安守忠等人。

全灭叛军、中兴唐朝仿佛指日可待，唐肃宗李亨已经在畅想胜利了。

但是，情况急转直下，先是史思明复叛，南下支援安庆绪，随后唐军在邺城附近的决战中失败。一般认为，唐军失败的原因是唐肃宗忌惮郭子仪一家独大，让宦官鱼朝恩监军，唐军各部互不统属，导致在随后的一场沙尘暴中莫名其妙大败。邺城之战是安史之乱中最大规模的战役，唐军在此役中的失败标志着唐军全灭河北叛军的希望化为泡影。这奠定了晚唐河北藩镇割据的格局。

读到这段历史时，许多人觉得，只要唐肃宗给郭子仪基本的信任，安史之乱早就被平定了，不至于为祸 8 年，贻害无穷。那么，邺城决战真的是唐军占尽优势，只是由于唐肃宗猜忌心太重，不愿意独任郭子仪才导致失败的吗？双

方决战时的沙尘暴的作用到底有多大?

势均力敌的对局，唐军旗开得胜

公元758年秋天，收复长安、洛阳两京的唐军主力结束了近一年的休整，开始进攻安庆绪的核心地盘——邺城。

为了突出唐肃宗的昏庸，包括《资治通鉴》在内的许多记录，说邺城之战的兵力是唐军60万，史思明军5万。这是典型的剪辑拼接手法：不同史书对唐军总兵力的描述很一致，接近20万人，对外号称60万，这就是"唐军六十万"的来源。史思明所部兵力，史书记载得同样很清楚：史思明短暂宣布归降唐朝时清点出来的兵力是8万人，包括吞并原属安庆绪的安守忠、李归仁等部，在休整一年多复叛南下时，扩军到了13万。所谓"五万"，是后来他本人所部到邺城附近的兵力。当时，他所面对的只是唐军的一部分。此外，安庆绪也重新聚集了近10万人的兵力，不过，安庆绪在前一年争夺两京的香积寺、新店两战中损失惨重，他手下最可靠的将领安守忠、阿史那承庆等部被史思明吞并，此时，安庆绪所部大部分都是战斗力很差的新兵，加上田承嗣、蔡希德等资历威望较高，他不一定控制得住，因此，其实力相对较弱。

所以，这次作战发起时，安、史两部燕军加起来有大约23万人，唐军的兵力比20万还略少一些，唐军不但没有绝对优势，连单纯的人数优势都不存在。唐军的优势主要在于，安庆绪和史思明现在实际上已经分裂成两个独立的势力，史思明又需要时间整合河北，因此唐军可以利用时间差先平灭盘踞在黄河沿岸狭长地带的安庆绪部，再对付史思明，从而实现各个击破。在面对单支燕军时，唐军确实有明显的人数优势。

唐军方面，这次作战共出动了九个节度使所部兵力，但并没有设立统一指挥，而是互不统属，由宦官鱼朝恩统一节度。按照记载，"上以子仪、光弼皆元勋，难相统属，故不置元帅，但以宦官开府仪同三司鱼朝恩为观军容宣慰处置使"。单个节度使权力太大会重演安禄山事件，威胁皇权，这当然是唐肃宗考虑的因素之一。但更主要的是，唐军参战各节度使之间的关系很复杂，让一个人节制所有人的可行性确实不高。

九个节度使中，排名第一的朔方节度使郭子仪和堪称二号人物的河东节度使李光弼早年关系恶劣，他们共事多年，同桌吃饭从不说话。

安史之乱爆发后，郭子仪不计前嫌，推荐李光弼出任河东节度，两人密切合作，在河北取得一系列重大胜利，但芥蒂仍在。另一方面，李光弼之前被从洛阳逃出的安庆绪部以少量残兵击败，这次在郭子仪出兵邺城初期取得一定胜利后才到达，郭子仪难免觉得这人单独作战能力不行却还来抢功，因此，朔方军上下对李光弼都有看法。

此外，两者作战风格迥然不同，互相之间难以节制。若强行任命一个人节制另一个人，难免会激化内部矛盾。几年后，朝廷让李光弼节制不服他的仆固怀恩，结果双方互相拆台，史思明趁机进攻，导致唐军大败。如果任命郭子仪或者李光弼节制所有军队的话，这一幕很可能会提前上演。

除此之外，王思礼、李嗣业、鲁炅三镇节度使，实力也比较强大。剩下的几镇节度使，无论是兵力还是战功都差了许多。这么一支成员混杂的军队，各节度使军事上互不统属，后勤上由皇帝信任的宦官统一节度，并不是很致命的安排。唐军接下来对安庆绪的连续胜利就将证明这一点。

其实和唐肃宗相比，安庆绪猜忌心更重。开战前，他处死了深得军心的大将蔡希德，改用暴戾好杀的崔乾佑统兵。临阵换将已是大忌，安庆绪这么一出临阵杀将，对本来就连战连败后重新拼凑起来的军队士气更是巨大打击。蔡希德死后，燕军至少有数千人叛逃到唐军或史思明处，更让唐军对燕军的动向了如指掌。可以说，双方还未交战，安庆绪就败了一半。

很快，唐军逼近安庆绪领地的重镇卫州，安庆绪亲领7万人前来救援，这几乎是他能调动的所有军队。之前燕军的连战连败和处死蔡希德，导致安庆绪部人心涣散，原本就处于劣势的燕军完全不是唐军对手，遭到惨败。随后，唐军又向安庆绪的首都邺城挺进。

在唐军的压迫下，势力日渐萎缩的安庆绪垂死挣扎，出邺城，在郊外的愁思冈和唐军再度激战，燕军又一次遭到歼灭性打击。不过，唐军的一名节度使李嗣业受了重伤，不久死亡，可见此战的惨烈。两次大规模会战，燕军的伤亡加上蔡希德被杀等事件导致士兵大量逃散，安庆绪至此丧失了大部分兵力，地盘基本丢光，只能带领残部死守在成为孤城的邺城。胜利的唐军则在邺城周边建立起重重工事，将安庆绪残部围困其中。

唐军围困邺城不动如山，史思明被迫寻求决战

到这里，已在事实上脱离安庆绪控制两年的史思明面临一个抉择：要么坐视安庆绪被灭，然后他在河北单独面对唐朝大军；要么南下救援安庆绪，但这很可能需要克服唐军围城的重重工事。

最终，他选择带兵南下。史思明南下后，很快攻破了唐朝在河北新收复的重要据点魏州，基本全歼了驻扎在这里的九节度使之一崔光远部。不过，郭子仪一个反手，又几乎全歼史思明的偏师李归仁部万余人，双方第一回合算是打了个平手。

李归仁部惨败后，史思明发现他要面对的唐军并不好对付。安庆绪部已被歼灭大半，现在围城的唐军在数量上获得了优势，且郭子仪发动民夫大兴土木，在邺城附近修筑重重工事，史思明如果主动南下，需要以劣势兵力克服这些工事。几年前的嘉山之战，史思明就惨败于郭子仪的工事推进战术。

不过此时，唐军内部发生了一次较大的战术分歧。以李光弼为代表的几个唐将提出，可以留一部分军队继续围困安庆绪，以主力到魏州附近盯住史思明亲率的 5 万精锐，需要的话就进行野战。按照《资治通鉴》的说法，这个绝妙的策略被监军大太监鱼朝恩阻止了。但按照成书更早的《安禄山事迹》所载，

"汾阳以诸将欲袭思明谋议不同，汾阳与季广琛同谋，引安阳河水（漳水）浸城，遂筑堰开渠，而浸城焉"。汾阳便是郭子仪，也就是说，坚决反对李光弼等几个将领战术的根本不是鱼朝恩，而是郭子仪。最后，拥有仲裁权的太监鱼朝恩，站在了郭子仪、季广琛一方，选择继续围困邺城，并且引水灌城。

因为此战唐军失败了，所以李光弼的建议仿佛成了被错过的正确选择。实际上，主场作战的唐军都失败了，去了客场胜算只会更小，比起李光弼的建议，郭子仪的持重态度更符合当时唐军的实际状况。后来，郭子仪和李光弼都作为正面人物被载入了史书，鱼朝恩身败名裂，成了这个战术分歧中的反对者。真实历史很可能是，郭子仪和李光弼的矛盾连同其他因素一起让唐军走向失败。

在李归仁部偏师遭到郭子仪痛歼后，史思明带领自己的5万精锐，以新夺取的魏州为基地前往救援邺城。唐军十几万大军，加上修筑工事动员的大量民夫，后勤线压力巨大。另一方面，唐军各个节度使的部队间互相也难以辨认。史思明利用唐军的这一弱点，在邺城附近派出许多支骑兵小分队，骚扰和威胁唐军的补给线，使唐军苦不堪言。但郭子仪不为所动，他深知，等到打破邺城、全歼安庆绪部，史思明这些挠痒痒的把戏就完全丧失了意义。此时，在邺城被围困的安庆绪部已经到了"人相食"的地步，一斗米卖到7万多钱，一只老鼠数千钱。

看到郭子仪不动如山，史思明知道再这么下去不行，等安庆绪完败后他就会完全陷入被动。他直接带5万精锐直逼邺城。他的运气不差，路上居然遇到了正在守卫淹城用漳水堤坝的季广琛部，一番突袭之下，季广琛部惨败。按照记载，史思明部"杀我防堰官健，决我堤堰，又破卫尉县，烧粮车五十乘，驱却牛万头，官健走脱者一半"。

就这样，决战开始了。

《资治通鉴》记载："思明乃引大军直抵城下，官军与之刻日决战。三月，壬申，官军步骑六十万陈于安阳河北，思明自将精兵五万敌之，诸军望之，以为游军，未介意。"

我们已经分析了唐军半年前参战总兵力略低于 20 万人，之前在与安庆绪的激战和围城战中也有不小消耗，包括作战最英勇的节度使李嗣业都在这期间伤重不治而亡。史思明南下后，又相继击破了崔光远、季广琛两镇节度使所部。因此，此时和史思明对峙的应当有 10 万左右的兵力，优势还是不小。但是，唐军已经持续作战和围城半年之久，这一点远比不上休整了很久的史思明部。

所以，在整体实力上，唐军只能说是略占上风。

决战万金驿，被神话掩盖的战局

唐军在邺城郊外列阵迎战史思明部。郭子仪在万金驿附近列阵，李光弼则在韩陵附近列阵，两地相隔不过数里，因此被称为"万金驿战役"。按照《安禄山事迹》记载，战前郭子仪和李光弼"所谋不协"，也就是在战场的具体布置上又产生了不小的矛盾，这对双方在战前的布置和战役中的协作有不小的影响。和李光弼一起布阵的主要有王思礼、鲁炅、许叔冀三位节度使；郭子仪则统率剩下的部队。不知这种布置是否与之前讨论围城还是主动迎击史思明时，各节度使的立场有关。

战役开始后，李光弼等四镇军队与史思明部率先展开激战。李光弼等人拼死奋战，与史思明的主力打得不分胜负，"杀略大当"，节度使鲁炅负伤。郭子仪部主力此时还在列阵，但是，感觉时机已到的他立刻派仆固怀恩带领三千回纥精锐骑兵向史思明军冲锋。在之前的多次会战中，回纥人总能在关键时刻证明他们的价值，因此一直被作为最重要的冲锋力量使用，久而久之，甚至让安史叛军产生了畏惧心理。这次，郭子仪仍然希望这支部队能打开局面。

然而，让人意外的事情发生了，这支曾经在关键时刻打最艰难的仗、帮助唐军收复长安和洛阳的回纥精兵，在史思明调集精锐进行攻击时，竟然迅速被击溃，成为此战中唐军第一支被打崩的部队！

回纥人在收复两京的战役中得到了大量的掳掠品和赏赐，这对战斗意志有所影响。但真的让战斗力发生断崖式下降的，是他们的内部形势。一直以来，回纥的统领是回纥可汗长子，被史书称为"叶护太子"，他为唐朝立下了赫赫战功，并且和当时的唐朝太子、后来的唐代宗是结义兄弟。但是，在唐朝收复两京后的双方休整期，他竟死于回纥内部的政治斗争。按照《新唐书》的记载，"始叶护太子前得罪死，故次子移地健立"。叶护太子被杀，他的嫡系大概率被清洗，这支援助唐朝的回纥军队和叶护太子渊源尤深，此时无论是否遭到清洗，人心不定、战斗力大幅下降是必然，因此被史思明部击溃。回纥人的崩溃固然对唐军不利，但唐军整体人数占优势，郭子仪所部主力尚未参战，唐军并不至于整体性崩溃。但随后发生的一件事情，却使天平彻底倒向了史思明一方。

当时，唐军许多汉族将领对同阵营的异族将领极为猜忌。郭子仪所部的将领吴思礼曾公开扬言"蕃将怎么可能为国家尽节"，说完就盯着会场的蕃将仆固怀恩，双方算是结下了梁子。对蕃将的猜忌，在史思明复叛后颇为普遍，连郭子仪都不例外。这次，吴思礼受郭子仪之命在仆固怀恩军中监督仆固怀恩。在回纥人向后败退、军队陷入一片混乱时，仆固怀恩趁机报仇，将吴思礼临阵射杀，然后大叫"吴思礼阵亡了"。

郭子仪自然知道吴思礼之死是怎么回事。他担心仆固怀恩已经叛变，做出了一个令人咋舌的决定：带着自己还未列阵完毕的朔方军主力，立刻撤出战场。

一代名将郭子仪为何如此失态？

因为仆固怀恩的身份太敏感了。仆固怀恩是安史之乱中效忠唐朝的代表性蕃将，他的姓"仆固"来源于九姓铁勒中的仆固部，和同为九姓铁勒的回纥人不但同源，而且在某种意义上是平等的关系，因此，回纥王族主动要求同他通婚。取代了叶护太子成为回纥储君、未来将统治回纥20多年的移地健就是他的女婿。郭子仪有充分的理由担心，万一之前回纥骑兵的战败是仆固怀恩和自己的女婿一起勾结史思明放水，等仆固怀恩和移地健临阵倒戈，整个战场的唐军都可能被彻底歼灭。

所以，郭子仪选择第一时间逃离战场，至少可以保存实力。看到回纥军大败、郭子仪不战而逃，战场上还在苦战的其他唐军依次崩溃。但李光弼和王思礼两支最先和史思明交战的唐军保持了建制，有条不紊地后退，史思明也一时奈何不了他们。就在这时，一场沙尘暴突然出现，导致唐军的崩溃变得更为严重——自相践踏，死伤枕籍。但叛军也被沙尘暴冲得七零八落，没能进行有效追击，开始反向奔逃。

这场安史之乱中最大的恶战，就这样以奇怪的方式结束了。

此次战役，唐军士兵伤亡并不大，但是在无序逃跑过程中，海量的军粮、兵器、战马基本损失殆尽，征发到邺城附近进行土木作业和后勤的民夫的损失也极为惊人。可以说，唐朝廷在此败之后，短期内丧失了再组织如此庞大攻势的能力。以郭子仪的朔方军为例，士兵不过"四分损一"，但是"战马万匹，惟存三千；甲仗十万，遗弃殆尽"。李光弼、王思礼两部最先接战，最后撤退，因为维持了秩序，损失反而是最小的。

战后，唐朝廷把对战败负主要责任的郭子仪召回京师，把此战中表现出色的李光弼提拔为天下兵马副元帅。当时元帅是给皇子挂名的，李光弼出任天下兵马副元帅，意味着对付史思明的重任落到了他的肩上。应该说，虽然郭子仪的带头撤退可以理解，但唐朝廷在战后的处置基本公平。

对安庆绪和守城士兵来说，可怕的围城终于终结，他们的噩梦却才刚刚开始。按照记载："庆绪官健六千余人，大半饿不行立，并令安太清等养育之，数内三千三百人是随从庆绪者，亦杀之，食后方移入城。自是禄山之种类歼矣。"唐军败退后，城内还活着的安庆绪部 6000 人基本都饿得不成人样，史思明一口气杀掉了他认为的所有安庆绪嫡系 3300 人，占幸存者的一半以上，安禄山的直系后代全部被灭。

至此，安史之乱进入了新阶段。

邺城之战，唐军的失败意味着唐朝廷已经没有足够的资源全歼安史叛军、实现真正意义上重新控制华北的目标。这就奠定了晚唐藩镇割据的格局，也决定了唐朝的结局。

八 大唐波斯都督府究竟都督了什么？

公元 661 年，唐朝境内来了一支波斯使团。使者在献上礼物之后，向唐高宗李治表示："我们的国王被杀，王子逃跑，国家已经灭亡，希望唐朝能够出兵，帮助打败阿拉伯人，重建国家。"

这不是波斯人第一次求援了，7 年前，就有波斯使者提出了同样的请求，而李治以"路途遥远，难以用兵"回绝了使者。但这次，李治却派出使者前往西域，宣布建立波斯都督府。

为什么波斯要向千里之外的唐朝求援？唐朝为什么在这时转变态度？波斯都督府又是否支援了卑路斯呢？

阿拉伯人与波斯人

波斯会向唐朝求援，这不得不提阿拉伯人的"功劳"。

7 世纪初，阿拉伯半岛西部的麦加城下，穆罕默德与麦加贵族签订合约，伊斯兰教正式成为阿拉伯半岛的主流信仰，此后不断有阿拉伯部落归附，形成了一个阿拉伯穆斯林国家。统一阿拉伯半岛后，穆罕默德的继承者、阿拉伯的哈里发们向周边发起了声势浩大的征服运动。这场征服运动中，阿拉伯人家门口的拜占庭帝国与波斯萨珊王朝首当其冲，成为早期征伐最为主要的目标。

相较于蒸蒸日上的阿拉伯，波斯萨珊王朝呈现出一副江河日下的场景。末代国王伊嗣俟三世（Yazdegerd Ⅲ）上台之前，外战、政变、内战先后光顾波斯，经济凋敝、赋税沉重、王权旁落，已然一副行将就木之象。公元 632 年，伊嗣俟继位时还只是个孩子，此前一直过着隐居生活，国家事务全凭宫廷顾问摆弄。在此情景下，即便阿拉伯与拜占庭打得不可开交，国内仅有小部分遭入侵，波斯萨珊王朝亦无力整合国内贵族，只能被动防御，苟延残喘。

伊嗣俟继位之初，阿拉伯人就已经出现在美索不达米亚平原南部，开始蚕食波斯萨珊王朝在两河流域南部的领土。公元 632 至 633 年，阿拉伯人在短时间内扫平了萨珊南部要塞，进而向北方挺进，双方在两河流域展开拉锯战。在公元 636 年的卡迪西亚（今伊拉克巴格达以南）战役中，包括重装骑兵与象兵在内的萨珊精锐部队遭到毁灭性打击，全军奔逃溃散，萨珊主将亦被俘处死。卡迪西亚的失败对于萨珊而言，不仅是大批军官与全国范围内精锐的损失，更使得首都泰西封（巴格达东南）门户洞开。伊嗣俟与城中贵族听闻大败的消息，瞬间惊慌失措，连财宝都顾不得收拾，紧急逃向伊朗高原地区。

阿拉伯人追击而至，对伊朗高原发动猛攻，主力从高原北部下手，自北向南进攻。公元 642 年的尼哈旺德（今伊朗哈马丹）战役，波斯人再次惨败，米底地区门户洞开，萨珊后备兵力尽失。如果说卡迪西亚的失败让萨珊元气大伤，那尼哈旺德的失败就致使萨珊再无反攻的可能。尼哈旺德战役后，伊嗣俟再次逃跑，躲入呼罗珊地区，于公元 651 年在木鹿（今土库曼斯坦马雷）被杀，成了萨珊最后的"沙汗沙"。

伊嗣俟死后，他的儿子卑路斯（Pirooz）王子在呼罗珊又抵抗了一段时间，又在吐火罗叶护的支持下，保留了部分领地。

波斯与唐的交涉

在波斯萨珊王朝遭到阿拉伯人的猛烈进攻时，唐朝成了波斯人手中仅剩的几根救命稻草之一。

伊嗣俟三世在位期间，曾于贞观十二年（公元638年）、二十一年（公元647年）先后向唐朝派遣使者。伊嗣俟的第一次遣使发生在卡迪西亚战役与泰西封围攻战后，此时的波斯萨珊王朝已经失去了大批能够与阿拉伯军抗衡的精锐部队，首都泰西封与城中财宝也被阿拉伯人夺取，美索不达米亚平原也被全部占领。

第二次遣使则是在法尔斯战役前后，波斯萨珊王朝的"龙兴之地"与祭祀重地岌岌可危，在世俗王权与宗教信仰两方面遭受重创。在如此惨败之下，伊嗣俟遣使来唐，明显不是为了称藩诉求，请求唐朝出兵协助才是其最主要的目的。史书中记载：

（贞观十二年）高丽、新罗、西突厥、吐火罗、康国、安国、波斯、疏勒、于阗、焉耆、高昌、林邑、昆明及荒服蛮酋，相次遣使朝贡。

（贞观二十一年）是岁，堕婆登、乙利、鼻林送、都播、羊同、石、波斯、康国、吐火罗、阿悉吉等远夷十九国，并遣使朝贡。

（贞观）二十一年，伊嗣俟遣使献一兽，名活褥蛇，形类鼠而色青，身长八九寸，能入穴取鼠。

由此可见，唐朝方面对于波斯的出兵诉求反应冷淡，史书中只对波斯使者的到来简要记述，对于使者的要求与唐朝的回复均不见踪影。波斯的政治诉求甚至没有使者送来的"活褥蛇"引人注目。

卑路斯时期，也先后向唐朝求援两次。第一次在唐高宗永徽五年（公元654年）。这一年中，木鹿遭阿拉伯围攻，卑路斯慌忙之中向唐朝求助，史书中记载：

子卑路斯入吐火罗以免。遣使者告难，高宗以远不可师，谢遣，会大食解而去，吐火罗以兵纳之。

伊嗣俟之子卑路斯奔吐火罗。大食兵去，吐火罗发兵立卑路斯为波斯王而还。

唐朝的救兵终究没有来到吐火罗，高宗用"路途遥远"的说辞搪塞，使者只能如此回报卑路斯。

卑路斯则逃出木鹿城，躲进吐火罗地区，在吐火罗叶护的保护下，得到了一定喘息。在吐火罗的萨珊残部也尝试着同吐火罗人一道进攻呼罗珊，驱逐当地的阿拉伯军队，不过收效甚微。

卑路斯的第二次求援是在龙朔元年（公元661年），也就是本文开头的一幕。萨珊残部此番终于得到了唐朝方面的支援，不过唐朝的支援力度却有待另述。

唐朝对求援态度的转变

萨珊前后四次求援，唐朝回绝了三次，第四次才同意提供一定援助。可见，唐朝方面对此反应冷淡但又出现缓和，这同唐朝内外形势的变化不无关系。

伊嗣俟向唐朝第一次求援时，唐朝正在对西域高昌国用兵。高昌国王麴（qū）文泰同西突厥结盟，劫掠商道并向伊州进攻。为了消除西部的军事压力、切断西突厥同西域各国的联系，确保控制西域商道，公元639年，唐太宗以侯君集为行军大总管，进攻高昌。次年，唐军抵达碛（qì）口，西突厥援军迟迟不至，麴文泰竟被吓死，其子麴智盛向唐军投降。同年，唐朝设置安西都护府，以监控西域、遏制西突厥。

由此可见，伊嗣俟第一次求援时，唐朝西部边境尚未平定，西域诸国没有归附，西突厥势力仍在，安西都护府也并未设置。此时唐朝对西域的控制有限，影响力尚浅，不具备出兵波斯的能力，如果强行出兵，西域诸国极有可能全部投靠西突厥。恶劣的自然环境与潜在的军事威胁，注定唐朝此时不会同意援助。

伊嗣俟第二次求援时，唐朝正同高句丽开战。公元644年，唐太宗亲征高句丽，虽然取得许多战果，但并没有消灭高句丽，转而对高句丽进行持续骚扰。公元647年时，唐太宗命令牛进达、李世勣（jì）水陆并进，攻入高句丽境内。次年又派薛万彻进攻鸭绿江口。再加上此前击灭薛延陀，唐朝的军事重心位于东北，次之漠北，西域的优先级更低，而更远的波斯自然不在考虑范围之内。

公元654年，伊嗣俟之子卑路斯第一次求援，唐朝堂上正在经历唐高宗废王立武风波。唐高宗以换后为由头，同长孙无忌、褚遂良等元老派展开斗争。一年前又有房遗爱谋反案，江浙一带还爆发了农民起义。唐朝内部尚未稳定，何谈出兵。再加上西突厥仍在，依旧与唐朝为敌，如不平定西突厥，唐朝对西域的掌控仍受威胁，支援波斯也就无从谈起。另外，公元651年，哈里发派出使团来到唐朝，唐朝刚刚与阿拉伯建立联系，对阿拉伯人的迅猛扩张与军事威胁了解有限，故而拒绝。

等到卑路斯第二次求援时，唐朝已经攻灭西突厥，徙安西都护府于龟兹，对西域的掌控力度大大提升。唐朝此时有意向中亚拓展自己的政治影响力，就必然同阿拉伯在呼罗珊一带的力量碰撞。公元654年，卑路斯遣使时，萨珊残部被逐出木鹿；次年阿拉伯又派使团来唐；又过了一年，阿拉伯切断了同唐朝的外交联系。

这一连串事件的背后，可以判断阿拉伯在向东扩张的过程中，认识到唐朝将是一大阻力，也将是萨珊复国势力的后台。公元655年，阿拉伯遣使唐朝，极有可能提出要求，希望唐朝不支持萨珊残党与吐火罗，也有可能要唐朝从东方夹击吐火罗或让渡部分西域利益。阿拉伯第四位哈里发阿里上台后，将东方的军事重心放在萨珊残部与西域诸国身上，对唐朝表现出敌视的态度。西域诸国在阿拉伯的军事压力下，归附唐朝成为最为现实的选择。龟缩在吐火罗的卑路斯此时遣使，顺应了现实局势，也符合唐朝的期望，故有波斯都督府的设立。

波斯都督府与吐火罗道

唐高宗命陇州南由县令王名远作为特使，以吐火罗道置州县使的身份前往西域，册封包括萨珊残部在内的阿姆河流域国家，共册封 16 国，包括：

吐火罗，置月氏都督府；嚈哒（yàn dā），置大汗都督府；诃达罗支，置条支都督府；解苏，置天马都督府；骨咄，置高附都督府；罽（jì）宾，置修鲜都督府；帆延，置写凤都督府；石汗那，置悦般州都督府；护时犍（qián），置奇沙州都督府；怛（dá）没，置姑墨州都督府；乌拉喝，置旅獒州都督府；多勒建，置昆墟州都督府；俱密，置至拔州都督府；护密多，置鸟飞州都督府；久越得犍，置王庭州都督府；波斯，置波斯都督府。

萨珊残部被编制为波斯都督府，治所位于疾陵城（今伊朗扎博勒），卑路斯被册封为都督，势力范围大概是今天伊朗与阿富汗南部交界处。起初，波斯都督府属于吐火罗道治下的羁縻州，卑路斯是隶属于吐火罗叶护麾下的羁縻都督，这种安排虽然符合当时的实力对比，却不太妥当。波斯都督府位于吐火罗道最西端，是对抗阿拉伯的前线，卑路斯与其他萨珊贵族承担了阿姆河上游守门人的角色，战略地位十分重要。

此外，波斯萨珊王朝虽然被消灭，波斯都督府内只是一支残部，但依旧是一个西亚大国的最后残留，卑路斯也是萨珊王统所在，仍有一定潜在实力。而且波斯萨珊王朝信奉祆（xiān）教（即拜火教），中亚诸国境内也有大量祆教徒存在，在与信奉伊斯兰教的阿拉伯人对抗时，中亚的祆教徒也可被卑路斯以宗教的名义鼓动起来。在以上因素作用下，公元 662 年，唐朝方面宣布改封卑路斯为波斯王。

如果说设置波斯都督府还只是对困境中的卑路斯伸出援手，那么册封波斯王就毫无疑问是支持波斯复国。至此，唐朝与阿拉伯在中亚的利益根本对立，两大帝国在中亚呈现对峙状态。双方大致以阿姆河为界，阿姆河以南至呼罗珊为阿拉伯势力范围，阿姆河以北及阿富汗群山被安西大都护控制。

虽然唐朝设置波斯都督府，支持卑路斯复国，但这种支持还是以政治庇护为主，军事上主要还是依靠卑路斯与诸国自己。吐火罗道与下属16都督府的设置，虽然有军事庇护的含义，但更主要的还是以吐火罗道为框架，将各国置于一个政治、军事同盟之下，固定吐火罗叶护为同盟领袖。吐火罗特勤阿史那仆罗曾经上奏，提到：

> 仆罗兄吐火罗叶护部下管诸国王、都督、刺史总二百一十二人，谢颱（即诃达罗支）国王统领兵马二十万众，罽宾国王统领兵马二十万众，骨吐（即骨咄）国王、石汗那国王、解苏国王、石匮国王、悒（yì）达国王、护密国王、护时犍国王、范延（即帆延）国王、久越得犍国王、勃特山王，各领五万众。仆罗祖父已来，并是上件诸国之王，蕃望尊重。

此时，吐火罗叶护麾下有大小领主212人，统领诸国兵马90余万，如果再加上吐火罗本部兵力，当百万有余。虽然百万这个数字的真实性要打上一个大大的问号，但将零零碎碎的各国置于同一个政治体中，并明确上下隶属关系，确实有助于将一盘散沙的阿姆河流域与阿富汗山区整合在一起。在面对阿拉伯的进攻时，联合抗击总比各自为战的胜算大一些。

综上所言，设立波斯都督府与册封卑路斯，是唐朝支持萨珊复国的举动，但这种支持是一种政治行为而不是军事行为。波斯人恢复旧国的行动，也如波斯都督府一样，只是心中的政治抱负，难以成为实际的军事胜利。

波斯人复国愿望的落空

波斯都督府与吐火罗道设置之后，萨珊残部背靠中亚诸国，对呼罗珊进行军事试探，尝试从中捕捉机会重建国家，但都只是尝试而已。面对庞大的阿拉伯帝国与穆斯林军队，卑路斯与其他国君自保已颇为吃力。公元661年，穆阿维叶继任哈里发，伍麦叶家族与前任哈里发阿里之间的矛盾结束，伍麦叶家族成为阿拉伯帝国的统治者，哈里发头衔在家族中传递。短暂的内斗过后，是新一轮的扩张。

如果说卑路斯与麾下的波斯人渴望重建国家，那么阿拉伯人也迫切希望歼灭萨珊残党，消灭中亚各国。公元656年，阿拉伯人将扩张的拳头收了回去，又在公元663年重重砸向波斯、吐火罗。史载，当年"大食（阿拉伯）击波斯、拂菻（拜占庭），破之，南侵婆罗门，吞灭诸胡，胜兵四十余万"，波斯都督府治所疾陵城沦陷，波斯都督府名存实亡，卑路斯躲入吐火罗，在西突厥阿史那步真的援助下苦苦支撑。

在这一过程中，全然不见唐军的身影。

实际上，不是唐军不想支援，而是根本不能。公元661年，青藏高原上的吐蕃北进，切断了安西四镇前往吐火罗的通道，阻断了唐军对吐火罗的支援。公元662年，吐蕃又进攻安西四镇，并挑动周边西域国家起兵反唐。同年，又有西突厥阿史那都支反叛归附吐蕃，波斯都督府在内的吐火罗道诸州事实上陷入了孤立无援的处境，随后是公元663年的阿拉伯大进攻。

这一系列的军事冲突中，阿拉伯与吐蕃似乎达成了某种反唐同盟，双方的军事步调呈现出惊人的默契，凶猛打击唐朝的西域势力。

在吐火罗苦苦坚持的卑路斯，注定等不到他的援军，自保成了最大的问题。公元667年，阿史那步真突然死亡，部将改附吐蕃，卑路斯再无外援。同年，阿拉伯再次渡过阿姆河，向吐火罗大举进攻，波斯都督府被彻底消灭，阿拉伯人宣称"卑路斯被赶到中国去了"。

实际上，卑路斯带着家人亲信躲到西州，在安西大都护的庇护下度过了一段时光。可惜好景不长，咸亨元年（公元670年），薛仁贵等惨败大非川，安西四镇遭到吐蕃的猛烈进攻，尽数沦陷，卑路斯等又辗转来到长安，后被封为右威卫将军。

卑路斯最终死在长安，他的复国梦同他的身躯一起留在了异国他乡，留在了千里之外的中原。在乾陵的石像群中有一尊属于他的雕像，这也是千年之后卑路斯残留的痕迹。

卑路斯死后，他的儿子尼涅师（Narsie）先是在长安当了几年人质，于公元 679 年被册封为波斯王，又组织了一支由番汉兵构成的波斯军，在吏部侍郎裴行俭的护送下返回吐火罗。裴行俭行至碎叶城后（今吉尔吉斯斯坦托克马克）按兵不动，转而发起对西突厥阿史那都支的进攻。尼涅师与随从进入吐火罗。尼涅师在吐火罗同大食周旋 20 余年，在刚到吐火罗时，确实掀起了中亚诸国反抗阿拉伯的热潮，但在屈底波（Qutaybah）出任呼罗珊总督后，情况急转直下。屈底波对阿姆河下游与以北的国家发动猛攻，吐火罗叶护亦请降归附，中亚从此再无尼涅师立足之处，尼涅师只得返回长安。回到长安后，唐中宗封他为左威卫将军，后死于长安。

尼涅师之后，中亚还有部分波斯贵族坚持抵抗，波斯萨珊王朝虽然被消灭，但它的余脉仍在抗争。直到 9 世纪，波斯萨珊君主巴赫拉姆六世（Bahram Ⅵ）的后裔建立萨曼王朝，卑路斯等人的萨珊复国梦在某种意义上实现了，不过，这时的波斯已经是伊斯兰教的波斯了。

九

唐代宦官权力为何这么大？

唐代名人辈出，但若说到宦官，权宦仇士良必然榜上有名。《新唐书》曾这样评价他："士良杀二王、一妃、四宰相，贪酷二十余年，亦有术自将，恩礼不衰云。"历史上有名的"甘露之计"便是唐文宗为诛杀仇士良而设下的，最后却以失败收场。文宗驾崩后，仇士良拥立李瀍（chán）登基，此后权势更盛。

这段历史究竟是怎样的呢？唐代宦官又为什么有如此大的权力？

唐文宗的除宦计划

在中国古代历史上，宦官专权的情况并不鲜见，汉、唐、明三朝尤为典型。清代学者赵翼在《廿二史札记》中如此总结："东汉及前明宦官之祸烈矣，然犹窃主权以肆虐天下。至唐则宦官之权反在人主之上，立君、弑君、废君，有同儿戏，实古来未有之变也。"

唐中后期，宦官擅权，甚至左右着皇帝的生杀废立。唐宪宗年间，宦官势力就在立储上有着重要影响。在立储人选上，长子李宁和次子李恽（yùn）年龄较长，但母族卑微；三子李宥（yòu）晚出生几年，但母妃郭氏出身尊贵，是郭子仪的孙女。

虽然让李宥当太子的呼声很高，但宪宗起初还是立了李宁为太子，不过李宁两年后就去世了。当时深得宪宗宠信的宦官吐突承璀就建议按照长幼顺序再立李恽，但郭氏一系在朝中的支持者不少，最终三子李宥顺利登上太子之位，并改名为李恒。

但立储之争并没有就此作罢，吐突承璀暗自谋划改立李恽，而宦官中身居高位的梁守谦和王守澄等人则是太子李宥的支持者。宪宗晚年滥服丹药致使身体情况恶化，于元和十五年（公元 820 年）暴毙。王守澄、梁守谦等人立即拥立太子登基，也就是唐穆宗。而措手不及的吐突承璀和李恽最终被杀。

穆宗即位后，对有着拥立之功的王守澄、梁守谦等一批宦官委以重任，但他在位时间并不长，长庆四年（公元 824 年）正月就病故了。而后，穆宗长子李湛继位，即唐敬宗，但他在位不久就被宦官刘克明等杀害。刘克明准备迎宪宗之子绛王李悟入宫为帝，但王守澄、梁守谦指挥神策军入宫，杀死了刘克明和李悟，拥立穆宗次子、敬宗之弟李昂为帝，即唐文宗。

文宗虽是由宦官拥立，但鉴于父兄的遭遇，他意识到其中利害，便想要翦除宦官权力。《旧唐书》载：“*而帝以累世变起禁闱，尤侧目于中官，欲尽除之。*”

宦官势力正盛，想要压制并不容易，而且当时朝中的“牛李党争”正烈，文宗便自行物色人选，准备除掉王守澄等权宦。文宗发现出身贫寒的翰林学士宋申锡忠实谨慎，值得信任，所以就让他私下联合官员筹谋此事，并许诺提拔他为宰相。

后来，宋申锡升任尚书左丞，随即任同中书门下平章事。位居宰相后，宋申锡加快了诛除王守澄等人的计划。但由于消息走漏，王守澄先发制人，反过来诬告宋申锡勾结漳王李凑谋反，致使宋申锡被贬为开州司马，最终卒于贬所。

这件事之后，文宗并没有放弃除宦的念头，而是继续物色可用之人。这时，李训和郑注引起了他的注意，这两人都与王守澄有着密切的联系，不易被宦官怀疑。文宗"以训、注皆因王守澄以进，冀宦官不之疑，遂密以诚告之"。

随后，李训一路升任礼部侍郎、同平章事，成为宰相；郑注由太仆卿升至工部尚书，充翰林侍讲学士。此后，两人经常一起商议诛除宦官的计划，深得文宗信赖。

甘露之变的前因后果

起初，李训和郑注利用宦官内部矛盾，让文宗先擢升仇士良为左神策军中尉，以分化王守澄的权力，又将韦元素、杨承和、王践言等人贬谪赐死，将田全操、刘行深、周元祺、薛士干、似先义逸、刘英俐等人遣去巡边，企图逐个解决宦官集团中的重要人物。

此后，李、郑二人又与文宗商议，采用明升暗降的策略，任命王守澄为左右神策观军容使，兼十二卫统军，借这个虚号夺去了王守澄手中的实权，最终秘密将其鸩杀。在灭宦行动取得重大进展后，李训和郑注又将矛头对准了仇士良等人，便有了后来的甘露之变。

仇士良其人，在顺宗朝就入宫侍奉当时还是太子的李纯，也就是后来的宪宗。宪宗即位后，仇士良成为内给事，并出任藩镇监军使。据传，他当时和元稹还有一段过节。

一次，仇士良夜宿敷水驿，为了和元稹争住上房，竟然出手将其打伤。当时朝中官员奏请宪宗还元稹一个公道，但宪宗不但不为元稹申理，反而贬了他的官。借由这个故事，仇士良的跋扈气焰已可见一斑。

后历穆宗、敬宗、文宗三朝，仇士良一路做到了左神策军中尉这个手握兵权的要职。在王守澄失势后，仇士良成了宦官集团中数一数二的人物，当然也成了李训等人接下来准备诛除的对象。

在正式行动前，李训先进行了一番部署，奏请文宗任命王璠为河东节度使，郭行余为邠宁节度使，让罗立言暂代京兆尹，让韩约任金吾将军，以此来保证行动所需的兵力。

太和九年（公元835年）十一月二十一日，文宗在紫宸殿面见群臣，金吾将军韩约上奏说，左金吾仗院的石榴树夜晚有甘露降下。甘露在当时被视为祥瑞之物，于是文宗及众臣便来到了临近的含元殿。文宗先让宰相和中书门下的官员前去查看，李训回来后却说不能确定是否为真的甘露；随即文宗又让左右神策军中尉仇士良、鱼弘志率人前去查看。

仇士良等人来到左金吾仗院后，警觉地发现这里有伏兵，于是惊慌返回含元殿。双方交手后，宦官得以控制文宗，并将其带回宫中。李训见大事不妙，就换上了随从官吏的绿色官服，骑马出逃。

随后，反应过来的仇士良等人开始大肆报复。宰相王涯、贾餗（sù）、舒元舆均被捕，来不及逃走的两省官员也惨遭屠杀，宫中各司官吏被杀者达上千人，以致"横尸流血，狼藉涂地，诸司印及图籍、帷幕、器皿俱尽"。

李训出逃后也被抓获斩杀，王涯、贾餗、舒元舆被腰斩，一时间四宰相通通遭劫。当时已出任凤翔节度使的郑注本来打算带兵支援，听闻起事失败后仓皇返回，最终也被凤翔监军张仲清杀害。

这次以甘露为由的政变，史称"甘露之变"。经此一事，宦官气焰更盛，而文宗虽未被废，但从此郁郁寡欢。开成元年（公元836年），他就曾无奈地对臣下说："我与卿等论天下事，有势未得行者，退但饮醇酒求醉耳。"

开成四年（公元839年）十一月，文宗还对当值的翰林学士周墀（chí）说，自己连周赧王和汉献帝都不如。"赧、献受制于强诸侯，今朕受制于家奴，以此言之，朕殆不如！"说罢，文宗甚至"泣下沾襟"，次年正月便抑郁病逝。

仇士良的命运走向

文宗病重时，立了兄长敬宗之子李成美为太子，并密令宰相李珏和宦官刘弘逸等奉太子监国。但仇士良、鱼弘志等人为占拥立之功，矫诏改立文宗之弟颍王李瀍（晚年改名李炎）为皇太弟，也就是后来的武宗。

武宗即位后，仇士良让他赐死了威胁皇位的陈王李成美、安王李溶以及文宗妃子杨氏。加之"甘露之变"中仇士良的所作所为，《新唐书》对他便有这样的评价："士良杀二王、一妃、四宰相，贪酷二十余年，亦有术自将，恩礼不衰云。"

有着如此行径的仇士良，最终结局如何呢？

起初，拥立有功的仇士良被武宗任命为骠骑大将军，并封爵楚国公。但武宗心中自有明断，对待仇士良的态度是"内实嫌之，阳示尊宠"，表面上对仇士良尊宠有加，实际上并不信任。而当时李党之首李德裕再次拜相，深得武宗的信赖和重用，这也引起了仇士良的担忧。

会昌二年（公元842年），仇士良在神策军中宣扬他们的衣服、粮草将被缩减，还称这是宰相李德裕的意思，借此煽动神策军闹事，以打压李德裕。武宗得知后，便派人传话到神策军中，称"赦令自朕意，宰相何豫？尔渠敢是？"表示这本是自己的意思，还质问神策军怎么敢这样做。

这件事仇士良未能得逞，从此变得更加惶恐不安。第二年，他升任观军容使，兼统左右军，也就是当初王守澄倒台前坐过的高位。对于这样的表面尊荣，仇士良借病推辞，于是武宗就罢免了他的其他官职，只让他做内侍监，负责管理宫廷、侍奉皇帝。但仇士良还是坚持告老退休，武宗最终应允。

仇士良临走前，宦官们为他送行，他还洋洋洒洒地说了一番如何驾驭皇帝的经验，总结起来就是：不要让皇帝闲着，要让他沉迷玩乐，这样宦官才能独揽大权。

《新唐书》载："士良曰：'天子不可令闲暇，暇必观书，见儒臣，则又纳谏，智深虑远，减玩好，省游幸，吾属恩且薄而权轻矣。为诸君计，莫若殖财货，盛鹰马，日以球猎声色蛊其心，极侈靡，使悦不知息，则必斥经术，阏外事，万机在我，恩泽权力欲焉往哉？'"

会昌三年（公元843年），退休不久的仇士良在家中去世，被武宗追封为扬州大都督。但就在第二年，有人举报他家中藏有武器，于是武宗便下了一个削爵抄家的诏令。自认为驭上有术的仇士良，最终在史书上留下了一个奸宦的名声。

宦官专权的制度根源

大反派仇士良死后，便再无宦官弄权的情况了吗？实则不然，就以武宗为例，在他驾崩后，光王李忱（原名李怡）便是在宦官马元贽（zhì）的拥立下顺利登基，即唐宣宗。

对于唐代的宦官专政，司马光在《资治通鉴》中有如此总结："始于明皇，盛于肃、代，成于德宗，极于昭宗。"

唐玄宗（唐明皇）李隆基在位时期，最有名且最受宠的宦官当属高力士，玄宗还曾说："力士当上，我寝则稳。"天宝初，他就被授予冠军大将军、右监门卫大将军，并进封渤海郡公。天宝七载（公元748年），再加封骠骑大将军。肃宗李亨还是太子的时候，就称呼高力士为"二兄"，其他诸王和公主叫他"阿翁"，驸马一辈的则称他为"爷"，其地位之高可想而知。

不过，这一时期以高力士为代表的宦官们之所以能够参与政事，主要还是仰赖皇帝的宠信，仍然比较忠诚地为皇权服务。玄宗之后，宦官参与政治、军事的权力逐渐得到了制度化的保障，他们通过担任监军、神策军中尉、枢密使这些要职，成了握有军政实权的核心人物。

宦官监军，虽是始于玄宗时期，但当时不过是在征战期间为"监视刑赏，奏察违谬"才派遣，并非常设。安史之乱后方镇林立，这使得监军一职从临时派遣逐渐变为长期设置。到了德宗贞元年间，"天下军镇节度诸使，皆以内臣一人监之，谓之监军使"。贞元十一年（公元795年），河东节度使李说奏请为监军王定远铸印。自此，监军置印使得宦官监军更加合法化、制度化，宦官得以名正言顺地干预地方军政。

神策军中尉的设立则让宦官坐稳了中央禁军的统帅之位。直接掌管护卫皇帝的军队，使得宦官能够进一步插手军政，甚至选立皇帝。神策军原本是天宝十三载（公元754年）建立的一支戍边军队，安史之乱爆发后才被遣调到中原，后来逐渐发展为禁军中的主力，是一支担负着禁卫、征战、管理京畿（jī）关内事务的特殊军队。

广德元年（公元763年），唐代宗任命护驾有功的宦官鱼朝恩为天下观军容宣慰处置使，知神策军兵马使，于是鱼朝恩就成为禁军的统领。继鱼朝恩之后，禁军统领尚不是固定由宦官担任。直到德宗建中四年（公元783年）爆发了泾原兵变，禁军护卫不力，在德宗逃出长安后，只有宦官窦文场、霍仙鸣等及诸位亲王随行。经此一事，德宗罢免了许多手握重兵的将领。

兴元元年（公元784年），德宗任命窦文场、霍仙鸣监左、右神策军，贞元十二年（公元796年）又任命两人为左右神策军护军中尉，直接指挥禁军。此后，神策军设护军中尉两人，中护军两人，以宦官担任禁军统领成为定例。

此外，在代宗永泰二年（公元766年），宦官开始"掌枢密用事"，负责承奏传宣，但此时这还不是一个常设职位，只是有固定的地方来放置文书。到了宪宗元和年间，正式设置枢密使二人，后来拥立穆宗的梁守谦就是其中之一。枢密使制的确立，进一步扩大了宦官的职权范围，他们得以执掌机要，进入政治中枢，干预国家大事。

唐后期，两枢密使和两神策军中尉被时人称为"四贵"。宦官掌握军政实权，以致左右皇帝的选立。

十　西汉和隋唐的皇帝为什么不在长安待着，却老去隔壁洛阳"蹭饭"？

关中地区沃野千里，秦汉以此为根本，向东进取，建立了大一统王朝。此后，北周、隋、唐三个王朝，仍以关中为基地，夺取天下。但在整体处于盛世的情况下，隋唐时代的关中地区却供养不起在长安的朝廷，开始频繁出现天子带朝臣跑去洛阳"就食"的情景。

隋文帝开皇十四年（公元594年），关中地区的旱灾引发饥荒，隋文帝带领朝臣来到洛阳，让一部分百姓也到关东地区逃荒就食。到唐朝，这个情况变得更为频繁。据不完全统计，唐高宗时代，唐廷去洛阳就食过6次；"开元盛世"的唐玄宗极盛时代，朝廷也有5次去洛阳就食的记录。以至于唐中宗李显无奈自嘲道，堂堂大唐帝国皇帝被迫"就食东都"，沦落为"逐粮天子"了。

隋唐时代的盛世期间，为什么沃野千里的关中地区无法养活长安，以至于要去洛阳地区"就食"呢？当我们细细探究时不难发现，大一统王朝定都长安时，首都从未真正实现粮食自给，隋唐皇帝跑到关东"就食"，只是一种不太体面的表象罢了。

秦汉时期供养长安主要靠关东

在战国时代的大部分时间里，盘踞关中的秦国粮食状况并不乐观。根据对列国灾害记载的统计，秦国在灾害总数上略逊于魏国，但发生过的灾害类型最多，经历的饥荒次数也最多。不同于《大秦赋》这种影视作品，秦国从没有真正解决粮食问题。在关中的郑国渠和巴蜀的都江堰都已经竣工的秦末，关中地区的粮食保障仍然堪忧。

《秦始皇本纪》记载，嬴政继位后的饥荒可谓接连不断。秦王政三年（公元前244年），秦国"岁大饥"。四年，蝗虫遮天蔽日，天下大疫。我们看不到秦国救灾的记载，相反却可以看到秦国此时在猛攻韩、魏。这些行动也许和饥荒驱动下，秦军通过对外扩张掠夺粮食有关。秦国正式攻灭六国的第一战——"灭韩之战"，当年"秦地动，民大饥"，秦国本土出现了大地震和大饥荒。秦国攻破赵都邯郸当年，秦国本土再次大饥。再过两年，秦破燕都时，本土则是"大雨雪，深二尺五寸"。

也就是说，秦皇扫六合时，秦国正陷入连续四五年的大规模饥荒。有人据此推测，秦始皇正是为了降低和转移国内灾害影响，才突然大大提高了东进速度，让秦军赶紧打下六国国都及其附近的地区。国都一般是各国的粮食聚集地和最大的产粮区。通过把各国粮仓扫荡一空，秦国"以战养战"才暂时解决了国内的粮食危机。

到嬴政统一六国，咸阳（今陕西省咸阳市，在汉长安城附近）第一次成为大一统国家的首都。这里需要负担的非农业生产人口大大增加：宫廷比之前更庞大，官员和卫戍部队人数更多，还有从关东各国强制迁来的大量富户。除此之外，阿房宫、秦始皇陵墓等大型工程也需要养活大量非农业人口。

但诡异的是，关中地区反而没了饥荒的记载。这又是为什么？

长安的粮食供应如何解决，比较常见的有三种说法：

第一是关中地区在郑国渠竣工后物资丰饶、自给自足说。

郑国渠确实为关中的粮食供应提供了很大帮助，但这种提升效果是有限的。秦吞并六国前夕，关中地区发生连续性大饥荒，就证明了即使有郑国渠，关中平原有时仍然难以维持粮食自给。秦末汉初，战事频仍，关中地区人口大幅减少、粮食压力大为减轻。但到了汉武帝时，作为国力复兴的汉王朝京畿地区，关中人口的膨胀再次使得粮食供应变得极为艰难，甚至郑国渠也已处于半废弃状态。

为此，汉武帝修复郑国渠，将其重新命名为白渠，又在长安周边修筑三条新的灌溉渠，开凿了六辅渠，去灌溉郑国渠力所不及的高地。尽管如此，随着长安城市规模的扩大和用兵增多，关中地区始终难以满足巨大的粮食需求，不得不依靠外粮运入。

第二是巴蜀地区运入说，这个说法很大程度上和刘邦从巴蜀地区攻占关中，随后东出争霸天下，最终一统天下有关。

当时的汉水可以从汉中直达关中。但战国末年到西汉初年，从巴蜀走水路进入关中需要翻越分水岭，陇山以西渭水段的航运难度并不比通过三门峡的中流砥柱低。正因为航行极为困难，古蜀国才开凿了金牛道。以成都平原的体量而言，给占据关中、但还未统一天下时的秦国提供部分军粮尚有可能，想供应大一统时代的秦都咸阳或汉都长安，可谓杯水车薪。

另外，在西汉建国不到 20 年的吕后时代，四川发生了武都大地震，山体的巨大滑坡阻断了古汉水，使其分流成后来的汉江和嘉陵江，更导致巴蜀和关中之间的水路中断，秦岭和大巴山成为关中和汉中、巴蜀之间的天堑。后世的诸葛亮北伐始终受困于后勤，就和这次地震后水路的改变关系很大。武都大地震之后的西汉大部分时期，巴蜀运粮供给关中地区，从难度极大变成了得不偿失。

第三是关东输入说。

虽然关中地区产出丰盛，但随着首都规模的扩大，富庶的关中平原也难以供养这么多脱产人口。这时，长安的粮食供应不得不依靠函谷关以东的山西、河南和江淮地区。关东地区向长安供给的粮食数量在整个统一的秦汉时期是节节攀升的。

秦始皇统一六国后，就在今日郑州附近地区设置了巨大的敖仓，一方面囤积粮食，一方面把这里作为关东地区粮食向关中进行漕运时的中转站。楚汉战争时，敖仓是双方拉锯的主战场。到了汉初，《史记·平准书》记载："漕转山东粟，以给中都官，岁不过数十万石。"汉武帝继位时，运输规模进一步扩大。《史记·河渠书》记载："漕从山东西，岁百余万石。"当时在河南三门峡的砥柱难以通行，以及水道、水量、航道结冰的水文因素干扰，这个数量基本是极限了。

汉武帝元光年间，为了解决这个问题，汉政府开始修漕直渠。最终，漕运里程缩短了600公里，大大降低了运输难度。司马迁在《史记·平准书》里写道，在汉武帝的一系列工程后，关东地区"岁漕关东谷四百万斛以给京师"。再往后，随着囤积粮食的需求进一步增加，"山东漕益岁六百万石。一岁之中，太仓、甘泉仓满，边余谷"。

到了这时，才有了司马迁笔下的"太仓之粟陈陈相因，充溢露积于外，至腐败不可食"。从数十万石到百万石，从4百万石再到6百万石，每年运量数字节节攀升的背后，是关东地区为首都长安做出的巨大贡献。

从养不起一万士兵到首都

西汉末年，王莽篡位后引发了全国性的大内战，关中地区遭到极为惨烈的破坏。随后重新统一天下的东汉王朝把首都定在关东地区的洛阳。东汉时，汉朝和羌族的战争又使得长安城周边的三辅地区遭到极大破坏。汉末，董卓迁都长安，但这次迁都未能让长安得到复兴，后来的兵乱更加剧了关中的衰落。从此，长安彻底降格为关中的区域中心城市。

西晋时期，首都洛阳沦陷，一部分关中地区的豪族在长安拥立晋愍（mǐn）帝，重启了长安的建都史，但不久被匈奴人的汉赵政权攻陷。带兵攻占这里的汉赵将领刘曜，多年之后也在长安建都，后又被关东石勒所败。

　　每次失败，都意味着关中地区，尤其是长安，会遭到一波洗劫和掠夺。直到符坚建立前秦、定都长安，新莽灭亡以来的长安再度恢复了大一统王朝首都的气象。从这里，前秦一举统一北方，征服了蒙古草原和西域。然而好景不长，前秦在淝水之战中失败，北方再度陷入混乱，关中地区又一次沦为氐族人、鲜卑人和羌族人混战的战场，其遭到的破坏程度远超前几次，长安更是被鲜卑人完全摧毁。随后，后秦、东晋、赫连夏、北魏等政权相继统治关中，长安再度沦为区域中心。北魏占领关中不久后爆发了盖吴起义，长安城虽未受战火波及，但关中地区遭到大肆烧杀，人口损失极为惊人。

　　北魏从平城迁都洛阳后，河洛地区才是它的统治中心，长安依旧是区域中心。到北魏末年的六镇起义引起天下大乱，关中地区再度陷入动乱。持续的战乱加上当时的气温比现在要低3—4℃，导致农作物产量下降，关中地区能供养的脱产兵力越来越少。后来，北魏分裂为西魏和东魏，占据关中的西魏政权在最惨时创下一个纪录——饥荒来临时，西魏连一万人左右的脱产兵力都无法供养。

　　当时，西魏军在小关战役中击败了东魏军，第二年偏偏遇上了大饥荒。许多人被迫啃食树皮草根，百姓之间甚至出现了人相食的情况。西魏的野战军万余人也面临断粮风险，所以冒死东进，攻击东魏设在弘农的粮仓。结果，占绝对优势的东魏军因为轻敌在沙苑之战中惨败，西魏获得了大量粮食，像700多年前还未统一中国的秦朝一样，依靠关东的粮食度过饥荒。当时，西魏军俘获了7万名东魏军，但就算获得了巨大缴获，统率西魏军的宇文泰也觉得供养不起这么多士兵，因此仅仅留下两万人，把其他人放回东魏。从这个事件可以看出，当时的关中在供养西魏朝廷外，荒年养一万士兵都难，丰收时能供养的脱产士兵也有限。

　　经过西魏和北周50多年的经营，加上一系列战争中掳掠的大量民众（如在江陵一地就将数万平民掳掠到长安），关中人口逐渐恢复。长安人口达到了极盛期——49万余户，比起东汉光武帝时代的10余万户大大增加，但仍没能超过西汉时的64万余户。加上其控制的长江中上游和关东小部分地区，北周的实力虽然比不上北齐，但差距已经没那么大了。利用北齐内部斗争激烈的机会，北周武帝宇文邕以小博大，灭亡了比自己强大的北齐，统一了北方。随后篡夺了北周的隋文帝杨坚并进一步灭亡了苟延残喘的陈朝，数百年来第一次重新统一了南北。

长安再度成为大一统王朝的首都。这次，它的粮食供应如何解决呢？

人口空前膨胀

长安从关中地区的西魏、北周政权首都变成统一整个北方的北周、隋政权首都，随后进一步成为大一统政权的首都，其人口数量也节节攀升。

按隋炀帝大业五年（公元609年）的统计，此时关中地区的人口为56.3万户，272万人，虽然户数仍未超越西汉时统计的64万余户，人口却超过了当时的243万。也就是说，隋朝时关中的在册人口已经到达新高。除此之外，作为宫廷所在地，长安城有着皇族、太监、宫女、乐户、奴婢、禁卫军等大量不在册的人口。关中本身的农业产出和作为大一统王朝首都的巨额需求之间的缺口进一步扩大。

按照西汉旧例，长安的朝廷可以依靠调发河南、河东、河北等地的财富以支撑关中的需求。按照《隋书·食货志》记载："诸州调物，每岁河南自潼关，河北自蒲坂，达于京师，相属于路，昼夜不绝者数月。"但从函谷关向潼关运输的道路很难走，隋开皇四年（公元584年），由宇文恺主持，从潼关开凿了接到渭水的广通渠，提高了关中内部的交通效率。然而，这种运输效率的提升在关中地区物质需求的增长面前仍显得杯水车薪。

广通渠开通后10年的公元594年，关中地区大旱，隋文帝眼看长安要面临断粮危机，于是有了开篇提到的带着朝廷机关和部分关中民众到关东"就食"的记载。

隋炀帝继位时，为了彻底解决这个问题，干脆在洛阳建立东都，且一度常驻于此。在隋炀帝的诏书中，对在洛阳建立东都的理由做了很清晰的阐述："关河重阻，无由自达。朕故建立东京，躬亲存问。"翻译过来，大概就是向关中运输粮食太艰难了，所以干脆在这里也建个常驻首都。

隋末天下大乱，唐朝以关中地区起家，继续定都长安。此时关中的平均温度大幅提高，略高于现代。另一方面，隋末战乱也降低了关中需要供养的非生产人口，长安依赖关中的产出基本能自给自足。但随着贞观年间社会从战乱中得以复原，尤其是李世民在对外战事中取得了一系列辉煌胜利，长安城的人口急剧膨胀，于是粮食问题又来了。

隋炀帝修建的大运河基本把河北、河南和江南这些产粮区都联系起来，但战乱中的关东遭到的破坏远超关中，隋朝面临的转运困难问题没有得到解决，因此，这一阶段漕运的规模不大，每年从关东转运到关中的粮食不过一二十万石。一旦关中的收成出现问题，朝廷就不得不学习隋文帝，到以洛阳为核心的关东地区"就食"。唐太宗、唐高宗、唐玄宗三位皇帝统治期间，唐朝国力处于巅峰时代，却也有十几次去关东地区"就食"的记载。

归根到底，只要定都长安，粮食和人口的矛盾就会困扰始终。越是盛世，长安人口越多，粮食也就越紧张。唐朝前期，长安的人口空前膨胀，虽然关中平原此时因为气候回暖、水利和技术进一步发展，产出也大大增加，但长安的人口已经超越了当时条件下关中平原能负载的极限。

由于当时漕运技术水平的限制，唐朝前期关中歉收时，皇帝一般选择带领宫廷人员、朝臣和禁卫军等脱产人员去洛阳"就食"。最凄惨的大概是唐高宗永淳元年（公元682年），关中大饥，长安城里都发生了人相食的情况。唐高宗几乎是逃荒一般地前往洛阳，由于出行仓促，随行侍卫的禁军中有不少饿死的。唐高宗第二年就病死在洛阳，随后建立新王朝的武则天统治期间曾再度迁都洛阳，但武周王朝终结后首都又回到长安。

在漕运条件不好的情况下，皇帝带领朝廷去洛阳"就食"并不是什么丢人的事情。唐中宗时声称自己不当"逐粮天子"，在关中饥荒时拒绝去洛阳就食，但是他和他的宫廷不可能不吃饭。他不去洛阳就食，要么从关中人民为数不多的口粮中抢食，要么以大量民夫的生命为代价，克服自然障碍，从关东地区强行运粮。

后来唐玄宗在位，又开始频繁往洛阳就食。除此之外，他也开始改善漕运。开元年间，在裴耀卿的建议下，唐玄宗改变了之前隋唐从关东各地向洛阳运粮，然后统一运往长安的方案，而是根据各主要途经水流的水量水情，分段转运，并且在最难运输的三门峡区域用陆运克服天堑。

通过这种方案，长安朝廷大大提升了漕运量，算是解决了首都的粮食问题。唐玄宗开元初年，每年漕运量约100万石。开元二十二年（公元734年）至二十五年（公元737年）的3年间，运输量增加到700万石。唐玄宗统治后期的天宝年间，每年漕运量达到了250万石。到这个时候，隋唐年间长达一个半世纪的"逐粮天子"生涯终于画上了句号。按照史书记载，此时"关中蓄积羡溢，车驾不复幸东都矣"。

正当长安的粮食供应问题得到解决时，天宝末年的安史之乱开启了唐朝中衰之路。因为唐玄宗对漕运的改革，来自河南和江南的物资能有效地支持关中的唐王朝存续一个多世纪之久，直到唐末黄巢在长安城的烧杀抢掠，才让长安彻底衰落。

十一 神棍令北宋灭亡？
宋钦宗为什么相信江湖骗子？

"靖康耻，犹未雪。"北宋灭亡时皇室成员被金人强制押往苦寒之地的"靖康之耻"可谓人尽皆知。说到导致北宋灭亡的第二次开封围攻战，大家往往对一个故事印象深刻。金军重围下的宋钦宗竟然昏庸到相信一个叫郭京的江湖骗子。后者声称自己会"六甲"之神法，用7777个"神兵"布阵可以轻松破敌。宋钦宗相信了这种说法，导致了开封城的沦陷和北宋的灭亡。

开封城破的原因真的是如此儿戏吗？

郭京的"神兵"：忠臣孙傅导演的剧本，军事失败后维持士气的手段

不同于第一次开封保卫战时，金军是孤军深入后的强弩之末，第二次开封保卫战从一开始就注定凶多吉少，这是当时开封朝廷许多重臣的共识。早在金军再次大举南下前，宋军名将种师道就觉得开封难守，建议宋钦宗迁都长安，把长于调度和守御的李纲留下负责守御。事后看，这大约是此时北宋朝廷最合适的应对方案。宋钦宗在"靖康之变"被金人俘虏后，曾经很后悔没有听种师道的建议。稍后，宋钦宗的主要心腹、态度偏向主和的宰相唐恪，曾经镇压过宋江起义又在抗金战争中表现出色的名将张叔夜，也向宋钦宗建议迁都。唐恪和张叔夜均在宋钦宗被掳走后自杀殉国，可见无论是主战还是主和，当时的高

层都认为开封很难镇守。

第二次开封保卫战真正开始时，开封城的形势比起种师道建议迁都时又恶劣了许多。禅让的宋徽宗在金人第一次撤军觉得暂时安全后又想拿回权力，在位的宋钦宗则对其父严防死守，父子间的政治斗争在朝堂上蔓延，最终出现了一系列让人窒息的操作。长于鼓舞人心、调度守御但不擅野战的李纲被强令率领各路宋军援助太原，加上李纲朝中的盟友许瀚顶不住政敌压力，催促李纲尽快出战，最终各路援助太原的宋军被围点打援的金军几乎全歼。宋军绝大部分野战机动兵力就这样被断送了。宋钦宗既没能救下太原城，又在之后的第二次开封保卫战中面临无兵可用的尴尬境地。虽然野战无法和金军抗衡，但是这些军队已是宋朝的精锐了。如果他们能参与保卫开封，凭借坚城高垒固守，那么在围攻太原时损耗颇大的金人未必能破城。现在，面对数量和质量都占据明显优势的金军，守卫开封的宋军只能依靠自己的勇气和地利，尽人事听天命了。

在随后的开封攻防战中，守城宋军的表现可以说相当英勇。由于金人在围攻太原的战役中获得了大量经验，尤其是对于攻城战中石砲（pào）的运用水平大幅度提高，开封城的坚城优势被削弱不少，宋军不得不经常出城突击。

第二次开封保卫战的惨烈程度不亚于先前的太原之战。宋军此战表现并不差，但在和数量、质量都占据优势的金军拼了很久消耗后，他们也扛不住了。此时天气越来越冷，严寒对于宋军来说很要命，对来自苦寒之地的金军的影响却微乎其微。各地勤王的援军又迟迟不至。此时，一队出城突击焚烧金军攻城器械的宋军精锐竟然遭遇了冰面破裂的事故，溺死数百人。已经伤亡过半的宋军终于到了士气崩溃的边缘。

正是这个时候，每天都亲冒矢石、奋战在抗金第一线的兵部尚书孙傅突然对外声称，他最近翻看得道仙人丘浚的《感事诗》，里面有一句"郭京杨适刘无忌"，也许藏着拯救开封城的启示。顺着神仙的启示，孙傅在开封城内到处寻找，最终在禁军之中找到了郭京，这位老兵就这样被推上了历史舞台。之后，郭京得到了孙傅和中书侍郎何栗等人的信任，招募了一大群市井之徒，编练成 7777 人的"六甲神兵"，装神弄鬼了一段日子，到无法再拖延的时候硬着头皮出战，却在金军面前一触即溃，非但没能拯救开封城，还成了历史的笑柄。

我们不禁要问，为什么孙傅、何栗这些力主抗金、城破后相继殉国的名臣，在其他阶段风评不错，现在突然相信起江湖人士的装神弄鬼？

《宋史》中的孙傅传记直接给了我们答案。当时人劝说孙傅，没听说信这些人能打赢仗的，要是他们输了，我们现在的做法恐怕会沦为后人的笑柄。孙傅生气地回答："郭京就是为了现在这形势而生的，金军中的小兵都没有不知道的。幸好你是和我说这些，要是和别人说，恐怕要被以扰乱军心治罪了！"从这段话看来，正是孙傅为振奋己方的士气而打造了郭京的神仙形象，这种营销大获成功，从宋军到金军都知道他的存在。郭京的底细败露对士气影响会很大，以至于孙傅不得不专门告诫劝谏者不要扰乱军心。

值得注意的是，虽然郭京不过是个装神弄鬼失败的小丑，但有个普遍流传的说法认为郭京作法导致城门洞开，这显然和历史不符。当时在开封围城现场的石茂良在自己的笔记《避戎夜话》中写道："忽有郭京下使臣来传令云：楼子上除守楼子使臣军兵外，余人并不得上楼子。"也就是说，郭京作法只是禁止除了守军外的市民围观。《靖康小雅》说，郭京的"神兵"出城后被金军大杀一阵，城上的守军看到后士气低落，足以说明城上的守军一直在坚守阵地。

至此，开封保卫战中郭京"神兵"的闹剧就很清楚了。由于宋军大部分野战机动部队在太原外围几乎全军覆没，第二次开封保卫战中宋军处于明显劣势。在经历消耗性的恶战后，宋军损失惨重，士气低落。奋战在一线的兵部尚书孙傅以仙人丘浚的作品为凭，找来预言中能拯救开封的郭京等人。孙傅等人一开始就没有指望这帮人能击败金军，只是用来装神弄鬼给守军提升士气，因此尽量避免让他们出战。随着冬天到来，金军优势扩大，城破在即，守城方被迫派郭京所部"神兵"出击，结果一触即溃，在城墙上围观的宋军看到救命稻草落空，士气彻底崩溃，不久城破。从郭京装神弄鬼败露后守城宋军的总崩溃看，一定时间内守军对这支"神兵"的确有过幻想，骗术败露前"神兵"的存在的确提升过守城将士的士气。宋军第二次开封保卫战的失败，更多是因为众寡不敌，大部分机动兵力已经损失殆尽，郭京的"神兵"只是孙傅等守城负责人最后一针没起效的鸡血罢了。

孙傅导演的郭京"神兵"大戏没能拯救开封城，那么同时代抗金战场上声名赫赫的宗泽和李纲又是如何看待这些装神弄鬼的把戏的？

抗金名将宗泽，也是装神弄鬼的好手

孙傅在第二次开封保卫战中祭出的郭京"神兵"以失败告终。当时还是皇子的康王赵构在此战前曾被派往金营求和，路过河北的磁州城，此时磁州的太守正是宗泽。《三朝北盟会编》如此描述了这两人的初见：赵构路过磁州时，在城下望见来迎接他的百余人全部手执兵器，身着青纱，身上还有文身，用伞遮住马匹，马鞍和马鞍子下面的垫子上还有刺绣，像市民平时迎接鬼神一样。赵构看到这些奇奇怪怪的东西，便问他们在做什么。迎接者说："这是应王前来出迎康王。"所谓应王，便是宋朝时候很流行的一个鬼神，阎王爷的首席助理，当时神怪小说中地位很高的判官崔府君。在军务紧急的时候，宗泽却整天在这里装神弄鬼，给赵构留下了很差的印象，以至于差点错失了这个人才。第一次开封保卫战中立下大功的名臣李纲在自己的《建炎进退志》中生动地提起了这个故事。

北宋灭亡，金人掳获宋朝皇室北撤后，李纲前去朝见赵构，正好遇到了宗泽。宗泽在赵构面前慷慨激昂地表达了抗金决心，甚至流下了眼泪。等宗泽走后，赵构笑着对李纲说："宗泽虽然忠心可嘉，但是能力估计不怎么样。当年在磁州做太守的时候，无论做什么事情，他都要向阎王爷麾下的崔府君请示，行事也只听崔府君的指示。这样的人能堪大用吗？" 李纲就比赵构高明不少，他向赵构解释说："古人用类似的权术手段，假装听命于神明来贯彻自己命令的有不少，田单守即墨便是如此。宗泽的作为看似荒唐，我猜和田单也差不多。开封是京师重地，刚经历了被金人围攻的大变故，人心不定，必须有合格的人才来镇抚，不然不但金人再次入侵时守不住，内部也会有各种叛乱和匪患。宗泽这样有手段、有想法的人，守开封正合适。" 赵构恍然大悟，任命宗泽为开封知府兼留守。正是李纲的这番解释，宗泽才能走马上任，有了之后对金抗战的成果。 孙傅用郭京"神兵"来振奋人心，和宗泽在磁州的装神弄鬼，本质上都是一回事。更让人大跌眼镜的是，风水轮流转，蒙古人崛起之后，金人也玩起了孙傅操纵郭京装神弄鬼那一套。

对蒙古人束手无策的金国君臣，同样玩过郭京那一套

金国的国运不过百年而已。在灭亡北宋之后不到一百年，大金国走向了衰落，在蒙古人凶猛的攻势面前束手无策。公元 1213 年，刚刚继位的金宣宗便在首都中都迎来了蒙古大军的围城。金军野战部队主力此前已经在之前的野狐岭战役中损失殆尽，华北平原诸多城市也遭到蒙古人的席卷和掠夺，形势可谓与第二次开封之围如出一辙。金宣宗也只能选择在中都城内坚守不出。这次惨烈的中都围攻战中，郭京的闹剧又几乎重演了一遍，可谓无比讽刺。

困守孤城的金宣宗在城内开了一个"招贤所"来招募奇人异士退敌，希望能在绝望中创造奇迹。一天，"招贤所"的负责人完颜讹出还真遇到了高人——一个叫王守信的江湖人士来到这里，开口第一句便是"比起我来，诸葛亮可以说是不懂兵法了！"这口气真是吓死人。在之前一直表现得非常冷静、理智的完颜讹出，在与王守信一番对谈后，竟然觉得他是"王佐之才"，把他推荐给了金宣宗。召见问对后，金宣宗直接封了王守信一个"行军都统"的官职，让他在城内自行招募军队。

随后的剧情也可谓毫无新意，王守信招募了大量市井无赖，跳广场舞一般地对他们进行训练。一番训练之后，这支军队竟然出城了！走在最前面的是一杆大旗，上面写着"古今相对"，大约是在向业界老前辈郭京致敬；在后面的则是黄布袍、黑头巾、锡牌各 36 样，牛头响环 64 枚。簇拥着这面大旗和这些法物的，则是数百名衣衫褴褛、奇装异服的江湖人士，这便是王守信招募的神兵。中都百姓看着这些人出城，大概只有摇头苦笑，有文化一点的会想起郭京的旧事，大约没人觉得他们能活着回来。

没想到过了几个时辰之后，这支"军队"竟然回来了！有些人手里拿着柴火、干草之类的物资。更出乎意料的是，有几个士兵手中还提着刚砍下来的脑袋！这帮人耀武扬威、敲锣打鼓地返回了城内，俨然一副挫败了蒙古游骑胜利归来的样子。难道王守信真的有一套？这下，完颜讹出的政敌坐不住了，悄悄派人跟出城去，才知道了是怎么回事。原来这支队伍根本没去和蒙古人打照面，而是去近郊山上拾荒了，顺路砍了一些落单樵夫和难民的脑袋冒领战功。于是王守信被罢黜，这场闹剧也告一段落。

所以，宋朝和金朝在这个问题上谁也别笑话谁。当战场上全面处于下风、无计可施之时，哪怕是骗子无赖，也不妨让他们去试试，反正不管他们怎么折腾，至少能在短期内振奋一下人心。以忠臣形象留名于后世的孙傅起用郭京是如此，以冷静和理智著称的完颜讹出突然犯浑相信王守信也是如此。金朝统治者在围城中对王守信表示出的信任，恰恰是其军事和政治上陷入穷途末路后病急乱投医的表现。如果我们继续把视线放宽，会发现原来郭京和王守信的案例也远不是孤例。

古今中外，作战中装神弄鬼以鼓舞人心是常事

李纲为宗泽辩护中提到过田单的案例，说的是战国时齐将田单向百姓和围城的燕军宣传，说自己梦见上天派来一位"神师"帮助自己。有个士兵私下

对田单开玩笑说"我能做这个神师"，田单立即毕恭毕敬地把他请到上座，对他下拜。这个士兵吓坏了，对田单说："我开玩笑骗您的，我哪里有什么能耐？"田单只是叮嘱他："你在外面不要说话就行。"于是正式拜他为神师。每次田单发号施令，必称是神师的旨意。田单的这个把戏，对稳定城内军心、动摇敌人斗志起了不少作用。

实际上，在战争中装神弄鬼也绝非国人的专利。罗马入侵不列颠群岛扩张时，当地凯尔特人就用了一些装神弄鬼的手段，一度给罗马士兵的士气造成过很大影响。罗马作家塔西佗在《编年史》中记载："全副武装的敌人密密麻麻地沿着海岸列阵，还有一些妇女在其中忽隐忽现，这些妇女披散着头发，穿着深黑色的衣服，如同复仇女神那样挥动着火把。还有一群德鲁伊向着天空伸出双手，发出许多可怕的诅咒。他们的这种做法所造成的凄厉可怖的景象使罗马士兵感到十分害怕，以至于他们竟呆呆站在那里一动不动，成了敌人进攻的极好目标。"当然，这些装神弄鬼的把戏在绝对的实力面前作用有限，罗马人虽然开始时被吓了一跳，随后还是轻易击败了凯尔特人，血洗了德鲁伊教的宗教圣地。

所以，郭京并不孤独，在行军作战中装神弄鬼的事情比比皆是。古人由于科学文化知识有限，对于超自然的力量尤其是神明通常有着较高的敬畏感。利用这种敬畏感假托神意来鼓舞己方士气、动摇对方军心，是一个并不罕见的操作。但是归根到底，这个通常并不能左右胜负。

十二 外患不绝的尴尬陪都：北宋为何要设置四个京城？

北宋首都开封，因是京都又称为东京，一些文学作品直接以东京代指，如《东京梦华录》。很多人会猜测为什么叫"东京"，难道还有西、南、北三个京都，所以才会把汴京称为东京？

恭喜你，答对了！由于五代战乱，很多朝代都喜欢在首都之外再设陪都，以备不时之需。北宋也不例外，也拥有四个都城：东京开封府、西京河南府、南京应天府和北京大名府。

东京开封府

自周秦以降，五代以前，都城主要在长安和洛阳之间选择，这是当时社会经济与政治形势所决定的。但是唐朝末年，战乱频繁，长安、洛阳作为当时的军事政治要地，遭到了毁灭性的破坏。

长安在它千余年的首都生涯中可谓"鞠躬尽瘁"，建造了一朝又一朝的宫室民房，养活了一轮又一轮的人口，原本森林密布、沃野千里的关中地区到了唐朝已是"高山绝壑，耒耜（lěi sì）亦满""田尽而地"。长期缺粮的关中地区只能从富庶的江淮一带运粮到长安，为此隋炀帝开凿了大运河，把江南地区的财赋从淮河运到黄河，再逆黄河而上运到关中。但是路途遥远，且经黄河险滩，漕运成本极高，可以说是"一斗钱运一斗米"。长安的粮食长期供应紧张，甚至遇上大旱之年，皇帝也要就食洛阳。

而当时的开封，也就是隋朝的汴州，地处中原腹地，又是连接大运河和黄河的枢纽，早在五代时期，这里已是"水陆要冲，山河形胜，乃万庾千箱之地，是四通八达之郊"。在漕运上则无黄河天险，大大缩短了与江南的距离，所谓"均天下之漕运，便万国之享献"。汴河、蔡河、五丈河，作为漕运各地物品进京的黄金水道，被赵匡胤夸作宝贵的"三带"。汴河，更被视作东京的生命线，"利尽南海，半天下之财赋，并山泽之百货，悉由此路而进"。每年漕粮定额为 600 万石，最高年份有 800 万石，这些漕粮足以保证百万人口的生存。

因此，从五代开始，除后唐外，后梁、后晋、后汉、后周都先后定都于开封。而原为后周殿前都点检的赵匡胤通过陈桥兵变登上皇位，其主要政治势力也在开封，所以在建国伊始，内忧外患尚未平定之时，承袭后周定都开封不失为明智之举。

况且，有鉴于唐朝后期各节度使手握重兵，造成藩镇割据不听皇帝号令的混乱局面，宋朝建立后，将地方精锐部队集合到开封，充为禁军。禁军号称"天子卫兵"，是承担"守京师，备征戍"任务的职业军队，由国家财政供养。但是，禁军数量一路增长，从宋初的 20 万涨到 80 万，如《水浒传》中就提到"豹子头"林冲是 80 万禁军的枪棒教头。要养活如此多的人口，即使后期统治者想要迁都，也难以离开漕运便利的开封了。

西京河南府

"兴亡一觉繁华梦，只有山川似旧年。"

恰如这一诗句所描述，曾经盛极一时的唐王朝成为历史记忆，唐东都洛阳也随着唐王朝的衰亡而残破不堪："高亭大榭，烟火焚燎，化而为灰烬，与唐共灭而俱亡者，无余处矣。"洛阳作为都城的宫殿建筑等硬件条件在战争中丧失殆尽，即使经过五代时期的逐步恢复，也不过是"使隋唐洛阳城恢复过半"而已。

五代时期的古都洛阳与新秀开封曾互为陪都，但总的趋势是西京洛阳政治地位的下降。后晋、后汉时期保留在西京洛阳的郊祀大礼活动，也在后周"天子所都则可以祀百神，何必洛阳"的话语声中停止。开封完全取代了洛阳的政治地位。

赵匡胤建立的北宋继承了后周的政治衣钵，仍以洛阳为西京陪都。但是，洛阳"东有成皋，西有崤黾（xiáo miǎn），倍河，向伊雒（luò）"，相比开封的无险可守，洛阳优越的地理位置仍然吸引着统治者，让他们时时想着"新不如旧"。

开封因无可依仗的山川形胜庇护，只得养禁军护卫，为了养活禁军就要保证漕运疏通，为保漕运又不得不派兵守护，久而久之形成"禁军—漕运—防守"的恶性循环。宋太祖深切意识到了这一点，有了迁都洛阳的念头，希望能够"据山河之胜而去冗兵，循周、汉故事，以安天下也"。但是此事在赵光义以及群臣的反对中不了了之。

虽然不让迁都，但是宋太祖对洛阳十分偏爱，他把祖坟迁过来了！赵匡胤在西京巩县卜占陵地，将其父赵弘殷改葬到西京巩县，并且确定了西京宋陵区，北宋皇帝驾崩后均葬于此，使西京具有了皇陵所在地的神圣光环。从此，"内守宫钥，外奉园寝"，成为西京河南府的重要职能。此外，他还重新修葺了洛阳祭天郊坛，使洛阳再现皇家盛景！

此后，从宋太宗到宋仁宗，不断强化洛阳的陪都功能。宋太宗亲征太原之前，在西京进行过阅兵活动，设置了足以与东京中央财政部分庭抗礼的财政机构。宋真宗时又设置国子监、太祖神御殿等设施、机构，明确了洛阳在重大政治礼仪活动中的首要地位。宋仁宗时大规模修建西京外城，使其具有了名副其实的陪都气势。

洛阳以其独特的政治地位，自五代开始就吸引大批官僚聚居于此。由于洛阳官僚集中，一些政见相同者打着以文会友的旗号形成了政治小团体。特别是在神宗时期，围绕变法之争，洛阳形成了一个强有力的反变法派"洛阳耆（qí）英会"，很多人都是电视剧《清平乐》中"背诵天团"的成员，包括富弼、文彦博、司马光、王拱辰等 13 人。同时，还有文彦博组织的"同甲会"、司马光组织的"真率会"……神宗逝世后，以司马光为首的反对派，迅速从洛阳各种"会"中物色了一帮人，很快就把新法废除，其政治力量可见一斑！

"朋党"是北宋皇帝在政治上的心腹大患，洛阳城中拥有雄厚政治势力的官僚集团，很快引起了统治者的警觉。为了减少反对派的集聚、反抗，中央设置具有侦探功能的皇城司强化对西京的监管，同时皇帝不再临幸西京，使其政治地位日渐衰微。至宋神宗时期，西京外城已经颓缺残破，"卑薄颓阙，犬豕可踰（yú）"！

南京应天府

北宋应天府，即现在的河南省商丘市，在隋唐时称为宋州，宋太祖在当皇帝之前担任过宋州归德军节度使，可以说，宋州是赵匡胤的龙兴之地。因此赵匡胤称帝之后，"宋"的国号即由此而来。

沉迷天书符瑞、爱搞封建迷信的宋真宗即位后，为了强调宋朝的合法性，下诏称宋太祖建立北宋是顺应天命，将宋州改为应天府，并在几年后又诏升应天府为南京，成为陪都之一。

此外，这里的应天书院与岳麓书院、白鹿洞书院、嵩阳书院并称宋初四大书院。应天书院倡导明体达用，提倡"读万卷书，行万里路"，鼓励学生遍游山川，实地考察；并强调发扬苦学精神，把培养人才作为书院教育的核心，形成了完全区别于科举的书院教育制度，使众多的经世致用人才脱颖而出，其中就有写出"先天下之忧而忧，后天下之乐而乐"的范仲淹。

范仲淹在应天书院求学时，"昼夜不息，冬月惫甚，以水沃面；食不给，至以糜粥继之。人不能堪，仲淹不苦也"。看看，学霸与学渣的区别，就是人家大冬天看书看累了直接一盆冷水泼脸上，而你选择了去睡觉！经过在学院的5年刻苦攻读，范仲淹终于金榜题名！其后因为母守丧而退居应天府，接受当时南京留守晏殊的聘请，掌管府学，教授了一批优秀人才。

南京商丘作为龙兴之地，绝不是说说而已。南宋开国君主赵构决心重建大宋河山时也选择在商丘正式即位。只不过在金兵的强势追赶下，宋高宗并未在商丘久留，一路逃难至杭州，终生再未北上。北宋的建立者或许没有想到，有一天他的后世子孙会跑得如此之南，以至于三个陪都都没用上！

北京大名府

北京大名府并不是在现在的首都北京，而是在今河北省大名县境内。大名府能升为陪都，最重要的资本是它的军事地理位置。

石敬瑭（táng）在与后唐末帝李从珂争夺皇位时，为了得到契丹的军事帮助，不仅自降身份称"儿皇帝"，还割让了燕云十六州。

华北平原基本上是一马平川，而燕云十六州有着燕山山脉和太行山的分支，正好形成一个易守难攻的天然屏障，可以保护中原腹地。燕云十六州丢失后，中原王朝尽失地利险要，而辽政权却将燕云地区变成进军中原的桥头堡，直接威胁宋都开封的安危。

大名府地处南北通衢，是中原地区通往河北及塞外的咽喉，也是北宋黄河以北地区的政治和军事中心。北宋北方诸城中，"惟北京为河朔根本，宜宿重兵，控扼大河南北，内则屏蔽王畿，外则声援诸路"，素有"北门锁钥"之称。

寇准镇守大名府时，契丹使节路过大名，对寇准施展挑拨离间之术："你这么有才华的人物,你们皇帝不让你坐镇中央,咋把你弄过来看门了(相公望重,何以不在中书)?"寇准回答道:"我这么厉害的人物,国内风平浪静用不上我,就得在大名府时刻准备收拾你们(皇上以朝廷无事,北门锁钥,非准不可)。"除了选任能臣镇守大名府,宋初皇帝北征或者出巡北方,也以大名为行在①震慑契丹。宋真宗时,"大驾既驻邺下,契丹终不敢萌心南牧"。

宋仁宗时,李元昊称帝,建立西夏,不断对宋发动战争。契丹又瞅准时机,联手李元昊准备一起进攻。当此危难之时,宋廷官员有主张和谈送钱的,有主张迁都避祸的。倒是跟范仲淹不太对付的吕夷简站了出来:"使契丹得渡过河,虽高城深池,何可恃耶?我闻契丹畏强侮怯,遽(jù)城洛阳,亡以示威。""宜建都大名,示将亲征,以伐其谋。"意思是如果让契丹人渡过了黄河,哪怕城高池深,也要被人家敲个粉碎。契丹人欺软怕硬,咱们匆匆忙忙往洛阳跑,正好是示弱了。应该建都大名,表现皇上亲征的决心,彰显绝不退步的意志。

宋仁宗能被称为"仁"确实是有两把刷子的,他采纳了吕夷简的建议,建大名府为北京,任以重臣,号令全路,对故城营建一如"东京故事",建成的北京外城周长48里,宫城周长3里。契丹听说宋朝在大名修建了陪都,料到北宋要殊死抵抗,果然打消了这次侵略计划,大家就当无事发生。

此后,宋辽百年无大战,北京大名府作为军事重镇的功能也日益下降。金国崛起后,先联宋灭辽,又大举南下灭亡北宋,几乎所有的北宋皇族被掠到北方。漏网之鱼赵构虽建立了南宋政权,但谈"金"色变,整个北方领土被金朝占领,北京大名府也辉煌不再。

---

① 行在:旧时帝王巡幸所居之地。

十三　他开创的王朝存在了 190 年，最终没被记录在二十四史中

北宋名将曹玮是个预言家。

他在陕西主持军事工作的时候，有人给他带来了关于夏州政权首领李德明及其儿子的一个小故事：

李德明指派使者带着马匹跟大宋做贸易，但因为获利微薄而迁怒使者，要斩杀他。没有人敢出来劝阻，只有李德明年仅十几岁的儿子站出来说："我们用马匹资助邻国，已是失策，如今还要为钱杀守边人，那以后谁还肯为我们效力？"李德明从此不再为边境贸易问题杀人。

曹玮听完这个故事，认为李德明的儿子年纪不大，却很善用自己的族人，一定有不凡的心志。他很想见见这个少年，便一再派人去诱使他到集市上来，却都失败了。

无奈之下，曹玮只好派人去把他的容貌画下来。

当画像呈献在曹玮面前时，曹玮盯着画上的少年惊叹道："真英物也，若德明死，此子必为中国患！"

多年后，画上的少年称帝建国，纵横西北，一度成为大宋戍边军队的噩梦。一切正如曹玮所预料的那样。

这个少年，便是后来西夏王朝的开国者李元昊。

"西北小强"前传

西夏王朝的故事，对于现在的人来说，显得遥远而神秘。人们可能只有到宁夏银川旅游的时候，顺道去参观贺兰山脚下有着"东方金字塔"之称的西夏王陵，才会对这个逝去的朝代存留些许直观的印象。

但在一千年前，西夏是中国大地上鼎足而立的三大政权之一。它的立国以及不容小觑的实力，将中国历史带入了第二个"三国时代"：

前期，它与北宋、辽并立；

后期，它与南宋、金鼎足。

相比辽/金、北宋/南宋，西夏算是一个"国小民寡"的政权，以至于蒙古人一统中国、建立元朝后，在给前朝修史的时候，选择性地忽略了这个政权的存在。然而，不管是辽、宋还是蒙古，只要跟西夏较量过，就不得不承认：这是一只强悍的、打不死的"小强"。

建立西夏王朝的党项人，是西羌族的一支，汉朝时就迁徙到河西走廊一带，以游牧为生。唐朝时，由于吐蕃的强势崛起，党项人被迫向东部内迁到陇东、宁夏和陕北一带。

数百年间，党项人既与吐蕃、吐谷浑、回鹘等强族为邻，又不时与开疆拓土的隋唐帝国短兵相接，在夹缝生存中练就了彪悍尚武的民族气质。

尽管彪悍尚武是中国北方各族的共同标签，但其他尚武民族见了党项人，都不得不甘拜下风。党项人的民谚这样说：

宁射苍鹰不射兔，宁捕猛虎不捕狐。与明相伴不会暗，与强相伴不会弱。

正是凭借这种尚武的民族特性，在晚唐以后的乱世中，党项人不但未被征服，还逐步壮大起来。

契机源于唐末的黄巢起义。

黄巢起义爆发后，党项人拓跋思恭响应唐朝皇帝的号召，拉起一支数万人的军队驰援长安勤王。唐僖宗很感动，在黄巢被灭后赐予拓跋思恭大唐国姓——

李姓，改名李思恭，这样，一个党项人变成了"国姓爷"。不仅如此，唐僖宗还任命李思恭为夏州节度使，封为夏国公。

此后，李思恭和他的后代世袭节度使，成为陕北一带的藩镇势力。

祖辈与父辈

一个夹缝中的族群部落迎来跨越式发展，一定是有杰出人物出现了。

李继迁便是这样的人。他出生在宋朝开国后3年，公元963年。12岁时，就因才能出众，被当时的党项首领李光睿任命主管部落事宜。

公元982年，李光睿的儿子李继捧接任党项首领。继位后，李继捧做出了一个惊人的举动，他主动到宋朝国都开封觐见宋太宗，提出放弃世袭的夏州、绥州、静州、宥州、银州等5个州。

这个举动引起了一些不愿归附宋朝的党项部落的愤怒。

李继捧的族弟李继迁联合自己的弟弟李继冲和亲信张浦等人，假装抬棺葬母，成功逃出城去。数年后，李继迁集聚起一支军队，他成了党项人的新首领。

锋芒毕露的李继迁以诡计多端出名，在辽国的支持下，用几年时间就收复了原先的5个州，并夺取西北重镇灵州（今宁夏灵武），改名西平府，作为都城。

公元1004年，李继迁受到吐蕃六谷部首领潘罗支袭击，混战时中箭，不久去世。

李继迁的儿子李德明继位为党项首领。历史上对李德明的评价，认为他不像其父那么锋芒毕露，而是更加讲究权谋。

北宋名将曹玮在李继迁死后，曾上疏奏请趁机攻灭李氏政权，但未获准许。以后宋朝只能看着这个西北边陲政权一步步坐大。

客观上，李德明继位的第二年，周边形势彻底变了。宋辽两个大国经过20

多年的战争后，于公元1005年达成澶渊之盟，握手言和，此后双方在外交上发力多于在战场上兵戎相见。这逼迫李德明采取了向双方同时示弱的"依辽和宋"政策。

与此同时，李德明积极向西扩张，使夏州政权的势力范围扩大为银、夏、绥、宥、灵、盐、甘、凉八州之地。北宋名臣韩琦、范仲淹在追述李德明开疆拓土事迹时指出："从德明纳款之后，经谋不息，西击吐蕃、回鹘，拓疆数千里。"

现在对李德明的战功评价颇高，但实际上大家忽视了一个问题：他夺取甘州和凉州的两场关键性胜利，其实都是他的儿子、年少英雄李元昊打下来的。

李德明攻取甘州（今甘肃张掖）历时20年，前后5次出兵，包括一次亲征，均无功而返。直到公元1028年，他派出李元昊，才"拔之"。

攻取凉州（今甘肃武威）同样如此。公元1032年，李德明"命元昊将兵攻凉州，回鹘势孤不能拒，遂拔其城"。

李德明在辽宋两大国面前"扮猪吃老虎"，最终目的却是想称帝自立，只是在各项准备工作快完成之时，于公元1032年底突然病死。

李元昊正式上场。

统一河西大业

纵观历史，只要三代人连续有作为，基本上什么事都能干成。这个定律适用于家族、族群乃至国家。

从李继迁到李德明，再到李元昊，虽然祖孙三代的个性与手段不尽相同，但推动党项建立自己的国家却是不变的逻辑。

李元昊年轻气盛，向来不满父亲李德明臣服宋朝的做法。李德明生前告诫他说："吾族三十年衣锦绮衣，此圣宋天子恩，不可负也。"意思是，跟着大宋好吃好穿，还有什么不好呢。

李元昊则反驳道："衣皮毛，事畜牧，蕃性所便。英雄之生，当王霸耳，何锦绮为！"用现在的话说，李元昊并不愿自己的族人整日锦衣玉食，而丢失了民族性。

虽然李元昊与其父李德明思想对立，但不得不承认，李德明在位时期执行的臣服宋辽政策，使得党项境内"有耕无战，禾黍如云"。这奠定了李元昊奋起反宋的物质基础。

据《宋史》记载，李元昊"性雄毅，多大略""晓浮图学，通蕃汉文字"，是个文武兼修的雄杰人物。

上位后，李元昊将进攻的矛头对准了今青海西宁附近的以唃（gū）厮啰（997—1065 年）为首领的吐蕃政权。从公元 1033 年至公元 1035 年，李元昊数次出兵攻打唃厮啰，终因唃厮啰的抵抗而未能取胜。

但这并不意味着李元昊一无所获。在结束攻打唃厮啰之后，公元 1036 年，他一举拿下了瓜州、河州、肃州，随后"尽破兰州诸羌"。整个河西地区，已全部在李元昊的掌控之中。

这对于李元昊而言，是一个历史性的转折时刻。

经过三代人的努力，党项人控制了整个河西地区，使得西夏的统治地域"东尽黄河，西至玉门，南接萧关，北控大漠"，而河西则成为西夏接下来立国的军事屏障和经济来源。

更重要的是，李元昊对河西的有效控制，打破了宋朝"以夷攻夷"的军事策略。唃厮啰政权、回鹘、吐谷浑等一直是宋朝牵制西夏的友好同盟，李元昊的势力深入兰州以南的马衔山，与宋朝隔山对峙，标志着宋朝与上述同盟的联通之路已经彻底断绝。而李元昊凭借对河西要道的控制，使其在政治上胁迫宋朝成为可能，"恃此艰险，得以猖狂"。

尽占河西地区之后，李元昊的治理思路也被打开了。

他的父祖辈对河西采取的是劫掠政策，对河西走廊过往的商人直接抢劫或课以重税。李元昊将这些地区纳入统治地域后，就必须改变以往竭泽而渔的做法，转而对这一地区的可持续发展负责。

史载，李元昊"每欲举兵，必率酋豪与猎，有获，则下马环坐饮，割鲜而食，各问所见，择取其长"。这已是集体议政的雏形。河西是一个多族群混居的地区，主要族群有回鹘、吐蕃、汉族，并夹杂少量粟特人、吐浑人等。比起打打杀杀，如何"治国安邦"或许才是李元昊真正的挑战。

应该看到，河西地区常年饱受战乱，当地豪族和人民向往强势政治势力的庇护，最好是能实现一统局面。所以，当强势的李元昊对河西各州发动战事时，他实际上并未受到大规模的反抗。

而当他征服河西以后，当地汉族士人纷纷以前秦苻坚、北魏拓跋珪的故事"日夜游说元昊"，希望他建立一个国家，保一方安定。

河西的民望和诉求与李元昊的雄心不谋而合，称帝建国很快被他提上议程。

"反宋"与"仿宋"

早在公元1032年，李元昊继位后，他就开始了一系列"反宋"操作。

中华大地上的边缘族群，在历史上很少"被看见"，即便"被看见"，也是以"汉化"为前提。因为汉族文明太强大，具有无穷的同化能力，任何族群与汉族文明遭遇，都会不自觉地成为后者的"俘虏"。这应该是历史上边缘族群最大的焦虑。

李元昊要"反宋"，要保持自身族群的独立性，就是要让党项这个族群被历史看见。

在他继承父亲的西平王、定难军节度使的号位后，他宣布放弃唐朝所赐的李姓以及宋朝所赐的赵姓，改姓"嵬名"，自称"吾祖"（意为"可汗"）。

传说党项王族始祖曾娶吐蕃姑娘为妻，繁衍后代，这名吐蕃姑娘姓"嵬名"，是党项族的始祖母。李元昊改姓"嵬名"，表明他对逝去的吐蕃王朝的向往，以及建立党项国家的愿望。

为了让自己的族群被看见，李元昊强制推行党项传统发式，禁用汉族发式。他自己先做榜样，自行秃发，随后发布秃发令，限时三日，否则杀之。于是，"民争秃发，耳垂重环"。

此外，他还参与创制本民族文字，即西夏文。建立蕃学，培养党项统治人才。

由于李元昊统治的区域是多族群混居地带，所以他的称帝建国计划，除了要争取党项人的支持，还要尽量扩大支持面。基于此，他时不时把自己打扮成吐蕃王朝的继承者，并在必要时穿上回鹘可汗的服装，以此表明他是多族群的共同领袖。

但是，他慢慢陷入了一个悖论：他的建国大业单纯依靠自己的族群是难以有效完成的；他必须引进汉族精英作为智囊团，而这又使得他的建国大业充满了浓重的汉化色彩。

归根到底，李元昊一边"反宋"，一边"仿宋"。

他大力招来汉族精英为自己服务，倍加优待，以至于宋朝有些读书人考不上科举，干脆西行投奔李元昊。李元昊来者不拒，或授以将帅，或任命公卿，倚为谋主，奉为座上宾。这些归附的汉人在李元昊建立勋业的过程中出力尤多。

他还曾花重金买来宋朝皇宫放出来的宫女，让她们随侍左右，以便时时了解宋朝宫廷内部的运作。

在制度建设、机构设置等方面，他更是处处模仿宋朝。

正如北宋名臣富弼所说，李元昊"称中国位号，仿中国官属，任中国贤才，读中国书籍，用中国车服，行中国法令"。

这种吊诡的处境，在急于变得强大的李元昊眼里，已经无暇顾及了。尽管他处处模仿宋朝的做法引起了党项贵族内部的争议，但同时代的辽国也是通过学习汉族制度才变得坚不可摧，李元昊显然不可能抵挡先进制度的诱惑。

而从唐末李思恭成为夏州节度使以来，党项政权虽然时而悖逆，却一直依附中原王朝，如今，李元昊要称帝自立，这是破天荒。

他最需要筹划的是，做好军事准备，迎接宋朝的打压。

在军事上，他构建了兵民合一的军事组织，编了50万党项部落兵。通过一系列优化重组，部落兵的整体作战能力得到全方位提升。他还根据战争需要，编练了战斗力爆棚的新式军队。闻名遐迩的铁鹞子军便是党项新军中最出色的代表，虽然只有3000人，但这支军队是李元昊手中最厉害的王牌，破阵摧敌，无坚不克。

公元1038年10月，在做好军事部署后，36岁的李元昊在兴庆府（今宁夏银川）正式称帝，国号大夏。

收到李元昊称帝的表文后，北宋举朝震怒。

宋夏之战，看来不可避免了。

战争与和平

西夏国的建立，引发了北宋君臣的不适。而这种"不适"，不在于领土的分裂，而在于所谓的"大逆不道"，拂了面子。按照惯例，他们将李元昊称帝称为"僭号"。

君臣们先在大宋朝廷上严厉谴责李元昊，骂"元昊，小丑也，旋即诛灭矣"。

骂爽了之后，宋仁宗决定启用政治和经济惩罚手段——下诏削去李元昊的官爵和赐姓，关闭所有边境榷（què）场[1]，高价悬赏捉拿或斩首李元昊。

一切都在预料之中，但李元昊预想的军事打压却迟迟没有到来。

宋朝不喜欢用兵，在宋初，连兵书都被皇帝列为禁书。宋朝只相信道德、

---

[1] 榷场：宋、辽、金、元时在各自边境所设的同邻国互市的市场。

制度与经济优势，认定这三种优势足以碾压一切敌对势力。

反倒是李元昊坐不住了，在称帝一个月后，他率军入侵保安军（今陕西志丹县），主动挑衅。

随后的三年中，李元昊向北宋边境发起三大战役，从三川口之战到好水川之战再到定川砦（zhài）之战，一年一仗，全部取得大胜。北宋被打得没脾气；而踌躇满志的李元昊却挟着三战三胜的余威，放言说要"亲临渭水，直据长安"。

一时间，北宋朝廷大为惊恐，史载"关右震动"，"仁宗为之旰（gàn）食①，宋庠请修潼关以备冲突"。

不过，对于李元昊来说，他还不至于有"蛇吞象"的野心。他发动举国兵力连打三仗，目的在于胁迫宋朝承认自己的政治地位。宋人在战后也发现，"贼（指李元昊）举其国而来，其利不在城堡"。就是说，党项人并不擅长攻城略地。

三战过后，李元昊见好就收，把军事上的战绩转化成谈判桌上的筹码。而宋朝既定的外交原则，从来不是以武力，而是以和平方式去控制周边政权，只要能谈，绝对不打。

于是双方坐下来和谈。

这是一场漫长的和谈，双方谈了一年多，直到公元1044年底才订立"庆历和议"。在谈判中，宋朝代表庞籍对西夏代表李文贵说："悔过从善，称臣归款，以息彼此之民，朝廷所以待汝主者，礼数必优于前。"

李文贵听闻此言，顿首说："此固西人日夜之愿也。"

李元昊听完李文贵的汇报后，亦"大喜"。比起宋朝，李元昊更像是现代理念上的外交家：只重利益，不重名分。

---

① 旰食：事务繁忙以致不能按时吃饭，泛指勤于政事，多用于执政者、帝王等人的勤政。

按照和约，宋册封李元昊为"夏国主"，李元昊向宋称臣；宋每年"赐"给西夏银、绢、茶，合计25.5万两、匹、斤；开放榷场，恢复宋夏贸易。

宋夏双方在"庆历和议"的解释权上各取所需，各自表述。

宋朝认为这是外交的胜利，因为它用经济利益压制住了西夏。西夏也认为这是党项人的胜利，因为它名义上附宋，实际上已经自立，谁也改变不了这个事实，而它用名义上的臣服换取了巨大的经济利益，这笔买卖太值了。

在宋夏和谈进入尾声时，辽国看不下去了。

当时的中国棋盘上，宋、辽是两个大玩家，夏是个刚刚发迹的小玩家，因此成为大玩家拉拢的对象：宋夏和好，可以抗辽；辽夏和好，能够制宋。

从李元昊的祖父李继迁到李元昊，只要对宋朝强硬，辽国就与之和亲，借势拉拢，从而达到制衡宋朝的目的。如今，李元昊站到了宋朝一边，辽国十分不满，重兵压入夏境。

辽兴宗亲率10万大军征夏，李元昊采取避其锋芒的策略，让辽军长驱直入夏境400里而见不到夏军。在贺兰山与辽军交战失利后，李元昊又退兵百里，坚壁清野，连沿途的野草都烧光，陷辽军于粮尽草绝的困境。然后，李元昊发起反攻，一举击溃辽军，辽兴宗差点成为党项人的俘虏。

征夏失利后，辽、夏也进行了和谈。

从此，西夏与宋、辽形成三足鼎立之势，史上第二个"三国时代"来临。直到13世纪蒙古汗国崛起，才打破了这种三足鼎立的均势状态。

李元昊在北宋、辽两大国的对局中，依靠自身的能力，把国小民寡的西夏带到了牌桌上，此后两大国变成南宋和金，而西夏接近200年再未离桌。这不得不说是一个夹缝中的奇迹。

被看见与被无视

以往，我们站在宋朝的视角去审视公元10—13世纪的中国史，认为辽、金和西夏属于叛逆的割据政权，因而对这些王朝及其开创者的评价都不高。

但是，只要我们不带任何正统与族群的偏见去重新审视这段历史，就会发现这些少数民族建立的政权对中国产生了深远的影响。

以党项人为主体的西夏王朝崛起，实际上是并行于宋朝、辽朝的中国统一进程的重要组成部分。

河西地区自 9 世纪吐蕃衰弱后，河西豪族张议潮起义，并向唐朝献出河西 11 州。但张议潮真正控制的仅有瓜、沙二州，其他各州由居住在河西走廊的各民族自立、攻伐和割据，导致河西、陇右地区陷入长久的混战之中，这种情况延续至唐末和五代。

宋朝立国，结束了五代十国的分裂局面，名义上统一全国。但在北方、西北等地，宋朝的势力并未触及。党项人李元昊在河西所做的工作，正是宋朝想做而鞭长莫及的工作。让河西和河套地区复归统一，终结混乱的割据局面，这是 10—13 世纪中国历史从大分裂走向大一统的一个必要进程。

包括宋、辽（金）、夏在内的局部统一，为 13 世纪元朝的大一统奠定了基础。

最后交代一下李元昊的结局。

史书说，李元昊"结发用兵，凡二十年，无能折其强者"，我们也看到他在建立西夏后纵横捭阖，与宋、辽并立的智慧和才干。但饶是这样的一代雄主，却控制不住自己的下半身。

在他执政后期，好大喜功，沉湎酒色，以至于做出荒唐的举动。在他为太子李宁令哥娶媳妇的仪式上，他发现这个新儿媳姿色动人，遂强行纳为己妃，封号"新皇后"。而太子李宁令哥敢怒不敢言，后在党项权贵的怂恿下，于公元 1048 年的元宵夜趁着李元昊酒醉之际，持刀刺杀李元昊。李元昊受到惊吓，酒醒反抗，最终被割下鼻子，不久病重而死，时年 46 岁。

史载，李元昊临死前，给年仅两岁的幼子李谅祚留下遗嘱："异日力弱势衰，宜附中国，不可专从契丹。盖契丹残虐，中国仁慈，顺中国则子孙安宁，又得岁赐、官爵。若为契丹所胁，则吾国危矣。"

在最后的时刻，他已经看见了他开创的王朝将难以再奋起，只能嘱托到时的退路——"附宋"。从当年年轻气盛的"反宋"者，到最后变成像他父亲李德明一样的"附宋"者，李元昊的态度转变恰恰说明，汉化在潜移默化中已经取得了成功。

开国皇帝李元昊去世后，西夏王朝又延续了180年，直到漠北崛起了强悍的蒙古汗国。

蒙古大军消灭西夏整整用了22年，这是他们横扫欧亚大陆遭遇的最顽强抵抗。

公元1227年，在成吉思汗死后，蒙古人终于攻灭了西夏。

后来，元朝修前朝正史，一口气修了《宋史》《辽史》《金史》，唯独没有修"夏史"。或许还是传统士人出于对偏居王朝的傲慢与偏见，让存在了近两个世纪的西夏王朝被无视了。

若知道这个结局，李元昊定会长叹。

他希望自己的边缘族群"被看见"，到头来，只有自己的巍峨帝陵被看见。

十四 血腥内讧的连锁反应："土木之变"后，瓦剌与鞑靼的命运如何？

> 正统后，边备废弛，声灵不振。诸部长多以雄杰之姿，恃其暴强，迭出与中夏抗。边境之祸，遂与明终始云。
>
> ——《明史·鞑靼列传》

内讧迭起

公元 1450 年，瓦剌首领也先将英宗皇帝送还北京，结束了与明朝的战争。此举大概也不出乎时人意料。早在一年之前，朝鲜李朝的世宗大王就听到了辽东传来的流言——瓦剌以兵三千送英宗返明。不过，当时未必有人想到，远在北京城里的"夺门之变"发生之前，瓦剌统治集团的内部倒是率先爆发了一系列血腥的内讧。

最早浮出水面的还是一个痼疾：汗权。当时的也先固然声震大漠南北，但在名义上，他仍然只是蒙古汗廷内的"太师"，比起"黄金家族"的岱总汗脱脱不花仍旧矮上一头。诚然，早先的"跛子"帖木儿在中亚也处于同样的境地。对此，他的处理方法是把西察合台汗国诸汗变成"撒马尔罕的囚徒"。但也先却不能如法炮制，将大汗变成自己手中的傀儡。

这是因为脱脱不花与也先分营而治，乃是名副其实的天高"皇帝"远，因此具有一定的自主权。在瓦剌发动的对北京的攻势中，也先本部人马损兵折将，负责东线的脱脱不花实力损失却很小。不仅如此，他还在公元1450年至1451年大举东进嫩江、松花江流域，"收了野人女直（真）等处大小人口约有四五万，内精壮约有二万"。此消彼长之下，脱脱不花声威大震，羽翼渐丰。权臣与英主的冲突，如箭在弦，面临摊牌。

双方分裂的导火索，在于汗位的继承。瓦剌方面为了控制大汗，早已将也先的姐姐嫁给脱脱不花，充当安插在大汗身边的"线人"角色。其子（也就是也先的外甥）理当继承汗位。不甘充当傀儡的脱脱不花却不买这个账，决心要立另一个妻子所生的儿子为太子——等于要摆脱瓦剌权臣的掣肘。眼见双方的矛盾无可调和，景泰二年（公元1451年），脱脱不花率先发难，起兵攻打也先。也先初战不力，但不久就用"离间计"瓦解了对方军队，最后杀死了这位蒙古大汗。脱脱不花既死，瓦剌将其部众尽数瓜分。也先更下令大杀"黄金家族"后人。史书上说，"凡故元头目苗裔无不见杀"。忽必烈的直系后裔在这场劫难里几乎被斩尽杀绝。

在也先看来，一切都已水到渠成。公元1453年夏天，他宰杀白马黑牛祭天，自立为"大元田盛大可汗"，定年号为"添元"。"田盛"者，"天胜"也；"添元"则是"天元"之讹，乃是前北元大汗脱古思帖木儿（公元1378—1388年在位）所用年号。这些汉式象征符号，表露出也先继承元朝大统的意图。而以非"黄金家族"的身份窃据蒙古大汗之位，从成吉思汗以来，直到蒙古各部归附大清为止的4个世纪里，做到这一点的唯有也先一人！

可惜好景不长，不过一年时间，大汗也先便落了个兵败身死的下场。究其原因，倒不是真有什么只有黄金家族才能称汗的"天命"，而是也先避不开中外历史上创业者的顽疾——做得到同患难，做不到共富贵。

也先对草原的统治，实质上是瓦剌对蒙古本部的征服。他真正所能依靠的，也只是瓦剌的军事集团。在这个集团里地位举足轻重的是阿剌知院。此人以武勇著称，是也先的得力助手。也先称汗之后，其原有官衔"太师"自然就空了出来。根据元代以来的先例，太师兼任中书省右丞相，实是一人之下万人之上。凭资历、地位，阿剌也确实有做太师的资格。谁知也先来了个内举不避亲，把这个位子给了自己的儿子。

不仅如此，为了削弱阿剌的势力，也先还派人暗杀了他的两个儿子。如此一来，阿剌知院不反也要反了。公元1454年夏天，趁着也先出游打猎的机会，阿剌调集本部3万骑兵发动军事政变。也先猝不及防，兵败而走。蒙古文史籍记载，他在只身逃亡途中被仇家认出杀死。原本慑于也先淫威只能屈服的鞑靼各首领趁机起兵，拥立脱脱不花幼子，将大汗之位抢回到"黄金家族"手中。随着阿剌兵败被杀，瓦剌部众退居西北旧巢。此后，活跃在东南蒙古明朝沿边的不是鞑靼部酋，而是"兀良哈三卫"部众。

赫赫"小王子"

15世纪中叶是草原的另一个乱世。瓦剌固然内讧而衰，鞑靼内部其实也是四分五裂。从公元1454年算起，仅仅四分之一世纪里居然前后更换了三位大汗，且汗位一度虚悬达10年之久，时局混乱可见一斑。草原厮杀虽说习以为常，但已经因为也先大肆杀戮而元气大伤的"黄金家族"如何经得起如此折腾？到了公元1479年，随着满都古勒汗的去世，昔日人丁繁盛的忽必烈嫡裔男丁，就只剩下了一个当时大约只有5岁的孩童，脱脱不花之弟的曾孙巴图蒙克（蒙古语意为"结实""永久"）了。

就在这时，满都古勒汗的遗孀满都海夫人登上了历史舞台。她拒绝了游牧于大兴安岭地区的科尔沁部（成吉思汗之弟合萨尔的后裔）领主的求婚，毅然嫁给了巴图蒙克。这无疑是一场政治婚姻，将他们连接在一起的纽带绝不是神圣的爱情，而是巴图蒙克的血统——一丝微弱但能上溯到成吉思汗的血脉。在满都海夫人的主持下，巴图蒙克登上了汗位。据说，即位当年，满都海夫人即率鞑靼骑兵西征瓦剌。年幼的巴图蒙克体弱，哪里禁得起长途跋涉。满都海夫人遂命人做了一只大皮箱，将皮箱缚在马背上。巴图蒙克坐在里面，既不怕旅途颠簸，又不耽误行军速度。在塔斯博尔图（约在今蒙古国乌布萨湖一带），鞑靼大获全胜。满都海夫人斥责瓦剌首领"自古就是大汗的属众，怎敢僭越名分"，迫令其臣服。草原社会最重武功，这次重大胜利对年幼的巴图蒙克坐稳汗位自然大有裨益。从此，满都海夫人身兼母亲、妻子、辅臣三项重任，成为蒙古族历史上著名的巾帼英雄。

成为蒙古大汗的巴图蒙克号称"达延汗"。关于这个名号，早有学者考证其实就是"大元汗"。这倒不难理解，既然出身瓦剌的也先都念念不忘"恢复大元"，作为"黄金家族"嫡流的巴图蒙克冠以"大元"汗号自然更加顺理成章。对此，《明实录》里也有证据。弘治元年（公元1488年）五月乙酉，有一支鞑靼军队出现在大同（今属山西）近边，营亘30余里，声势浩大。其首领还给明朝发来一份"书辞悖慢"的表文，里面俨然以明朝的"敌国"自居，并自称"大元大可汗"。考察此事的年代背景，这位"大元大可汗"自是"达延汗"无疑了。

达延汗这位"小王子"的确是鞑靼（准确地说是"黄金家族"）的中兴之主。经过达延汗的几次武力征讨，"瓦剌为强，小王子（达延汗）次之"的格局被彻底颠覆，北元以来异姓领主（"赛特"，"大臣"之意）专权的局面也不复存在。蒙古大汗终于再度成为草原的真正主宰。诸部均须接受大汗的统一号令，稍有懈怠或不满的行为，便会遭到大汗的各种惩罚。鉴于这样的威势，大汗的直属部众因此被明朝方面称为"大虏"。

在蒙古草原所有不安定因素全部解决之后，达延汗开始了他一生中最影响后世的业绩——分封诸子。他剥夺了许多异姓领主的领地和属民，把它们转交给自己的子孙。过去支离破碎的领地被合并为六万户，又依照草原的习惯，以面向中原的南方为准，分为左右两翼。当年铁木真一统草原诸部后，一共设立了 95 个千户。如何时隔两个多世纪，达延汗却只分封了 6 个万户？可叹"小王子"终究不是"成吉思汗"。桀骜不驯的瓦剌自不待言，就连势力很大，号称"二十万科尔沁"的科尔沁部也因并非达延汗诸子孙领有而被置于"六万户"之外了。

这个格局虽在以后一百多年中有所变动（左翼的兀良哈、右翼的永谢布相继消亡），但大体格局保存了下来，进而在日后成为清朝在蒙古地区设立盟、旗的基础。察哈尔、兀良哈、土默特、永谢布、鄂尔多斯、科尔沁以及内喀尔喀诸部的活动区域日后被称为"漠南蒙古"。与之相对的，"左翼"的外喀尔喀（达延汗第十一子后裔）诸部的活动区域便成为"漠北蒙古"。即便在今日的内蒙古行政区域图上，仍然能够依稀看到昔日达延汗分封的痕迹。

俺答入贡

达延汗去世之后，统一的汗国在家族纠纷中倾覆了。当然，各部的领袖们——彼此是兄弟辈或堂兄弟辈——都承认达延汗的嫡子左翼（察哈尔部首领）拥有大汗的尊号，并在理论上对所有人有最高统率权。但实际上，16 世纪中期之后，大汗只对鄂尔多斯部保有名义上的领导权，而对漠北的外喀尔喀部就更加鞭长莫及了。

实际上，当时蒙古地区最有势力、最有威望的首领乃是土默特部的俺答（阿勒坦）。他虽然只是达延汗第三子巴尔斯博罗特的次子、土默特万户的领主，但"于以往丁壮之年期间，对外进行了四十五次大的战役"，可谓战功卓著。在其兄吉囊去世后，俺答总揽蒙古右翼三万户，"自上谷（今河北承德东）抵甘凉（甘州、凉州），穹庐万里"。连作为宗主的大汗（察哈尔汗）也惧他三分，先后赠其"索多汗""土谢图彻辰汗"的称号。甚至察哈尔万户的游牧地，最后也为远避俺答的锋芒，被迫东迁到了现在的辽河中下游流域。

在俺答生活的时代，鞑靼各部的生活形态发生了一个重大的变化。所谓

"逐水草而居"，在达延汗时代，汗廷每年都会于大漠南北做长距离迁徙游牧。大体言之，秋天从克鲁伦河经今蒙古国东南部一带南下到旧元上都之地住牧，然后由此西行，先在威宁海子一带暂住，待冬初黄河封冻后踏冰进入河套，在那里过冬。来年春初，趁黄河解冻前迁出河套，沿原路向东北游牧，夏初到达克鲁伦河。

而达延汗的子孙们则开始了名为"画地住牧"的生活。按当时明人的说法就是"诸房虽逐水草，迁徙不定，然营部皆有分地，不相乱"。这虽然对减少鞑靼内部的冲突有所帮助，但游牧经济很快也遇到了它的瓶颈：由于畜群增长，原有牧地不够用，牲口总头数的增长要求增补饲料牧地；此外，日益发展的畜牧业剩余产品也需要找到渠道交换"绸缎绢布"乃至"锅釜针线"等生活日用品。

对于第一个问题，俺答的反应是向西发动武力扩张。他曾经 6 次出兵征讨瓦剌，迫使其进一步西迁到阿尔泰山一带。可惜土默特部距离漠北过于遥远，俺答赢得的胜利果实——包括旧日蒙古帝国京城所在的和林，最终都落入外喀尔喀部的手里。当然，土默特在战事中也并非一无所得。俺答几次出兵青海，留其子丙兔等七部于此。"西海"就此成为土默特的领地，明朝则被迫接受了"环甘皆虏矣"的既成事实。

至于第二个问题，俺答准备通过与中原的贸易来解决——用畜牧业的剩余产品换取中原的农业、手工业商品。此时的鞑靼，对遥不可及的入主中原"恢复大元"早已失去兴趣，从各部首领到普通牧民，只打算在商业往来中安享太平之福而已。可惜明朝方面对此反应异常迟钝（另外封贡贸易本就是桩"厚往薄来"的赔本买卖，势必加以限制）。刚愎自用的嘉靖帝屡次拒绝互通贡市的要求，终于引得俺答暴怒，举兵 10 万包围北京城，大掠而去，酿成了震撼全国的"庚戌之变（公元 1550 年）"。战端既开，兵连祸结。光是从公元1553—1560 年，明方仅边关大将总兵、副总兵战死者就有 10 多人，军卒死伤更无从计数。嘉靖帝因此"终夜雍床，不能安寝"，堪称自作自受。

最终消弭这场无谓战事的是一次戏剧性事件。隆庆四年（公元 1570 年）九月十三日，俺答的孙子把汉那吉因为未婚妻被祖父强嫁他人，愤然投明。明廷意识到 "奇货可居"，遂妥善处理，终于与俺答达成协议。俺答所企求的开市和通贡也终于实现。

另外值得一提的是，随着互市的开展，许多喀尔喀乃至瓦剌的领主也派遣大批商队以漠南各地领主的名义到马市、民市、月市进行贸易。土默特方面当然不会错过商机，或者按市场马价抽分贸易税，或者将自己由市场上换来的剩余物资高价出售，从中取利。俺答的营帐地库库和屯，也因此迅速成为漠南蒙古手工业及商业中心。这座蒙古语里的"青色之城"到了今天，已经成为内蒙古自治区的首府，是为呼和浩特。

瓦剌再起

也先败亡之后，瓦剌俨然变成了草原舞台上的配角。《明史》为此感慨，"自也先死，瓦剌衰，部属分散，其承袭代次不可考"。

也先之后，瓦剌因受到蒙古本部（鞑靼）的阻隔，同中原地区的贡市贸易联系时断时续，因此近乎从中原史家的视野里消失。但在今天的新疆与中亚地区，瓦剌仍是一支令人望而生畏的力量。与俺答求贡的原因类似，瓦剌人的牲畜总头数愈多，接近中原市场愈困难，对富庶的河中（阿姆河与锡尔河之间）农区市场的需求就更加迫切。

根据《拉失德史》的记载，大约公元 1468 年，一支瓦剌军队侵入"蒙兀儿斯坦"（阿尔泰山以西、天山以北地区），东察合台汗国羽奴思汗亲自领兵在伊犁河附近抵抗，却被打得落花流水。直到几年后瓦剌军大掠而回，眼见蒙兀儿斯坦重新变成了无主之地，羽奴思汗才敢返回故土。直到下个世纪，情况也是如此。公元 1552—1554 年间，瓦剌骑兵又一次如同飓风一样侵袭伊犁河谷，当地统治者只得落荒而逃。说来有趣，当时这一地区诸多势力间仿佛存在一个从东向西的鄙视链。巴尔喀什湖草原的突厥－蒙古游牧民本是河中的定居民所惧怕的，但他们又被同属游牧民族的瓦剌人吓跑。塔什干是中亚数一数二的大城市。当地的统治者虽然是成吉思汗长子术赤的后裔，拥有"黄金家族"的高贵血统，但对从伊犁前来讨救兵的客人感慨，就是有 10 个像他们一样的君主，也是无力反抗瓦剌人的。

然而，瓦剌各部在政治上仍然陷于分裂。因此，面对达延汗的鞑靼军队的进攻时，瓦剌败多胜少，只能一步步向西退。一直到 16 世纪 50 年代，瓦剌人为了改变其互不统属的状况，才再度结成联盟，公推和硕特部首领为汗。

到 17 世纪前期，经过长期演变，瓦剌诸部归并为准噶尔、和硕特、土尔扈特、杜尔伯特四大部以及附牧于杜尔伯特的辉特部。准噶尔初在额尔齐斯河至博克河、萨里山一带，后以伊犁河流域为中心；和硕特游牧于从额敏河两岸及阿拉湖以南直抵塔拉斯河流域的狭长地带，有时还包括塔尔巴哈台（塔城）；土尔扈特游牧于塔尔巴哈台地区及其以北；杜尔伯特则游牧于额尔齐斯河两岸。

与俺答时代鞑靼的扩张如出一辙，随着时间的推移，瓦剌人口、畜群的增长与领地有限的矛盾也变得无法调和。于是，各部的领袖"形象犹如狂奔羊群的短尾苍狼，眼睛如久未吃食的饿雕"，企图恢复旧有的荣光。公元 1628 年，土尔扈特部占领乌拉尔河、伏尔加河流域。公元 1637 年，和硕特部入主青海、西藏地区……距离也先时代两个世纪之后，瓦剌人终于展开了大反攻。

可惜为时已晚。就像法国历史学家格鲁塞在名著《草原帝国》里描述的那样，瓦剌（卫拉特）人"在东戈壁地区遇到了清朝大炮，以及在叶尼塞河上遇到了莫斯科的连发枪。13 世纪遇到了 18 世纪，不是势均力敌的。最后一次的蒙古帝国在它正上升的时候倾覆了，这是因为它是过时的事物了"。

十五 燕国的真名是什么？曾随是否为一国？

> （周公）兼制天下，立七十一国，姬姓独居五十三人，而天下不称偏焉。
>
> ——《荀子·儒效》

周礼在鲁

按照战国思想家荀子的说法，西周早年一共分封了71个诸侯国，其中与周王室同姓（姬姓）的诸侯国占了绝大多数，有53个。这其实也不奇怪，武王伐纣以后，周人的分封对象当然包括神农氏、黄帝、尧、舜、禹等所谓的"先圣王"后裔，但这只是对已经服从周朝的国家表示承认而已，其中更多的则是王室亲族与开国的功臣谋士，对这些人的分封，除了是一种对功劳的奖赏之外，更重要的是让他们起到控制当地、稳定周朝统治秩序的作用。用古书上的话讲，就是"封建亲戚，以藩屏周"。"封建"这个词就在这个时候出现了。不过它与今天"封建社会"这个概念里的"封建"，意思是完全不一样的。

分封在现在山东地界的齐、鲁两国是最重要的两个诸侯国。齐的第一代国君就是赫赫有名的大将太公望（即姜子牙，也叫姜尚、吕尚等）。《史记》记载武王伐纣后就已封太公望于齐。有说法认为，彼时齐地尚是东夷之地，时间应推至周公之世。鲁的第一代国君是周公旦的大儿子伯禽（"伯"已经说明了长子的身份）。从这两个人的身份来看，周朝建立齐、鲁两国的目的已经表现得非常清楚，就是加强对东方的统治。

为了震慑东夷部族，周王朝授予太公望"东至于海，西至于河，南至于穆陵，北至于无棣（dì）"的征伐权力。齐人拥有代表周王室讨伐那些敢于反抗的五侯、九伯的权力。这一区域所包含的范围很大，大致北到河北卢龙，南到湖北麻城，西到河南北部，东到大海。太公望是一位能征惯战的军事统帅，让他来承担这个任务再合适不过了。日后西周中期的金文中，经常出现齐国参与征伐淮夷的记载，足见齐国确实起到了"夹辅周室"的作用。

至于鲁国，伯禽到东方就国，实际上是统率宗族武装殖民。他坐的马车，零件上都装有金光闪闪的铜片，车上竖起一面大旗，上面绣着两条龙，迎风飘扬，十分威严。伯禽带着自己的族人，成为军队的骨干。此外，他的队伍里还有"殷民六族（条氏、徐氏、萧氏、索氏、长勺氏、尾勺氏）"。族长负责指挥各自的队伍，管好所属的奴隶。周公是正在代理"天子"职务的人，他的大儿子出去建国是件大事。由于周公立有大功，还受到了使用"天子礼乐"的特殊恩赏，因此，伯禽带的礼器与记载着典故、礼仪、法规的竹、木简就特别多，此外还包括祝（祭祀时向神祝告的人员）、宗（管理族人的各项记录的人员）、卜（管占卜的人员）、史（史官，也管天文星象的记录）在内的各种执事人员。几百年以后，周王室衰败，许多资料文物散失，鲁国反而成为资料文物最完备的地方，这就是所谓的"周礼尽在鲁矣"。

伯禽到了鲁地，建起了宫殿、宗庙和城郭，这就是"曲阜城"的由来。关于"曲阜"的地名，东汉人应劭（shào）说，因"鲁城中有阜，逶曲长七八里，故名曲阜"。周时兴建的鲁城规模很大，城内围进了一座曲曲折折长达七八里的土山。"阜"就是土山，因此这座城被命名为曲阜。

这是史籍上的说法，实际情况又是怎样的呢？1977年3月至1978年10

月，山东省文物考古部门对鲁故城进行了大规模勘探，发现曲阜鲁城的面积达 10 平方千米左右。经探查，其城垣总长 11 771 米，有互相叠压的现象，年代最早者约属西周的早期，最晚者约属战国至西汉时期。这说明鲁城自始建之后，进行过多次增修，其位置一直没有变化。迄今仍有不少残垣耸立在地面上，尤其是城东南角及其两侧，高度 10 米以上，是先秦故城中城垣保存较好的一座。鲁城现已勘探出城门 11 座，东、西、北各有 3 座，只有南边是两座。城周围有护城壕，西面和北面则以古洙（zhū）水为城壕。在鲁城的城垣之内，建有规模宏大的宗庙、宫殿，并有宫墙围绕。宫墙与城垣之间的广大地区，在宫殿区的东、北、西各处分布冶铜、制陶等手工业作坊和居住遗址、墓葬区等。此外，十多条平道把城内各居民区连接起来并通向城外，交通也很方便。这就是当代的考古学者用手中的探铲和锄头，为我们描绘出来的周代鲁国故城。

齐、鲁地处山东，距离西周王都镐（hào）京非常远。这当然不是说周天子的王畿里就不存在诸侯了。正如《贞观政要·封建篇》所载："天下五服之内，尽封诸侯，王畿千里之间，俱为采地。"那些王都镐京附近的封国国君一般具有双重身份。他们除了作为诸侯国国君之外，还在王室内领有职务，像西周前期的周公、召公等人，都是王室的重臣。因此说，他们与周王室之间不仅仅是地方与中央的关系，更为重要的是，他们以公卿大夫的身份参与周朝中央政权的管理。因此，他们与周室的关系，要比东方的诸侯国来得密切。现藏台北故宫博物院的著名"毛公鼎"内的铭文就记载，先王已经册命过毛公，新王即位后又重新对他册封，感念毛公为王室做出的贡献。

另一个西方封国——虢（guó）国的历代国君，也是西周王廷里的"常客"。虢国初代国君的资格非常老。史书上说："虢仲、虢叔，王季之穆也，为文王卿士，勋在王室，藏于盟府。"可见他们早在周文王时代就已经担任卿士了。其中虢叔还当过周武王的老师。西周中期的青铜器"班簋（guǐ）"上的铭文里记载，"王令毛伯更虢城公服"。这就是说，周天子命令毛伯接任虢城公的职位，前去东方作战。由此可知，虢城公的职位应该是一位统兵将领。到了西周晚期，虢国在政治舞台上更加活跃。周宣王时，虢文公担任卿士；周幽王时，虢国的虢石父更是深得宠幸，权倾朝野。传统史书将此人描绘成典型的"奸臣"，他"好利"，因此加重对人民的剥削，以致"国人皆怨"。据说那个"骊山烽火戏诸侯"的馊主意，也是虢石父献给周幽王的。

在周幽王的统治下，西周王朝已呈危如累卵之势。《诗经·小雅·雨无正》的作者大概经历过那个时代，眼看整个社会一片混乱、萧条，外又有犬戎相逼，因此，既抱怨上天"旻（mín）天疾威，弗虑弗图"和周幽王的善恶不辨、是非不分，又抱怨那些朝廷里的贵族只顾自身利益，不为国家和下层民众考虑，显示出其对周朝的命运已经不抱什么希望。其实，朝廷之上，又何尝没有人看到这一点？就连位高权重的虢国上层也有了"跑路"的念头。

虢国最初的封地在今天的陕西宝鸡一带，后来其中的一个支系被封到了现在的河南荥阳一带，于是就有了"东虢"与"西虢"的分别。后来的春秋时代，在山西省平陆县东南和河南省三门峡市之间又有一个"虢国"，因其横跨黄河南北，所以其黄河南部地区和其黄河北部地区分别被称为"南虢"与"北虢"。成语"假途灭虢"里的"虢"，就是指被晋献公灭掉的"南虢"与"北虢"。这个春秋时代的"虢国"与西周的"虢国"又有什么联系呢？20世纪50年代与90年代，在三门峡上村岭先后发现了几十座虢国墓地，其中出土了一件"虢季子段鬲"，器主又称"虢文公子段"。按照著名历史学家李学勤的意见，这个"虢文公"就是清代道光年间在宝鸡出土的"虢季子白盘"的器主。由此可见，三门峡虢国世袭的正是来自宝鸡的"西虢"。

"西虢"是如何从陕西跑到东边的河南去的呢？其封地宝鸡正是戎狄侵入关中平原的必经之地。虽说拱卫王室本就是臣下的本分（也是周天子将其分封于此的目的）。但大难临头之际，虢国统治者恐怕也难免生出保全自己的私心。《今本竹书纪年》记载，"（周）幽王七年（公元前775），虢人灭焦"。焦国正在三门峡一带。可见虢人在西周灭亡前已在相对安全的东方建立了新的立足之地。20世纪的考古报告也认为如此，"从这次发掘看，铜器占主要数量的是西周的遗物……这些铜鼎又多是明器，明器不可能是东迁时带来的。陶器占主要数量的也是西周遗物，和西安、华县、洛阳的西周陶器相同，陶器也不可能是东迁时带来的，可见这个虢国的建立应在平王东迁以前"。当然，学界也有人有不同意见，坚持认为虢国东迁是西周灭亡、平王东迁时发生的事情。不过，考察西周晚年的王畿形势，"大难临头各自飞"恐怕也是一个理性的选择。同样与周王室联系非常密切的郑国亦是如此。

郑国是在西周晚期才诞生的诸侯国。其开国君主郑桓公是周宣王的弟弟。郑国最初也被分封在王畿之内，活动区域在今关中平原西南部渭河南岸地区。与虢国一样，它的主要作用也是充当周王室抵御戎狄入侵的屏障。周幽王在位时，郑桓公身为皇叔，在镐京担任司徒的官职。他见周幽王、虢石父已经把国家搞得不像样子，近在咫尺的戎狄又在虎视眈眈，必然是"王室将卑，戎狄必昌，不可偪（bī）也"。他忧心忡忡，只得替自己的家族留一条退路。公元前779年，他把家族、部属、财产搬到现在的河南新郑，建了一个新邦。需要说明的是，郑桓公不曾一走了之，犬戎入侵时，他对王室负责到底，在骊山之下血战阵亡，与周幽王"玉石俱焚"了。

燕国的真名

无论是鲁国，还是虢、郑，其公族都是姬姓。从中也可看到同姓诸侯所扮演的重要角色。情况与此相同的还有燕国。就像鲁国的诞生与大名鼎鼎的"周公"密切相关一样，燕国与"召公"也有着渊源。

召公，姓姬名奭（shì）。有一种说法认为他是周文王的小儿子或者庶子。不过也有人认为他只是西周王室的支系。无论如何，召公在周初是一位地位显赫的人物。《尚书·周书·君奭》里说，"召公为保，周公为师，相成王为左右"。这就说明，周初有两位重臣，周公为"太师"，召公为"太保"，一起辅佐武王年幼的儿子（周成王）。现藏天津博物馆的国家一级文物"太保鼎"腹内有"大（太）保铸"三字，应当是召公所铸。在周初的名人中，召公的寿命显得特别长，直到周成王去世后，他还主持了姬钊（周康王）的即位仪式。在太庙的祖先牌位前，召公告诉新天子文王是如何辛苦经营，武王如何争取天下，又再三告诫"王业之不易，务在节俭"，做天子的第一戒律就是"毋多欲"。召公的这篇说辞后来以《尚书·周书·顾命》为名载入史册。

根据以《史记》为代表的史籍记载，周朝开国之后，作为同姓的主要人物之一，召公被派到今天的华北北缘去建立一个新的据点（即燕国）。这里正处在中原华夏族和东北各族交流往来的通路上，也是商朝势力早已达到的地区。周王室将召公封于燕地（河北北部），显然意欲借助他的声威，为周人在北方建立起一个强有力的政治、军事桥头堡，既可控制商朝的残余力量，又可向北进一步开拓——在这方面，辽宁的大凌河一带出土过商、周之间和西周早期的青铜器就是一个例证。

奇怪的是，燕国的战略地位虽如此重要，但在《史记·燕召公世家》中，却只用"自召公已下九世至惠侯。燕惠侯当周厉王奔彘（zhì）、共和之时"寥寥数语，就把跨越大半个西周时期的燕国史交代了。同样糟糕的是，惠侯之后，虽开列了釐（lí）侯、顷侯二位燕君，但亦毫无事迹可言，甚至连名字都没记载。可以说，旧史籍有关西周时期燕国历史的记载，基本上是一片空白。唐代司马贞在《史记·索隐》中解释说，这是因为"并国史先失也"。至于"国史"失载是否与始皇帝"焚书"有关，这也只能仁者见仁，智者见智了。

更令人困惑的是，自从《史记》以来，尽人皆知先秦的华北有个燕国，可是长期以来，人们未见过带"燕"铭文的西周早期青铜器。这就不免令人生疑，难道是《史记》所载有误，西周并不存在一个燕国？好在 1955 年，辽宁马厂沟发现了一批铜器。其中特别重要的是一件"燕侯盂"，其时代约为周康王前后，上有铭文"匽（燕）侯作"。更令人欣喜的是，1973 年以来，北京房山县（现房山区）琉璃河发现了一处周初遗址，总面积达 5.25 平方千米。它是一个包括城址、贵族墓葬及其他遗迹的大型遗址。在发掘中，当地也出土了带"匽侯"铭文的青铜器，比如"伯矩鬲"的内壁铭文大意就是，某一日，"匽侯"赏给矩一些贝，他为了纪念这份荣耀，为其已故的父亲做此礼器。这就可以证明司马迁记述的"燕国"是真实存在的，只不过在传世青铜器里写作"匽（偃）国"而已。

接下来的问题是，既然京师镐京与幽、燕地区之间路途遥远，且要横渡黄河，交通极其不便，召公是真的去了燕国当国君呢，还是像同在京城辅政的周公派伯禽那样，以儿子代封？答案同样深埋在琉璃河西周燕国遗址里。考古工作者在此发现了"堇（jǐn）鼎"。其内壁铸有铭文，大体意思是，匽（燕）侯命令名为堇的大臣去宗周（镐京）给"太保"送吃的，太保是第一位匽侯的父亲，因为千里迢迢不容易，太保就赏赐了堇一些钱，堇为了纪念此事，铸了这个鼎。"太保"既是召公，又是第一位匽侯之父，燕国的开国君主显系召公之子无疑了。可以说，这一发现澄清了文献史料对西周燕国建国记载的疑团。

除此之外，古书里关于燕国都城的所在地尚有三种不同的说法：一种认为是在今北京一带，一种认为是在今河北蓟（jì）县，另外一种认为是在今河北涞水境内。但琉璃河燕国遗址的出土，使这个曾经多年来争论不休的问题得到了解决：周初燕国的都城在今北京附近的可能性要比另外两种说法可靠得多。总而言之，近得考古发掘之助，人们对西周时期燕国的情况的了解虽仍不够系统、全面，但比之前的了解已经深入了许多。

曾随之谜

实际上，自从王国维提倡运用"地下之新材料"与古文献记载相互印证的

"二重证据法"之后，考古发现一方面解决了不少西周封国的悬案，另一方面也生出了一些与史书记载抵牾（wǔ）的新问题。"曾国"与"随国"的关系，就是其中一个典型例子。

1978年，在湖北随县发现了战国年间的"曾侯乙墓"。其中出土的随葬器物精美绝伦，包括亮丽的漆器、庄严的青铜礼器、精致的丝织品以及多彩的生活用具等。其中，最引人注目的当属气势磅礴的曾侯乙（青铜）编钟。经过试奏，古今乐曲都可以演奏，真是珍贵的宝物。古人形容贵族大官，常用"钟鸣鼎食之家"，鼎是食器，钟就是编钟。可以想见，曾侯乙虽只是楚国的"附庸"君主，生活上仍旧可以说是穷奢极欲。当他坐在地面的席子上从鼎里取东西吃时，庞大的乐队鸣钟吹竽，供其消遣，那种气派，真有点不可一世的样子。

这个伟大的考古发现足以证明，春秋战国时期在今随州一带存在一个"曾国"。可是考察史料，却明确记载着当地是"随国"。《国语》记载，郑桓公向周朝太史讨教家族去向时，后者分析天下形势时就提到了南方有个"随国"。西周王朝在汉水以北、淮水上游一带设置了蔡、巴、应、蒋、随、唐、息等诸多同姓封国，这就是《左传》所说的"汉阳诸姬"。随国正是其中首屈一指的强国，人称"汉东之国随为大"。春秋早期，楚武王正是在击破随国，将其变为附庸后才将势力向东、北延伸。可能因为随国在吴军攻楚（公元前506年），楚昭王落难时保护过他，整个春秋时期，楚国也没有灭随。然而，这个地区有"随"字铭文的铜器在很长时间里却一件也没有发现。如此一来，具"地下之材"而无"纸上之材"的曾国，和具"纸上之材"而无"地下之材"的随国到底是什么关系呢？

大约"曾侯乙墓"发掘后不久，有学者即有意见，"汉东地区的曾国，很可能就是文献里的随国"。但这一看法随即遭到反驳，如果随国真是曾国的话，文献不可能不提及；如果随在春秋时改名为曾，文献也会有所记载，那么，曾国就是文献记载的"缯"或"鄫"。问题在于，"缯"或"鄫"的确与"曾"音同字通，但古籍上记载的"鄫国"分明是一个位于今山东兰陵一带的姒姓小国，与汉水流域渺不相涉。

历时长久的争议，最后还是要从考古发现里寻找答案。2011 年，湖北省文物考古研究所在湖北随州叶家山发现了西周早期墓葬 65 座，车马坑 1 个，出土青铜器 325 件，多数青铜器上有铭文"曾侯"和"曾侯谏"，总字量达 400字。这说明此处墓地应是与早期曾国相关的一处家族墓地，而曾国的历史也因此从战国时代上溯到西周早期。之后，在距离曾侯乙墓只有 4 千米的地方，又发现了另一处曾侯墓地，这就是被评为 2013 年度"全国十大考古新发现"的随州文峰塔东周曾国墓地。在文峰塔遗址里，除出土了一批带"曾"字铭文的铜器，同时还发现了一件带有"随"字铭文的铜器，铭文为"随大司马嘉有之行戈"。"随"字在此无疑作国名，这是中华人民共和国成立以来经科学发掘出土的第一件随国铜器！值得特别一提的是，文峰塔遗址所出曾侯舆编钟铭文记录的正是发生在春秋晚期的吴楚之战。有趣的是，编钟铭文记录的是吴、楚、曾三国，而传世文献记载的却是吴、楚、随三国。这一新发现，使得"曾即随"说的证据更加充分。之所以会形成如此现象，大概与战国时"魏国"都于大梁又称"梁国"的情况类似。"曾"为国名，"随"为曾都，因而史籍称其国为"随"。

随着"曾随一国"的看法渐成学界主流，另一个推断也浮出了水面。曾侯舆编钟铭文里提到，伯适因为辅佐周文王、周武王伐商有功而被封为"南公"，经营淮、汉一带。这就说明随（曾）国的始封之君是"伯适"，即"南公"。他又是什么人呢？周朝早年有位重臣恰好叫作"南宫适"。偏偏史籍对周初分封天下时南宫适的去向语焉不详。以往学界大多依据有关南宫铭文铜器的出土地而推定其在西周早期时可能在周原一带。但曾侯舆编钟的铭文却提供了另一种颇有吸引力的可能：南宫适就是"伯适""南宫"，即曾（随）国的开国之君！之所以日后"南宫"铭文仍见于陕西，或许就如周公、召公的情况一样，南宫本人未去曾（随）国就封，而在王畿仍保留有采邑罢了。

因伐而失
因弃而获

十六　宋义布的局，
项羽把他杀了也没能走出去

《三国演义》里脍炙人口的改编之一，魏国司徒王朗榜上有名。罗贯中给他增加了两段历史上没有的剧情。其中最有名的自然是诸葛亮骂死王朗，这段原创剧情随着年青一代"鬼畜文化"的兴起可谓人尽皆知。

另一段知名度略小一些，但读起来更让人惊讶：孙策平定东南时，当时镇守一方的王朗曾经"拍马舞刀"，和太史慈鏖战。

看来，王司徒年轻时武力很强大，能和太史慈单挑而不分胜负。可惜他老了之后就打不动了，只能靠嘴大战诸葛亮，还落得个惨败。

王朗这一场文斗一场武斗，都属于罗贯中给他加的戏。但历史上还真有这么一个人，年轻时候在游侠圈里是顶级存在，曾经参与荆轲刺秦时的现场送别，后来成为战国末年楚国的令尹。秦灭楚统一天下后，他积极投身于楚国的复国运动，最终成为全部楚军的最高指挥官。然而，由于年迈，武力衰退，他在部下项羽发起的政变中死于项羽之手。他生前为楚怀王熊心规划的战略布置，仍然大大干扰了项羽的布局，为刘邦最终的胜利起到了不小的作用。

这个人便是本文要说的宋义。

在许多人的传统印象中，宋义是一个因为发现项梁部楚军的危机而被楚怀王熊心欣赏，随后扶摇直上成为楚军最高指挥官的纸上谈兵者，最终被项羽推翻并杀死。但是，从史书的许多细节可以发现，宋义的地位相当高，绝对不是横空出世的暴发户。更让人惊讶的是，宋义还有着极高的"国际"认可度。

秦末天下大乱时，齐国的实际掌权者是田荣。田荣是一个为了保证自己对齐国的控制权而不惜代价的人，跟任何想染指齐国的外部势力都坚决拼命，并且为此在秦国灭亡后第一个公开和项羽翻脸开战。他的掌控欲和权力欲极强，名义上的傀儡齐王、他的侄儿田市试图脱离他的掌控时，他能毫不犹豫地弑君自立。

就是这么一个心狠手辣又极度护权的田荣，对宋义的姿态却低得不可思议。宋义成为楚国最高指挥官时，齐国国王是田市，田荣名义上是齐相。田荣竟然愿意把自己的宰相之位让出来，而且是让给宋义之子宋襄。也就是说，田荣这样的实力派加"守权奴"，竟然是以宋义子侄辈自居的态度，愿意把自己的位置让给宋义的儿子，以实现和宋义的合作。这从侧面说明，当时的宋义无论是资历还是江湖地位，在楚人之外的诸侯中都有着极高的认可度。

这是为何？

从东汉荀悦所著《汉纪·汉高祖皇帝纪卷第一》的记载中，我们发现了一个惊人的线索。这本书描述宋义向项梁进谏时写道"故楚令尹宋义谏曰"。既然是"故楚"，那么肯定说的不是此时的楚怀王政权，更不可能是山寨的陈胜张楚，只能是战国末年的楚国。

宋义在楚国灭亡前的某段时间担任过楚国的令尹，也就是说，在楚国灭亡前，他就是宰相级的大佬了。正因如此，楚怀王熊心在项梁死后才决定空降宋义为楚军的最高指挥官，项羽、刘邦等人都要受其节制。

那么，宋义在楚国为什么能担任令尹？这又是什么时候的事情呢？

战国末年，和屈原齐名的大文人宋玉所作的《笛赋》时常被认为是伪作，最主要原因是，文中许多事迹涉及荆轲刺秦王的细节，而当时的宋玉已经七十多岁，就算听到荆轲刺秦的事，也不大可能像亲历者那样掌握许多送别荆轲的细节。

但是，在拿不出确凿的证据否定该文为宋玉所作前，应该遵从《艺文类聚》《文选》《古文苑》等文献的题名，将其视为宋玉的作品。那么就有一个问题：为何一个七旬老翁，在楚国局势风雨飘摇时，会写下这么一部作品？

郭沫若在五幕戏剧《高渐离》所附人物考证中认为，在易水边和太子丹、高渐离一起送别荆轲的燕国客卿"宋意"与秦末"卿子冠军"宋义或为同一人。顺着这个考证，我们再来看《笛赋》，一切就豁然开朗了：在《笛赋》中，我们也见到了宋意这个名字。

宋玉在《笛赋》中不但知道荆轲去刺秦王，几次提起荆轲事迹，还清楚知道宋意去送别荆轲到易水。在《笛赋》中，宋玉还详细记载了宋意去易水的路上得到了雌竹等精确细节。即便在通信发达的今天，要对一个事件了解得如此详细也得大费周折，何况此事发生在战国。当时的宋玉身在楚都寿春郊外的古衡山，与今日河北易县境内的易水有着一千多千米的直线距离，分属不同的诸侯国。在地理距离如此遥远的战国，即使双方有书信往来，宋玉能听说宋意在易水送别荆轲的事情，其细节也很难详细到这个程度。更大可能是，宋玉听到了作为子侄辈的宋意本人讲述。

宋玉创作《笛赋》应在荆轲刺秦王，也就是公元前 227 年之后，此时他已是年逾七旬的老人，如此年高之人是不会有兴致来关切一个与己毫不相关的人和事的。按普通人之常情，一个人最为关怀的不外乎父母、妻子、儿女等家人。《笛赋》中对荆轲的描述，更像是宋意回到楚国后对长辈讲述荆轲事迹，被宋玉写下来后流传后世。

这也解决了一个有趣的问题：荆轲刺秦的工作极度保密，荆轲和太子丹死于非命，为何后世能留下这么多细节记载，仿佛身在现场者讲述一般？那是因为同时在场的宋意回楚国后，实实在在地向和屈原齐名的宋玉讲述了这件事情。

此外，宋义在秦末大起义时被称为"卿子冠军"，冠军是统率全军的将军之意，而"卿"在战国末年是给高级大臣或贵族的荣誉称号。宋玉在楚顷襄王时代曾任高官，可以称为"卿"。"卿子"这个称号从侧面证明，宋义更可能是宋玉之子，不是一般的子侄辈，宋意即宋义。那么，堂堂楚国上卿宋玉之子宋义，为何第一次出现于史书时竟然是燕国客卿、江湖知名游侠？结合楚国晚期的政治局势和宋玉仕途的浮沉进行分析，宋义的游侠经历便可以大致被勾勒出来了。

宋义大约生于公元前275年的楚顷襄王时期，当时宋玉仕途顺达。公元前263年，楚考烈王继位后，开始重用以黄歇为首的嫡系，顷襄王时代的老臣们开始逐渐被架空和闲置。宋义成年时，春申君黄歇专权，其父宋玉在政治上已然失势。宋义作为宋玉之子，在楚国的政治前途有限，因此选择到处游历。宋玉年轻时是知名的美男子，作为楚国高官又相当有钱。宋义继承了父亲的美貌基因和财富，在江湖上行走自然轻松。所以，他既能同荆轲这样的豪侠交往，又会和太子丹这样的权贵有交集，从而积累了大量的名声。

推荐荆轲的田光所言堪称一份江湖评论："夏扶血勇之人，怒而面赤；宋意脉勇之人，怒而面青；舞阳骨勇之人，怒而面白。光所知荆轲，神勇之人，怒而色不变。"在这里，宋义虽然比不上荆轲，但仍然被认为是当时知名的侠客。

楚考烈王死后的楚国历史，被后来政变成功的楚王负刍（chú）一党改得面目全非，这个版本的虚假宣传又因为《战国策》的转述而广为传播。李开元先生对这段历史有较多的研究。他在分析战国末年秦楚关系和嬴政身份时明确指出，对嬴政"吕不韦私生子"这一虚假身份的演绎，是反秦人士照抄了春申君和李园的故事。这个故事为楚王负刍的支持者在政变后所编造，目的是否认之前两任楚王的合法性。"楚考烈王无子"是标准的政治谎言。早在秦国为人质时，楚考烈王就和秦宗室女生下了昌平君熊启，和李园妹生楚幽王后两年又生了楚哀王，此外还有发起政变的负刍。也就是说，被载入史书、先后成为楚王的考烈王儿子就有四个。

所以，剔除了"负刍之徒"所编造的宣传，楚国末年政治史是这样的：楚考烈王上台后重用以春申君黄歇为首的嫡系，宋玉等人退居二线，其子宋义也出去游历。楚考烈王死后，继位的楚幽王已年满三十，面对权倾朝野的老臣黄歇，联合其舅李园等外戚势力发起政变，将其处死，夺回了权力。这件事在史书上有楚幽王杀黄歇和李园杀黄歇两种记述，本质上都是一回事：新的楚王从旧的权臣手中夺回权力。

公元前228年，楚幽王死后，王位被传给同母弟楚哀王。但是楚哀王无法控制局面，连同其母家一起被发起政变的异母兄弟负刍杀死。负刍杀楚哀王和李家外戚后，为了正当化自己的行为，编造出前任楚王为黄歇和李园妹私生子的故事。

负刍继位时，形势已然恶化——秦国已经灭亡韩国，开始灭赵。大约于此时，在江湖上颇有声名的宋义在参与了易水送别荆轲后回到楚国。负刍时代的令尹为何人，现今没有原始记载。荀悦书中，宋义担任"故楚国令尹"，大约就在此期间。由于政变时身在燕国，宋义担任的应是负刍时代第二任令尹。在参与了荆轲刺秦的密谋并且送别荆轲后，听闻负刍政变、李园势力被清除的宋义回到楚国，宋玉才能获得大量第一手细节性资料并且写下了《笛赋》。作为庶子的负刍在政变前可能和同为失意势力的宋玉有交情，甚至在宋义出游前双方就有较好的关系，因此回国后的宋义当了一段时间的令尹。这时候的宋义大约五十岁了。至于宋义在令尹任上待了多久、表现如何，和军方第一号人物项燕相处的如何，就无从考证了。单就政治地位而言，作为令尹的宋义是高于项燕的。

楚国灭亡后，宋义和其子宋襄潜伏到民间。考虑到末代齐王田建的亲弟弟田假，魏咎、魏豹、韩成、赵歇这些六国王室嫡系公子，或者是项燕的直系子孙们，全部在秦国统治下活得好好的，曾经在江湖上和荆轲齐名的宋义在民间生存实在不是什么难事。

项氏家族起兵后，尊奉楚怀王熊心，从而吸引了更多楚国遗民加入反秦大业，宋义也在这个时候重新登上了历史舞台。这一阶段的他首次登场，就是直接坐在楚军最高长官项梁身边出谋划策。这不但没有什么违和感，比起战国末年，他的地位反而下降了，毕竟当年统率楚军的项燕也比作为令尹的宋义低了半头。

项梁战死后，因为宋义的资历和地位足够高，楚怀王熊心才能任命他为楚军的最高统帅"卿子冠军"。名义上，他在军中的地位甚至高过了曾经的项梁。对楚怀王熊心而言，如果只是要分化项氏家族的军权，吕青、吕臣父子，忠厚的陈婴，还有初露锋芒的刘邦，都是不错的选择。但正是因为宋义的资历、地位和"国际"认可度足够高，楚怀王熊心才决定把整个楚国的军队，包括刘邦部都托付给他。

宋义上任后，不但维持住了项梁死前的战线，他麾下的刘邦部还在西边取得了突破。在他死时，楚军的控制区域比项梁死时还有所扩大。项梁在围攻定陶时战死，而宋义屯兵之地正是在定陶附近的安阳邑，说明他在项梁战死的区域站稳了脚跟。在西边，宋义节制下的刘邦部更是多次挫败秦军，获得了不小的进展，为之后楚军渡过黄河时侧翼的安全奠定了基础。虽然宋义的进展有秦军主力渡过黄河进攻赵国的因素，但是至少说明宋义上台后楚军整体还是维持了进攻态势，宋义本部也没有畏缩不前。

为什么宋义北上到安阳邑之后就不再挺进了呢？通常认为宋义此时在坐山观虎斗，让秦军和赵军互相消耗。然而从一些细节来看，并非仅仅如此。宋义和楚怀王此时的主要精力是在策划一件大事，那就是和齐国修复外交关系并且结盟。齐国末代君主田建的亲弟弟田假争夺齐国王位失败后流亡楚国。虽然他在国内的支持并不如宗室远支的田儋、田荣一系，但毕竟正统性更强，这样的人在楚国避难，就意味着楚国对于田儋系的不友好，甚至对齐国有吞并之心。

田荣就是因为这个问题不愿意支援项梁。此时齐楚关系非常恶劣。

齐国和楚国都面临共同的问题，就是复国后的这两个国家政权下面都有一群桀骜不驯的军阀。楚国的项氏家族、英布、共敖、刘邦等人都有着半独立的队伍；齐国则有田都、田安等不安分的军阀以及流亡中的田假。此时的楚国王室和齐国王室如能实现联合，在应对这些不安分军阀时力量就会强大许多。

因此，在宋义的操盘下，楚国和齐国展开了一系列接触。从田荣主动把齐相位置让给宋义之子宋襄来看，这次谈判是非常成功的。谈判的大致内容也不难推测：首先，楚国和齐国之间最大的症结是田假。楚怀王政权此时应该答应遣返田假，或者至少把他驱逐出境。后来项羽在彭城战役后就是杀掉了田假才实现了同齐国的和平。交还田假或者驱逐他出楚国，是楚国和齐国之间实现谅解、结成同盟的基础条件。其次，宋义之子宋襄担任齐国的国相。战国末年，让他国贵族担任本国国相是很常见的行为，甚至秦国都一度让孟尝君为国相。当然，这种他国贵族以客卿身份担任国相的，主要是协助治理内政，在外交上提一些参谋，不会让他们染指军事的。从田荣起初不称王而是拥立侄子来看，他更看中实利而非虚名，既然王位都能让，把国相的位置让给宋襄也是很容易的。宋襄如真的能就职，基本职责是协助治理齐国内政并且协调齐楚同盟，某种程度上也算人质。最后，在对付各自内部的军阀威胁上，双方应该达成了某种程度的攻守同盟。这些默契的具体内容估计只有楚怀王、宋义、高阳君、田荣等数人知道。

那么，宋义此时在安阳驻扎就可以理解了。他此时在安阳驻扎等待，并非因为怯懦，除了坐山观虎斗之外，更多是在等待齐军的会合。因为他儿子宋襄已经在去往齐国就任相位的路上，说明楚怀王政权和田荣已经实现了完全的合作。一旦齐楚两国联军会合，无论是对付正在赵地的秦军，还是面对双方内部项羽、田都、田安这样的不安定因素的挑战，都可以说是进可攻，退可立于不败之地了。

眼见楚国和齐国的同盟已经实现，宋襄已经在担任齐相的路上，项羽不得不铤而走险，发起政变。一旦齐军和楚军会师，无论是宋义还是楚怀王，他们的地位就更稳固了。项羽此时已经没有回头路，只有夺取宋义这支楚军，立下不世战功，才能和楚怀王与田荣的联盟对抗到底。

此时这支救赵的楚军，除了少量项氏家族的嫡系子弟兵外，大部分都是吕臣、陈婴等原先独立、现在被楚怀王收编的军队。楚怀王和宋义缺乏直属的可靠嫡系部队，手下要么是项梁的班底，要么是英布等半独立的军头。而刚直辖于楚国中央政权、本来可以改造成嫡系的吕臣、陈婴等部，因为战争需要还没有完成改编就上了前线。宋义在此期间也必然整顿军纪，消化这些杂牌部队。这个过程中引起的不满会被项羽利用。正因如此，宋义此时难以对抗项羽的政变。如果宋义能在安阳多待一段时间，随着齐军的加入和吕臣、陈婴等部完成改编，无论是楚怀王还是宋义，地位都将更为牢固。然而项羽并没有给他这个机会。

项羽发难，当场火并了宋义。在这里，曾经在江湖上和荆轲齐名的大侠宋义，已经年近七旬，武力上不再是年轻后辈项羽的对手。随后，项羽派人追杀了前往齐国担任相位的宋襄。再之后，他在巨鹿之战中获得了奇迹般的胜利，从而走上人生巅峰，最终弑杀成为义帝的楚怀王，篡楚成功。

项羽从关中东返后，用了整整八个月才控制住楚怀王的地盘。到项羽完全控制西楚国时，新齐王田荣已经和彭越、陈余等同样不满项羽的军阀联合，主动进攻项羽新建的西楚国北方边境，给其带来了巨大的麻烦。等项羽击败田荣、继续在齐地镇压反抗时，刘邦的诸侯联军已经兵临西楚首都彭城了。从这个角度看，宋义所勾勒并初步实施的、楚怀王熊心和田荣联盟对抗两国不安分军阀的规划，虽然因为项羽没有实现预期效果，但最终还是让项羽付出了惨重的代价。宋义的规划使得项羽的西楚国必须先逼迫楚怀王让出地盘，然后击败田荣势力主导的齐国，才能真正稳固下来。

宋义的个人经历颇为传奇，替楚怀王规划联合田荣对抗秦军和内部不安定分子的方略，并且能快速落实，可见他战略上的能力；一眼就能看出项梁军的弱点，则可见其战术上的能力。而作为一个旧贵族，他和他辅佐的楚怀王一样，缺乏可以直接控制的可靠武力，以至于在面对项羽时显得有些无力。比起项羽这样的军功新贵，宋义才是空有军政能力却被时代所淘汰的旧贵族典型。

另一方面，虽然宋义和宋襄都在政变中丧命，但是宋义为楚怀王设计的联合齐国牵制项羽的布局还是发挥了很大作用，最终导致项羽的西楚国先天严重不足，直到刘邦攻占彭城时，项羽都没能完全控制齐国。

项羽终究没能走出宋义布的这个局。

十七

蜀汉灭亡后，
东吴如何单打独斗了 17 年？

机缘巧合，暂避危乱

景耀六年（公元 263 年），邓艾率军打败诸葛瞻，攻破绵竹，直逼成都。蜀后主刘禅见状投降，在西南存续 42 年的蜀国宣告灭亡。家国已破，刘禅倒不在意，递上降表，乐呵呵地顶着"安乐县公"的名头过小日子去了，把凄苦全部丢给了孙吴。

本来面对国力强大的魏国，吴蜀自觉搞了个松散联盟，勉强维持着"三国鼎立"的局面。魏大举攻打蜀国时，吴国还出兵救援，又是攻魏，又是走水路入蜀，结果倒好，援军还未赶到，就等来个"蜀主刘禅降魏问至"，也只能作罢。

吴国此时当政的，是孙权之子孙休。孙休是吴国第三任君主，也是历史上口碑最好的一位。孙休一看，引颈受戮不如主动出击，派遣盛曼将军向西进军，说是救援，实际上是想偷袭永安（今重庆市奉节县）。

也怪吴国运气不好，此时镇守永安城的是蜀汉旧将罗宪。罗宪见状，火冒三丈："本朝倾覆，吴为唇齿，不恤我难，而邀其利，吾宁当为降虏乎！"意思是，你这盟友，不来救我们，还想趁机捞一把，反正蜀国已亡，我宁愿投降魏国，也要和你们战到底。

后来，魏将又在蜀国故地争权夺利，自相残杀。孙休瞅准时机派兵增援，意图拿下蜀国。罗宪面对来犯的步协、陆抗依然面不改色，坚决拼死抵抗，没有让吴军进城。没过多久，司马昭派胡烈前来，协助罗宪一起击退了陆抗。

对此时的吴国来说，时机已去，出兵成不成功还是后话，如何保住自家基业才是大问题。毕竟，三国对阵变成两方对垒，更别说孙吴的国力差了魏国老大一截儿。正是这时，孙休也走完了自己二十余年的人生，驾鹤西去。

外有强敌虎视眈眈，内是国君新丧，交阯还发生叛乱，一堆烂摊子交给谁呢？历史选定了孙皓。孙皓，孙和的儿子、孙权的孙子。本来孙休有儿子，孙皓早早被送去封地，怎么也不可能有帝王命。偏偏这孙皓与乌程令万彧（yù）交好，后者极为看好孙皓，没事就和当时的丞相濮阳兴和左将军张布说。这两人一合计，太子和诸皇子年龄还小，内忧外患，不如就让孙皓坐上皇位。

就这样，永安七年（公元264年）孙皓即位。这位被选中的统治者做得如何呢？根据记载，当政早期，孙皓干得像模像样——

> 皓初立，发优诏，恤士民，开仓廪，振贫乏，料出宫女以配无妻，禽兽扰于苑者皆放之。当时翕（xī）然称为明主。

孙皓认真干了几件大事。首先是清除权臣，寻了个理由，把扶自己上位的濮阳兴、张布杀了。这虽是残酷冷漠，但也实现了政由己出，改变了孙权去世后皇权旁落的政治格局。

手握大权、顺利亲政后，孙皓开始整顿朝局，找人为国卖命。一方面，军务大事得由能人负责。孙皓立马加封陆抗，先是任命为镇军大将军，后又拜为大司马、荆州牧，尤其是将吴国的命门"荆州"全权托付给陆抗。事实证明，陆抗在随后与西晋的对弈中发挥了重要作用，不仅击退了羊祜（hù），还攻杀了叛将步阐。陆抗的兄弟陆凯也被孙皓重用，被封为镇西大将军，后迁左丞相。陆凯在历史上以劝谏孙皓而闻名，说白了就是经常和孙皓对着干。司马昭死后，丁忠建议趁机偷袭弋阳，孙皓也是听了陆凯的劝，才没有贸然去招惹西晋。

搞完军务，孙皓也没忘记整顿文官队伍。他挑选有识之士充任常侍，专门让他们发表批评言论。据考证，孙皓当政早期逐渐形成一股"清议之风"，甚至能够比肩东汉末年的清议风尚。

正是在这段短暂而宝贵的时间里，东吴的朝堂没有经历过多动荡，人心暂稳，为其政治生命的存续打了一剂微小的强心针。

西晋初立，获得喘息

真要说起来，东吴也算是被上天足够眷顾了。本来，司马昭灭蜀的时候，就已经提前给东吴热好了"盒饭"，只是考虑到灭吴得造战船、开水道，再加上忌惮吴国强大的水军，便把灭吴的计划延后。

今宜先取蜀，三年之后，因巴蜀顺流之势，水陆并进，此灭虞定虢，吞韩并魏之势也。

照这么看，消灭蜀国后，魏国的刀就已经架在了吴国的脖颈上，灭吴已经是板上钉钉之事。谁也没料到的是，蜀国刚灭，魏国还没来得及磨刀，公元265年9月，司马昭暴毙，时年55岁。拿刀之人一命呜呼，灭吴计划自然暂时搁浅。后不到半年，司马昭的儿子司马炎改魏为晋，一段新的历史即将开启。

对刚坐上皇位的司马炎来说，"灭吴"并不是最要紧的事，反而要先花点心思巩固皇权。司马炎反思了一下，觉得前朝亡在宗室受控过严、皇权孤立无援，自己要好好重视一下血缘宗亲。

所以，头一件事就是大封群臣。叔祖父、叔父、弟弟……反正但凡和自己有那么点血缘关系的都得封王，之后便是封赏对自己上位有功的臣子。这么一连串动作搞下来，费了不少时间。

此外，国朝初立，司马炎还遇上了一些麻烦事，暂时腾不出手去收拾吴国。

其一是不断的天灾。根据史书记载，司马炎登位后，晋朝遭遇的自然灾害不在少数，水灾、旱灾、蝗害，几乎样样都来。甚至在公元271—273年，西晋连续遭受了三年旱灾。

其二是少数民族的侵扰。其中最让晋国头疼的一次，是由鲜卑发动的叛乱，史称秦凉之变。其实这也是事出有因。早年间，邓艾招降了鲜卑族人，并把他们安置在雍州、凉州等地，和汉人混居。鲜卑族平时也没多被待见，又遇到了连年天灾，雍、凉、秦三州爆发饥荒，肚子吃不饱，民众不满也在情理之中。当时，任秦州刺史的是胡烈，他非但不体恤民苦，还采取高压手段，武力镇压。公元270年，鲜卑首领秃发树机能发动叛乱。这场叛乱持续九年之久，硬生生地阻碍了司马炎伐吴的步伐。

事实上，在此过程中，司马炎不是没想过攻打吴国，还认真地和众人商议此事。但一到这种时候，贾充、荀勖（xù）便会阻止，认为吴国实力尚存，时机不够成熟，不能去自讨苦吃，有时还会劝司马炎先把少数民族的问题处理妥当，再论伐吴。总之，反对声一阵又一阵，司马炎就算很想给吴国致命一击，也只能想想，无法有实质性的进展。

也正是诸如此类的麻烦事儿束住了司马炎的手脚，为孙吴争得了宝贵的喘息机会。只是，上天的仁慈往往只有一次，面对这样珍贵的生机，吴国明显没能把握住。

自作自受，大厦倾颓

上天待吴国不可谓不好，可惜的是，吴国并没有珍惜这样的幸运。

前期勤勉当政的孙皓，皇位刚刚坐稳，便暴露了自己的暴虐本性。

除了诛杀濮阳兴、张布外，对其他的臣子，孙皓也没多客气。据记载，孙皓每次设宴款待群臣，必会让臣子们喝醉。君臣同醉同乐也就算了，孙皓还专门找了十个人做"黄门郎"，滴酒都不许他们碰，让他们专门检查群臣的醉酒过失。宴会一结束，这些人就来向孙皓汇报，说大臣们都有哪些不敬之处，不管是眼神不敬，还是言语不尊，都会被记录。官员们要是有大的过失，会被立即施加严刑；即便是小的过失，也会被记罪过。

这样的暴政，即便是备受宠信的臣子也无法幸免。司市中郎将陈声就一直受孙皓信任，看到孙皓的爱妾派人到集市上抢夺财物，气不打一处来，便把犯事之人绳之以法。小妾不乐意，去向孙皓告状。孙皓一听，大怒，寻了其他事由，拿被烧红的锯子生生割掉了陈声的头，还把尸体扔到了四望山下。

这么一搞，原本忠心耿耿的官员们如履薄冰，只求保住项上人头；还有些将领干脆率众归顺魏国，早早给自己寻条生路。

暴虐之外，孙皓还穷兵黩武，幻想收拾西晋。早期，孙皓还忌惮魏国实力，处事谨慎，甚至还让纪陟跑去献土特产。后来，孙皓在与晋军的几次作战中获得一些小胜利，自此逐渐放松，越发不把西晋放在眼里。后来，步阐叛乱，陆抗奉命讨伐，但考虑再三，没有主动出击。孙皓知道后大怒，派人责问陆抗。陆抗趁势上书，劝谏孙皓保存实力，不要因为战事劳民伤财。孙皓置若罔闻，我行我素。公元274年，陆抗去世。

与此同时，对手却开始认真搞起事业。公元272年，司马炎开始有意识地发展水军。几年后，马隆击败鲜卑，拔除了西晋伐吴路途中最显眼的荆棘。

叛乱平息，军备充足，于西晋而言，真正的伐吴良机来了。公元279年，司马炎任命太尉贾充为大都督，任冠军将军杨济为副都督，派遣王仙、王浑、王戎、胡奋、杜预等分路而出，率二十余万大军攻吴，水陆并进，来势汹汹。

戏剧性的是，晋军所到之处，吴军鲜有抵抗，几乎是不战而降，甚至东吴百姓还欢迎晋军进城，晋军势如破竹。孙皓见状，奉上印玺，主动投降。公元280年，东吴灭亡，弥漫着狼烟战火、群雄角逐的三国时代宣告结束。不久后，孙皓在洛阳病死。

虽说三国争锋，归为一统是大势所趋。但在蜀亡后，东吴又坚挺了十多年，也算是一个小小的奇迹。可惜的是，上天纵有好生之德，却不会无限度地庇佑。苛政当道、穷兵黩武，东吴的悲剧落幕，在民不聊生、怨声载道之时，便已注定。

十八 刘邦长子的家族秘事：低调的刘肥，为何有一群躁动的子孙？

汉高祖刘邦有八个儿子，他最宠爱的是三子刘如意，继承皇位的是次子刘盈，但刘邦的长子却一直比较低调，那就是齐悼惠王刘肥。由于史料缺失，《史记》中关于刘肥的笔墨相当少，给人的印象似乎是，刘肥仅仅是一个老实本分的人。

不过，与之形成强烈反差的是，他的几个儿子却都不是省油的灯。第一个反叛的同姓诸侯王就是他的儿子，参与七国之乱的诸侯王又有一半是他的儿子。

那么，刘肥究竟是怎样一个人？他的子孙又为什么要走上反叛之路？

尴尬的身世

因为史书没有记载刘肥的生年，所以我们从刘邦的生年开始说起。

关于刘邦的年龄，李开元在《秦崩》中的观点影响力较大，他认为刘邦比秦始皇小三岁，即公元前256年出生。但此说值得商榷，《史记》和《汉书》中并无刘邦生年的记载，公元前256年生的说法出自《史记集解》引晋人皇甫谧之说，然而《汉书》颜师古注引臣瓒说却提出了另一个说法，即公元前247年。

其实这两种说法都值得玩味，因为前者是周朝末代天子周赧王去世、周朝八百年结束的年份；后者又是秦朝首位天子秦始皇登基、席卷六合开始的年份。这两种说法都像是某种暗示。

应该说，这两种说法都不能作为定论，但如果非要说哪种可靠的话，应该还是年轻的这种更为可靠。其中一条线索就是刘邦娶妻的年龄。按照《史记·高祖本纪》，刘邦娶吕后是秦始皇在位时。在楚汉之争时，吕后生的刘盈和鲁元公主当时尚是幼童，那么，刘盈和鲁元公主生年大概是公元前210年。如果刘邦是公元前256年生人，那么娶妻生子的年龄无疑过大了。如果是公元前247年生人，甚至更晚，比秦始皇年轻一辈，当然显得更为合理。

当然，刘盈并非刘邦长子，刘邦早在娶吕后前，在老家就有一个"外妇"曹氏了。这个外妇，一般认为是私通之妇，也就是说并非明媒正娶。不过，在《史记》中仍有几条不太容易发现的线索。

据《史记·吕太后本纪》，当时军功集团与刘氏宗室已平定诸吕之乱，大家商量立谁为新皇帝，这时候就有人提议"齐悼惠王，高帝长子，今其适子为齐王，推本言之，高帝适长孙，可立也"。《史记·齐悼惠王世家》也说："齐悼惠王高皇帝长子，推本言之，而大王高皇帝适长孙也，当立。"刘襄是刘肥的嫡长子，当时的人却认为他是刘邦的适长孙。

另外，据《史记·吕太后本纪》，齐王入长安与吕后、惠帝的宴饮，当时"孝惠以为齐王兄，置上坐，如家人之礼"，这让吕后非常恼火。这说明他们在老家沛县时，刘盈一直把刘肥视为地位更尊崇的兄长对待，这似乎不止是年龄长幼的问题，因为嫡庶才是决定身份的关键。

如果刘肥本是刘邦的嫡长子，为什么母亲曹氏会被记录为"外妇"？这可能与两方面的因素有关。

第一是刘邦与吕后的婚姻。吕公与沛县县令结交，应当有一定的社会势力，但他却看中了刘邦。这一婚姻可能也有一定前提，就是让女儿取代曹氏的嫡妻地位，或者曹氏本身早逝。曹氏也是沛县人，可能是曹参的同族。但从吕后后来并未刁难曹参来看，曹氏与曹参的关系应该不算太密切。那么曹氏的家庭很可能在本家族中地位不太高，刘邦也就答应了吕公的要求。这样一来，刘肥自然也就由嫡长子沦为庶长子。但刘盈生性仁弱，对刘肥仍然尊敬有加。

第二就是代王刘恒的即位。如前所述，汉文帝即位之初，当时不少人还有印象，刘肥本是嫡长子。刘恒是刘邦的第四子，虽然是当时在世的刘邦诸子中年龄最长的，但无法对抗齐王一系的刘邦嫡长子孙身份。那么，从汉文帝一系来讲，当然需要像吕后一系一样，抹除关于曹氏与刘肥身份的记录。这样一来，我们在《史记》中就发现曹氏成了刘邦的"外妇"，她和刘肥的早期经历也变得语焉不详了。

当然，说刘肥是刘邦的嫡长子，不影响对刘邦年龄的推断。《史记·齐悼惠王世家》记载刘肥次子刘章，在吕后去世的前一年正好二十岁，那么刘章应当出生在公元前200年。刘肥子嗣颇多，生子应早而且频繁，那么大概出生于公元前220年，与刘邦出生在公元前247年或晚一些也能衔接上。刘邦仍然算是大龄生子，这与他年轻时好游侠的经历有关，但比起公元前256年，也还算是一个合理的生子年龄。

或许正是刘肥这种尴尬的身份，导致了其子孙的叛乱。

憋屈的人生

刘邦从公元前209年起义反秦，到公元前202年建立汉朝，在这八年时间里，均未提到刘肥的事迹。如果说刘肥出生于公元前220年左右，那么在起兵之初他应该还年少，所以一直在老家和吕雉、刘盈一起生活。此时曹氏应已去世，家庭事务由吕雉主持，刘肥只能唯命是从。包括刘邦起兵之前，吕雉在家也有较大话语权。大概正是这种经历，刘肥为人小心谨慎，处处不敢违逆吕雉。这也招致刘邦对其性格不太喜欢，刘肥也一直没有机会参战。

楚汉战争末期，韩信本为齐王。但齐地既远离京畿之地，又是当时最富庶的地区，刘邦当然不放心交给韩信。所以刘邦刚在垓下消灭项羽，就回头迅速拿下韩信，把他调任为楚王。不过，这样一来，齐王的职位就空缺了。鉴于秦亡的教训和当时的形势，刘邦不敢全面推行郡县制，而是推行郡国并行制，但他同时也要集权，所以用信任的同姓王去取代异姓王。那齐国交给谁呢？

刘肥作为长子已经成年，刘邦多少又觉得亏欠他们母子，所以刘肥成了这个位置的最佳人选。他被分封到齐地，统治七十多座城，说齐地方言的百姓都划归齐国，可见封地之广。

当然，刘邦对这位长子的能力有所质疑，所以任命平阳侯曹参为齐相，辅佐刘肥。安排曹参，更证明了曹氏和曹参很可能有亲戚关系。在曹参的打理下，齐国倒也太平无事，刘肥能做的就是拼命生儿子。考虑到秦末楚汉战乱，长子刘襄大约生于刘肥就国后，其后刘章、刘兴居、刘将闾等诸子先后出生。

后来刘邦去世，刘盈即位为惠帝。惠帝二年（公元前193年），刘肥入朝，惠帝宴饮刘肥，让他坐在兄长的上座。刘肥接受了这个安排，却激怒了在场的吕后。她认为刘肥没有君臣之礼，肯定还觊觎皇位。于是吕后让人倒了两杯毒酒，让刘肥献酒祝寿。刘肥站起来想端酒，惠帝心知肚明，也站起来，端起另一杯酒。吕后见儿子从中作梗，只能打翻酒杯。刘肥见气氛不对，假借醉酒离去。

回到齐邸后让随行官员打听，听说酒水有毒，刘肥大吃一惊，心想自己这是要死啊。这时，他的手下献策：“太后只生了皇帝和公主，现在齐国有七十多座城，公主的食邑却只有几个，您不如拿出一个郡献给太后，用来增加公主的食邑。这样，太后必然高兴，大王您也就没有灾祸了！”刘肥听从了，主动提出把城阳郡送给鲁元公主，更奇葩的是，刘肥居然还尊妹妹鲁元公主为齐国太后！这下吕后果然满意，在齐邸设宴，送刘肥回国。好不容易死里逃生，刘肥自然更加小心谨慎，直到惠帝六年（公元前189年）去世。

不屈的儿孙

刘肥去世后被谥为"悼惠",按《逸周书·谥法解》:"年中早夭曰悼,肆行劳祀曰悼,恐惧从处曰悼。""柔质慈民曰惠,爱民好与曰惠,柔质受谏曰惠。"他一生在恐惧中度过,去世时三十岁左右,"悼惠"两字算是对他中肯的评价。但与刘肥不同的是,他的儿子们在齐国出生,从小娇生惯养、锦衣玉食,加上本身有刘邦的基因,所以个个不是省油的灯。刘肥去世后,长子刘襄即位为齐王,次子刘章、三子刘兴居分别封侯,并入长安为宿卫。

刘章血气方刚,年方二十岁,就在酒席上以军法杀死吕氏族人。后来吕后去世,在军功集团反攻吕氏时,刘章和刘兴居也充当了内应,他们希望大哥刘襄能当上皇帝。但军功集团忌惮齐王一系,最终选出了低调行事的代王刘恒。汉文帝即位后,齐王刘襄去世,其子刘则即位。汉文帝为了表彰刘章与刘兴居的拥立之功,将齐国城阳郡和济北郡分给二人,立为诸侯王。但实际上,这些土地是齐王刘则的,汉文帝是在削弱齐国实力。

非常蹊跷的是,公元前177年,年轻的城阳王刘章莫名其妙地暴死,同年济北王刘兴居在济北叛乱。作为汉朝第一个叛乱的同姓诸侯王,刘兴居叛乱的根本原因,当然是汉文帝与齐王一系的矛盾;最直接的原因,可能还是刘章之死的蹊跷。刘兴居叛乱很快被平定,汉文帝也进一步对齐国动刀,将刘肥在世的十个儿子刘罢军、刘宁国、刘信都、刘安、刘将闾、刘辟光、刘志、刘印、刘贤、刘雄渠封为诸侯。

刘则在位十四年,去世无子。汉文帝先将齐国收回,后又分封给刘将闾。刘将闾另外几位在世的弟弟——刘辟光、刘志、刘印、刘贤、刘雄渠也同时封王,加上刘章之子刘喜继承城阳王,刘肥当年的齐国实际上已经被一分为七。

后来在七国之乱时,济南王刘辟光、胶西王刘印、淄川王刘贤、胶东王刘雄渠参与叛乱，齐王刘将闾首鼠两端，济北王刘志坚守不发兵，无法形成一股合力，最终为中央军各个击破。

齐王一系的夺嫡之梦，至此也画上了句号。

十九 消失的吕氏家族：被修改的刘邦创业史

　　说起刘邦的创业史，大家习惯性地认为是"汉初三杰"——张良、萧何和韩信起了巨大作用。这主要是因为刘邦自己定了调，"夫运筹策帷帐之中，决胜于千里之外，吾不如子房。镇国家，抚百姓，给馈饷，不绝粮道，吾不如萧何。连百万之军，战必胜，攻必取，吾不如韩信。此三者，皆人杰也，吾能用之，此吾所以取天下也"。

　　除了这三杰外，曹参、周勃、樊哙，以及很多一线将领在历史上也十分出彩，给后世留下了深刻印象。这是司马迁给后人留下的礼物。

　　《史记》原本有 52 万字左右，但我们今天看到的《史记》，不是司马迁的原著，而是一个几经删改的版本。《史记》的历次删改具体删改了什么，我们不得而知。可以确定的是，汉高祖刘邦发妻吕后家族在汉朝创业史中的作用，尤其是吕后长兄吕泽一系的巨大功绩，对于吕氏家族覆灭的最大受益者、汉文帝往后的皇族来说，是如同芒刺在背的存在，肯定是历次删改的重点对象。

　　汉武帝是汉文帝的孙子。汉文帝是以旁系上位，他的两个异母兄长继承优先权明显高于他：刘邦的嫡长子、吕后之子汉惠帝刘盈，以及刘邦的庶长子、齐王刘肥。齐王一系后代对皇位的觊觎在"七国之乱"后宣告终结，汉惠帝一系则要惨得多：周勃等人在发起政变，诛灭吕氏家族后、汉文帝进京之前，宣称汉惠帝的几个小孩不是他亲生，以此为理由把这一系完全灭绝。周勃等人之所以把事情做得这么绝，是因为汉惠帝是吕后的血脉。汉文帝这一系在遏制了周勃为首的功臣集团、稳固了地位之后，却继承了他们灭绝汉惠帝后代时"汉惠帝诸子非亲生"的说法，以强化自己继位的正统性。

这一过程中，官方认定的汉朝创业史口径也发生了较大变化。在以周勃为首的功臣集团灭绝吕后之子汉惠帝一系、汉文帝及其后人受惠于此坐稳皇位后，吕氏家族在汉朝创业中所做的贡献遭到了刻意的遗忘。

譬如汉初封赏时以食邑数 7800 户排名第五、仅比排名第四的萧何少 200 户的丁复，在功臣表上排在第十位，可谓劳苦功高。但史书明确记载，丁复"属吕周侯（吕泽）"，他长期是吕后长兄吕泽的部下。丁复只是其中一个例子，仔细看功臣表会发现，上面许多人和吕氏家族，尤其是和吕后的长兄吕泽，有相当深厚的渊源。后来，吕氏家族被彻底打倒，但吕泽的存在始终绕不过去，他死得早又没有污点，所以只能淡化处理。

另一个有趣的现象是，汉初很多食邑数极大的侯在《史记》中并不列传，毫无疑问是政治原因。食邑众多、并不列传的功臣基本与吕家有很密切的关系，给他们立传就绕不开吕泽一系的军功，如实记载吕泽一系军功又会影响荡平诸吕的合法性，对汉文帝及其后代的正统性构成挑战。因此，吕家的功劳就被全部抹杀了。

作为中国最伟大的史学家之一，司马迁采用了非常高水平的处理办法，尽可能地全景式还原汉朝的创业史：一方面，在一系列《本纪》和当事人传记中，司马迁按照汉武帝时代官方结论为基调进行写作；另一方面，他把许多宝贵的原始资料也摘抄在《史记》之中。譬如《史记》卷十八中保留了珍贵的原始资料——《高祖功臣侯者年表》。《高祖功臣侯者年表》包含了汉高祖封侯时汉朝官方对所有封侯者功勋的排名，堪称研究汉朝创业史时最有价值的文献之一。因此，虽然几经删改，我们仍然能从现版《史记》中找到吕泽功勋的蛛丝马迹。

这就要从刘邦和吕雉的联姻说起。

司马迁为我们绘声绘色地描述了吕公初到沛县的接风宴上，刘邦如何"好为大言"，看似不靠谱的行为，却显示出了极高的人格魅力，因此吕公决意把女儿吕雉嫁给他。刘邦在沛县是标准的地头蛇：他早年和魏赵之地超级豪强、继承了信陵君衣钵和部分门客的张耳交游甚密，后来成为秦朝基层公务员，在沛县黑白两道上地位都很高。他弟弟刘交在秦朝初期师从荀子的高徒、顶级大儒浮丘伯，学术水平颇高。因此，单父县的豪强吕公来到沛县后，选择当地豪强的刘邦作为联姻对象。后来，刘邦在押送刑徒去骊山服役的路上，看到逃亡者甚众，于是干脆把剩下的人遣散了，自己跑去芒砀山里落草为寇。

刘邦选择芒砀山，一大原因是这里靠近吕氏家族的地盘单父县。这一时期，刘邦在芒砀山的具体活动我们知之甚少，但从现存的若干记载看，刘邦此时得到了吕氏家族的大力资助。其间，吕后还常去芒砀山看刘邦，并且编造出了"刘邦头上有紫气"的神话。

更让人惊讶的是，后来位居汉初十八功侯之一、汉朝开国名将虫达，早在战国末年已经是天下知名的顶级剑客，活动范围在东莱（今日烟台）附近，竟然带了三十七名颇有武艺的人千里迢迢投奔了流亡在芒砀山中、只有若干刑徒相随的刘邦，这是为何？

只有两个可能：刘邦在和张耳交游时认识他，或者战国时代旧齐国（吕氏齐国）的侠客，认的是吕家。根据虫达后来作战时长期隶属于吕泽来看，后者的可能性明显更大。

除了丁复、虫达这两个位于功臣表前列的汉将被明确记载长期"属悼武王"或"属吕周侯"（吕周侯是吕泽的封号，悼武王是死后追封）作战外，汉军中曾经隶属于吕泽的将领可谓数不胜数。刘邦本部在关中封王后采用秦制，吕泽部仍然沿用旧楚制，因此很长一段时间内，在关于汉军的记载中，秦制和楚制的官衔是并行的，采用楚制头衔的往往就是吕泽所部。

譬如，垓（gāi）下之战中指挥汉军左翼和右翼的将军孔聚和陈贺，也是在芒砀山时代跟随刘邦的老人。《史记》记载，他们在刘邦入川后才正式加入。加入刘邦军时，他们的称号是"左司马"，这是标准的楚制官职。这两位芒砀山时代就加入刘邦的老兄弟在秦朝灭亡期间功劳不小，得到左司马之职，为何没有直辖于刘邦？只有一种可能，他们最早投奔刘邦是吕氏家族授意的，因此后来加入了自成体系的吕泽所部，直到刘邦入川整编部队时被调配到了刘邦本部。

也就是说，刘邦流亡在芒砀山时，吕后就开始为他做"头上有紫气"之类的舆论宣传，吕氏家族也授意和自己有较多往来的豪侠虫达、孔聚、陈贺等人前去投奔刘邦。这些人长期在吕泽麾下作战，也有部分后来被调配到刘邦本部，最终都因为功勋卓著得以封侯。

有人对刘邦的功臣表进行过系统分析，其中的"郭蒙、丁复、盅逢（即虫达，《史记》记载为"盅逢"，《汉书》写作"虫达"）、孔聚、陈贺、朱轸、冯无择、周信、吕婴、郭亭、张平、元顷、靳歙、董渫（xiè）、傅宽、靳强、冯溪、高邑、陈涓、刘钊、戎赐、摇毋余、陈濞（bì）、吕元越、华无害、华寄、周灶、召欧、缯贺、召欧、王吸、丁义、庄不识、丁礼、陈仓、毛泽、张越人"等人都和吕泽有较多渊源。王陵、雍齿等和刘邦私交不睦，但是也加入了他的阵营的汉将，也归于吕泽节制。除此之外，还有大名鼎鼎的陈豨。可以说，汉朝开国功臣的一小半和吕泽有过直接隶属关系。

那么，吕泽在汉朝建国过程中究竟有多少功勋？按照司马迁的评论，吕泽的功勋是"还定三秦，将兵先入砀。汉王之解彭城，往从之。复发兵佐高祖定天下，功侯"。刘邦在彭城被项羽打得一败涂地、狼狈逃亡，"往从之"，前去投奔吕泽，吕泽"复发兵"，也就是给了刘邦短期内东山再起的兵力援助，这几个词足见吕泽自成体系，且势力不小。

此外，这个"佐高祖定天下"在司马迁笔下是极高的评价，除了吕泽之外，得到这个评价的只有萧何、张良和陈平三人。也就是说，在经历了多次删改后的《史记》中，虽然对于吕泽事迹的细节已经无法确定，但对他的评价仍然和"汉初三杰"是一个档次。当然，论实际影响力，吕泽恐怕只会更大。撇开早期吕家对流亡芒砀山间的刘邦的资助不说，在统一天下的战争中，吕泽部可以确定的贡献主要有以下几个：

第一，协助刘邦平定三秦。刘邦东出时，吕泽单独带领一路兵马占领了自己的老家单父县。在刘邦彭城惨败后，吕泽这支独立部队帮助汉军稳住阵脚。值得注意的是，刘邦东出时，吕泽嫡系之一的丁复则留在关中负责围困章邯。

第二，在灭齐之战，尤其是歼灭楚国援军的系列战役中，做出了主要贡献。韩信偷袭齐国后，齐楚联兵，刘邦也派出大批汉军增援，吕泽所部参与并有极大贡献。除了韩信的传记外，其他更多事主的传记，龙且所部楚军在潍水战败，并没有当场阵亡，而是带残部逃回彭城。在丁复的传记中明确提到"属悼武王杀龙且彭城"，也就是说，追击到西楚国首都彭城并击杀龙且的，正是吕泽本人统率下的丁复部。

第三，在灭亡楚国、击败项羽的最后战事中起了极为重要的作用。在陈下之战中，知名剑客虫达所部立下大功，以至于虫达因此被封侯并食邑 4000 户。吕泽部将汾阳侯靳彊（qiáng）在此间"击项羽，以中尉破钟离眜"。在垓下决战中，统率汉军左右翼的孔聚、陈贺也是从吕泽所部转隶到刘邦本部的。

吕氏家族，尤其是吕泽，在汉朝建立过程中贡献太大，实力也很强，这将对汉朝建立初年的局势产生很大的影响。

刘邦成为汉王后，除了将吕泽封侯外，第一时间把岳父吕公和吕泽之弟吕释之一起封了侯，以答谢吕氏家族跟随自己征战的功劳。但是在刘邦击败项羽成为天下之主时，关于吕泽的记载却变少了，而且略显诡异。当时，吕太公已死，吕泽和吕释之被再次封侯，但是这次的食邑数竟然没有记载。合理推测，吕泽的食邑数太高，甚至可能超过了萧何，因此后世删改《史记》时，刻意删除了具体的食邑数。考虑到吕泽嫡系丁复的7800户封邑，已经和萧何的8000户封邑几乎持平，吕泽的食邑数必然更多。

当时，吕氏被普遍认为"功至大，又亲戚太后之重"。如果说在打天下时吕氏是刘邦最可靠的盟友，那么现在，刘邦心里已经动了废掉吕后之子刘盈、改立戚姬所生的刘如意为太子的念头，是吕氏家族的实力让他投鼠忌器了。

此时，汉朝北境发生了巨大变乱。韩王信原来的封地距离关中过近，刘邦把他改封到了太原附近，但这里是汉朝和新兴势力匈奴人接壤的前线。夹在长安的中央政权和匈奴人之间，韩王信反叛了汉朝。刘邦亲自击败了韩王信，随后又多次击破了匈奴人，但是轻敌的他最终在"白登之围"中受挫。此后，韩王信在匈奴人的支持下持续骚扰汉朝北方边境，成为一大外患。身为皇帝的刘邦当然不可能长期坐镇边境，因此需要一位资历和能力都足以统率北境汉军的大将来坐镇。吕泽毫无疑问是合适人选。

让人意外的是，吕泽在出任北境统帅后不久，竟然莫名其妙地战死了。史书并没有记载这一年在北方边境有什么大规模会战，韩王信的主力之前已经被刘邦歼灭大半，吕泽很可能是死于某次小规模冲突。有研究者甚至猜测，吕泽的死背后是刘邦的易储安排，这当然过于阴谋论了，不值得采信。但相关史料大量被删除，的确增加了我们还原这段历史的难度。可以确定的是，吕泽在剿灭韩王信余部的战争中战死，随后刘邦觉得自己的易储计划有了实施空间，开始试探性操作。

但是，让刘邦意外的是，朝堂上几乎所有的文武百官都极力劝谏，连冒险跳出来支持刘邦的投机分子都找不到。这从一个侧面说明了当时吕氏势力之大。

即便如此，吕后仍然心有不安。她去找自己的另一个兄弟吕释之求助。比起吕泽，吕释之虽然以战功封侯，但资格和履历远不如吕泽。然而，吕释之颇能找到问题的命门，他成功说动了张良。据说，吕释之"劫"了张良，从已经退隐二线的张良多次为吕氏出谋划策看，很明显这是张良的主观意愿，只是后来吕氏及惠帝一脉被灭，张良的形象却进一步被拔高，因此定下了"劫持"的论调，为张良撇清责任。张良帮刘盈请出了刘邦都无法请到的隐士——"商山四皓"。刘邦见到这个情景，知道自己更易储君的谋划难以实现，于是放弃尝试。在这场易储风波中，吕氏显示出了巨大的政治实力，哪怕在掌门人吕泽死后，朝堂上连一个敢坚定支持刘邦的人都找不到，拼死强劝的大臣倒是不少。甚至和刘邦私交极好的张良，也站在了吕氏一边。

吕泽死后，北境急需可以独当一面对付韩王信和匈奴人的新统帅，这也牵出了另一段公案：陈豨的叛乱。

被多次删改的《史记》虽然没有为吕泽单独立传，但仍然有许多蛛丝马迹透露了吕泽的巨大功绩，尤其是丁复、虫达、靳歙、傅宽等名将战功在功臣表中的保留使我们能找到许多有效信息。作为吕泽曾经的部下，陈豨是另一种魔幻的情况。他在《史记》的卷三十三中有传记，与韩王信、卢绾同传，却不在篇目上。这个传记内容之离谱，简直匪夷所思：

> 陈豨者，宛朐（qú）人也，不知始所以得从。及高祖七年冬，韩王信反，入匈奴，上至平城还，乃封豨为列侯，以赵相国将监赵、代边兵，边兵皆属焉。

简单来说，陈豨"不知道怎么就跟随了刘邦"。接下来史书上没有关于他的任何事迹，直到韩王信叛乱后才在北方战场登场，然后突然接替了新战死的吕泽之位，统治赵、代两个地方，并且掌控这里所有的边境士兵。难道是石头里蹦出一个陈豨，突然就成了统率赵、代两个诸侯国和北方所有边军的大将？要知道，刘邦最信任的铁杆好友、实实在在穿一条裤子长大的卢绾，也不过执掌偏远的燕国一地。

再仔细从《史记》里找其他关于陈豨的记述，我们在功臣表上找到了另一条叙述："以特将将卒五百人，前元年从起宛朐。至霸上，为侯。"

宛朐在今山东菏泽，刘邦和其丰沛嫡系这一阶段并没有前往这里活动的记录。五百人在起事之初绝不是小数字，稍早时，虫达带三十七人投奔刘邦就被大书特书，包括修成正果的刘邦麾下名将靳歙也起于宛朐，很可能最早是陈豨的手下。毫无疑问，这里的信息又经历了较多删减。然而考虑到同样到处招兵买马的吕泽在此阶段的活动范围覆盖到这里，他招揽陈豨的可能性极大。随后，在外征集兵马的吕泽和刘邦会师，击败并斩杀了秦泗川郡守，这是秦末大起义中秦朝的郡守第一次被击败后斩杀，可以说是大胜利。这里面陈豨的功劳不小。

刘邦成为汉王后封侯，陈豨早早被封为阳夏侯。另一方面，刘邦和陈豨都是信陵君的铁杆粉丝，有相近的行事风格，因此私交极好。汉军东出时，刘邦、吕泽各自带领一支人马作战，陈豨留在关中。后来，汉和赵国开战，陈豨带兵攻占代地，此地从此归入他的管辖长达八九年。攻占代地后，陈豨和韩信等人合力灭亡赵国。刘邦对陈豨是极为信任的，即使后来陈豨叛乱，他仍然肯定了其贡献："豨尝为吾使，甚有信。"

陈豨在代地，一方面要注意北方边界，另一方面还有为刘邦嫡系监视赵国的张耳、张敖父子和韩国的韩王信之责。在击灭燕王臧荼的战争中，陈豨同样表现出色。

陈豨的能力甚至得到了一贯恃才傲物的名将韩信的肯定。韩信对主动来巴结自己的樊哙、灌婴不屑一顾，对陈豨说话却非常客气，双方在赵、代之战中有过配合，想必合作愉快，因此互相欣赏。韩信最后被杀时的罪状，就是和陈豨进行密谋、撺掇陈豨反叛，并且试图在刘邦外出时攻占长安，策应陈豨。

吕泽死后，长期在代地经营的陈豨接过了汉朝北境的所有军务，负责对抗匈奴人支持下的韩王信等人两年多，可谓位高权重。但是，边境手握大军的统帅和长安中央朝廷之间的猜忌逐渐增长，以严苛闻名的周昌出任赵相，更让陈豨觉得不好过。他对信陵君的喜爱和模仿，曾经是他和刘邦迅速拉近关系的一大因素，现在却成了他蓄养门客、威胁朝廷的罪证。诚然，连刘邦最亲近的卢绾最后都没能逃过这种君臣相疑，又何况豪侠性格的陈豨？再加上淮阴侯韩信的撺掇，陈豨最终决定放手一搏，起来造反，并且给刘邦造成了极大的麻烦，但以失败告终。

陈豨最早以吕泽的部下身份登上历史舞台，是刘邦最为信赖的将领之一，却以君臣相疑背叛结局，"吕泽旧部"和叛臣的双重标签，使他早年的功业在史书中遭到了刻意的抹杀，到最后，"不知道怎么就跟随了刘邦"的陈豨突然直接成为赵、代两地的实际统治者和汉朝北境军队的统帅。

总之，吕氏家族的实力相当强大，尤其是吕泽，在汉朝创业过程中起了极大的作用，并在军队里留下了盘根错节的关系。

吕氏兄弟在朝堂上维持的大量人脉，为吕后和刘盈的地位提供了巨大的武力保障。刘邦死后，吕后牢牢把控朝政，甚至一度有过尽杀不可靠朝臣的疯狂设想。但是，吕氏能力最强的吕泽死得比刘邦更早，和张良关系颇佳、有一定战功和人脉的吕释之也死得较早，随着吕后的病死，吕氏第二代普遍能力平平，也就注定他们无法守住如此巨大的政治遗产了。

侯景之乱：
梁武帝到底是老年痴呆还是聪明过头？

从西晋末年开始，南北分裂两百余年，始终处于相对均势之态。真正打破这种均势、决定了南北朝由北方统一南方的趋势不可逆转的，是著名的"侯景之乱"。在这次大乱中，南朝丢失了大量领土，剩下的大部分领土也遭到了战乱的严重破坏。

侯景能掀起大乱，离不开梁武帝萧衍初期对他的纵容。许多人谈起这段历史，总是认为梁武帝晚年崇佛过度，得了"圣母病"，再加上老年痴呆，便坐视侯景走向叛乱。

仔细审视梁武帝的风格，我们不难发现，他对皇族成员和世族高门的确宽厚到了不可思议的程度，他们犯了再大的罪都可以得到他的宽恕。但是他的宽厚仅限于对这些人，是对宋、齐两朝皇族激烈内斗的矫枉过正。梁武帝对待普通民众完全算不上宽厚，梁朝法度对民众犯罪惩罚极严，且实行连坐，一个人逃亡，全家都要被罚作苦工。

这么一个人，真的会对一个来自北方、丢掉了所有地盘并且只剩下八百人的叛乱者大发善心？后来侯景冒充东魏政权写信试探梁武帝，提出用侯景交换被东魏俘获的皇族萧渊明时，梁武帝的答复大约才是他对侯景的真实看法：萧渊明早上回到梁朝境内，下午他就可以把侯景遣送回去。此外，侯景向梁武帝请求赐婚时，梁武帝也说"王谢这种门第太高的你就别妄想了，低一些的门第看看吧"，可见他心里并没把侯景当回事。

因此，虽然出于统战目的，时常号称要厚待侯景，但是梁武帝对侯景从来没有过什么"圣母心"。那么，他纵容侯景筹备叛乱，葫芦里究竟卖的是什么药？又如何"机关算尽，反误了卿卿性命"呢？让我们从侯景投梁讲起。

侯景是东魏实际开创者高欢的主要合作伙伴。北魏分裂成东魏和西魏后，双方交战频繁。侯景当时负责管理黄河以南所有东魏国土，拥兵十万，专制一方。侯景曾经吹牛说："给我三万士兵，我可以轻松地把萧衍活捉过来。"历史上在这一时期，侯景所部和南朝仅有过一次战事，初期侯景的东魏军获得了一定胜利，但不久后便被梁朝名将陈庆之击败，灰溜溜地丢弃辎重撤退了。

高欢死后，侯景不愿意继续做他儿子高澄的臣子，于是占据河南反叛，并向梁朝求援。梁武帝萧衍便让自己的侄子萧渊明带兵支援侯景。然而，东魏军先击败梁朝援军，俘获萧渊明，随后又击败侯景所部叛军。侯景只剩下八百人，灰溜溜地渡过淮河，进入梁朝境内的淮南重镇寿阳城附近。

这时发生了一件大事。梁朝在寿阳城的代理豫州刺史是钟离之战的名将韦睿之子韦黯。寿阳当地一名军官刘神茂对他极为不满，暗中派人联系侯景，希望他赶走韦黯。在内应的帮助下，侯景兵不血刃地夺下了寿阳城，终于有了一个稳固的新据点。

一般人看不懂的操作来了：寿阳此时是梁朝淮南地区的头号重镇，侯景作为降将，私自占领了这里，按常理来说皇帝肯定会严惩侯景。梁武帝却一反常态，将侯景任命为南豫州牧，正式认可了他对这一地区的统治。侯景在寿阳附近招兵买马时，缺乏物资和工匠，向梁武帝写信要求支援，梁武帝竟然也同意了。

不久，东魏和梁朝的和平谈判进展顺利。侯景得知自己可能会被梁武帝用来交换被东魏军俘虏的皇族萧渊明，于是果断以寿阳为基地，打着"清君侧"

的旗号，起兵造反。萧衍听说侯景叛变，呵呵大笑道："我只要折下一根树枝就能打死这小子。"实际上，梁武帝等待侯景反叛这一刻已经很久了。

在北魏迁都洛阳后，以寿阳为中心的淮南地区成为南北朝双方争夺最激烈的地区之一。梁朝建立前几年，裴叔业以寿阳城为核心的淮南地区投降北魏，从此这里被北朝控制。梁武帝早年的几次北伐，主要目标就是收复这里。梁武帝刚上台时，对淮南大族代表夏侯详多有提防，对带着淮南地区投向北魏的裴氏更是戒心很强。

到北魏末年，国内局势大乱，梁军才趁乱收复寿阳。从梁朝立国到侯景叛乱期间，寿阳属北朝的时间还多于属南朝的时间，对建康朝廷的离心力很强。萧衍收复寿阳地区时很大程度上借助了夏侯详之子夏侯亶、夏侯夔（kuí）的力量。最初，夏侯亶、夏侯夔兄弟相继担任豫州刺史，管辖寿阳地区，但是夏侯夔死后，萧衍却让皇族萧渊明接任。

从这个角度看，以夏侯氏和裴氏为代表的豪族此时对萧衍和南梁是极度排斥的。夏侯夔之子夏侯谱（bò）后来成为侯景的忠诚支持者。在侯景取得一定进展后，夏侯谱做的第一件事就是把萧渊明的财产、姬妾都抢过来，可见仇恨之深。这两家成员裴之悌、夏侯威等人生在南梁军中，后来都找机会投向了侯景。这也解释了为什么一个普通军官刘神茂就敢联络侯景，推翻梁武帝在本地的长官。刘神茂只是淮南地区大族对南梁普遍不满之下的一个出头鸟，这本质上是当地豪族联合北方来的侯景反抗梁武帝的行动。所以，北魏和南梁之间十万大军都未必能攻下的寿阳城，侯景仅用八百人就拿下了。

这么看，梁武帝一些看似坐视甚至纵容侯景"越线"的奇怪操作，或许并不是因为他老年痴呆发作了，而是他有意助长侯景气焰。既然前任韦黯无力压制当地豪族，那么干脆让侯景去搅局，如果他和淮南豪族敢叛乱，就来个一锅端，战后梁朝对以寿阳为核心的淮南地区的控制可以大大加强。至于侯景，当年带着东魏大军都打不过陈庆之，现在带着一群淮南地方势力还能反了天不成？甚至，在侯景派人伪装东魏使节试探时，透露出要用侯景交换萧渊明之意，也很可能是萧衍故意逼反侯景，希望在他整合好淮南的资源之前尽快叛乱，镇压的成本也低一些。

在当地大族支持下，占据了以寿阳为核心的淮南地区的侯景，最初目标也不过是割据自保。此时，一个堪称奇葩的萧梁皇族主动上门求合作，让侯景看到了新的机会。

萧正德是萧衍之弟萧宏的儿子。当年，萧衍没有儿子，便把他过继了过来。没想到萧衍从起兵自立开始，突然连着生了许多个儿子。于是他把萧正德归还到萧宏名下，并且在称帝后立长子萧统为太子，这就是著名的文学家昭明太子。萧正德为此一直愤愤不平，后来找到机会投奔了北魏，对外自称"废太子"。

北魏大概把这个家伙当作神经病。被萧衍取代的南齐皇族成员萧宝寅，此时在北魏身居高位，他对北魏朝廷说："哪里听说过叔父是皇帝，亲爹是有很大实权的亲王，跑来投奔敌国的？我看这小子是间谍，把他杀了吧。"北魏没杀萧正德，但是也没怎么理会他，基本把他当空气。萧正德最后受不了了，又跑回了南梁。

对宗室宽厚到不可思议的萧衍不但没有惩罚他，在流泪劝诫了他一番后，竟然恢复了他的封爵，并且继续让他做官。侯景叛乱时，萧衍竟然任命萧正德做平北将军、都督京师诸军事，负责对付侯景。这可真是选对人了，"废太子"决定和侯景联合，搏一把大的。就这样，由于淮南豪族的支持和萧正德的叛变，侯景从最初占据寿阳叛乱到渡过长江直逼南梁首都建康城下，都没有遇到什么像样的抵抗。

萧正德虽然是个利令智昏的贪婪之徒，但他并非傻子。侯景在寿阳起兵后，能带出来作战的不过是以新招士兵为主的八千人罢了，萧正德的实力比他强许多。在萧正德看来，侯景只不过是一个凶悍的打手。最初的合作关系中，萧正德确实居于优势地位，侯景在不久后拥立萧正德称帝，自己则成为他的丞相。然而在围攻建康城的过程中，合作双方的力量对比却逆转了。

由于侯景、萧正德联军的实力比起守军仍然相差甚远，侯景想方设法地扩大自己的力量。他敏锐地察觉到了南梁尖锐的阶级矛盾：萧衍对皇族和世家大族极度放纵，南梁底层充斥着大量破产的农民和部曲奴婢。尤其是在建康附近遍地大户人家的环境中，这些人才是沉默的大多数。在依靠自己的力量进攻建康失败后，侯景下令解放当时豪门贵族家中的奴婢。他废除了梁朝沉重的赋税，开仓放粮，奴婢们的地位得到了很大的提升。之前深受宗室和世家大族压迫祸害的寒门奴婢们纷纷投靠侯景，为他效死力。侯景也选拔他们之中有才能者为官。

就这样，侯景手下很快有了十万之众，以一同南下的数百人为核心，大部分官兵都是他亲手解放、任用的奴隶。这些人深受梁朝统治之苦，有着顽强的斗争精神。有了如此庞大的力量，侯景不但能放手围攻建康城，在与萧正德的合作关系中也占据了绝对上风。再晚些时候，不满意侯景凌驾于自己之上的萧正德再次试图杀掉侯景时，反被侯景所杀。

事情发展到这个程度，也完全超出了萧衍的预料。"机关算尽，反误了卿卿性命"，萧衍不但没能借机清除淮南的反对势力，反而使自己麻烦不断——先是自己派出对付侯景的萧正德竟然和侯景狼狈为奸，随后侯景从被压迫的底层破产农民和奴婢中吸收了巨大的力量，把他所在的建康城围得水泄不通。但是萧衍还没有放弃希望，因为侯景的力量最多不过十万人，大部分是刚解放的底层民众，缺乏战斗经验。在建康城附近，各地亲王派出的几十万勤王大军已经要到了。

梁武帝统治天下近半个世纪，此时已经八十多岁了。在医疗条件落后的古代，这个年纪是惊人的高寿，以至于包括昭明太子萧统在内，他许多的子孙已经在他之前病死了。当时的太子萧纲也在围城之内。对于那些正在壮年、执掌一方手握重兵的南梁亲王来说，这是一个天赐良机。就算梁武帝病死了，继位的也是太子萧纲。但是，如果能借侯景的手同时除掉梁武帝和萧纲呢？

所以，虽然此时建康城附近有着各地过来援助的数十万之众，但是大部分军队只是来打酱油的，派出这些部队的亲王们对援军统帅们到底叮嘱了什么，我们都能猜出一二。看似城外的梁军总数有着压倒性的优势，可以以多打少轻松获胜，但是由于各路援军各怀鬼胎，在力量小许多又要围城的侯景军面前反而逡巡不前。

当然，还是有一部分援军有着强盛斗志的，因为许多大员的亲人都在建康城的包围之中。这批战斗意志最坚定的援军在名将柳仲礼的率领下和侯景军恶战了一场，以小败告终。柳仲礼当时声名在外，其父也在围城之中，此战出了死力，却仍然战败负伤，从此没了斗志。既然最坚强的一批主战方被击败，剩下的部队自然更乐得围观，不去送命了。

就这样，侯景率领的叛军得以继续围城，最终攻破了建康的台城内城。梁武帝被俘后不久被饿死，萧纲继位后沦为侯景的傀儡，失去了号令天下的合法性，在侯景失败前被他所杀。侯景最后被梁元帝萧绎击败。各地的亲王丧失了约束，甚至在侯景败亡之前就开始互相火并，为了打内战，还不惜向北方的西魏、北齐求助，最终被来自南方的军阀陈霸先摘了桃子。梁朝被推翻，只剩下昭明太子一系在西魏保护下继续控制着江陵一带。

侯景之乱和动乱引发的南梁皇室内战，彻底打破了东晋建立后南北对峙两百多年的均势。在侯景之乱前，南朝的国土大约是三国时代吴蜀两国之和，再加上孙权梦寐以求的淮南地区；在侯景之乱后，南朝丧失了所有南北缓冲地带：长江上游的川蜀被西魏政权吞并，长江和淮河之间的淮南全境则落入北齐之手。

侯景之乱后，南朝剩下的国土大约就是三国时期吴国的地盘，就在这个地界内，还分裂成两个不共戴天的死敌：占据了包括长江下游在内的大部分土地的，是陈霸先篡位后建立的陈朝，其主要领土建康城和江南三吴地区在侯景之乱中遭到了毁灭性的摧残，实力大大下降；长江中游有着萧梁皇室建立的后梁政权，以江陵城为首都，方圆只有三百里地，和篡夺了梁朝的陈朝是不共戴天的敌人。江陵城之前被西魏军攻破后大肆掠夺，现在后梁政权实力虚弱，只有在西魏保护下才能延续下去，存在的最大战略意义便是控制长江中游，死死遏制住陈朝在这个方向的发展空间。也就是说，侯景之乱导致南朝从一个占据了三国时期吴蜀领土加上淮南缓冲区域的强大政权，分裂成了两个互为死敌的政权，这两个政权加起来也只有三国时吴国的地界大小。到了这种程度，南北朝由北方统一南方的结局已经确定，是北方本身的分裂和战争，才使南朝又苟延残存了三十多年。

回过头来看，侯景能成为打破南北对峙两百多年均势的关键性人物，梁武帝难辞其咎。但是这种失误，并不是因为他信佛后老年痴呆，对危险分子过于纵容。梁武帝真正的问题在于，他有着复杂的心机，想借着侯景叛乱，对不服从自己的淮南豪族一锅端。但是他机关算尽，却对自己统治下的国内尖锐的阶级矛盾和皇族成员的自私心理没有充分认识。相反，侯景充分利用了这两个因素和淮南豪族的不满，带着数百人南逃后，又在江南掀起了腥风血雨，最终奠定了南北朝的格局。

南朝齐、梁都出自兰陵萧氏，为何国号不相同？

二十一

南北朝时期，南朝经历了宋、齐、梁、陈四个朝代。齐、梁两朝的建立者来自同一个家族——兰陵萧氏。

齐和梁的官方史书说：兰陵萧氏是汉初丞相萧何和汉朝名臣萧望之的后裔，这多半是强行攀附。南北朝时代，世家大族在政治舞台上占支配地位，家族门第至关重要。这个官方口径本身有着致命的逻辑漏洞：萧望之和萧何并无血缘关系，萧何和兰陵毫无关系，萧望之虽然是兰陵人，但是入职中枢后，他的后裔从未有过返回兰陵的记载。

这种攀附有点像陈胜打出的"扶苏、项燕"大旗，把秦国失势皇子和楚国末代名将放到同一个阵营里，为自己造势。从唐朝开始，大部分史家对萧氏家族攀附的世系基本不认可。

当然，兰陵萧氏的成就已经远远超过两位汉朝名臣，这又是另外一回事了。兰陵萧氏原先居住在东海郡兰陵县，西晋末年永嘉之乱时，在晋朝担任县令的萧整带领全族南迁到今天的常州武进地区，后来一度被称为南兰陵。萧整有两个儿子——萧隽和萧辖（xiá）。他们的后代，分别建立了南齐和南梁两个王朝。同一个兰陵萧氏为何会建立国号不同的两个王朝，而不是像两汉、两宋那样，即使经历巨变，仍会沿用同一个国号呢？

齐梁萧氏世系图

（蓝底白字表示当过皇帝，白底蓝字表示官至唐朝宰相）

萧道成父子更像合伙人

萧整南渡后，萧氏家族门第并不高，家族成员在仕途上的发展并不快。萧隽和其父萧整一样，终其一生不过是个县令。但到了萧隽的孙子萧承之时，地位有了较大提高，成为多地的郡太守，并且担任到右卫将军这样较高的军职。在极为看重门第的南北朝，萧承之的崛起固然离不开自己的奋斗，但也得考虑历史的进程。

宋武帝刘裕自幼丧母，所以是由继母萧文寿带大的。刘裕最有能力、也最信任的弟弟刘道规就是她的亲生儿子。刘裕崛起后，萧文寿的亲弟弟萧源之也得到了重用，担任到徐、兖二州刺史的高位。萧源之对同宗的萧承之颇为欣赏，因此他的事业才得以起飞。所以，萧整后人能在晋宋易代时快速崛起，主要依靠了其刘宋王朝外戚萧文寿的同宗身份。

萧整的曾孙叫萧承之，萧承之的儿子就是大名鼎鼎的齐高帝萧道成。萧承之主要活跃于刘宋前期，即以"元嘉之治"闻名的宋文帝刘义隆时代，当时朝局还算平稳。刘义隆最终被亲儿子刘劭（shào）弑杀。随后，刘宋内部争夺皇权的斗争愈发残酷和激烈，萧道成就在这样的局面下登上了历史舞台。

东汉灭亡后，皇权的神圣性逐步降低。刘裕出身贫寒，在世家大族当道的年代，完全靠自己的武功和时运登上了皇位。这更是应了后世军阀安重荣所说的，乱世时候的天子不过是"兵强马壮者为之"。在这样的情况下，要指望萧道成对刘宋王朝有什么忠心，显然是不现实的。

萧道成的创业史实在没太多好说的，无非是在刘宋皇室自杀性内战中，有一大群军政官员的权力急剧膨胀，其中之一的萧道成战胜了袁粲（càn）、刘秉、沈攸之等竞争者，随后废黜并弑杀了刘宋的末代傀儡君主。

值得注意的是，萧齐的创立者与其说是萧道成一人，不如说是萧道成及其长子萧赜（zé）。古人结婚生育早，但是萧道成结婚生育的年龄哪怕在古代帝王中也少见。萧道成出生于公元427年，其长子萧赜出生于公元440年，也就是说，萧道成十二岁就结婚，十三岁时就有了长子萧赜。正因为如此，萧道成开始出人头地时，萧赜也已经一并出仕并迅速升迁。在萧道成得以逐步崛起的几次刘宋皇室内战中，萧赜都奋战在一线，对萧道成的发迹起到了关键性作用。他们虽是父子，在建立王朝的过程中却更像创业伙伴。正因为如此，等萧道成控制实权，开始准备篡位的时候，萧赜第一时间被加封为齐公世子、齐王太子，确立了继承人地位。

按照史书的记载，成为太子后的萧赜处事作风更像一个强势的皇帝，而不是等待继位的太子——"上之为太子也，自以年长，与太祖同创大业，朝事大小，率皆专断，多违制度。"考虑到萧赜其实算半个开国之君，许多事情我行我素就不难理解了。

萧道成决定敲打敲打自己的儿子。

萧道成的亲信荀伯玉出面弹劾萧赜逾制，萧道成就势发怒（太祖怒，命检校东宫）。但是让萧道成心寒的是，他整治萧赜逾制的圣旨完全成了一张废纸。父子僵持了个把月，到最后，萧道成篡位时冲锋在前的绝对心腹王敬则出来劝解了。王敬则在萧道成夺权的关键时刻曾经在朝堂上拔出武器声称："天下之事都应该听萧公的，谁敢不听，我就让你们血染我的刀刃！"后来他在萧鸾篡夺萧道成一系时起兵反抗，后败死，对萧道成一系绝对忠诚。但是，他劝解的方式竟然是对萧道成说："官有天下日浅，太子无事被责，人情恐惧；愿官往东宫解释之。"瞧瞧这说的是什么话啊！皇帝统治天下没多久，位置不稳，太子无端被责怪，导致人心惶惶。哪怕在萧道成最可信的心腹看来，萧赜逾制那都不是事儿，反而是萧道成在没事找事。现在，作为绝对可靠的心腹，王敬则为了萧道成好，竟然要他前往太子那里主动解释。

更绝的事情还在后面。萧道成见到头号亲信也这么说，气得说不出话来，结果王敬则立刻把一切都安排上了："太祖无言。敬则因大声宣旨，装束往东宫，又敕太官设馔，呼左右索舆，太祖了无动意。敬则索衣被太祖，乃牵强登舆。"萧道成还在生闷气，王敬则帮他安排好了车马，看到他"了无动意"，直接拿了衣服披在他身上。萧道成硬着头皮动身去了太子家。在太子家，大家一副其乐融融的样子。但是这个其乐融融的前提是，萧道成在萧赜逾制，想敲打一下他的情况下，不但无法实施惩罚，作为君主和父亲，最后还要自己主动向作为臣子和儿子的萧赜服软，表示和解。

看到萧赜的地位如此强大和稳固，萧道成在这次事件后更加不安，因此开始加强另一个嫡子萧嶷（yí）的力量，试图制衡萧赜。但是，萧嶷自觉实力比起萧赜相差甚远，在萧道成加强他的权力后，反而主动去向萧赜示好，表示自己对亲哥哥丝毫不敢造次。到这个程度，萧道成无论是否还想打压萧赜，可以说是败局已定了。不久之后，萧道成病死，萧赜正式继位，就是齐武帝。通过打小报告、吹捧萧嶷等方式打压萧赜的萧道成心腹荀伯玉等人遭到了清算，死于非命。

太子逾制，皇帝的绝对心腹觉得这不算个事情，反而是皇帝在没事找事，并劝皇帝主动找太子示好。皇帝不同意后生闷气，心腹竟然直接让左右安排车马把皇帝带到太子处。皇帝加强太子亲弟弟的权力以制衡太子，结果弟弟不喜反忧，不愿意接受父亲对自己的安排，赶紧找哥哥大表忠心。看到这里，我们不禁要问——南齐的开国皇帝到底是萧道成还是萧赜？

旁系篡位，实质上的改朝换代

作为半个开国之君的齐武帝萧赜正式继位后，南齐进入一段十多年的平稳发展时期。萧赜的统治较为清明，社会较为安定，和北方的北魏基本处于和平状态，经济也得到了较好发展。这段时间在史书中被称为"永明之治"。但是，到萧赜晚年时，由于他的太子萧长懋（mào）早逝，齐王朝又将面临继承人的问题。

当时的形势是这样的：萧道成曾经用来制衡萧赜的萧嶷在萧长懋病死前不

久去世，甚至有人怀疑他死于萧长懋的暗害。萧长懋的政治素质颇佳，但是偏偏在萧赜病死前半年先去世。萧长懋死后，继承权的主要竞争者是他的二弟——萧赜次子萧子良，以及他的长子、萧赜长孙萧昭业。最后，在萧道成的侄子、萧赜的堂弟萧鸾的支持下，萧昭业取得了皇位争夺战的胜利，萧子良争位失败后不久郁郁而终。从后来的结果看，萧子良争夺王位失败后不久病死，反而是一大幸事，不但自己逃过了杀戮，还帮助他的这一系逃脱了灾祸。

萧昭业继位之初，萧鸾只是辅政大臣之一。经过一系列政治斗争，萧鸾最终掌握了实权，并且废杀了萧昭业，改立其弟萧昭文为傀儡，随后又废萧昭文，自立为帝。他就是历史上的齐明帝。"明"的谥号来源于他在位期间对吏治的整顿，但是就他执政期间的内外成绩而言，萧鸾的统治和"明"实在没什么关系。

萧鸾作为皇族的旁支，由齐高帝萧道成抚养，并视同儿子一般带大。但他并非萧道成的后代，其继位的合法性是很成问题的。萧鸾面对合法性危机，应对的方式便是一个字：杀。他曾经叹息说："我的儿子们年纪都还小，萧道成、萧赜的儿子们却都正值壮年，真让人睡不着啊！"叹息完，有时候他还会流泪。他流泪的时候左右就知道，他又要杀皇族了。我们并不能感慨他做事虚伪，甚至流泪伤感也很可能是他真实的情感，毕竟他是由萧道成一手带大的。但是篡位的事情，一旦迈出了脚步就实在没有回头路，萧鸾只能在这种挣扎中进行如此禽兽之事。

萧鸾执政时期，共有 29 位南齐亲王遭到了系统性屠杀。总的来说，萧鸾杀人的逻辑是，萧道成、萧赜和萧长懋所有在世的儿子都必须杀光，因为这些人的正统性远比他强。萧嶷、萧子良这些争夺王位失败、自己也早早病死的皇族，后代反而基本没有受到波及。无论如何，萧鸾是被萧道成当儿子般带大的，在萧道成、萧赜统治期间备受信任和重用，甚至还是萧赜托孤重臣之一的宗室旁系，在篡位之后却对萧道成、萧赜一系进行了残酷屠杀，实在是丧心病狂。

李世民杀兄弟、逼父亲，但是他统治时的政绩极度出色，世人对他上位的行径虽有所非议，但对他的统治整体都是认可的。但萧鸾统治时期，对内和对外的政绩都远不如其堂兄萧赜。在内政上，虽然他有过澄清吏治的努力，但除此之外，他几乎把所有精力都放在了剪除萧道成、萧赜等人后代的斗争上，比起萧赜的"永明之治"差距不小。

对外方面，萧鸾也遇到了不小的麻烦。在他篡位自立的同年，北魏孝文帝向南迁都到洛阳，开始全面汉化之路。北魏王朝迁都到黄河以南，意味着南齐北方边境的压力大大增加，洛阳距离边境线实在太近了。偏偏萧鸾在军事上的能力也不如萧赜，在北魏迁都洛阳后的多次战事中，南齐相继丢失了南阳、新野、南乡等地区。

萧鸾给自己的儿子萧宝卷留下了一句遗言："做事不可在人后。"这句话的意思是在权力斗争中必须先下手为强。萧鸾死后，新继位的萧宝卷把老爹这句话当作自己的座右铭。多年在淮南寿春地区抵抗北魏的裴叔业受到萧宝卷的猜忌，干脆带着地盘投奔了北魏。淮南地区就这样被北魏兵不血刃地占领了，并且从此占据这里长达一代人的时间。

"做事不可在人后"这句话看似很有道理，但恰恰说明萧鸾一系的不自信和实力不足。齐武帝萧赜面对父亲萧道成的猜忌和对弟弟萧嶷的扶植，充分相信自己的实力，依旧稳坐钓鱼台，最后父亲反被自己的亲信逼着服软，弟弟更是主动来输诚。萧赜继位后，萧嶷没有受到猜忌，在中央和地方历任实权在握的高官，这背后都是萧赜对自己实力的绝对自信。相反，如果没有足够的军政能力和实力做保障，一味靠先发制人的杀戮，在乱世中不可能长久。

萧鸾的作为很快将报应在其后代身上。

萧衍上位，为何抛弃齐的国号

萧整渡江后，长子萧隽的孙子萧承之因为和刘裕继母同宗得到重用，他的儿子萧道成因此发迹。萧隽之弟萧镈的孙子萧道赐在这一时期也开始崭露头角。

萧道成称帝时，和萧道成平辈、作为宗族远支的萧道赐之子萧顺之得到进一步重用，担任领军将军、丹阳尹之职。萧顺之的两个儿子萧懿、萧衍都在齐武帝萧赜之子萧子良门下。在萧赜死后的继承斗争中，身为萧子良嫡系班底的萧衍并不看好这位皇子，转而支持萧鸾，为萧鸾篡位立下了不小功勋。这次投机，让他积累了大量的政治资本。

萧鸾死后，信奉他"做事不可在人后"哲学的新君萧宝卷开始大力贯彻父亲的遗言，统治陷入了恶性循环。宿将裴叔业、崔慧景为了自保相继叛乱，裴叔业带着淮南之地投向北魏，崔慧景的叛乱最终被时任豫州刺史的萧懿平定。然而，平定大乱的萧懿马上成为皇帝新的猜忌对象，最终被赐死。我们实在很难说萧宝卷赐死萧懿的对错，当年刘宋皇帝刘昱猜忌了同样以平定内乱发迹、身在首都建康的萧道成，但是犹豫间没有先发制人杀掉他，最终被萧道成反杀后国破家亡。只能说，在那个时代，缺乏权力基础的少年皇帝怎么做都很难活下来，"先下手为强"的哲学，要么让他们苟延残喘一会儿，要么让他们提前送命。

萧懿死后，萧衍堂而皇之地打着"胞兄立下大功却无端被杀"的旗号，讨伐萧宝卷。他先是拥立萧宝卷的弟弟萧宝融为傀儡，在讨灭萧宝卷之后随即废黜萧宝融，自立为帝。到这个时候，萧衍（梁武帝）面临一个选择：

是继承"齐"的国号，还是另立一个新的国号？

当然，最后的结果我们都知道了，他选择了"梁"。那么，萧衍为何要抛弃"齐"的国号，另立一个新国号呢？

首先，萧衍和齐皇室的亲戚关系说远不远，但说近也不近，要以血统论继承权的话，则过于疏远。古代讲究"五服至亲"，萧衍之父萧顺之和齐高帝萧道成还在五服之内，可萧衍同平辈的齐武帝萧赜或者齐明帝萧鸾之间，则恰好出了五服。以"和齐高帝萧道成有血缘关系"作为继承南齐大统的依据，其合法性和优先级并不强。

其次，"齐"这个国号在法统传承上已经紊乱不堪。齐高帝萧道成和齐武帝萧赜所建立的南齐王朝，在萧鸾篡位并尽杀他们在世子孙时事实上已经灭亡了。虽然萧鸾把自己过继为萧道成之子，但时人对这种自欺欺人的操作一向嗤之以鼻。萧宝卷继位后，齐王朝宗室就有人明确指出："明帝取天下，已非次第，天下人至今不服。今若复作此事，恐四海瓦解。"萧鸾继位在大家看来就是不符合继位顺序的，所以天下不服。血统更为遥远的萧衍如果重走萧鸾老路、把自己过继为萧道成之子，其认可度只会更低，所以还不如另起炉灶。

梁武帝对萧巆之子萧子恪说过一段话："卿若能在建武、永元之世，拨乱反正，我虽起樊、邓，岂得不释戈推奉。"言下之意，齐王朝被不合法的萧鸾系篡夺后成了非法的伪政权，萧道成的后裔无力消灭萧鸾自救，萧衍行的是拨乱反正之举，是他建立新王朝的合法性来源之一。

基于这个理论，萧鸾的后代大部分遭到萧衍的严厉镇压，而幸存的萧道成、萧赜的后代们，在梁朝的处境普遍不错。

但是，这一切都不是最关键的，最关键的还是天下人心。王莽统治时期，天下可谓"人心思汉"，所以同样和汉成帝出了五服的刘秀，选择把自己过继为汉元帝之子。但是，"齐"王朝这个招牌，在萧鸾篡位之后，在上至宗室大臣、世家大族，下至黎民百姓的心中，已经彻底烂掉了，除了萧鸾一系外，谁人认同？

萧鸾以旁支篡位后，对外，战争连连失败，被北魏不断夺地，战争失败又导致了财政的破产；对内，萧鸾篡位后法统的混乱导致了无休止的内战，天下也不堪其扰。在这种情况下，换掉破烂不堪的旧招牌，以全新的国号示于天下，反而有一种"咸与维新"的意味。就这样，萧衍最终建立了自己的梁王朝，兰陵萧氏连续开创了齐、梁两个王朝。

虽然梁王朝最终也和齐王朝一样走向灭亡，但兰陵萧氏却因此成长为中世纪中国的顶级门阀，在有唐一代就出了十位宰相。兰陵萧氏的传奇一直流传到今天，前些年异常火爆的《琅琊榜》，就以兰陵萧氏为原型，这也是萧氏家族仍具影响力的一大凭证。

北魏实行了"子贵母死"制，为什么反而出现太后专权的情况？

二十二

南北朝时期，北魏有一项奇葩制度——"子贵母死"，意思是北魏的皇子一旦被立为储君，他的生母必须被赐死，以防止外戚势力过大、干涉朝政。

今天的主流学者多认为，该制度是道武帝拓跋珪（guī）创立的，其直接灵感则来自汉武帝晚年赐死钩弋夫人后立刘弗陵的故事。从拓跋珪晚年创立到宣武帝元恪正式下令废止，北魏皇朝的绝大部分时间都存在着"子贵母死"制度。

而讽刺的是：从东汉末年到隋朝统一，400年的大乱世中，实行"子贵母死"制的北魏，竟是唯一出现过太后专权的政权，还不止出现了一次，比如最有名的冯太后、胡太后。

那么，差错到底出在哪里？当我们把视线拉回创立者道武帝拓跋珪身上会发现，这个记载本身就存在着很大疑点。

明元帝拓跋嗣的非正常方式继位

研究北魏太武帝拓跋焘之前的历史是一件很艰难的事情。

太武帝末年，三朝重臣崔浩编纂北魏国史《国记》，如实记录北魏皇室早年的不堪之事，引发了一场规模巨大的文字狱，最终导致了"清河崔氏无远近，范阳卢氏、太原郭氏、河东柳氏皆浩之姻亲，尽夷其族"。而作为北魏史权威的魏收所著《魏书》偏偏风评很差，有着"秽史"之称。

所以，我们能读到的北魏历史，一方面有效信息极度缺乏，另一方面都是被精心筛选过的内容。虽然如此，但看《魏书》的原始记载，道武帝拓跋珪在赐死其母刘氏后，和后来成为明元帝的儿子拓跋嗣有过一番谈话，之后拓跋嗣就逃到外面去了。至于谈话的内容，按照北魏官方定调，是说拓跋珪打算让拓跋嗣继位，因此需要先仿照汉武帝赐死钩弋夫人后立其子刘弗陵的往事赐死其母刘氏。拓跋嗣无比悲伤，引起了拓跋珪的不满，于是拓跋嗣也不要当太子了，直接逃跑了。

在这些叙述中，除了道武帝赐死刘氏并且导致拓跋嗣逃亡是公认的客观事实外，剩下的话都是拓跋嗣单方面的讲述，要表达的意思很简单：

"虽然我逃亡在外，但是我父亲生前想立我为太子，杀我母亲正是为此做准备。我是合法的继承人。"

实际上，拓跋珪之后又想杀死拓跋绍的母亲贺氏。拓跋嗣和拓跋绍遇到了同样的事情：拓跋珪杀了拓跋嗣之母刘氏，拓跋嗣选择逃亡；拓跋珪又准备杀拓跋绍之母贺氏，但贺氏成功联系上拓跋绍，反杀了拓跋珪。

拓跋珪常年服用一种叫"寒食散"的毒品，晚年早已精神错乱。战功彪炳的弟弟拓跋遵仅仅因为酒后失礼就被赐死，身边的王公大臣因为衣服艳丽、言语怠慢或者其他奇怪的事情被拓跋珪处死的比比皆是。最荒唐的一件事是，拓跋部的大人贺狄干因为喜欢读经史，被认为是出使后秦时被同化、腐化了，连同其弟一起被拓跋珪处死。

拓跋珪晚年，坐在车辇上时控制不住自己，会毫无征兆、毫无理由地发病刺杀为自己抬辇的人，最夸张的一次，在出行中杀了几十个抬辇人。这样一个精神失常的暴君被他的儿子杀掉，身边的人心中恐怕都松了口气，不然说不定哪天就轮到自己了。拓跋嗣、拓跋绍两人的母亲被赐死、被囚禁，最早很可能只是因为拓跋珪的疯病常态性发作罢了，和要立太子没什么关系。

拓跋绍弑父之后虽然短暂控制了朝廷，但并没有登上皇位，因为他没能争取到大部分大臣的支持。如果说拓跋珪的残暴主要是因为长期服用"寒食散"后精神错乱，那拓跋绍的本性真可谓穷凶极恶了，十几岁时就敢剖开孕妇的肚皮查看胎儿。

从拓跋嗣在母亲被杀时悲伤逃亡，而拓跋绍在母亲被杀前直接入宫弑杀君父，就可以看出两个人性格的巨大区别了。受够了拓跋珪的大臣们可不希望来个更疯狂强横的皇帝。当拓跋嗣打着讨伐弑君凶手的旗号归来时，绝大部分的大臣都拥护他。于是拓跋绍被杀，拓跋嗣成为新皇帝。

按现在人的观点看，拓跋嗣在大臣的支持下杀死弑杀君父的弟弟，继位合情合理。然而他毕竟是非正常方式继承的皇位，而且在继位前是流亡状态，所以为了强化自己继位的合法性，拓跋嗣援引汉武帝立刘弗陵旧例，宣称之前母亲被赐死、自己流亡的原因是父亲想立自己为太子，可以说是非常高明。至于载入《魏书》的这段拓跋珪向拓跋嗣解释赐死他母亲原因的话，毫无疑问来源于拓跋嗣的叙述，实际上到底存不存在，具体说的是什么，我们已经无从得知了。试图去探究这个问题的崔浩，早已连同其亲朋好友一起被打包送到已死的拓跋珪和拓跋嗣处，当面向两个当事人一问究竟了。

讽刺的是，在我们现在能看到的通俗历史书中，大部分都有一个衍生故事：拓跋嗣逃亡后，道武帝只能改立拓跋绍，为此要赐死其母贺氏，而拓跋绍和母亲关系特别好，为了拯救母亲不惜弑父。这些故事中，拓跋珪临死前想立的继承人竟然成了拓跋绍，这大概和拓跋嗣用"子贵母死"概念加强自己继位合法性的初衷完全背道而驰了。

南朝史官心目中的"子贵母死"

拓跋嗣的太子大概是北魏历史上最有名的一位皇帝：太武帝拓跋焘，他的小名叫"佛狸"，就是辛弃疾在《永遇乐·京口北固亭怀古》中写下的"佛狸祠下，一片神鸦社鼓"中的"佛狸"。

《南齐书·列传·卷五十七》的记载能给我们带来一些信息："初，佛狸母是汉人，为木末（拓跋嗣的字）所杀，佛狸以乳母为太后。自此以来，太子立，辄诛其母。"

齐书的这段话作为"子贵母死"的另一个原始来源，倒能给我们带来很多有用信息。这里明确记载了杜氏是被木末所杀，并且"自此以来"说明当时南朝史官并不认同拓跋嗣之母被赐死是因为拓跋珪要立他为太子。在他们看来，太子生母在儿子成储君后被杀，恰恰是从拓跋嗣开始的。

根据谥号"密"的含义为"追补前过"判断，杜氏的死亡与"子贵母死"很难扯上关系。如拓跋嗣是按照所谓"子贵母死"制在立嗣前几年赐死了杜氏，那就不会选择表示死者生前曾有大过错的"密"作为谥号。再考虑到同年死亡的还有被拓跋嗣追谥为"昭哀皇后"的后秦公主姚氏，"哀"这个谥号就更耐人寻味了。杜氏很有可能因为和姚氏的死亡有间接关联，得罪了拓跋嗣后自杀。但是，由于崔浩案对原始资料的破坏，我们无法做更多猜测。可以确定的史实是，姚氏和杜氏在同一年死亡，其中姚氏深受拓跋嗣宠爱并且死后被追封"昭哀皇后"，杜氏死后以贵嫔的身份被谥为"密"，也就是"追补前过"，直到其子继位后才被追封为皇后。杜氏死后两年，拓跋嗣立杜氏之子拓跋焘为太子。真要把这个版本的杜氏之死和拓跋焘立嗣强行联系起来，未免过于牵强了，毕竟北魏自己的记载中甚至没有提到杜氏的死因。

不过，由于连续两任皇帝的生母都在皇帝继位前死于非命，又有拓跋嗣声称拓跋珪向他解释赐死他母亲原因的那段话，"子贵母死"的说法难免不胫而走，以至于南朝史官都听到了这样的传说。

不久之后，第一个真正以"子贵母死"名义而死于非命的皇帝生母产生了。

"子贵母死"方便太后专权

拓跋焘之孙文成帝拓跋濬（jùn）继位时，他的生母景穆恭皇后郁久闾氏还活着，但不久却离奇死去。这很可能是连续制度化的"子贵母死"开始生效的第一案。李凭先生所著《北魏平城时代》认为，文成帝的乳母窦氏搬出道武帝"子贵母死"的旧事，在政治斗争中以此为理由逼死了郁久闾氏。

下一任皇帝献文帝拓跋弘就相当有意思了。这是一个"子贵母死"的标准案例。所谓标准案例，就是在他本人被立为嗣君后，其生母文成李贵人被前面提到的文成帝乳母常太后赐死。但是这个赐死，恰恰有利于当时摄政的常太后擅权。

这个案例说明，此时开始真正实现了制度化的"子贵母死"，与其说是为了防止后宫太后干政，不如说是为了便于当时执掌朝政的太后巩固自己的权位，排除新来的挑战者。

献文帝期间，实际掌权的是冯太后，当时出现了东汉灭亡近三百年来第一例太后专权。冯太后和献文帝拓跋弘的矛盾激化到了水火不容的地步，直到拓跋弘暴死，双方的斗争才告一段落。普遍认为献文帝为冯太后毒杀。

再下任皇帝就是大名鼎鼎的北魏孝文帝元宏。元宏的生母李夫人死于孝文帝立为太子的同一年，死因不明。元宏被立为太子时，摄政的冯太后与献文帝之间正在展开激烈的权力斗争，李夫人之父的能力和口碑都很好，所以有可能是冯太后借"子贵母死"制度赐死李夫人，从而削弱献文帝的实力。在这里，"子贵母死"和宣传口径中的初衷彻底南辕北辙，成为执政太后巩固地位的工具。

到孝文帝立太子元恂时，其母照例被冯太后赐死。

在后面三个案例中，"子贵母死"才真正制度化为"旧制"，其受益者都指向同一个人：冯太后，整个魏晋南北朝时期所有皇朝中权力最大的女人。此时制度化的"子贵母死"，根本不是为了防止太后专权，而是用来为专权的太后排除竞争者的。

所以，我们不难得出结论："子贵母死"最早只是北魏明元帝拓跋嗣非正常继位后加强自己继位合法性的宣传。到太武帝拓跋焘死后的混乱时代，大臣们拥立其孙拓跋濬继位，但是不希望他出身柔然王族的母亲把控朝政，以"子贵母死"的名义逼死了她，并且推举拓跋濬乳母常太后摄政。之后的"子贵母死"才真正成为制度，并且沦为常太后、冯太后排除竞争者的工具。

冯太后死后，"子贵母死"制度彻底成为历史。但是，当时北魏后宫嫔妃的生育意愿因为连续的案例已经受到极大影响。她们不可能知道这个制度的来龙去脉，只觉得生儿子这件事情非常高危，甚至多有怀孕后暗中服药打胎的。在这种情况下，一个叫胡充华的妃嫔带着她天生的赌徒精神为孝文帝的继承人孝武帝生下了皇子，最终成为新一代实权太后。胡太后执政能力不行，但是在狠劲上甚至超过了她的前辈冯太后。冯太后所毒杀的献文帝拓跋弘毕竟并非她亲生，而胡太后在和自己的亲生儿子发生权力冲突时，也毫不犹豫地毒杀了他，为已经天下大乱的北魏皇朝亲手开启了灭亡之路。

附录

北魏历任皇帝和两名未继位太子生母的死因

第一任皇帝道武帝拓跋珪之母贺氏：病死。致病原因是母家和拓跋珪的激烈斗争以及小儿子被后燕扣为人质导致其长期心情较差而自然死亡，与"子贵母死"无关。

第二任皇帝明元帝拓跋嗣之母刘氏：被晚年因吸毒导致精神错乱的拓跋珪赐死。赐死的具体原因不明，死后拓跋嗣逃亡。拓跋嗣在朝臣的支持下杀掉弑父的弟弟拓跋绍，对外宣称父亲赐死母亲是为把他立为太子做准备。"子贵母死"疑似案例一。

第三任皇帝太武帝拓跋焘之母杜氏：按照《南齐书》所说，被拓跋嗣所杀。她死后两年，拓跋焘才被立为太子，其死亡与"子贵母死"很难相关。根据她的谥号"密"含义"追补前过"来看，可能与同年死亡的后宫竞争对手昭哀皇后姚氏有关。太武帝拓跋焘生前曾立拓跋晃为太子。其母敬哀皇后贺氏生下拓跋晃之后当年死亡，原因多半是生产造成的损伤。可以确定的是，敬哀皇后的死亡和拓跋晃被立为太子没有任何关系，因为拓跋晃在她死后四年才被立为太子，哺乳期更无理由赐死小孩生母。

第四任皇帝拓跋余之母：非储君、非正常继位和非正常死亡的短命皇帝，没有其母被杀的记载。下一任文成帝拓跋濬同样非正常继位，其母被朝臣逼死有明确记录，因此拓跋余之母的死因与"子贵母死"无关。

第五任皇帝文成帝拓跋濬之母郁久闾氏：柔然王族出身，在拓跋濬继位后不久被元老大臣联合拓跋濬乳母窦氏逼死，有可能借了"子贵母死"的名义，但不确定。窦氏后来成为史书中的常太后，获得了较大权力。"子贵母死"疑似案例二。

第六任皇帝献文帝拓跋弘之母李贵人：在拓跋弘被立为太子后，其母李氏被当时执政的常太后以"子贵母死"的理由赐死。这是第一个符合"立完太子随后赐死其母"的"子贵母死"标准案例。常太后借此排除了一个潜在的权力竞争对手，也为冯氏在常太后和拓跋濬本人死后作为最强势太后之一实现专权创造了条件。

第七任皇帝孝文帝元宏之母李夫人：死于孝文帝被立为太子的同一年，死因不明。当年，摄政的冯太后与献文帝拓跋弘之间正在展开激烈的权力斗争，李夫人的家族是献文帝拓跋弘特别重视的外戚势力。很大可能是冯太后借"子贵母死"制度赐死了李夫人以削弱献文帝的实力，不久后李夫人的族人也被冯太后诛灭。由于没有明文记载她被赐死，只能算作"子贵母死"疑似案例三。李夫人的死完全对冯太后加强太后专权、削弱皇权有利。

第八任皇帝宣武帝元恪之母高氏：据说被后来成为孝文帝第二任皇后的冯

昭仪派人暗杀，但也可能是其他原因猝死，被归咎到冯昭仪头上。她死时，皇太子为后来被废的元恂，元恪只是普通皇子。无论如何，她的死亡和"子贵母死"都扯不上半点关系。

孝文帝的废太子元恂嫡母林氏：元恂被立为太子时，孝文帝向实际掌权的冯太后请求放过林氏，但是林氏仍然被冯太后下令赐死。

第九任皇帝孝明帝元诩之母胡氏：不但没被赐死，儿子继位后还直接当了实权太后。有部分说法认为元恪立太子时"子贵母死"制度才被完全废止。这种说法更多包含了后人写史和读史时"怎么没按照'子贵母死'的制度赐死为祸深重并且对北魏灭亡有很大责任的胡氏"的遗憾。

隋炀帝的残暴是祖传的吗？

二十三

南北朝后期，北魏分裂成东魏和西魏，西边的"魏"最后被北周取代，在此基础上衍生出隋朝。因此，隋朝是中国历史上承上启下的一个王朝。隋文帝开创了又一个大一统王朝，结束了自西晋崩溃以来近300年的国家分裂局面。隋炀帝营建东都洛阳，政治上，初创三省六部制、推行科举制、建立监察制和考绩制；经济上，开通大运河、清查户口，扩大了财政基础。

从大历史的视角看，这是一个颇有作为的王朝。

但是，隋朝国祚只有37年，这或许要从隋朝三代（含隋文帝的父亲杨忠）的"黑暗面"说起。与被称为"变态王朝"的北齐相比，杨家三代是"理性的残忍"，尤其是在对待被征服的城市和俘虏、治理下的平民百姓，残暴程度远超北齐。

所以，隋朝速亡一点儿也不冤枉。

杨忠大烧大杀，恩将仇报

隋文帝的父亲杨忠是一位英勇善战的武将。出身一般的他，依靠自己的武力立下了许多战功，在关陇集团内部获得了一席之地，并在隋朝建立后被追封为隋太祖，也就是隋朝真正的创业者。后世史书中，他的形象却极度分裂，这大概是因为史官一方面要称颂他的天命和仁德，另一方面又对他的所作所为如实记载。

杨忠真正登上历史舞台，是在南梁名将陈庆之以 7 千人攻入北魏首都洛阳的传奇战事中。滞留南朝境内多年的杨忠参加了陈庆之所部，并在这次行动失败后加入了北魏军队。北魏分裂后，他投向西魏，长期跟随独孤信与高欢的东魏军作战。独孤信在史书上因为女儿分别嫁给北周、隋、唐三朝皇族而知名，其中一个女儿嫁给了战友杨忠之子杨坚，便是著名的独孤皇后。在一次战役中，独孤信和杨忠被东魏名将侯景打得一败涂地。身在荆州北部的两人甚至无力返回关中大本营，只好向南逃入梁朝境内。

虽然在梁朝并未立下功勋，梁武帝依旧给了独孤信、杨忠等人极为优厚的生活待遇，还给了他们官职和爵位。等这几个人想返回关中继续为西魏政权效力时，梁武帝不但同意，还亲自在南苑为他们饯行。对于梁武帝的恩德，独孤信、杨忠等人都非常感激。杨忠在打猎时多次惺惺作态，鸟向南飞就不射箭，以表达对梁武帝的感谢。然而，随后的事情，让我们见识了加强版的《农夫与蛇》的故事。

回到关中后的最初十几年，杨忠活跃在东、西魏大战的舞台上。到梁朝爆发侯景之乱，内部陷入极度混乱时，西魏趁机南下，在荆州方向扩张，击败并俘获了梁朝名将柳仲礼，夺取了汉水以东的若干郡县，控制这一地区的梁元帝萧绎被迫求和。

杨忠在新征服的区域大肆烧杀抢掠，得到了大量金银财宝。但是杨忠并没有把这些战利品上交西魏朝廷统一分配，而是全部私吞了。杨忠这些年一直进行着"报答梁武帝"的感恩表演，因此对被俘的梁军大将柳仲礼以礼相待。柳仲礼在长安见到西魏实际控制人宇文泰，与其闲聊时，偶尔提到杨忠在远征中收益丰厚。宇文泰这才知道杨忠私吞了这么多战利品，一度想进行调查。最终，考虑到杨忠功劳不小，宇文泰就把他外调了事。但是，在杨忠畸形的观念里，他大肆抢劫后私吞财富是天经地义的。柳仲礼对宇文泰提到这个事情，不但是对他的背叛，也证明所有南朝人都该死。很快，这种愤怒产生了巨大的破坏力。

侯景之乱中，梁国内耗，实力大损。西魏派出杨忠向盘踞汝南的萧纶进攻。这个弱小的地方势力怎么可能是西魏军的对手，一番抵抗未果后，萧纶被俘。面对恩人萧衍之子萧纶，杨忠没有礼遇，也没有把他押送到长安交给宇文泰处置，而是选择把他和一批有身份的梁朝贵族就地处死。杀掉萧纶后，杨忠甚至把萧纶弃尸江上。

为了向萧衍报恩，连向南飞的鸟都不舍得杀的杨忠为何性情大变？后世的史书倒没有为杨忠遮羞。杨忠之前因为礼待柳仲礼，导致他见到宇文泰说漏嘴，暴露了自己私吞战利品的行为。在杨忠的可怕逻辑中，烧杀抢掠没错，私吞战利品没错，错的是柳仲礼不会管好自己的嘴巴。这次杨忠又抢到了大量金银财富，一方面愤恨之前被"出卖"，另一方面害怕萧纶见到宇文泰，再次暴露自己抢劫后私吞战利品的行为，因此干脆把萧纶在内的所有受害者杀光灭口了事。为了发泄被柳仲礼"出卖"的怨气，他还对萧纶弃尸。在这里，杨忠完全卸下了"感恩梁武帝"的伪装，彻底地恩将仇报，可以说是丧失了基本的人性。

几年后，西魏攻破了梁元帝所在的江陵城，当时的杨忠是西魏军的主要将领之一。江陵城沦陷后，遭受的破坏更是骇人听闻：

西魏军杀死萧绎一支全族，收取府库珍宝和其他有价值的物件，把其他王公贵族以及挑选出来的百姓男女数万口充作奴婢，分赏三军将士，随后把这些人驱赶到首都长安。剩下的老弱病残基本被杀光，只有三百多家人在这次大破坏后的江陵城幸存下来。掳掠来的人在被押送到长安的途中，因跟不上队伍被杀、被践踏而死和冻死的又有两三成。因创作《颜氏家训》而闻名于世的颜之推就在此时被掳掠为奴的人口中，他幸运地熬过了近20年的奴隶生涯，为我们留下了这场悲剧的详细记载。杨忠正是江陵大屠杀的元凶之一。

杨忠晚年还参加过与北齐的多次大战。在一次战役中，杨忠带领一支偏师负责为突厥人向导。《北史》的原文记载是"纵兵大掠，自晋阳至平城，七百余里，人畜无遗"。杨忠因这次为突厥人带路对北齐大破坏的功勋而升任太傅。

在杨忠身上，我们看到了加强版的《农夫与蛇》的故事，也可以看出此时刚形成的关陇集团极度野蛮、残暴。但是，杨忠的作为虽然恶劣，比起隋文帝杨坚的大破坏来，却显得微不足道。

杨坚：毁灭两大历史名城

杨坚是个极度幸运的人，老爸打下了家族基础，不太费力当了开国皇帝，后人评价"古来得天下之易，未有如隋文帝者"。隋朝后来总是说，北周皇族如何忌惮杨坚，但是注定是真命天子的杨坚吉人天相，得以逢凶化吉。事实上，杨坚的崛起恰恰是他女婿北周宣帝宇文赟（yūn）打压宗室的结果。

宇文赟继承皇位后，极力打压宗室力量和父亲留下的托孤重臣。短短几年内，他相继除掉了宗室主要成员宇文宪、宇文神举、宇文孝伯，以及一批名臣。正是因为这些人的出局，作为外戚的杨坚才能迅速崛起。宇文赟又早早地暴死，杨坚趁机控制了中枢。

控制了中枢的杨坚大肆屠杀宇文氏皇族，不但杀掉了宇文泰还活着的五个儿子，还把宇文泰的所有子孙辈杀尽，甚至把宇文泰的父亲这一系子孙也杀绝了。按照当时的惯例，篡位者一般只处死末代傀儡皇帝以及皇室近支，对旁支则不大为难。像杨坚这样向上追溯前朝皇族好几代，顺着族谱全部灭绝的残暴，堪称独一份。最终，杨坚篡位称帝，建立隋朝。

杨坚称帝后的猜忌心和刻薄寡恩可以说到了变态的程度，隋朝开国的大部分功臣都没有得到善终。帮助他篡位的刘昉（fǎng）、王谊，带兵镇压外藩的宇文忻、梁士彦，外战名将史万岁、虞庆则，年轻时关系极好的旧友元谐，甚至同母胞弟杨瓒（zàn），都因为杨坚的猜忌和喜怒无常而死于非命，有许多朝臣甚至都不是被明正典刑，而是由于激怒了杨坚被打死在朝堂上。废太子杨勇虽然多活了几年，他的班底却在他被废时被杨坚杀光。以至于司马光在《资治通鉴》中忍不住感慨"功臣故旧，无始终保全者；乃至子弟，皆如仇敌"。

　　不过，无论是杨坚灭绝北周王室的残暴，还是对宗室和朝臣的滥杀，归根到底是统治阶级的倾轧，虽然恶劣，但和百姓关系不大。比起杨坚对普通百姓犯下的罪行，这些残暴又不值一提了。杨坚篡位过程中，控制邺城的北周宗室尉迟迥起兵反抗，被杨坚派出的军队击败。对于战俘的处置，按照杨坚派出镇压的韦孝宽传记的说法："兵士在小城中者，尽坑于游豫园。"尉迟迥传记中的记载要触目惊心得多："余众，月余皆斩之。"唐朝僧人道宣在《集神州三宝感通录卷上》中对这次大屠杀有更详细的描述："拥俘虏将百万人，总集寺北游豫园中，明旦斩决。围墙有孔，出者纵之，至晓便断，犹有六十万人，并于漳河岸斩之。流尸水中，水为不流，血河一月，夜夜鬼哭，哀怨切人。"这里百万人、六十万人的说法固然有所夸张，但是这次杀戮过于惨烈，以至于一向残暴的隋文帝都会良心不安，多年后在屠杀旧址上建立起了一座大慈寺超度亡魂。坑杀降卒固然残酷，可尉迟迥会撒豆成兵吗？为何屠杀他的余众竟要一个多月？

　　实际上，被屠杀人口中大部分是邺城及周边的百姓。

　　从曹魏时代起，邺城就是河北重镇，历经数百年的发展，此时是河北最繁华的大城。出征之前，杨坚就授意出征的将领们胜利之后把邺城从地图上彻底抹去。攻破邺城后，按照杨坚的命令，平民自然是要尽量屠杀的。另外，只有把更多的平民当作尉迟迥余党杀掉，才能抢到更多财物。

　　就这样，借着杨坚下令平毁邺城的命令和屠杀尉迟迥余党的机会，杨坚的军队在邺城犯下了可怕的罪行。这次破坏到底有多可怕？伴随一个多月的烧杀和之后对城市的平毁，邺城这座几个世纪的超级大城彻底从史书上消失了！后来唐朝的"邺城"（今河南的安阳），除了名称，已经与河北的历史名城没有关系了。

除了邺城，同样倒霉的还有六朝古都建康，这里是几百年来南朝的首都。隋灭陈统一南北后，建康城遭受了灭顶之灾。按照隋书的记载："平陈，诏并平荡耕垦，更于石头城置蒋州。"杨坚下令将建康城内所有地面建筑全部拆毁，真正字面意义上的把这里夷为平地，随后开垦成田。《隋书·五行志下》记载："及陈亡，建康为墟。"其中有多少人民的血泪不难想象。整个隋唐期间，南京地区基本默默无闻，地位被扬州取代。

面对隋文帝的倒行逆施，许多江南人民选择奋起反抗，杨坚派出以凶残著称的杨素进行镇压。按照《北史》中杨素传记的记载："帝命平定日，男子悉斩，女妇赏征人，在阵免者从贱。"身为皇帝的杨坚亲自下令对反抗的江南平民进行血腥镇压。

隋文帝的一大功绩是兴建了大兴城，也就是后来的唐长安城。这个工程在宇文恺的主持下只花了九个月就建成了。在依靠人力的古代，这么庞大的工程以这么快的速度完工，背后同样是人民的血泪。根据《资治通鉴·隋纪》的记载，仅是修建一个仁寿宫，就"役使严急，丁夫多死，疲屯颠仆，推填坑坎，覆以土石，因而筑为平地。死者以万数"。

可笑的是，隋文帝听说为他修造宫室的民夫死亡惨重，假装勃然大怒，怪监工的杨素为了讨好他得罪了天下。杨素开始还很害怕，另一个大臣封德彝却对他说："放心吧，这只是做做样子，独孤皇后劝他一下就好了，你等封赏吧。"果然，杨素不但没有受罚，反而因为督工得力被赐钱百万和绸缎三千匹！从此，杨素受到的宠信更胜从前。杨坚在这件事情上堪称极度虚伪，不愧是对萧衍恩将仇报的杨忠亲生的儿子。

综观隋文帝的一生，堪比十六国时代后赵的暴君石虎。但是因为他捡到便宜，抢了本属于北周的功劳——"重新统一南北终结大分裂时代"，因此在历史上被大大过誉，他的暴行也被后世忽略。

杨广：蓄意消耗的战略动机

继承隋文帝皇位的是中国历史上知名的暴君隋炀帝杨广。隋炀帝当然是个非常暴虐的君主，但是就史书记载的具体事迹而言，他的残暴并没有超越其父亲和祖父，虚伪程度更是远远不如他们。如果说作为开国之君的隋文帝经常得到额外美誉，那么作为亡国之君的隋炀帝往往会被丑化到不可理喻的程度。隋炀帝一些被历史证明是错误的决策，动因往往会被单纯地归咎于他个人品质或瞎折腾，忽视了原始决策背后的政治和战略考量。

隋炀帝统治时修建大运河等一系列措施，给华北和中原地区的人民带来了巨大的苦难，却因此加强了南北经济联系，进一步促进了南方的发展，同时也加强了中原王朝对南方地区的控制，时常被后世称为"罪在当代，功在千秋"。隋炀帝攻伐高句丽的战事，由于功败垂成，还直接导致了隋朝的灭亡，因此基本被否定。这两个政治决策本身是一回事。在执行过程中隋炀帝不惜人力物力的蛮干，导致华北和中原的人民大量死亡和流离失所则是另一回事，最终加速了隋朝的灭亡。但是在隋炀帝如此蛮干的背后，还存在着一个时常被人忽略的战略意图：蓄意削弱原先北齐控制区的人力、物力。

北周吞并了梁朝西部领土后的人口有700—800万人。到隋文帝篡位的公元581年，官方掌握的户口大约460万户，共2900万人。其中，经历了战乱、邺城大屠杀等残酷的事件后，原北齐境内户籍人口大约2000万，原北周领土人口约900万。灭南陈时，陈朝官方在册人口大约300万。隋文帝后来实行"输籍之法"，清查隐藏人口，但是各区域的大致人口比例却不会相差太大。也就是说，原先北齐境内的人口甚至远远超过了北周和南朝境内人口总数之和。

北齐灭亡于比自己弱许多的北周，是因为皇族内讧过于激烈，偏偏遇到一个胆大又有武略的北周武帝宇文邕，几乎是豪赌一般的以弱吞强。对于以关陇集团为基本盘起家、"关中本位"的隋朝来说，北齐故地强大的人力、物力资源，对自己的统治是极度危险的，必须尽可能多地消耗一些。隋炀帝开辟大运河，并且善待原来的南朝士族，自己也以萧梁皇族后裔作为皇后，也有着联合南朝力量压制北齐故地的因素在里面。所以，杨广在修建大运河时如此不恤民力，很大程度就是为了削弱北齐故地的人力财力优势而蓄意为之。

高智商的隋炀帝，在讨伐高句丽时，劳民伤财如同"脑残"。但是，如果这是刻意为之的，就说得通了。隋炀帝一点都不"脑残"，却极度地腹黑。只有这种超大规模的总动员，加上长途物资运输中造成的损耗，才能最大限度削弱华北地区的人力、物力。隋炀帝内心希望的，是北齐故地和高句丽的两败俱伤。当年，北魏南下进攻刘宋时，也用过类似的策略。当时北魏在一次围攻战中让大批士兵送死，随后在写给南朝刘宋守将的信里说得比较直白，堪称隋炀帝这些折腾的注解：

"我现在派出去的攻城军队，都不是我们本国本族人，城东北的是丁零人和匈奴人，城南的是氐人和羌人，假设让丁零人死了，可以减少常山、赵郡的贼寇；匈奴人死了，正好减少了并州的贼寇；氐人、羌人死了，当然也就减少了关中的贼寇。你杀了他们对我们也没什么不利的。"

对隋炀帝来说，攻伐高句丽时劳师动众，消耗的绝大部分物资和人力都来自北齐故地。高句丽固然是个威胁，但实际上北齐故地一旦整合出强势反隋势力，对隋朝威胁更大。派去攻打高句丽的北齐故地壮丁死得多了，这些地方造反的潜力就小了。

因此，隋炀帝的确堪称暴君，但是他暴政中导致百姓死亡最多的两件：修建大运河时不恤民力、一味蛮干和不惜代价地动员百万壮丁多次远征高句丽，其中的折腾却很可能是刻意为之，目标都在于削弱北齐故地过于强大的人力和物力。把自己治理下的关东地区人民视为假想敌的隋炀帝最终玩火自焚，在遍地反隋起义的打击下滞留南方的江都，死于自己最信任的关中人组成的近卫军之手。隋朝，这个对百姓无比残暴的政权终于倒台了。然而，隋炀帝削弱北齐故地的努力，却残忍地以另一种方式取得了成功。

隋炀帝修建大运河和远征高句丽给北齐故地造成了巨大的人口损失，随后隋末天下大乱，这里也成为群雄混战的主要战场，关中地区和江南地区遭到的破坏相对小许多。到唐太宗末期，北齐故地的精华部分也是唐朝最富、人口最多的河北和河南两道，登记人口数分别只有隋朝巅峰时期的17%和10%。当然，唐朝户籍政策较松，存在着严重的漏籍现象。但是相较隋末，人口下降比例是最厉害的。

不过，隋炀帝这种刻意削弱北齐故地的行为，使得李渊统一天下时十分顺利，这可真是替他人做了嫁衣。

二十四　在李世民与武则天的双主角光环下，李治真的柔弱吗？

在大部分人的印象中，唐高宗李治的形象整体显得柔弱无能。这种印象主要来源于两个方面：第一是在唐太宗时期，因其性格温和最终被立为储君；第二则是他晚年疾病缠身，把大部分政务交给皇后武则天。

李世民和武则天都是历史类文艺作品创作的热点，李治在以这两人为主角的作品中总是沦为背景板，久而久之，难免会给人以软弱无能的感觉。如果说李治成为储君的确有幸运因素，那他在继位后的一系列政治博弈中取得最终胜利，并真正掌握最高权力的操作，则说明他并不像大部分人想象中的那么柔弱。

相反，李治堪称李世民合格的继承者。

储君争夺战意外的胜利者

有着"千古一帝"之称的李世民，其子女教育问题时常被人诟病。在他晚年，太子李承乾及多位亲王都曾为继承皇位争斗不休，还有过谋划政变甚至公开叛乱的尝试。但如果我们仔细审视不难发现，李世民对子女的教育不是太失败，而是太成功了——为了防止玄武门之变在自己身上重演，他培养出了好几个有能力也有志向问鼎皇位的皇子。

遗憾的是，皇位始终只有一个。

最初，皇位毫无疑问是李承乾的。他是李世民和长孙皇后的第一个儿子，既是长子又是嫡子，可谓名正言顺，又深受李世民喜爱，8岁就被立为太子。有着父母优良基因的他，在房玄龄、魏徵等名臣的教导下，早早显示出政治家的天赋，李世民在考察他的治国方略后也极为满意。

李承乾16岁时，唐高祖李渊病逝。在李世民服丧期间，李承乾第一次监国理政，表现出色，"颇识大体""颇能听断"。李世民显然对儿子的表现非常满意，等服丧期结束，"细务仍委太子"——仍然让李承乾处理许多朝政，并在自己出巡时让太子监国。

靠着"玄武门之变"杀兄弟逼父才得以上台的李世民比谁都清楚，太出色的儿子会让老父亲提前交班。所以，随着李承乾年岁渐长，李世民一方面很喜欢这个儿子，一方面又怕他势力太大会架空自己，于是开始对长孙皇后生的另一个儿子李泰大加恩宠。

李世民对子女的教育非常成功，被史书誉为"聪明绝伦"的李泰同样是一个在各方面都表现出色的皇子。通过同时给李承乾和李泰极大恩宠，李世民一方面希望李承乾能顺利接班，另一方面也希望李泰能对李承乾构成制衡，防止"玄武门之变"重演。

当年，李渊在诸位皇子之间大玩权力平衡时，李世民选择强行上位。现在，李承乾决定有样学样。他先派人试图刺杀竞争者李泰，失败后又决定玩一把更大的：谋杀李世民，提前继位。

让人惊讶的是，李承乾的布局获得了极大成功，密谋集团的实力异常强大。玄武门之变主要策划和执行之一、单独讨灭高昌并参与了讨伐突厥、吐谷浑等多个势力的唐朝外战名将侯君集，李世民的异母弟弟、汉王李元昌，名臣杜如晦之子、李世民的女婿杜荷，以及宫廷宿卫的主要负责人之一李安俨，都是这个政变密谋集团的主要成员。

在这些人中，李安俨虽然不如其他几人有名，但掌握了李世民的命门：李安俨曾经在"玄武门之变"李建成被杀后继续带着李建成的东宫卫队死战，李世民觉得他是忠臣，所以将他收编了。李世民对他特别信任，让他掌管宫廷宿卫，至今已有十几年。李世民在"玄武门之变"中能获得成功，一大因素在于他收买了玄武门守将常何。如今，李承乾竟然成功收买了负责宫廷宿卫十几年的李安俨，一旦举事，英明神武如李世民，恐怕也是在劫难逃。

正当李承乾的密谋逐步推进时，李世民第五子齐王李祐不成气候的叛乱却意外使这个阴谋曝光了。当时，李承乾的一名卫士卷入齐王叛乱，在审讯中为了保命供出了李承乾的阴谋。得知此事的李世民除了震惊之外，还无比后怕：自己眼皮子底下竟然有如此庞大的密谋集团，甚至掌握自己宿卫的李安俨都是密谋集团核心成员，要不是意外发现了这个阴谋，不管李承乾叛乱之后能不能坐稳皇位，反正自己是死定了。

这名卫士不但保住了性命，还成为大赢家：李世民觉得是上天派他来拯救自己的，不但赦免了他参与齐王和太子两个谋反集团的罪行，还给他升了官。密谋集团的主要成员，则被处死或者赐死。

唯独对自己和亡妻长孙皇后所生的嫡长子李承乾，李世民实在狠不下心。李世民仅仅流放了他，还希望他在自己死后仍然能活下来。如果未来和李承乾有着很大过节的李泰继位，李承乾必死无疑。另一方面，李承乾被废后，李世民苦心经营的诸子平衡被打破，李泰的势力也失去了制约，如果立他为太子必然独大。因此，李世民决定，在流放李承乾的同时，以试图夺嫡的罪名将李泰降封。

在李承乾和李泰同时出局后，长孙皇后所生的三个拥有优先继承权的嫡子中，只剩下最小的李治。李治性情温和，年纪也轻。立他为储君，既不会出现像李承乾那样急着提前上位的情况，他继位后也不会主动为难两位被废黜的亲兄弟。就这样，李治意外地成为贞观年间储君争夺战的赢家，并且在唐太宗死后继承了皇位。

通过高阳公主案清除威胁皇权的宗室元勋

李治被立为太子时年仅 16 岁，继位时也才 22 岁。继位后，李治依靠凌烟阁功臣第一位，也是自己亲舅舅的长孙无忌为首的朝臣实施统治。比起拥有强大班底，又以强势著称的两个同母胞兄，他的继位未必能让许多李唐宗室和开国元勋信服。这些宗室和元勋在私底下进行着各种串联，对李治的统治构成了较大威胁。由于李承乾于贞观末年、李泰于李治继位后不久相继病逝，这些宗室和元勋并没有找到可以共同拥戴并替代李治的新主。这一阶段的形势暗流涌动，但李治依靠长孙无忌的帮助，明显占据了主动。

此时，房玄龄家族的家庭纷争最终引爆了双方的矛盾。房玄龄长子房遗直继承了父亲的财产和爵位，小儿子房遗爱娶了李世民之女高阳公主。这位公主以私生活混乱著称，曾经和玄奘的徒弟辩机私通，常常是各种电视剧的主角。为了让房遗爱获得房玄龄的财产和爵位，高阳公主上书诬告房遗直，说他多次动手动脚，想非礼自己。长孙无忌在奉皇帝命令审理此案的过程中，发现房遗爱和高阳公主旁边竟然有一个反对李治的小集团。

根据长孙无忌的审理结果，房遗爱夫妇和荆王李元景、驸马都尉柴令武、大将军薛万彻等人构成了一个阴谋集团。反对李治的密谋集团还在串联阶段就因为房遗爱的家庭纷争败露，房遗爱夫妇、柴令武夫妇、李元景、薛万彻等参与密谋的核心成员最终被处死或者赐死。

但是，这个案子在后续审问和办理中明显被扩大化了。房遗爱为求活命把吴王李恪也诬陷进来。吴王李恪是李世民同隋炀帝女儿所生的庶子，也是此时李世民所有活着的儿子中最年长的。

李治放手让以长孙无忌为首的大臣去干"脏活"，在办理高阳公主案时无限株连。等把吴王李恪也牵连进来时，李治对大臣们说："朕想向各位求个情，饶我的叔叔和兄长不死。"大臣们于是对李治讲了一番陛下虽然宽仁，国法不可废的大道理，最终把牵连进来的亲王全部赐死了。后世的研究者认为，此时以长孙无忌为首的关陇贵族已经开始架空皇权。然而，李治在这里只是很好地展现了自己的表演天赋。按照《册府元龟》记载，李治在审问房遗爱时，曾经直接责问："你现在才告发李恪，不是太晚了吗？"这才是他在此案件中的真正面目。无论如何都要把李恪牵扯进案子中的，正是李治本人！

我们仔细回顾一下这个超级大案清除的势力——李渊庶子中尚存最年长者李元景、李世民庶子中尚存最年长者李恪，在同母胞兄李承乾、李泰相继病死后，他们是对李治皇位威胁最大的两个宗室。李道宗、薛万彻等人都是和李治没什么渊源的将军，这些人倒台后，李治开始大量在军队中提拔自己的嫡系。只有最早卷入此案的房玄龄家族，作为关东寒门士族的代表，属于长孙无忌代表的关陇集团的政敌。

因此，高阳公主案最大的受益者毫无疑问是李治。借这个案件，他除掉了对皇位威胁最大的两名宗室，在军队里换上了一批自己的嫡系，并且在这个过程中让长孙无忌去干得罪人的活。相比之下，长孙无忌虽然打倒了关东士族代表的房玄龄后人，但也把得罪人的活全部揽下来。被无辜卷入此案的吴王李恪临死前，痛骂长孙无忌陷害忠良，诅咒他家族覆灭。作为关东武人代表的李勣，此时继承了被打倒的吴王李恪司空一职。房玄龄家族的倒台对李勣震动巨大，后来临终留遗言时还着重提及此事。李勣的态度，对未来政局的发展至关重要。

打击长孙无忌，实现大权独揽

利用高阳公主大案，李治成为最大赢家，把一系列不服从自己的宗室清理出局。与此同时，长孙无忌、褚遂良这两位李世民留下的辅政大臣也成了小赢家，他们在朝堂上的话语权进一步扩大。尤其是长孙无忌，作为凌烟阁功臣第一位，从李世民时代起就举足轻重，此时集权臣、外戚和关陇贵族世家代表身份为一体，势力巨大，褚遂良也依附于他。在消灭了李恪等对皇权有着直接威胁的宗室后，他的存在对李治构成了不小的威胁。

当时，李治后宫实力最强的王皇后出自名门望族太原王氏，是关陇贵族王思政之后。萧淑妃出自当年创立了南朝齐、梁王朝的兰陵萧氏。这些世家与关陇贵族世家代表长孙无忌关系密切。高阳公主案后，长孙无忌一系在朝堂中势力变得独大，他的盟友如果继续掌握后宫，李治的权力会受到进一步侵蚀。

比起在朝堂上直接发难，李治选择从后宫入手。他抓住王皇后用厌胜之法诅咒武昭仪的过失，在朝堂上提出废除王皇后，改立武昭仪为后。长孙无忌、褚遂良等大部分朝臣坚决反对。

这时，李勣支持了李治。

作为唐初在对外征战中和李靖齐名的一流名将，李勣是隋末唐初历史舞台上非常复杂的一个人物。原名徐世勣的他早年是瓦岗军领袖之一，并因为文艺作品而以书生形象知名（徐世勣字懋功，文艺作品中时常被异化为徐茂公）。历史上的李勣可不是什么书生，作为从隋末乱世中摸爬滚打出来的一代枭雄，他的演技比起李世民、李治父子可谓不遑多让。

最初，徐世勣是瓦岗寨创始人翟让的心腹，并且在李密火并翟让时被砍伤了脖子，伏兵正准备补刀时，他被李密的心腹王伯当救下。活下来的他在李密阵营里多次"划水"，把李密坑得不轻。李密兵败后，选择投唐。唐政府收编徐世勣时，他说自己是代表李密把自己所部军队人口献给唐朝。这是标准的把李密往火上烤，生怕李渊忘了投靠自己的这位枭雄是如何火并翟让又打崩隋朝的。李渊直呼徐世勣是"纯臣"，于是故意轻慢李密，逼他出逃，随后将他截杀。徐世勣不但博得了好名声，还成为瓦岗寨一系的代表人物，接受了李密的政治遗产，被赐姓李。贞观年间，李世勣（李世民死后避讳规则改变，又改名李勣）跟随李世民南征北战，立下赫赫战功。

李世民死前安排后事时，从资历和实力上看，李勣是足以和长孙无忌一起辅政的。但李世民却和李密一样看透了李勣，下令将他贬到位于今日甘肃的偏远地区叠州任都督，并特意嘱咐李治："李勣这个人能力和智慧都是最顶级的。你对他没有恩情，很难驾驭他。我现在把他外贬，如果他得到命令后立即去赴任，就说明他没有异心。等你登基后，将他召回长安重用，他必将忠心于你。如果他得到命令后犹豫，不肯离开京城，你立即杀掉他。"

有人以此指责李世民刻薄寡恩是不恰当的。李世民目睹了当年的李勣如何和自己的父亲李渊演戏坑死了李密，知道李勣不仅是位能征善战的名将，也是位素质绝高的政客，是演技不下于自己的老演员。李世民忌惮和提防他，又最大限度设计让他为李治所用，只能说是高手过招。至于李勣本人，30年前就能和李渊同台"唱戏"，自然也懂得李世民的意思。听到贬令后，他家都不回就去了叠州。等李治继位，果然把他召回，予以重用，在赐死吴王李恪之后，又把空出来的司空之位给了他。

现在，李勣成为李治政治上和军队里最可靠的盟友。在李治和长孙无忌为了废后之事相持大半年后，李勣声称，立谁做皇后是皇帝的家事，轮不到外人来说话。随着他的表态支持，李治终于敢放手废后，并将武昭仪册封为新的皇后。新皇后的册封仪式由李勣主持。到这时，长孙无忌一系算是在朝堂里失去了权势。

几年后，长孙无忌、褚遂良等人被贬出朝堂，相继被赐死或病死在贬所。在这里，李治又演了一遍"自己当好人，想赦免；朝臣当恶人，坚持法度，必须赐死长孙无忌"的戏码，再次证明和吴王李恪被冤杀一样，都是他的决定。

在赐死长孙无忌的问题上，李治毫无疑问做得过分了。毕竟长孙无忌并没有反迹，还为他当恶人，在高阳公主一案中排除了所有皇位竞争者，只是专权跋扈了一些。李治选择赐死不再有威胁的长孙无忌，除了政治家的冷酷外，很大程度是因为此时才30岁出头的他开始生病。长孙无忌死后第二年，李治"风眩病"发作，一度头晕目眩，不能视政，从此这个疾病伴随他一生。很可能在正式发病前一年，李治已经感到身体不适，所以不得不狠心赐死了已经贬官流放的舅舅。到长孙无忌死后十几年，重病缠身的李治亲自为他恢复了名誉。

就这样，看似柔弱无能的李治，在李世民死后十年内，战胜了所有政敌，赢得了权力游戏的桂冠。在武皇后和李勣等人的协作下，这位君主不但延续了贞观年间的治世，还完成了包括父亲李世民在内的隋唐多位君主的未竟心愿——征服了雄踞东北地区数百年的高句丽，在白村江之战中干净利落地击败日本军队，甚至将疆土扩张到葱岭以西的中亚地区。

李治可以说是李世民合格的继承人和政治家。虽然他的晚年因为疾病缠身，把大部分具体的朝政交给了武皇后，但仍然牢牢把控权柄和国家的大方向。讽刺的是，正如在杀吴王李恪和长孙无忌时候的表演一样，他伪装得太好了，以至于后世大部分人真的相信他就是一个懦弱无能、生活在父亲和妻子阴影之下的窝囊男人。

二十五 活到 85 岁的大唐名将，每一步都惊险万分

大唐驸马郭暧（ài），娶了升平公主后，夫妻关系并不和睦。

两口子吵架，郭暧曾指着公主的鼻子骂："你以为你爹是皇帝，就可以摆臭架子吗？告诉你吧，你爹做皇帝，是因为我爹不想做，才让你爹做的。"

公主怔住了，立马打道回宫，找唐代宗哭诉。

唐代宗劝慰宝贝女儿说："唉，他说的是大实话，要不是你家公嫌做皇帝没意思，这天下还真不是咱们家的。"说完，让女儿回去，受天大的委屈，也要把日子过下去。

郭暧的父亲，唐代宗的亲家，正是大名鼎鼎的大唐中兴名将郭子仪。

然而，郭子仪听到这件事后，毫不犹豫就把儿子郭暧押起来，自己送到朝堂上，请唐代宗发落。

这下，轮到唐代宗劝慰郭子仪："俗话说'不痴不聋，不作阿家翁'，小儿女子闺帏之言，大臣安用听？"

意思是，小辈的恩爱怨骂，长辈不应当真，要郭子仪别把儿子的"大逆不道"之言放在心上。

虽然皇帝表明了态度，但郭子仪回去还是把儿子打了一顿。

史书后来说，安史之乱后，天下安危系于郭子仪一身达 20 年。当其时，

郭子仪"权倾天下而朝不忌，功盖一代而主不疑，侈穷人欲而君子不之罪"。

实际上，成名后的郭子仪过得惊心动魄，时不时就被推到人生的悬崖边。

乱世出英雄。有些人蛰伏一辈子，默默无为，并不表明他是无能之辈，他可能只是在等一个上台的机会，然后大放异彩。

这个机会，郭子仪等了 59 年。

天宝十四载（公元 755 年），大唐爆发安史之乱。在一个朝代的生死存亡之际，郭子仪如同横空出世，融入了碧血横飞的乱世。

在安史之乱中，郭子仪两次收复两京（长安和洛阳），战功赫赫。此后，他一手平叛内乱，一手抵御外侵，表现出了极高的军事天赋。毫不夸张地说，半个大唐都在由他守护。

唐肃宗曾经对他说："虽吾之家国，实由卿再造！"这句话，后来被郭驸马重新演绎了一遍，用来撑升平公主，但正是唐肃宗说的意思。

然而，功高震主，从来是为官为将的一大禁忌。当唐肃宗说出这句话的时候，郭子仪的功名与危机，就像硬币的两面，同时显现。

至德二载（公元 757 年），两京收复在望，唐肃宗已经开始头疼。让他头疼的不是如何尽快平定安史之乱，而是如何安排朔方军的两名主将——郭子仪、李光弼。

他招来奇人李泌，私下询问："郭子仪、李光弼已为宰相，若克两京，平四海，则无官以赏之，奈何？"

李泌给他的对策是，不要用官位奖励功臣，这样将导致将帅权重、功高难制；等天下太平后，要用土地和爵位赏赐功臣，这样他们会为自己和子孙而珍惜既得利益，不敢乱来。

这个建议，唐肃宗没有听进去。他反其道而行，在天下尚未太平之时，就开始防范那些为大唐续命的有功之臣：既然将帅权重难制，就不让他们权重；既然功臣功高难赏，就不让他们立下高功。

安史之乱打了8年，实际上与唐肃宗纵横捭阖搞帝王之术有很大的关系。对他而言，打赢战争什么最重要？当然不是树立战将的权威，而是巩固自己的权威。所以他一面利用战将克敌，一面又随时钳制他们的战功与权力。

来瑱（tiàn），也是安史之乱中神一样的存在，被叛军称为"来嚼铁"，谁遇上谁倒霉。唐肃宗却认为，来瑱屡战屡胜，手握重兵，那可不行，于是将其调任，外示尊崇，阴夺其权。

相州（安阳）之战，朝廷九个节度使联合攻打史思明叛军，兵力占有压倒性优势，结果惨败。没有其他的原因，纯粹就是唐肃宗从中作祟。

唐肃宗害怕诸将拥兵自重，故未在军中设主帅，却任命亲信宦官鱼朝恩为观军容宣慰使，到军队中牵制各方势力。这一番人事安排，使诸将畏首畏尾，无法大胆决策，战败已在意料之中。

尽管设立主帅一定可以尽快解决战斗，但这从来就不在唐肃宗的考虑范围内。

现在相州之战败了，没有统帅，但也要有人担责。对不起，郭子仪同志，势头正劲，那就你了。

战神郭子仪遂遭到解职，闲置于京师。整整三年多，整个帝国战火纷飞，这样一个军事奇才却在长安看落日。即便朝廷对他有任用，也是用完就招回来，让他继续看夕阳。

史书说，郭子仪被褫夺军职，是遭鱼朝恩妒忌，故而谗言构陷。但是，谗言竟然能发挥作用，说明皇帝相信；而皇帝之所以相信，是因为他需要相信，或者巴不得相信。历史上那些挑拨君臣关系的所谓谗言，说白了都是主子借小人之口说出来的心声。

平定安史之乱，战功最大的并非郭子仪，而是郭子仪的原部将李光弼。史载，李光弼"战功推为中兴第一"。

这不是说郭子仪打仗领军不如李光弼。实际上，论军事才能，两人是当时熠熠生辉的双子星，难分伯仲。郭子仪战功落后，主要是因为他在相州之战后基本就靠边站了，有心杀贼而无力上前线。

但也因此，郭子仪性命无虞，而第一战将李光弼则生命堪忧。

唐肃宗在位末期，郭子仪一度被重新起用。但他的命运，仍像厕纸一样，用完就扔。

唐代宗即位后，宦官程元振"忌嫉宿将，以子仪功高难制"再进谗言，唆使代宗再次罢免郭子仪军职，让他"充肃宗山陵使"，去修老皇帝的陵墓。

到广德元年（公元763年）十月，吐蕃进逼长安之时，唐代宗没有办法，找不到合适的将领，只好招郭子仪御敌。郭子仪二话不说，带兵出城。

对了，他此时手下部队仅剩20余骑。这规模，跟现在一个大型小区的保安队差不多。

安史之乱后，手握重兵的将帅，没一个有好下场。

在对付统兵将帅这方面，唐代宗比唐肃宗走得更远。唐肃宗防范将帅权重，将他们调来调去，但还得给他们留后路，以备战事需要之时，好让他们再为大唐卖命。到唐代宗这里，安史叛军被收拾了，俨然"天下太平"，于是"飞鸟尽，良弓藏，狡兔死，走狗烹"。

在唐代宗即位的两年内，为大唐续命的功臣相继死去：

来瑱先遭兵谋，后被赐死；仆固怀恩遭猜忌，被逼举起反旗，很快病死；李光弼则在遭受猜忌后，忧惧而死……

唯有郭子仪，好好活了下来。他手里没兵权，只剩20余骑，皇帝没拿他当回事。

此时的郭子仪，不但保住了一条老命，还为唐代宗所倚重，焕发了第二春。

当中兴的将帅都被诛除之后，总得有人出来收拾和镇住局面。郭子仪是不二人选，他被留下来委以重任，一是无兵权，二是有能力。

有个时间节点很值得玩味：唐代宗将女儿升平公主下嫁给郭子仪之子郭

暖，是在永泰元年（公元765年）。

这起政治婚姻，外人只看到了郭家的风光，却看不到老郭内心的焦虑。

唐代宗对郭子仪委以重任，还有一个重要原因。

郭子仪的做事方式，至少看起来让人觉得可以信任。

不管何时何地，只要皇帝有调令，他马上放下所有的事，立刻进京。当他遭到皇帝身边的宠臣构陷之时，不管自己在干吗，哪怕对敌作战进入关键时刻，他都会连夜赶到皇帝身边，当面表忠心。

而且，郭子仪表忠心，一来就按住自己的命门往死里掐——主动要求朝廷解除自己的兵权。

从至德二载（公元757年），声名满天下之后，他就不断地要求辞掉或让出自己的部分或全部官职。

广德二年（公元764年），仆固怀恩被逼反，勾结吐蕃、回纥军南下，唐代宗封了郭子仪一堆官职，让他率兵抵御。

郭子仪说，招抚使这个职位是抵御叛军的需要，我不敢辞让，但太尉一职，我绝不能接受。他上表恳请辞去太尉一职，向皇帝表明心迹说："我早就想像范蠡一样过逍遥自在的日子，但因为'寇仇在近，家国未安，臣子之心，不敢宁处'，才勉为其难担当重任。实际上，我对权位毫不眷恋。"

唐代宗很感动，但没有允准他的请求。

郭子仪不放弃，再次上表辞让。这下，唐代宗终于同意了。

郭子仪成功瓦解仆固怀恩与吐蕃、回纥联军，解除长安威胁后，唐代宗为了褒奖他的战功，下诏任命他为尚书令。

尚书令这个头衔不得了，唐太宗李世民曾任过此职，以后这个头衔就绝少授人。

这可把郭子仪吓坏了。他苦苦哀求，不肯就任。唐代宗则催促他尽快就任，说朝廷已经为他准备了盛大的就职仪式。

郭子仪打死都不上任，唐代宗没办法，收回成命，然后命令鱼朝恩传诏，赏赐给郭子仪6名美人、8名侍从，以及一批车服、帷帐、珍玩之具。这次，郭子仪愉快地接受了。

在这对君臣的深度交手中，唐代宗也不总是扮演被动试探的角色，有时候，他会主动去试探郭子仪，故意刺激他，看他的反应。

大历十年（公元775年），郭子仪拟任命一名属官，报请审批，朝廷迟迟不批复。他的部下很不高兴，吐槽说，以令公这么高的勋德，任命一个小官都受到百般掣肘，真不知道朝中宰相懂不懂做人？

实际上，所有人都知道，最终决定批不批的是皇帝唐代宗，只是不敢直接说皇帝，所以拿宰相出来说事儿。

郭子仪一听，立马站出来公开解释，说"你们都错了！"

怎么个错法？郭子仪说："军阀们各霸一方，凡有所请，皇帝没办法，只好应承；我的请求未被批准，说明皇帝没把我当军阀，是信任我。你们应该祝贺我才是！"

这个思路清奇的解释，为郭子仪赢得了满堂彩。估计这也很快传到了唐代宗的耳朵里，让他对郭子仪又有了几分放心。

无论是《旧唐书》《新唐书》，还是司马光的《资治通鉴》，都对郭子仪的为臣、为将、为人之道给予了极高的评价，认为他"再造王室，勋高一代"，"大雅君子，社稷纯臣"。

"社稷纯臣"中的一个"纯"字，折射出郭子仪周遭险境重重。一个朝廷重臣，尽管屡遭暗算、构陷以及试探，他也只能表现得很"纯洁"，像一张白纸一样，效忠皇权，有死无二。

别人都在玩阴谋，他一大把年纪了，吃过的盐比别人吃过的米还多，却只能装傻卖乖，否则就是身死家亡。

大历年间，郭子仪在灵州大破吐蕃军。就在此时，他父亲在长安的坟墓却被人掘了。

长安政坛哄传，这是素来与郭子仪不和的宦官鱼朝恩指使的。郭子仪对此肯定也心知肚明。

他从前线入朝觐见唐代宗时，满朝文武忧惧异常，怕他因愤恨而发动兵变。但在金殿之上，他只是老泪纵横，跪拜在地，向皇帝报告说："臣常年统兵在外，不能约束士兵，军中必有不少挖掘别人祖坟的事情发生，因此上天才如此谴罚于我，并非哪个私人与臣有仇隙！"

无论遭受再大的打击和羞辱，他第一时间想到的，还是让皇帝放心。

身为皇帝都忌惮的重臣，郭子仪"牺牲"的东西还有很多，比如私密空间。

他的宅子是皇帝赏赐的，面积相当大，占了长安亲仁里四分之一。但郭子仪没有围蔽起来建私家别墅，而是打通开放，无论贩夫走卒，都能出入其间。连郭家女眷对镜梳妆，外人都能透过窗子看得一清二楚。

他的儿子们不愿意了，纷纷抱怨说："父亲贵为国家重臣，怎么一点儿也不尊重自己？让贵贱之人出入于家眷卧室之内，成何体统？古代贤臣如伊尹、霍光，也未曾如此吧？"

无奈，郭子仪只好做儿子们的思想工作。他说："我们家有皇帝赏赐的良马500匹，仆役上千人，如果高门深院，禁止闲人出入，别人说我们图谋逆反，我们就是跳进黄河也洗不清啊。

实际上，朝堂中忌惮或嫉妒郭子仪的人一抓一把，他们只是伺机潜伏着，拼命地寻找郭子仪的错误。建中初年，唐德宗规定十月禁止杀生，但是郭子仪的家人却杀了头羊。有心人就注意到了，立马上奏，打小报告。

如前所述，皇帝给他加官进爵，郭子仪基本都一再拒绝，但是皇帝给他美女钱财，郭子仪往往谢恩接受。他在私生活上变得极为奢靡，开宴会就耗钱三四十万，会见客人也要姬妾环伺在旁。这就是史家所说的，郭子仪"侈穷人欲"。

故事的最后，唐德宗即位，表面上尊郭子仪为"尚父"，给予至高荣誉，暗地里却分解郭子仪的权力，授命多人分任。

这样，年逾八旬的郭子仪就只成为一个象征，新皇帝再也不怕这个曾经位高权重的臣子有什么深藏的不轨之心。

郭子仪曾对皇帝表忠心："跋涉艰阻，出没死生，所仗惟天，以至今日。"那时候的唐代宗或许还将信将疑，如今的唐德宗已经可以深信不疑了。

建中二年（公元781年），在郭子仪85岁去世的时候，唐德宗为他罢朝5日，身后备极哀荣。他生于武则天时代，死于唐德宗时代，前后熬过7任皇帝。他生命的最后20多年，与皇帝们持续不断的无声之战，此时一起被埋葬了。

从此，一个功高不震主、君臣无嫌隙的郭子仪，被写进了历史。

四国"追逐"战：
蒙古打西夏、西夏打金、金打南宋

13世纪初的中国，从北向南，呈现出一个十分奇特的画面。

蒙古人攻打西夏，西夏打金，金打南宋，南宋忙着抵抗。

四国中，除了蒙古，其余三国都已进入王朝末期。但无论是金国、西夏还是南宋，似乎都没有意识到形势的严峻性，即便蒙古大军已经近在眼前，它们之间依旧斗得不亦乐乎，徒然加快了各自王朝灭亡的速度。

争斗，由来已久

论建国时间，宋最早，西夏次之，金最晚。那时的宋，还是北宋。

战争首先在北宋与西夏之间展开，起因是李元昊称帝、建国号为"夏"。在此之前，西夏虽割据西北一角，但在政治上还是对宋称臣的，用的是大宋年号。

李元昊的父亲李德明去世前，曾对李元昊说："我们经常打仗，已经精疲力尽，况且我族30年来能够穿上锦绮绸缎，这都是宋朝的恩惠，不能负恩！"结果，李元昊即位后，下的第一道命令就是秃发令，即推行党项族的传统发式，禁止用汉人风俗结发，违者杀头。

宋仁宗得知这一消息后，非常生气，决定出兵讨伐。但他对西夏的军事实力并不了解，也高估了宋军的战斗力，结果宋军损兵折将，丢城失地。宰相吕夷简悲叹道："一战不及一战，可骇也。"最终，北宋采用一贯的外交思路，每年给予西夏一定数目的银、茶和绢帛，西夏则去掉国号，恢复尊宋为主的旧例。

12世纪初，女真完颜阿骨打在东北建国，国号金。金国最初与北宋并无瓜葛，主要精力放在对抗辽国上。公元1125年，金国先是忽悠宋朝联合出兵，灭了辽国，接着一翻脸，又灭了北宋，把宋康王赵构一路向南赶。

金灭辽和北宋后，在疆域上与西夏直接相邻，由于西夏曾经出兵援辽抗金，辽亡后，还曾经收留前来避难的辽天祚帝。金人对此自然不能容忍，屡屡出兵敲打。西夏人对金不服气，互不相让。

而南宋刚立国时，还一直惦记收复中原，所以常常联合西夏攻打金国；金国有一统天下的愿景，但奈何自身底子薄，打着打着发现能力有限，于是面对现实，降低心气。

而在他们争斗期间，北方高原的蒙古人在铁木真的带领下崛起了。

蒙古攻西夏

蒙古崛起于12世纪末13世纪初，最早还向金称臣。铁木真曾率部参与过金国军队平定蒙古塔塔尔部的叛乱，被金章宗完颜璟封为札兀惕忽里（"忽里"为官名，意为"统领"）。

公元1206年，44岁的铁木真建立大蒙古国，被尊称为成吉思汗，之后开始南下。在攻掠对象上，成吉思汗首先选择实力稍逊的西夏，一来，在铁木真的西征路线上，西夏是一个绕不开的存在，必须拿下；二来，为将来的伐金行动解决侧翼隐患。公元1209年，铁木真亲率大军攻夏，一直打到西夏都城中兴府城下。

西夏不得已，只能派使臣前往金国求援。金国群臣主张与西夏首尾呼应，夹攻蒙古。但金国主卫绍王完颜永济却说："敌人相攻，吾国之福，何患焉？"拒不发兵。

眼见外援无望，西夏只能固守苦撑。当时连日大雨，城外湖塘皆满，蒙古军在中兴府周围筑起堤坝，引水灌向地势低洼的中兴府。城内水深数尺。到了年底，由于长期被水浸泡，中兴府城墙和蒙古军所筑的堤坝都有溃塌的危险。最终上天眷顾西夏人，蒙古军的堤坝先溃决，蒙古军营内一片汪洋。但西夏人已无力反击，双方议和，西夏向成吉思汗称臣。

对蒙古而言，此战虽未灭掉西夏，但迫使西夏称臣，且西夏元气大伤，已经不足为患。对西夏而言，尽管争取了一段生存期，但自主权已然丧失。它在成吉思汗面前的"愿为君之右手而效力"的表态，也成为它此后沉重的负担。在随后进行的蒙古伐金战争中，它作为藩属国，被迫出人出物配合，苦不堪言。

金国被灭，南宋神助攻

成吉思汗的下一个目标——金。

初次征伐西夏的第二年，蒙古就兵分两路，进攻金国。主力部队由成吉思汗带队，从抚州、宣德府、居庸关一路，向中都方向前进，以哲别为先锋；另一路由术赤、察合台等率领，攻打西京（今山西大同）。这次进攻，蒙古人并不以一城一池为得失，在掠得大量战马及战备物资后，胜利北还。失去战马的金国军队，此后在面对蒙古骑兵的冲击时，再也无力反击，大部分时间只能固守城池。

从此以后，每隔一年左右，蒙古就南下袭扰，虽没再取得突出战果，但对金国统治阶层的信心打击很有成效。公元1213年，金国内部发生政变，卫绍王被杀，丰王完颜珣上位，是为金宣宗。蒙古落井下石，趁势发动攻击。宣宗决定把国都从中都迁到汴京，以躲避蒙古军队的兵锋。另外一层意思是，既然北面被挤压，那就向南方拓展。用当时一位大臣的话说，"吾国兵较北（蒙古）诚不如，较南（宋）则制之有余力"。

但金国高估了自己的实力。实际上，除了蒙古，夏、金、宋三国此时均是守则有余、攻则不足。金国南下攻宋遭到顽强抵抗，并没有讨到什么便宜，弃北图南战略宣告失败，反而再次把南宋得罪了。

在蒙古军进攻的同时，西夏人一方面根据蒙古的征调，派兵随蒙军一起出征，同时，还趁势在金国边境袭扰，大概是要弥补在蒙古那边遭受的损失。金军打不过蒙军，对付来袭的西夏军队则颇有心得。双方在陕北地区展开争夺，一直打到公元1225年才达成和议，以"兄弟之国"相称。

但10余年的军事冲突，让双方付出了很大代价，《金史》中评论道："构难十年不解，一胜一负，精锐皆尽，而两国俱弊。"

公元1226年，蒙古眼见时机成熟，兵分两路，夹击西夏。这一次，它的目的很明显，就是要灭掉西夏。一年后，中兴府陷落，西夏亡。西夏被围攻时，与前次不想出兵不同，这回金国已是心有余而力不足，自身同样面临蒙古强大的军事压力，眼睁睁看着盟友被灭而无力救援。

几乎与西夏被灭同时，成吉思汗病逝。临终前，他留下亡金策略："金精兵在潼关，南据连山，北限大河，难以遽（jù）破。若假道于宋，宋、金世仇，必能许我，则下兵唐、邓，直捣大梁。金急，必征兵潼关。然以数万之众，千里赴援，人马疲弊，虽至弗能战，破之必矣。"

后面的战事走向，基本与成吉思汗的判断一致。

公元1229年，蒙古伐金，在潼关一带受阻。继任大汗窝阔台遣使到南宋，提议联合灭金。南宋朝廷赞成与蒙古联兵，认为"可遂复仇之举"。宋理宗派使臣前往蒙古军营，双方达成协议，灭金后河南归南宋。

公元1233年，金哀宗被围蔡州城。南宋派江海、孟珙率军到蔡州，并运粮30万石援助蒙古军。次年正月，蔡州城破，金亡。

灭金后，蒙古北还。南宋军队收复东京开封、西京洛阳和南京归德，一时朝臣们"动色相贺"。没想到，蒙古人在洛阳城外设伏，重创宋军。开封的宋军见势不妙，马上南撤。不到半年时间，开封、洛阳再次丢失。蒙、宋由此进入战争状态。近半个世纪后，南宋在崖山之战失败，宋亡。

西夏在蒙金冲突时本可向西重回党项族起源地，避开日后蒙古军队的冲击，但偏偏要卷入纠纷，做蒙古的跟班；金国在最应联盟的时候选择与西夏、南宋对抗，导致自己腹背受敌；南宋本来离蒙古最远，如果好好经营与金国、西夏的关系，也可为自己争取战略缓冲空间。然而，它们都反其道而行之。

丰满的理想，骨感的现实

就像北宋一直执着于从辽国手里收复燕云十六州一样，南宋收复故土的念头也从未停止过。这种执念，甚至影响了其对形势的判断，有的是对自己，有的是对敌人。

13世纪初，宋、金经过几十年的和平相处之后，战火重燃。首先挑起战端的是南宋。

金国此时的皇帝是金章宗，南宋是宋宁宗。

章宗对之前与宋朝的稳定关系比较满意，遵守着双方签订的议和条款。他经常告诫大臣，要保持与南宋和平相处的局面；在派使者去南宋前，他往往亲自召见，叮嘱这些人要谨慎从事，不要在宋人面前流露出以势压人的神态，以免刺激到南宋。

宁宗则不同，他对祖辈签订的和约很不满意，认为南宋可以争取更高的地位。在主战将领韩侂胄（tuō zhòu）的支持下，南宋开始积极备战。

公元1206年5月，宁宗正式下诏讨金。宋军全线出击。金朝调兵遣将，予以迎击。结果，不到半年时间，金军转守为攻，九路大军全部取得胜利。

这次战事的结果是，宋、金再次议和，在金国的要求下，韩侂胄作为发动战争的主谋被杀；宋继续对金称侄，岁币增加到 30 万，同时赔偿金国军费 300 万两白银。事后，宋宁宗曾说过："恢复岂非美事，但不量力尔。"事实上，这的确是一次既不知己也不知彼的军事行动。

所谓大势已去，大事难成。这段纷争往事中，终究是军事实力最强者成了赢家。

二十七　曾活跃在丝绸之路上的粟特人最后去哪儿了？

唐朝时的"胡商"，一般指粟特商人。

粟特人是世界闻名的商业民族，在东亚、中亚建立了庞大的商业帝国。北朝、隋唐时期，粟特人是陆上丝绸之路贸易的垄断者，混迹在中亚至中原的各个地方，《新唐书》曾称他们为"利所在无不至"。同时，他们也是丝绸之路上文化交流的重要使者，对其踏足的各地文化产生了或大或小的影响。以唐朝为例，当时流行的胡服、胡旋舞、胡乐等，绝大部分受往来及定居的粟特人影响。

那么，作为唐朝时世界上最会赚钱的商人，粟特人为何后来逐渐销声匿迹，仿佛消失在历史的长河之中？曾活跃在丝绸之路上的粟特人最后去了哪里？

商业帝国

粟特人，史籍中也称昭武九姓、九姓胡、杂种胡、粟特胡等。他们是属伊朗系统的中亚古族，有着自己的语言和文字，其本土位于中亚阿姆河和锡尔河之间的泽拉夫珊河流域，也就是西方古典文献所说的粟特地区（Sogdiana，音译称"索格底亚那"），相当于今天乌兹别克斯坦，还有塔吉克斯坦和吉尔吉斯斯坦的部分地区。

历史上的粟特人从未形成一个统一帝国，而是建立了或大或小的城邦国家，其中以撒马尔干为中心的康国最大，为粟特各城邦国家的代表。此外，还有安国、曹国、米国、何国、史国、石国等，不同时期，或有分合。后来，粟特人大批入华，起汉名便常以国为姓，部分学者也将姓氏作为推断胡人族属的参考之一。

正因为没有形成统一政权，整体势弱，粟特长期受周边强大的外族势力控制，如波斯阿契美尼德王朝、希腊亚历山大帝国、康居国、大月氏部、贵霜帝国等。但粟特人在异族的统治下并没有灭绝，反而提高了自己的应变能力，他们臣服于强大政权的同时，保存了独立的王统世系。

粟特人有着极强的商业天赋，多以赚钱为己任，父母非常注重培养孩子的经商兴趣和能力。

《新唐书·西域传》中记载：康国的粟特人在儿子出生后，会给他吃糖，并在手掌放黏胶，希望孩子擅长说好听的话，拿宝物就像是粘在手上。能言善道、聚财守财都是商人的加分项，可见粟特人对商业的重视和对孩子的期许。

韦节《西蕃记》中还记载："康国人并善贾，男年五岁则令学书，少解则遣学贾，以得利多为善。"康国粟特人里，男孩儿5岁时要读书识字，差不多学学就得去学做生意，赚的钱越多越好。等到男子年满20岁，便不再局限于在本地发展，而是去临近地区做生意，哪里有商机就去哪里，所谓"利之所在，无所不至"。

综上所述，在从小的培养和历练之下，粟特人对生意的爱好和对"利"的追逐刻到了骨子里，也影响了他们的发展和选择。

公元3—8世纪之间，在商业利益的驱使以及本土战乱的影响下，粟特人大批离开故土，东行经商贸易。他们以商队的形式东来，在宜商、宜居的地方建立聚落，同时也吸纳其他中亚民族以发展壮大。经过长时间经营，他们在撒马尔干到长安，甚至到我国东北边境之间，建立了数个中转站，形成了贸易网络。同时，他们也是与印度和北方游牧民族贸易的担当者。可以说，当时中亚、东亚处处皆有粟特商人的踪迹。活跃了数百年的粟特人建立了非常庞大的商业帝国。

粟特人虽以商业闻名，但并非只从事贸易，他们也会入仕，有的还身居要职，功名显赫。以入华的粟特人为例，他们中有的进入漠北突厥汗国，有的入仕北魏、北齐、北周、隋、唐不同时代的各级军政机构，其中尤以从军者居多。

是的，粟特民族中除了有商业人才，还有部分人尚武，他们拥有强健的体魄，英勇善战。玄奘《大唐西域记》飒建国（即康国）条记载："其王豪勇，邻国承命，兵马强盛，多是赭羯。赭羯之人，其性勇烈，视死如归，战无前敌。"同时，《新唐书》安国条记载："慕勇健者为柘羯，柘羯，犹如中国言战士也。"虽然不是每个粟特人都很能打，但粟特族群中确实存在着一些骁勇善战的战士。

宁夏固原南郊发现的隋唐史姓家族墓地中，有成员就是以军功彰显于世。史射勿入仕北周，从北周保定四年（公元564年）到隋开皇二十年（公元600年）一直随中原将领四处征战。近40年中，他曾与北齐、稽胡、突厥等多方作战，以军功获任大都督、骠骑将军等职位。史射勿在中原王朝奋斗了一生，其子孙后辈也在中原扎了根，有的任唐朝监牧官管理马匹，有的任中书省译语人。这些工作发挥了粟特人的畜牧和语言天赋。不过他们与史射勿不同，他们的生活已逐渐脱离粟特聚落的环境，慢慢融合了更多的汉文化元素。

可以说，在北朝至隋唐时期，粟特人虽然背井离乡，但作为丝路贸易的垄断者，借沟通东西的丝绸之路，他们既发挥了商业才能，又为自己谋求了一定的政治军事地位。

"胡人之乱"

就中国境内的粟特人而言，其地位变化的重要拐点是安史之乱。

之前的康待宾叛乱等，则为中原"排胡情绪"埋下了"伏笔"。唐高宗调露元年（公元 679 年），单于大都护府（今内蒙古中北部、外蒙古南部）管辖内的突厥降户反叛，北方大乱。为防备突厥勾结灵州（今宁夏吴忠市）境内的粟特人反叛，唐朝在灵州境内置鲁、丽、塞、含、依、契 6 个羁縻州，史称"六胡州"，授予九姓胡各部族首领相应官职。

到了开元九年（公元 721 年），六胡州居民因"苦于赋役"，以康待宾为首，康、安、何、石等众多九姓胡聚众为乱，攻陷六胡州。同年，康待宾被俘，送京斩杀。次年，康氏家族的康愿子重新起事，唐朝再次平息反乱，复置鲁州、丽州、契州、塞州。同年，唐朝强制迁徙六胡州叛众 5 万余人于中原腹地，开元十八年（公元 730 年），又将已迁到中原的胡户回迁至灵州旧地，复置匡、长二州。

很明显，反复的叛乱消磨了中原王朝对粟特人的信任，屡次的强制移民体现出中原王朝对他们的防备。

六胡州之乱后，第二波被认为是粟特引发的大乱便是"安史之乱"，这一乱，动摇了盛唐根基。

事实上，无论是在安史叛军中，还是在平定安史之乱的唐朝军队中，将领和士兵都是胡汉兼用的。安史叛军中并不全是胡人出力，唐朝这边也有仆固怀恩、安重璋等有外族背景的将领。故而大多学者认为，安史之乱应定性为争夺统治权力的斗争，而不是不同民族间的斗争。

然而，在唐朝人眼中，安史之乱的领导者安禄山父子和史思明父子是地道的九姓胡，他们集结善战的胡人发动叛乱，给唐朝社会造成的创伤不可原谅。因此，在安史之乱平定过程中以及之后的很长一段时间里，中原都很排斥"胡化之风"。

至德二年（公元757年），唐肃宗回到刚刚收复的长安，要求"宫省门带'安'字者改之"。这明显是情绪化举动：唐朝出于对安禄山的憎恶，希望抹掉所有安禄山的痕迹，即使"安"这个字本身是褒义且多不胜改。虽然后来很快又改了回去，但从这只言片语中足以窥见当时唐朝对安禄山的厌恶。

再比如，中唐著名诗人白居易作《胡旋女》，将动乱与杨贵妃和安禄山的胡旋舞技相关联，其文学作品将胡化导致安史之乱的观点以及对胡人、胡风的迁怒广泛地传播了出去：

> 胡旋女，出康居，徒劳东来万里余。
>
> 中原自有胡旋者，斗妙争能尔不如。
>
> 天宝季年时欲变，臣妾人人学圜转。
>
> 中有太真外禄山，二人最道能胡旋。
>
> 梨花园中册作妃，金鸡障下养为儿。
>
> 禄山胡旋迷君眼，兵过黄河疑未反。

实际上，这种看法并不符合事实。胡服、胡旋舞的流行可能确实与大量粟特人的涌入有关，但唐前期，长安胡俗的流行与河北地区安禄山控制下以宗教信仰为载体的思想信仰变化并非一回事。胡化导致安史之乱的看法广泛流传，势必对留居中原王朝的粟特人产生巨大的影响。

比如，曾参与平定叛乱、还抵御过吐蕃入侵的将领安重璋因耻于和安禄山同姓，在平乱后请求改姓："臣贯属凉州，本姓安氏，以禄山构祸，耻与同姓，去至德二年五月，蒙恩赐姓李氏，今请割贯属京兆府长安县。"他从粟特安姓改为唐朝国姓，名字"抱玉"，极具汉文化特色。官员将领尚且如此，民间粟特人的处境可想而知。

销声匿迹

面对唐朝排斥胡化的思潮和种种猜忌、排挤与杀戮，中原的粟特人不得不采取各种办法让自己"销声匿迹"。

按常理，在这种难觅容身之处的大环境，人们首先想到的是回归故土，但是定居他乡的粟特人难以做到。8世纪初，伊斯兰教已传入中亚，唐朝在与阿拉伯帝国关于中亚的争夺中本占了上风，但因安史之乱唐朝撤兵回防内地，中亚各国再难招架阿拉伯帝国而被伊斯兰化。在这样的背景下，本身有着自己信仰的粟特人要是回乡就要面对转变信仰的抉择。再者，时代变迁，回乡可能也成了异乡人，定居他乡的粟特人只能继续留在中原王朝或去往其他民族统治的地区。

第一种，留居中原王朝的粟特人一般选择彻底汉化：或改换姓名，或附会汉人的郡望，努力和中原王朝攀上关系，逐渐将自己从"根"上变成地道的汉人。

比如，有的康姓和安姓的粟特人将自己的祖籍追溯到会稽郡、洛阳、敦煌等地；石姓粟特人，会号称自己是汉朝丞相石奋的后裔；何姓粟特人，则将自己的起源追溯到战国时的韩国王室，无论如何都不称自己来自安息王室。除了改姓，还有的粟特人从名字出发隐藏自己的外族身份，比如将有明显粟特风格的"盘陀""射""沙""芬"等字换成"忠""义""仁""孝"等具有明显汉文化内核的字。

除了改名换姓，少数粟特人也会通过与其他民族通婚、改变葬俗、改投中原文化及信仰等方式进行主动而彻底的汉化。

第二种，除了隐藏身份，安史之乱后的河北地区是粟特人的好去处，成为他们的新家园。

唐朝为了尽早结束安史之乱，在宝应元年至二年（公元762—763年），陆续接受了安史部将投降，并给他们划定了各自的统辖范围，没有从兵力和建制上彻底消灭安史集团的根底，而是形成了以魏博、成德、卢龙为主的河北藩镇割据局面。

那时，河朔地区拥有重兵，能够自立节度使，贡赋也不需要交给朝廷，自由度相当高。从高层到低级军官都有粟特人存在，"胡风""尚武"的标签仍然没有摘下，再加上其中有安史原本的部下，对待胡人相当友好。以史宪诚、何进滔为例，进入河北魏博节镇后，他们有了不错的发展，最后坐到了节度使的位置上。

河北地区崇胡风、尚武的特征以及一些胡俗一直到后来的五代十国和宋代仍然存在。

第三种去向是投靠或扶持其他民族。

部分粟特商人就是投靠了北方的回鹘汗国。在回鹘大军南下平定安史叛军时，回鹘贵族正式接触到了摩尼教，粟特人作为摩尼教传播的重要使者，选择投靠回鹘，为其传播宗教并利用宗教影响和参与回鹘王朝的一些统治，在回纥宫廷中广建势力。

甚至一些粟特人在跟随回鹘退出长安之前，一度假装自己是回鹘人，以回鹘人的名义广购土地、放高利贷，锦衣玉食，嚣张一时。

到了草原上，在粟特人的帮助下，回鹘人还逐渐创立了自己的文字——回鹘文。

此外，晚唐时，河北及原六胡州的粟特胡人，加入强大的北方民族沙陀部。他们加入后，沙陀三部落里有两部的主体都是粟特人。这些粟特人又成为五代王朝的中坚力量，甚至像石敬瑭那样当了皇帝。

除了以上三种去向，还有像史射勿的子孙后代那样，承先辈的果，日常生活早已逐渐脱离粟特聚落的环境，融合了更多的汉文化元素，在习俗等方面潜移默化地随中原文化改变，早已无须刻意隐藏。

结语

总的来说，曾活跃于丝绸之路上的粟特人在安史之乱后逐渐失势，随着丝绸之路的中断，粟特人也失去了商人这一身份的用武之地，最终去向基本是加入其他族群，或为汉族，或为突厥，或为其他民族。有的人还能在当时找到如河朔这样稍安稳的家园，并逐渐被所在地同化。

安史之乱后，他们遭遇了地位的转变，只能选择隐藏自己、融入其他民族，最后的结果是其作为独立族群认同感的消失，泯然于所在地。事实上，粟特人的这种销声匿迹，并不是真的消失了，而是在多种原因的推动下，选择了民族融合。

二十八 从"洪武"到"建文"，靖难之役背后的深层矛盾是什么？

公元 1398 年，朱元璋病逝于南京，皇太孙朱允炆继位，改元建文。

"建文"这一年号颇具深意。作为大明王朝的第二代君主，生长于宫闱深处的朱允炆并不打算像他的祖父那样，以杀伐刑律统治帝国。这位 21 岁的小皇帝将自己的三位老师视为肱股之臣，在方孝孺等人的主导下推行区别于洪武时期的新政。

"建文"，就是朱允炆建立文治的坚定决心。但令人遗憾的是，建文新政不仅没让大明成为他理想中的雍熙之盛，反而为政权崩塌埋下了伏笔。

从"洪武"到"建文"：国家统治的全面转型

朱元璋起于布衣，是中国历史上唯一的农民皇帝。他经历了元末政治的腐败与凶险的军阀混战，在长期的政治实践过程中形成了一套独特的治国理念。

从公元 1356 年攻占应天府，到公元 1398 年驾崩，朱元璋用了 40 余年的时间为明王朝建立了一套行之有效的国家体制，并以各种诏书、祖训等方式将之固化，使之成为不可擅改的祖制。无论是胡惟庸案还是空印案，均以强化国家统治为核心。这一政治倾向，与当年的秦始皇有异曲同工之处。更为有趣的是，与秦始皇一样，朱元璋所选定的继承人也是性格温和敦厚、颇具儒风的长子，也一样期盼自己建立的帝国可以在自己选定的继承人的带领下走向一个更加辉煌的盛世。

正如历史上秦始皇在继承人问题上掉到了坑里，1500多年后，朱元璋也在这个问题上失算了。洪武二十五年（公元1392年），大明太子朱标在巡查陕西后感染风寒病逝，年仅37岁。

朱标的去世彻底打乱了朱元璋的接替计划。此时的他宛如一头步入暮年的雄狮，垂垂老矣，威严尚在。朱元璋依旧有时间重新选定继承人。皇子、皇孙们跃跃欲试，"居丧毁瘠"的太孙朱允炆打动了这位老年丧子的父亲。在踌躇半年后，朱元璋还是下定决心立朱允炆为皇太孙。

朱允炆谦虚仁孝，颇有乃父之风，只是有些柔弱。然而，朱元璋既已下了决心，就必须为自己的皇太孙铺好权力之路。

洪武二十六年（公元1393年），蓝玉案爆发，株连了大批勋臣宿将；随后傅友德、冯胜等多位名将相继被赐死。至此，军将群体再无威胁皇权的力量。这也直接导致靖难之役时无将可用。

洪武三十年（公元1397年）的"南北榜案"又打击了南方文官群体，平衡了南北地区的政治力量。数年间，朱元璋以相当残酷的手段为自己的皇太孙创造了一个看似安定的政治环境。

洪武三十一年（公元1398年），朱元璋于南京驾崩，皇太孙朱允炆继位，手握祖父留下的大明江山，改元"建文"。他极力想要开拓一个文治盛世，以至于在即位诏书中一再阐明自己实行新政的核心是"永惟宽猛之宜，诞布维新之政"。

区别于洪武时期的"严猛"治国，建文强调自己的宽和，从治国理念到国家体制，建文帝对洪武祖制进行了不同程度的改动，体现最为明显的是从"重武轻文"到"尊右文教"的转型。

洪武时期存在非常明显的"重武抑文"倾向，如《大明律》中明确规定文官不能封公侯。因此洪武之后，以文官之身封爵的仅有几人。相对应的则是武官群体中大批公侯的封赏。建文帝登基后，为进一步提高文官地位，迅速建成理想中的文治帝国，特意将六部尚书升为正一品。与此同时，建文帝执政后大开科举，又下诏举荐通晓文学之士，并任用齐泰、黄子澄等文官作为决策核心。

若说重文轻武还是一种正常操作，毕竟文治化是中国历史的传统，那建文帝进一步听取方孝孺等人托古改制的意见则令人疑惑。托古改制下，许多官名、品级仿照《周礼》改定，如将殿阁大学士去掉"大"字，通政使司改为通政使寺，大理寺改为大理司，詹事府增设资德院，翰林院府复设承旨，改侍读、侍讲学士为文学博士等。

建文帝还合并了诸多州县。据《建文朝野汇编》统计，建文帝在位期间，撤销县39个、州9个，另撤销巡检司70余，并减去各州县冗官百余名。建文帝对职名、殿名也进行了诸多变更，改谨身殿为正心殿，午门为端门，端门为应门，承天门为皋门，前门为路门。建文帝十分清楚自己纷繁的变革意义并不大，但实行这些措施的目的都是提高文官的地位。

建文新政的一系列政策与措施，的确顺应了渐趋稳定的社会形势，从历史发展来看，对明太祖所定政策的调整也自有其必然性与合理性。然而，这种调整使那些认同祖制的人，特别是一些藩王及武臣难以接受。如果说这些做法只是埋下混乱的火种，那么建文帝激进的削藩策略则是靖难之役的导火索。

靖难之役：两种治国理念的交锋

传统观点认为，导致靖难之役爆发的根本原因是建文帝的削藩政策以及朱棣对皇权的野心，但不应忽视建文集团重文轻武的政治倾向的影响。在这种政治倾向下，必然招致上下军官群体的不满。建文政权军队的频频失利或许与此有关。

　　燕王朱棣靠八百将士起家，面对强大的建文政权却取得了最终的胜利，这不得不让人反思其中原因。我们当然知道朱棣与朱允炆政治手腕与军事能力的差距，齐泰、黄子澄等书生误国，南京方面缺乏良将，但历史的真相是否就如此简单？

　　如前所述，建文政权迅速崩溃的原因很大程度上是新政理念的问题。洪武立国三十余载，虽确立了基本的政治制度，但此时尚属大明成长过程中的摇篮阶段，建文帝急切地推行与洪武相异的政策使新生的政治体制更加脆弱，齐泰、黄子澄二人激进的削藩与改制也为朱棣提供了可乘之机。

　　除此之外，建文集团内部也存在理念冲突，以方孝孺等人为代表的"浙东学派"高举儒家理念，注重民生，这实际上是对洪武时期严刑峻法政策的批判。齐泰、黄子澄所实行的严厉的削藩政策，却是基于洪武的法治理念。方孝孺的德治与齐泰、黄子澄的法治并未完美结合，由于理念不合，方孝孺被齐泰、黄子澄排挤出决策中枢。

　　建文帝久受儒家教育熏陶，谋求建立一个理想的仁政社会，但又不够坚定。这种犹豫也体现在削夺燕王的问题上，建文帝本可剥夺燕王的王位兵权，或是以朱高炽等人的性命作为筹码来逼迫燕王就范，却在犹豫中选择了最愚蠢的策略，为燕王起兵提供了充足的时间。

无形中朱棣成了武将集团的期盼

　　朱棣与建文帝的恩怨，自朱标死后便显露于朝堂之上。燕王"智勇有大略，能推诚任人"，曾率军多次征伐北元，战功赫赫，颇受朱元璋喜爱。朱棣深知若能成为嗣君，一人之下，千万人之上，比起去那偏远的北平城做一个深受节制的藩王不知要好上多少倍。可以想象，在朱标薨后到立朱允炆为皇太孙的半年时间内，朱棣为了嗣君之位下过不小的力气，并拉拢了一批王侯武将以壮声威。虽然最终争位失败，但他拉拢的这些人却为靖难之役的胜利奠定了基础。

朱棣能够拉拢一批王侯武将并非没有原因。除了上述原因外，洪武九年（公元1376年），朱元璋将徐达长女正式册立为燕王妃也尤为关键。徐达作为明朝开国第一功臣，在朝堂之上享誉颇盛，这段姻缘增添了朱棣在武将集团中的声望。而另一方面，朱棣在明朝众多藩王中战功最为显赫。朱棣自洪武二十三年（公元1390年）后曾多次率军亲征北元，与冯胜、蓝玉、傅友德、王弼等名将多有交集，与众多武将结下了深厚的情谊，手下更是聚集了一批能征善战的将领，誓师靖难后，通州卫、遵化卫、密云卫的指挥使便都率部投降。

朱棣集团武将济济，坐拥北境，实力雄厚，朝中武将也多有倾心，如徐达之子徐增寿时任左都督，燕王起兵后多次"以京师虚实输于燕"。反观建文政权，建文集团的主要力量是苏浙赣皖地区的文官，与朝中武将观念相对不合。整个靖难过程中，朝廷主将与建文的主张相异。耿炳文指出："燕王与上皇父为同母弟，陛下之嫡叔父，其性尚未离骨，陛下何至解支体而散肝胆于他人。"

事实也正是如此，在方孝孺、齐泰等人的"运筹帷幄"下，南军屡屡受挫，几度丧失了反击的契机，就连主力大将盛庸、徐辉祖也被贬被调，最终致使南军主力在灵璧一战中丧失殆尽，平安等将领被俘，建文政权彻底失去了抵抗的能力。

建文四年（公元1402年）六月，朱棣兵临南京，谷王朱穗和曹国公李景隆在此时发挥了关键作用，发动金川门之变，迎燕师入宫，南京城迅速被破。建文帝于宫中自焚，不知所终。朱棣在推托几天后，"勉为其难"地接受了众臣劝进。是月17日，朱棣于南京奉天殿即皇帝位，改元"永乐"。

武将们找回了自我价值

朱棣继位后，号称要恢复祖制，即位次日便下令"一应建文中所改易洪武政令条格，悉复旧制"，尤其是建文新政的官职改革，基本全盘否定，认为洪武官制通行既久，存有深意且无损于军民利害，没有必要进行更改，"此其所以败亡也。俱速改复旧制"。但在实际操作中，永乐朝并未将建文新政的制度完全废除。

此外，朱棣对朱元璋的继承还体现在武功上。永乐七年（公元1409年），面对蒙古残余势力的骚扰，朱棣毅然御驾亲征，大破阿鲁台部。随后的十几年里，朱棣又四次北伐，"六师屡出，漠北尘清"，以致"四方宾服，明命而入贡者殆三十国"，"幅员之广，远迈汉唐"。

朱棣五扫蒙古的举措，史家历来评价不一，有赞扬之，有贬低之。若仅从成效上来看，朱棣的五次北伐将蒙古势力摧毁殆尽，蒙古直到几十年后才恢复了元气，为后来"仁宣盛世"的出现提供了稳定的社会环境。但不可否认的是，朱棣五征漠北，尤其是自永乐二十年（公元1422年）后的三次北伐，成果与浩大开支完全不成正比。加之郑和下西洋所带来的巨额消耗，永乐末年国库一度空虚，百姓负担也有所加重。无论如何，朱棣在位的20余年间，的的确确完成了他"永乐"的治国规划，治下百姓生活安乐，边境无忧，四海升平。

明朝自立国以来便存在一个无法解决的政治难题——文武之争。明朝天下是各大勋臣宿将历经千难万险打下来的，但文官加入政权后，地位迅速提高，成为治理国家的核心力量。

洪武时期，武将尚未被文官压倒；但在建文时代，建文帝严重依赖文官集团，激进地推行新政，大力提高文官地位，必然引起武官群体的不满。

靖难之役的爆发则是文武之争的具象化表现，从表面上看，这是一场争夺皇权的权力斗争，但实质上是明代前期政治演进过程中矛盾冲突的必然产物，是明初政治从"尚武"到"尚文"的过渡，乃是两种治国理念的交锋。

明代藩王的放养生活：
想过好这一生，别碰这几样就行

　　大明初建，朱元璋把儿子们封为藩王，帮老朱家镇守四方。但是，后世对明朝藩王的评价却很低。明朝中后期，各地藩王更是成了一群无所事事的寄生虫。如今，有个刻板印象是——藩王们这也不能做，那也不能做，自己成了行尸走肉，更成为国家的负担。

　　关于明朝藩王历史形象不好的成因：一方面是江南重地没有藩王，和主流士大夫的交游有限，也就难以在主流知识圈留下浓墨重彩的记录；另一方面是明清之际诸多藩王选择抗清，在清代的历史叙事中自然就不会有他们的位置。当然，更关键的是，明王朝本身对藩王的管理就很有趣，这在根本上塑造了藩王的形象。

　　关于这一点，我们还得从明朝的所有权与管理权谈起。

　　大明王朝建立后，在朱元璋的世界中，天子居中，控驭海内，诸王守在四方，拱卫天下，如此朱家自然是铁桶江山，万世一统。朱元璋一生见识了太多的尔虞我诈、血雨腥风，让他只能更相信自己的子弟。可以说，这一时期的大明王朝，所有权和核心管理权（军队）全姓朱！

　　但这种模式有个问题：朱家内部出了问题怎么办？对在位的皇帝而言，这基本是个常识问题，朱允炆、朱棣、朱高炽、朱瞻基不管说辞如何，削藩是一致的。甚至连地方小官都清楚，如叶伯巨，但他是一个实在人，赤裸裸地把自己的认识告诉了朱元璋。一是这种话不能直说，二是朱元璋因身处的环境与时代只能这么做，显然这个人就只能以悲剧收场了。

在朱元璋之后，经过几代人的削藩，藩王的护卫基本被裁减了，调度当地部队的权力基本没了，朝觐的机会也越来越少。这时候新的结构就确立了：藩王在理论上具备王朝的所有权，事实上可以享受分红；关于管理权，却是不可以有的。大明事实上的所有权是皇帝的，管理权也在皇帝手中。毕竟天下稳定了，只能是"普天之下，莫非王臣"。

这等于给藩王们画出了红线：军队是不能碰的，政治是不可以参与的。在红线之下，可以享受大明朝的繁荣，安享红利，获得一些特权。另外，在不影响政治安全的前提下，参加一些活动也是可以的。这种历史背景下，大明藩王的生活究竟如何呢？

一条红线，千万别碰

一定程度上说，朱棣是第一个触碰红线成功的明朝藩王。他打着"靖难"的旗号，以"清君侧"为名对建文开战。朱棣创造了一个中国历史的奇迹：历史上唯一依靠暴力成功登上帝位的藩王。

或许是受他的影响，他的儿子汉王在明宣宗朱瞻基时代也选择起兵。毕竟他生在这个环境，更加深谙"天子，兵强马壮者当为之"的底层逻辑。可惜他不是朱棣，侄儿也不是朱允炆，所以他的阶层跃迁失败了，叛乱成了一出闹剧，自己成了阶下囚，最终灰飞烟灭。

作为弟弟的赵王，认清了形势，想明白了问题，果断做一个乖乖王爷，没事就给朝廷建言献策，朝廷表彰他一下，虽然这只是一种集体演戏，但足够让老百姓们看到朱家的和谐景象。

在之后的岁月里，朝廷对藩王的管控越来越严格，如"故事亲王非迎驾及扫墓，不许出城一步"。

到了明武宗时代，社会危机的普遍出现和朝廷在治理上的整体无能，又给了藩王问鼎的机会。当时，大太监刘瑾开始了一系列"应然"的改革，这和"已然"现实产生了矛盾，导致得罪了最不应该得罪的军将们。在宁夏的安化王借此不满情绪，选择起兵。此次起兵没什么大的危害，但扳倒了刘瑾，"应然"改革也就戛然而止。

在江西的宁王，显然准备得更加充分，不仅收留失意的读书人、地方上的土匪强盗，还找关系（花钱）恢复了王府护卫，合法合理地拥有了军权。从这里可以看出，藩王确实太有钱了。不过最后的结果是宁王起义被王阳明轻松平定。

这两位触碰红线的藩王，结局都很惨。

起兵是红线的底，具有起兵的能力和心思，属于靠近红线。朱允炆上台后，因为叔叔们的客观实力影响天威，就以各种罪名将周王、湘王、齐王、代王、岷王废黜，他们有的自杀、有的成为庶人、有的被流放。

到了明末，这一原则依然坚持。有位自以为爱国的唐王，他看到了崇祯皇帝号召天下人马勤王的诏书，怀着对大明江山的热爱以及责任感，积极组织兵马勤王，触碰了红线。按理说，这是毁家纾难，但作为孤家寡人的君王，崇祯看唐王自然是另一个视角，他今天可以勤王，如果明天要擒王怎么办？在这样的逻辑下，唐王只能去凤阳高墙体验人生了。

当然在形势允许的情况下，还是可以解释清楚的。比如襄王就向明英宗解释了一遍，化解了自己的危机。政治和军事的红线是不可以触碰的，除此之外，基本上怎么玩都不过分，毕竟名义上藩王们也是属于明的，可以享受分红。

大修王府，呼朋引伴

王府的建筑要严格符合朝廷的规制，以向民间呈现出天家的威严。有位外国人记下了他从外看到靖江王府的观感："他的宫室有墙围绕，墙不高而呈四方形，四周不比果阿的墙差。外面涂成红色，每面各有一门，每道门上有一座门楼，用木料精制。四道门的主门前，对着大街的，再大的老爷都不可骑马或乘轿通过。这位贵人住的宫室建在这个方阵的中央，肯定值得一观，尽管我们没进去看。听说门楼和屋顶上了绿釉，方阵内遍植野树，如橡树、栗树、丝柏、梨树、杉树及这类我们缺少的其他树木，因此形成所能看到的清绿和新鲜的树林。其中有鹿、羚羊、公牛、母牛及别的兽类，供那位贵人游乐，因为如我所说，他从不外出。"

这里记载了王府外在的场景，想象了内部的建设情况。但是，王府内部具体是什么样子呢？

隆庆年间的陕西巡抚张瀚为我们留下了宝贵的材料。他笔下的秦王府："泾、渭之中为陕西会城，即古长安。古有秦府，扁曰'天下第一藩封'。"他还写道，每次拜见秦王，先在殿中公宴，宴毕之后，必有私宴，观赏池鱼飞鸟。书堂后引渠水为二池，一栽白莲，池中多金鲫，鱼皆跃出，投饵食之，争食有声。池后叠土垒石为山，约亭台十余座。中设几席，陈图史及珍奇玩好，烂然夺目。石砌遍插奇花异木。方春，海棠舒红，梨花吐白，嫩蕊芳菲。后园植牡丹数亩，红紫粉白，国色相间，天香袭人。园中孔雀数十，飞走呼鸣，投喂之，从牡丹中飞起竞逐，尤为佳丽。

张瀚的文字通俗易懂，让我们看到了秦王府内的盛况。按照明王朝的规定，地方上的主官要定期去拜见藩王。正是因为制度性的规定，张瀚得以进王府参加公宴、私宴，再跟着一起游玩，看飞禽走兽、奇花异石。可见，当时天下第一藩的财力。

所有的藩王，在王府上肯定是大兴土木。江西的益王喜欢"广筑台苑"，西安永寿王的园林有"涵碧池""涌金桥"，临潼王和保安王的园林以假山和水池闻名。虽然西安可能缺水，但具有优先分配权的藩王是体会不到的。

藩王的园林是聚会的场所，对于高级官员与藩王的交往，当时的限制是比较严格的。但对于一般士子，和藩王的交流还是多种多样的。比如，崇祯年间的进士杨任斯，多有参加稷山王的聚会，留下了赞美其"葵园"的文字；沁水王博学好诗，喜欢和士大夫往来，多有布衣之交；樊山王为人不羁，能折节下士。

虽然说中央对藩王有多种限制，但是，喝喝酒、聚聚会谁能管？谁敢管？

附庸风雅，收藏古玩

与士大夫交往，自然有一些雅好，能收集古书、能找到好的书法作品，完成一些文化工程更是深受王爷们的喜爱。

周定王的世子朱有燉（dùn）编著了《东书堂集古法帖》，章节编排参考了前代的《淳化阁帖》，基本分为"历代帝王书"和"历代名臣书"。这是明代开国近半个世纪以来第一次有人尝试汇编书法经典。在周王世子朱有燉的记述中，自己"集为十卷，勒之于石，以便自观"，表示只是为了自己学习。这如果是谦逊的说法，那更证明周王的富庶，自己想写书法就可以做个经典汇编来临摹。

这套法帖影响很广，200年后还有人记得。后世文人文震亨在《长物志》中列举了24种法帖，其中有4个是明代的，提到的第一种就是周王府所刻的《东书堂集古法帖》；书法家傅山直接将《东书堂集古法帖》列为明代王府中出品的重要法帖的首位。可见当时及后世文人对周王府书帖的推崇程度，也显见王室附庸风雅的精致程度。

相对于周世子表达上只给自己看的风雅，晋王世子的文化工程就更直接了。他明确列举了项目参与人山西布政司参政王进、按察司副使杨光溥、按察司佥事胡汉和杨文卿。

明代早期的地方体制为三堂：布政司、按察司、都指挥使司，前两个主要是文官负责，后一个主要是军人负责。作为亲藩，和地方的文官进行文化往来自然是可以的，这些文官进入文化工程编修小组名单也无可厚非。还有两位山西籍的士大夫也参与了，分别是张颐和翟瑄。张颐是太原人，公元1460年进士及第，官至工部侍郎；翟瑄是河南人，在山西担任过巡抚。这大体是晋藩搞文化工程的名誉圈子，和今天一样，一线干活的还是地方的小文人。可见藩王搞文化工程的人力、物力、财力以及地方官员和士大夫的助力是可观的，这种风雅是底层文人难以想象的。

纸醉金迷，挥金如土

在嘉靖年间，葡萄牙人伯来拉在桂林见到过靖江王，按照他的说法："他们尽情吃喝，多半养得肥肥胖胖，随便看到他们中的任何一个，哪怕我们以前从未见过，我们也看得出他是皇亲。他们彬彬有礼，养尊处优。"（《中国见闻录》）

无独有偶，晚年的张岱回忆起早年在山东看烟火的场景，仍然意犹未尽，感叹"兖州鲁藩烟火妙天下"，放烟花的时候必定张挂灯笼。鲁藩王府的灯笼，挂在殿上、墙壁上、柱子上、屏风上和座椅上，府中的人成了灯火中的景物。到了放烟花的时候，灯火中的景物又全成了烟花中的景物。看灯火是在灯火外面看灯火，看烟花是在烟花之外看烟花。光影闪耀，根本无法判断哪里是王宫的烟花，哪里是烟花里的王宫。烟花制作得非常精致、气派，能遮蔽整个天空。张岱本身就是富家公子，能让他记忆深刻的，自然不是一般的烟花场景。可见当时地方藩王生活的富庶、奢靡。

除了这些之外，藩王还有很多娱乐活动，在戏曲、音律方面甚至小有成就。

更简单的是收集、储藏各种宝贝。先来看一份清单：

直径15.6厘米的金盂；

长44.3厘米的云形金累丝镶宝石簪；

高 9.4 厘米的金制帽饰；

高 24.2 厘米的金壶；

高 4.9 厘米的宝石帽顶；

长 10.2 厘米的金镶宝石绦环；

长 23.3 厘米的金凤簪。

这些都是梁庄王的随葬品，出土自梁庄王墓。梁庄王是朱高炽的第九个儿子，无嗣，一代而已。从这些金银器皿、首饰和宝石中，我们可以想象有多代积累的明代藩府的生活是多么奢华。

园林、奢靡、风雅是明王朝藩王的众多生活的一部分。还有的藩王喜欢治学。李约瑟在《中国科学技术史》里写道："在明代，正如在汉代一样，皇子们跻身治学的洪流之中。"明代的藩王在植物学、炼金术、地理学、物理学、印刷上都有不同的贡献。也有的地方宗藩就是喜欢作恶、为祸乡里，但只要不是罪大恶极，一般也没人管。

在朱家王朝稳固后，藩王就是皇帝防范的对象。在不触碰红线的前提下，藩王可以做的事有很多，喜好读书，可以交游地方士子、熟读经史；喜好建筑，可以修建亭台楼阁；喜好放荡，可以纸醉金迷、穷奢极欲；喜好艺术，可以心无旁骛、全身心投入；喜好赚钱，可以拿到朝廷的特许权；喜好江湖，来往一些小匪也被默许。总体上，活动的空间还是很大的，不像后世描述得那么不堪。生活的富足使他们可以在有一定限制的条件下，自由自在地发展。

当然，一般宗室的日子也就那样了，"集体讨薪"也是常见场景。

三十 清军入关后仅用一年便攻占南京，为何彻底消灭南明政权却耗费了20年？

公元1644年农历三月十九日，大顺军攻克北京，明崇祯帝自缢身亡，明朝作为一个全国性政权正式结束。同年四月，吴三桂引清军入关，五月初二，清摄政王多尔衮进入北京。仅一年后，即公元1645年农历五月，多铎便进入南京。

然而，直到顺治十八年，即公元1661年农历的十二月，吴三桂才俘获南明永历帝，若以李来亨茅麓山战役夔东抗清基地被摧毁计，则明清之对峙甚至持续到了公元1664年。

综合来看，清军入关后，仅用了一年时间便攻占了南京，但是彻底消灭残明势力则耗费了近20年，这是一个十分奇怪的现象。南明弘光政权的速亡和整个反清复明运动的持久形成了鲜明的对比，在这背后自然有极其复杂的原因。

清军入关后争夺全国统治权的力量大致可以分为三部分：一是清政权，二是以大顺军和大西军为主的农民军势力，三是明朝的残余力量。南明的存亡正与他们的抉择息息相关。

从"反明"到"复明"：农民军的得与失

明末的农民起义军大体可以分为两大部分，一是由李自成领导并直接推翻了明朝的大顺军，二是由张献忠领导的大西军。在清军入关至南明灭亡的这段时间里，大顺军与大西军都经历了由"反明"到"复明"的转变，并先后成为支撑南明政权的核心军事力量。甚至可以说，农民军对南明政权尤其是永历政权的支持，是明朝残余力量得以支撑近20年的根本原因之一。

在从清军入关到明弘光政权灭亡这段时间里，大西军主要活跃于西南地区，对局势的影响并不大，因此我们需要关注的主要是大顺军。

有一个事实是明确的：在山海关之战发生前，大顺政权一度是十分有希望统一全国的。一方面，农民军战斗力极强，而明军在经历了长时间的双线作战后，主要军事力量已经基本被消灭；另一方面，就人心而言，不仅百姓为农民军的到来欢欣鼓舞，就连官绅地主阶层，绝大多数也寄希望于大顺政权。百姓对农民军的支持是很自然的，明末以来，全国灾荒不断，民不聊生，明朝统治者为了应对关内的农民起义和关外的清势力，又不断追征赋税，加重了对人民的搜刮。

与之相反，大顺军所到之处，不仅沉重打击了盘剥百姓的官僚地主，还大规模推行"免赋"政策，自然很得民心。根据史料记载，农民军到来之前，很多地区已经纷纷传言农民军不杀、不淫、不征税，看见特别穷苦的百姓甚至还给银子接济，处于水深火热之中的百姓自然是翘首以盼。

值得注意的是，官绅地主纷纷投向大顺政权。明清易代之际，士大夫的气节一直是非常受关注的话题。大顺军攻入北京后，明朝在京师的数千名官员中自尽的仅有20人，大量官员主动投降，如原少詹事项煜为求录用，竟将自己的变节与管仲、魏徵相比；原考功司郎中刘廷谏在朝见时被嫌弃须发皆白，还争辩说只要自己被录用，须发就能变黑，当时官员的动向可见一斑。之所以会出现这样的情况，从根本上说当然是因为利益，但人们思想的改变也是不可忽视的因素。

　　明朝之前，中国历史上已发生过多次改朝换代，许多汉族官僚都认为朝代更替是常见的。顾炎武提出著名的"亡国"与"亡天下"的概念，就认为"亡国"不过是易姓改号，是统治阶级应该担心的事情；而"亡天下"则是指仁义纲常和民族衣冠文化被灭绝，这才是"匹夫"应该起来反抗的。出于这种思想，明末的很多官僚士大夫都将明、顺易代看作历史的重演，大顺仍然是汉族政权，儒家的伦理道德也必将得到延续，再加上他们中很多人都已经意识到明朝灭亡已是必然，因而为了保障自己的利益，这些官僚纷纷归附新兴的大顺政权，以至于史可法在其奏疏中将这种现象称为"千古以来所未有之耻"。

　　这种局势之下，以李自成为代表的大顺政权为何最后失败了呢？

　　首先，推翻明朝后，李自成俨然成为最有希望统一全国的势力之一，这也就意味着大顺政权势必要逐步向地主阶级的政权转变。然而，李自成等在占领北京之后没有意识到这一点，仍然对官僚地主予以沉重的打击。这一方面表现在他们仍然用向官绅地主追赃助饷的方式来解决军队和政权的经费问题，而不愿向百姓征税；另一方面，大顺政权对于明朝官员的拉拢力度也不够，实际录用者占比极少，在选取官员时以录用未曾出仕的举人为重点。我们必须承认这一系列措施的革命性，大顺的领导者在推翻明王朝后仍能注意维护农民阶级的利益是难能可贵的，但这也意味着他们必然失去相当一部分官绅地主的支持。清军入关后，大量投降大顺的故明官员都叛变降清了。

　　李自成更大的失策在于没有对吴三桂和清军采取正确的态度。李自成不仅对吴三桂勾结清军的可能性估计不足，而且没有意识到清入主中原的企图。占领北京后，李自成既没有及时派重兵接管山海关，也没有在北京附近集结足够的军队对抗清军，只是简单派人招降吴三桂，甚至还将吴三桂部调离山海关。吴三桂叛变后，李自成率军进兵山海关时也依旧没有意识到局势的紧迫，行军过程中耽误了时间，使吴三桂有足够的时间勾结清军。

关于吴三桂叛变的原因，最广为人知的说法是其爱妾陈圆圆被大顺军将领所掠。这一说法虽然不一定可靠，但是大顺军在招降吴三桂时策略有些失当是肯定的。山海关之战后，李自成匆匆撤离北京，逃往西安，但在战略部署上又出现了错误，既没有留下足够的军队，也没有任用可靠的将领。很快，以姜瓖为代表的一批故明官员先复明后降清，大片土地都落入清方的控制之下。此后，李自成为夺取江南地区而集中兵力，导致后方空虚，一些长期经营的地区如襄阳、荆州等就此失守，大顺军再次回到了流动作战的状态。

显然，李自成在一些重大策略上的失误是清军得以迅速攻占黄河流域广大地区的重要原因。李自成死后，大顺军一直未能形成一个领导核心而重振旗鼓，最终在形势的逼迫下选择与南明政权合作抗清。

无可救药的"正朔"：弘光政权的腐朽与内斗

明崇祯帝自缢身亡后，一些明朝官员先后拥立了几位明朝的宗室，形成了南明的几个政权，但真正值得注意的仅有弘光政权、隆武政权、鲁监国政权和永历政权，其余大多昙花一现。

作为明王朝的"正统"继承者，南明各政权在声望上占有很大的优势，纵观这段历史，凡抗清的力量基本都要以"复明"为号召，争取民心。但另一方面，这些政权也继承了明朝包括党争在内的种种弊病，从一开始便十分腐朽。就统治者而言，弘光帝荒淫、永历帝怯懦，真正稍有作为的仅有鲁监国和隆武帝，但这两个政权在并存期间却未能联合抗清，再加上隆武帝虽颇有中兴之主的气概，但始终未能掌握实权，最终都以失败告终。在此，我们要着重谈论的是南明弘光政权的种种弊病。

弘光政权的首要弊病，是内斗与党争。

自万历以来，明廷党争日益激烈，东林党及自诩为东林党继承者的复社同"阉党"势力展开了不懈的斗争。初期，这种斗争确实颇具积极意义，但随着时间的推移，东林党及复社的斗争越来越包藏私心，再加上一些沽名钓誉之徒的加入，这种斗争逐渐成为毫无意义的相互倾轧。南明弘光帝朱由崧的即位本身就伴随着激烈的党争。崇祯帝死后，其三个儿子都被大顺军俘获。这时，无论是从血统还是从地理位置的远近考虑，福王朱由崧都是最佳人选。但是一部分东林党人却反对福王继位，原因在于朱由崧正是"争国本"中福王朱常洵之子；而当时东林党人恰恰是坚决反对立朱常洵为太子的，他们担心朱由崧继位之后会重翻旧案，于己不利，但公开的理由则是福王不贤，主张拥立潞王。

事实证明，潞王也同样懦弱无能。当时的实权人物史可法正是东林党人左光斗的门生，他在仔细权衡之后，同马士英商定拥立桂王朱由榔（即后来的永历帝）。不料太监卢九德勾结武将高杰、黄得功、刘良佐等人，拥立福王继位，马士英亦参与其中。弘光帝继位后，因自知被东林党人排斥而不得不重用马士英等人，马士英最初有意联合东林—复社人士，但东林—复社一派心胸狭隘，以马士英重用阉党阮大铖一事大做文章，导致双方关系恶化。此外，马士英有极强的权力欲，他为了独掌大权，将史可法排挤出朝廷，自此政局愈发混乱。

如果说党争导致了政局的腐坏，那么由左良玉引发的内斗则是弘光政权灭亡的直接诱因。公元1645年，李自成在清军的追击之下率部进入湖北，坐镇武昌的明军将领左良玉畏惧农民军，意欲东逃，再加上他与马士英之间存有嫌隙，因此打出"清君侧"的口号率军向南京进发。此时北方的清军正对南京虎视眈眈，史可法费尽心思在江北四镇调停布防；而马士英却不顾大局，强行要求史可法征调军队过江保卫南京，甚至恬不知耻地说出了若清军南下可以议和赔款的话。这直接导致江北兵力空虚，原有的布防也被破坏，清兵很快打到扬州城下，南明将领纷纷降清。虽然史可法坚守扬州，但已无济于事。弘光政权就此灭亡。

弘光政权的第二大问题在于对清政权抱有不切实际的幻想而始终敌视农民

军。吴三桂与清勾结之初，打的是借清军围剿农民军以为明廷报"君父仇"的旗号，故而清军入关之后，相当一部分人并未意识到他们的狼子野心，而寄希望于清能替明廷扫灭"流寇"。加之清廷当时对于自身实力也缺乏信心，为站稳脚跟做了一些表面工作，如为崇祯帝发丧，迷惑了南明朝廷，因而弘光政权在相当长一段时间内都奉行"借虏平寇"的策略，希望与清廷联合。

公元 1644 年农历六月，南明派出以左懋第为首的使团北上议和，不仅准备了大量的白银、黄金、绸缎答谢清廷，还运了 10 万石漕米接济吴三桂。使团抵京后，清廷却指斥南明朝廷不合法，不但拒绝使团祭拜崇祯帝，还夺取了他们运来的财物，北使以失败告终。尽管如此，史可法等还是坚持以大顺军为主要的敌人，仍然对清廷抱有幻想，最终造成了十分恶劣的后果。

当时，清军入关不久，立足未稳，一时并未南下；而大顺军又在清军的追击之下一路西撤，此时山东、河南等地一度出现了权力真空，若明军北上，是很有希望收复失地的。但是南明朝廷担心与清军发生矛盾，一直不愿北上，只是做了些表面工作，任命的地方官员也根本无人愿意赴任。史可法甚至借口镇兵缺饷，主张朝廷发文求贤吸引山东等地的地方官南下，相当于直接放弃了这些地区。这导致南明仅有江北作为屏障，最终被迅速消灭。

当然，不可忽视的是，以弘光帝为首的统治阶层的腐朽，同样是他们速亡的重要原因。南明小朝廷自诞生之初就面临着农民军与清军的双重威胁，但整个朝廷都荒淫无度、粉饰太平。明朝时经济重心的南移早已完成，每年江南地区都要输送大量的赋税以供北方朝廷和诸省开支，到弘光政权成立时，北部疆土已基本丢失，按理所需开支应当减少，但实际上对百姓的赋税却不降反增，所征收的赋税自然有相当大一部分都被朱由崧君臣挥霍了。早前史可法反对拥立福王为帝，认为他"不贤"，这固然是一个借口，但朱由崧也确实荒淫无度，没有意识到朝廷的摇摇欲坠。公元 1644 年除夕，朱由崧曾经召见群臣，当时大臣见皇帝面有不悦之色，以为是要责问兵败之事，结果朱由崧却是因宫中没有优秀的梨园弟子而发愁。其荒诞如此，弘光政权的速亡也就不足为奇了。

两次剃发令之间：满清政权的政策转变

清康熙帝曾经有一句话——"自古得天下之正，莫如我朝"，即强调清廷入主中原的合法性。从史实来看，这句话不过是自夸罢了，但在入关之初，清廷确实有机会十分顺利地统一全国。然而，大致以弘光政权的灭亡为界，清军统一的步伐突然慢下来。这和清廷采取的错误政策是分不开的。

在入关之初，清军在拉拢人心上确实颇有成效。面对百姓，清统治者在入关后及时转变了原有的掠夺策略，对军队的暴行加以遏制，以期安抚百姓，站稳脚跟。这一政策的成功实施在很大程度上改变了关内人民对清军的原有印象。同时，清廷还下令减免赋税，虽然没能如大顺政权般一概不征税，但征税时是以万历旧籍为依据，免除了明末加征的一系列重赋，相比南明政权还是高明不少。

在笼络官绅地主方面，清廷同样采取了一些行之有效的措施。首先，他们一入关便注意保护缙绅地主的利益，宣布凡是被农民起义所夺取的地主土地一律归还原主；其次，无论是明朝还是大顺官员，只要归附清朝，即可官复原职，甚至有可能加官晋爵；最后，他们还打出为明帝讨贼复仇的旗号，下令将崇祯帝以皇帝的礼节下葬，并且要求官民皆为崇祯帝服丧三日。得益于这一系列的举措，清军在攻打北方的部分地区时虽然遭遇了一些反抗，但大体还是顺利的。

然而好景不长，很快从南到北便掀起了一轮反清高潮。这背后虽然有汉人意识到清廷有入主中原之野心而起来反抗的因素，但更重要的还是以多尔衮为代表的清朝统治者在对待汉族人民时采取了错误的政策，其中最具代表性的是剃发易服。

所谓剃发易服，指的是清入关之后对所征服地区的百姓一律要求改剃满族发型，穿满族服饰，其中又以"剃发"一项最为重要。这是清朝非常具有特点的一项政策。在此以前，无论是汉族征服少数民族，还是少数民族入主中原，基本都没有实行过强制要求被征服一方改易发型服饰的政策。但清军入关以后，满族对自己以数十万民众统治中国缺乏信心，因此要求被征服者一律剃发以示服从。这实质上是一种民族压迫和民族同化政策。

　　在历史上，剃发令曾先后推行过两次。早在入关之前，清统治者对于投降或被征服的外族一律要求剃发，以作为其归顺满洲的仪式。入关之后，这一政策被延续下来。但清军入关之初，人心未稳，剃发令颁布后许多汉人便护发南逃，直隶三河县等地的百姓也纷纷起来反抗，多尔衮被迫收回成命。至次年六月，清军仅用一年就攻占南京。多尔衮因而对局势做出了错误判断，认为统一指日可待，再次下令剃发易服，违抗者一律杀头，时称"留头不留发，留发不留头"。后来的事实证明，这是多尔衮的一个重大失误。

　　谈到第二次剃发令的推行，就不能不提及一个名叫孙之獬（xiè）的汉人。孙之獬是明天启年间的进士，也是一个不折不扣的投机分子。他在魏忠贤当权时期投靠了阉党，后被削籍罢官，至清军入关后又迅速投降了清朝。孙之獬归附清廷后，为了表示自己的忠心，便十分积极地剃发易服，结果不久剃发令就被取消。当时清廷内官员已经有满汉两班，上朝时满族官员以其为汉人而不接纳他，但汉族官员又因其剃发易服，亦不接纳他。孙之獬一时之间陷入了进退两难的境地，一怒之下上书朝廷，主张再次推行剃发易服之令。但需要注意的是，孙之獬上书是两次剃发令之间的事情，按当时清廷的心态，认为汉人只有剃发才是真心归顺，第二次剃发令的推行是必然的，孙之獬的上书最多只能是加速了这一进程，其行为虽然令人不齿，但后来有人将清第二次下令剃发易服完全归罪于他则是不合理的。

　　上文已经说过，到明末时，很多汉人已经将改朝换代视为常事，只要仁义纲常与衣冠文化能够延续，便可以接受。因此清军一度有机会以较小的代价统一全国，不仅许多州县望风归附，就连一些农民军也有意以不剃发为条件投降清朝。但剃发易服政策的推行显然使他们意识到了汉族文化存续的危机，再加上儒家"身体发肤，受之父母"思想的影响，一时大江南北群情鼎沸。原本对于清朝而言一片大好的形势顿时发生了逆转，不仅原本打算归附清廷的一些地区改弦易辙，就连已经降清的一些州县也接连发生叛乱。例如当时的江阴县，清政府委派的知县方亨已经接管了该地，随后便下令剃发，结果当地百姓坚持"头可断，发绝不可剃也"，并在阎应元等人的领导下竖起"大明中兴"的旗帜，坚决抗清，后被清军攻占屠城，城内百姓最终仅有 53 人存活下来。除此之外还有侯峒曾等人领导的嘉定起义、吴日生等人领导的太湖抗清等。这些起义虽然先后被镇压，但客观上支援了南明诸政权的反清运动。

除剃发易服之外，清廷还推行了一系列民族压迫政策，如圈地、投充、缉捕逃人法以及臭名昭著的屠城政策等。这些残酷的政策最终激起了全国人民的激烈反抗，使得清廷最终为统一全国耗费了 20 年，并付出了沉重的代价。

南明 20 年：由希望到绝望

南明可以支撑 20 年，清廷的错误决策是一个非常重要的原因，但同时，我们也不能忽视南明方面的一些积极因素。清军入关之初，无论是农民军还是残明势力，对于这支新出现在中原的力量都未能采取正确的应对策略。但随着抗清斗争的深入和李自成、张献忠的相继死去，各方抗清势力逐步调整了自己的方针，使得局势一度向有利于南明的方向发展。但一些长久的积弊最终也未能得到改正，导致南明一再错失战机，走向灭亡。

抗清斗争得以持续 20 年，最首要的原因在于各方抗清力量在南明旗帜下的联合。当时，明朝的旗帜虽然尚有号召力，但南明各政权均腐朽内斗，明军也缺乏战斗力；农民军固然富有战斗力，但李自成死后大顺军便一直未能形成新的核心领导力量；张献忠死后孙可望等虽然经营云南颇有成效，但他们毕竟没有大顺军的威望，在民族压迫之下大西军的号召力也远不如南明政权。因此，当时他们的最佳选择就是在"复明"的旗帜下，以农民军力量为核心进行抗清斗争。

在农民军方面，李自成死后，大顺军便提出了联明抗清的策略，并主动与隆武政权联合，大西军也在公元1649年正式派人与永历朝廷联络；在南明方面，最早提出与农民军联合的是隆武政权，后来的永历政权更是在相当长一段时间内完全依赖农民军。

就整个南明史来看，农民军在抗清斗争中起着无可替代的作用。大顺军归顺隆武朝廷后改编成的"忠贞营"很快便成为明军抗清力量的核心，而公元1651年农历十二月南宁失守后，永历政权在实际上已经基本瓦解。自此以后，直到逃亡缅甸前，永历小朝廷实际上都驻于原大西军经营的地区，完全依赖农民军、尤其是大西军的支持才得以存活下来。至于鲁监国政权和隆武政权留下的郑成功、张煌言等部，虽然郑成功长期遥奉永历帝，但实际上一直处于相对独立的状态；张煌言在鲁监国退位后也长期受制于郑成功，二者都未与永历政权有太多实质性的联合。

当然，永历政权能够支撑如此之久，与西南地区地形之复杂也不无关系。西南地区在历史上由于地形原因历来是易守难攻之地，在宋末蒙古南下时，南宋军民在合州就依靠险要的地势阻挡了蒙古的铁骑，就连大汗蒙哥也因被炮石击中而死于城下。到南明时，云南等地经过孙可望等人的长期经营，成为南明抗清的重要根据地，在公元1651年两广地区基本被攻陷后，南明依靠云南等地坚守数年。公元1653年，清廷派遣洪承畴到武昌经略五省，但在此后数年内均毫无进展，"寸土未拓"。这一长期相持的局面一直持续到公元1657年孙可望降清才发生改变。而被排挤后转移到夔东地区的号称"夔东十三家"的大顺军余部，更是凭借当地的险要地势坚持抗清。清军耗费了大量的人力、物

245

力，直到公元 1664 年才最终在茅麓山一战中彻底摧毁这一抗清基地。

另一方面，清军实力有限也是一个重要因素。满洲原本只是中国东北部的一个少数民族，人口并不算多，清军入关时总兵力也仅有 10 万左右，而这还包括了归附清的蒙古军和汉军。也就是说，八旗子弟真正可以作战的也不过几万人。清军入关后，作为胜利者的八旗兵在优渥的生活条件下迅速腐化，战斗力也日益下降，再加上长期的作战和天花的流行导致多铎、多尔衮等将领先后死去，继承者又未经战事，经验不足，到后来，满洲八旗兵实际上早已是强弩之末。也正因此，清廷开始越来越多地倚重汉人，这从他们对洪承畴、吴三桂等降将的重用上即可看出。即便如此，到中后期，清廷既要同时应对西南南明朝廷和东南郑成功的进攻，又要提防全国各地可能发生的起义，兵力早已捉襟见肘。公元 1659 年，郑成功北上进攻南京时，顺治帝在惊吓之余甚至想要逃回满洲，后来又决定亲征，但最后派出的也仅仅是达素、索洪等二流的将领，可见清廷确实无兵可用了。

然而，尽管局势一度对南明朝廷很有利，南明诸政权的腐朽却早已无可救药。隆武政权和鲁监国政权并立之时，双方不思齐心抗清，反而互相争斗，隆武帝作为南明诸帝中唯一一个较有抱负和能力的皇帝，却长期受制于郑芝龙，欲发兵北上而不能。明将何腾蛟为了保证自己专权的地位，也不愿救助隆武帝，最终导致了隆武政权覆灭。至永历时，朝廷更是内斗党争不断，其中最为致命的是各部势力的内斗。当时永历朝廷所能依赖的大体是郑成功部、明军余部、大顺军余部和大西军余部，但郑成功虽表面上尊奉永历帝，实际上为了保障自己的权势始终不愿配合永历朝廷的战略行动。大西军将领李定国曾有意联合郑成功一同收复广东，若此策略能够实施，则局势便能向有利的方向转化，但是郑成功面对李定国三番五次的来使，却始终不愿正式发兵，最终导致这一策略破产。而朝廷内部，明朝官员也始终对农民军心怀芥蒂而处处排挤。永历朝廷表面上有一个统一的组织，实际上内部各派势力暗流涌动、互相争斗，严重影响了抗清事业的正常进行。

直到南宁失守，永历朝廷移驻大西军控制的区域，此时朝廷已经基本瓦解，大权掌握在孙可望手中，这一局面才得到改变，真正形成了以南明为旗帜、以大西军为核心的抗清战线。随后，大西军便接连取得一系列重大胜利，如李定国指挥的桂林大捷、衡阳大捷等。但因孙可望有意取代永历帝，大西军内部再次分裂。孙可望降清后为清军出谋划策，再加上大西军内部人心不稳，形势随之急转直下，南明最终灭亡。

纵观南明 20 年历史，在初期，由于大顺军的错误策略、弘光朝廷的弊病以及清廷能正确地笼络人心，清很快攻占南京，半个中国均落入清廷手中。但随着各部抗清力量走向联合和清廷在剃发令等政策上的失误，形势一度逆转。只是南明朝廷毕竟是那个腐朽明王朝的继承者，早已病入膏肓、积弊难改，只能在不断的内斗中走向灭亡。

胜败无定
亏成相转

三十一 铅中毒引发商王朝衰亡：引以为傲的青铜文明带来了什么？

对于商王朝的灭亡，周公①认为嗜酒和暴政是商王朝灭亡的主要原因，因此西周开始对贵族饮酒进行限制；司马迁认为商亡于纣王嗜酒暴政，听信妇人之言；也有人认为是商人与东夷交战之时，周人趁虚而入，直接导致了商王朝灭亡。

近年来，越来越多的商周墓葬被发掘出来。现代技术对人骨的检测也越加精细。中国科技大学曾对商周墓中发掘的人骨进行过一系列的测试，发现很多贵族体内的含铅量远超正常范围。由此，有学者认为：铅中毒是商王朝走向衰亡的重要原因。

铅是如何影响商王朝的？

商人嗜酒非常有名。文献中说，商代末年，纣王修建了很多离宫别馆，又作"酒池肉林"，为"长夜之饮"，大小贵族无不沉湎酒色。而且目前发掘的商代青铜器以酒器为多，足见王室饮酒成风。在相同条件下，酒类比其他食物

---

① 周公：中国商末周初儒学奠基人，姓姬名旦，亦称叔旦，周文王姬昌第四子，周武王姬发的弟弟；西周开国元勋，是杰出的政治家、军事家、思想家、教育家、儒学先驱；采邑在周，故称周公。

更容易使铅析出。铅通过酒进入人体，长期积累容易引发铅中毒。而且贵族喝酒前常常要对其加热，这就使得铅的析出情况更严重了。

除了酒器，炊食器也容易引发铅中毒。中国有悠久的注重宴饮的传统。宴饮作为一种社交手段，在中国新石器晚期已经出现，之后，逐渐在王室贵族的生活中占有重要地位；到周代以后，甚至发展出了一套完善的礼仪制度。通过研究商代的青铜食器，我们发现很多青铜器底部附着一层厚厚的烟炱（tái），表面的纹饰也有明显的磨损痕迹，说明这些器物被长期使用。

青铜器是铜、锡、铅、锌等合金配比而成的，出于工艺上的需要以及锡矿资源的短缺，有时会使用大量的铅。使用含铅的青铜器盛煮食物会导致严重的铅污染，受污染的食物含铅量与食物种类、青铜器含铅量、盛煮食物时间的长短和温度成正比。

另外，青铜铸造会对都城附近的空气、水源、土壤产生污染，而铸造青铜器的作坊往往离王室贵族很近，因此王室贵族不可能不受到影响。

铅中毒的严重程度——商王朝与古罗马

中国的商代文明和罗马帝国文明，是在时间上相差甚远，在地理上又相互隔绝的两个文明，然而却都因为铅中毒而加速了文明的衰亡。

相对而言，铅对商王朝的影响要小于对罗马帝国的影响。

一是因为影响范围不同。铅对商王朝的影响主要限于上层贵族，因为平民多使用陶器。商代的铸造业、手工业并不发达，铅的受众范围有限，所以铅污染也很有限。而在古罗马，铅几乎被应用于社会各个方面，建筑、武器、装饰品，还有玩具、铸像、化妆品等，铅的身影几乎无处不在。贵族竟然还以使用铅为荣。不仅如此，罗马人引以为傲的供水系统也与铅密切相关。据记载，当时罗马城有 11 条供水干渠通往城内，城内配水管道遍布地下，供人们生活使用。由于铅制水管表现出了良好的密闭性，虽然造价不菲，但几乎所有的贵族家庭都使用了铅制水管。据说当时仅建造一个泵站，就用掉了 12 000 吨铅。当时的罗马几乎被笼罩在铅的阴影下，所以铅对罗马帝国的影响要远大于商王朝。

二是因为铅的使用场合不同。商朝人在铸造青铜器时，为了降低铜的熔点，改变青铜器的颜色，会较多地使用铅，所以，铅的使用仅限于青铜器的制造，而在家具、建筑、化妆品、装饰中并不常见。而罗马人不仅在供水管道、饮食器具、化妆品中使用铅，甚至直接把铅粉加入酒中饮用。

铅的危害与王朝的衰亡

铅是一种有毒的重金属，因为熔点低、抗腐蚀性好，很早就被人们发现并应用于生产和生活之中，同时也给人们带来了极大的困扰——铅中毒。在未受铅污染的情况下，人体的铅摄入量和铅排出量一般处于平衡，当铅摄入量大于铅排出量的时候，铅便聚集在体内，大部分进入骨骼。所以，我们才能通过分析商周墓葬人骨的含铅量来研究商周社会。

那为什么说铅中毒引发了商王朝的衰亡呢？

首先，据现代医学研究，铅是引发骨质疏松的原因之一。这样，我们就能理解为什么商周墓葬中墓主人的骨头大多腐朽，而殉人的骨头还保存完好。

其次，铅会使人智力降低，体力下降。我们都知道，商王朝灭亡的直接原因是牧野之战。在这场大战中，商人的军队虽多，然而临阵倒戈，导致了战争迅速失败。学者们通常认为这是因为商纣王昏庸无道，而周武王治理有方，但不能排除铅的因素。铅的长期使用，使得贵族上层的智力受影响，导致贵族的治理能力下降，而且平民和奴隶也因为制造铅容器而饱受铅的污染。

再者，铅还会损害生育。由于铅器的使用和铅污染的存在，溶解于水和食物的金属铅微粒富集在人的骨髓和造血细胞中，孕妇会将其带入胎盘，这样，金属铅离子便被输送到胎儿的血液中，影响胎儿的智力和身体素质。如果这样的过程发生在一个王朝的核心阶层，必将影响一个王朝的统治能力，那么衰亡也就是迟早的事了。

当然，商王朝的灭亡是经济、社会、军事、制度等众多因素综合影响的结果，铅中毒只是其灭亡的原因之一。尽管如此，这也不失为一种考虑问题的角度。

文明的发展总是要付出代价的，且从来都不是和平和美好的，而是充满着血腥和杀戮，无数无辜的人被卷进来。我们的祖先创造了灿烂辉煌的青铜文明，这个文明在世界文明中具有不可撼动的地位。然而，因为当时科技水平不发达，物质水平也很有限，人们很难意识到铅对日常生活的危害。即使对铅中毒有所了解，但在当时的医疗水平下，也很难进行有效的防治。无数的平民和贵族便因此在智力和体力上受到损害，为这璀璨的王朝做出牺牲，成为伟大文明的"奠基者"。

三十二　被吴国攻破首都、鞭尸先王后，楚国如何完成复仇，一统东南？

春秋末年，吴国攻入楚国郢（yǐng）都，伍子胥鞭尸楚平王。

实际上，吴军攻破郢都时，楚平王已经病死许久；另一个导致伍子胥父兄被杀的佞臣费无极，更是在吴国入侵前许多年就被楚国人自己杀掉了。所谓的"为伍子胥复仇"，无非是吴国为自己在郢都地区大规模烧杀抢掠寻找的一个借口。

在秦国的帮助下，楚国总算是把吴国侵略者赶出了国境。此时大约十八岁、尚未及弱冠的楚昭王回到了郢都。面对被吴军践踏后残破不堪的国土，楚昭王决心洗雪耻辱。

楚国从此走上了漫长的复仇之路。那么，楚国是如何完成复仇，最终成为整个东南地区霸主的呢？

楚昭王的复仇：消灭跟随吴国入侵的小国，正面压制吴国，拯救越国

吴国入郢的战事，把时间线拉长来看，是标准的惨胜。

吴国的胜利离灭楚还相差甚远，只是单纯占领了楚国首都，并没有控制楚国的广大地域，更无法让楚国半独立的诸多封君效忠。吴国的实力根本不可能消化掉新征服的区域，最多通过在楚国核心领土江汉平原上烧杀抢掠一番，最

大限度地削弱之。

更关键的是，楚国是硬碰硬地在战场上击败了吴国，把侵略者赶出了国境。在秦楚联军击败吴国的战役中，吴军败得相当惨，吴王阖闾也受了伤。伐楚战争中，吴国的头号战将、阖闾的亲弟弟夫概正是听说阖闾兵败又受伤的消息，才赶回吴国境内自立为王，可见此时吴军损失之重。这次跟随吴军入侵的两个盟友是蔡国和唐国。秦楚联军击败吴国，收复失地后第二年，楚国攻灭了唐国。唐国从此彻底地消失在了史书中。

《左传》如此记载了随后的吴楚战争："四月己丑，吴大子终累败楚舟师，获潘子臣、小惟子及大夫七人。"吴军击败了楚军主力，俘获了大批楚军将官。这次战役后，楚国暂时放弃了反攻，吴楚战争告一段落。

这位吴军统帅终累仅有此一条历史记录，之后在史书中未再出现。苏州吴文化研究所所长吴恩培先生在《〈左传·定公六年〉"吴大子终累"解析——兼及吴地文化的历代叠加与层累》一文中，详细对比了《左传》和《史记》两书对公元前504年吴楚大战的描述，最终得出结论——夫差就是终累。正如阖闾登上王位前被称为"公子光"，"公子终累"应该是夫差登上王位之前的称呼。

在吴恩培先生研究的基础上，我们可以厘清混乱不堪的阖闾继承人问题：阖闾的长子早在伐楚战争结束前就已经夭亡，死前有没有被立过太子无法确证；此时夫差已经被立为太子，又有大破楚军、迫使其迁都的军功，继承人位置是相当稳定的。

在平定夫概叛乱又再度击破楚军后，吴国整整八年没有被记载于册的事迹，可见伐楚战争中吴国国力损耗之大。公元前496年，吴国和越国开战，意外的是，吴军遭遇惨败，吴王阖闾在这次战役中受伤，不久死去。夫差成为新的吴王，也成了楚昭王的复仇对象。

早在几十年前，有一些百越部落加入过楚伐吴的联军。后来，越国成长为一股不容忽视的力量，并在吴军主力深入郢都时出兵攻吴。在一举击败吴王阖闾后，新继位的越王勾践声名大噪。楚昭王决定娶越王勾践的女儿为正妻，随后将越女所生的儿子立为储君。通过这种方式，楚国和越国结成了亲密的反吴同盟。

吴王阖闾死后，各方都在厉兵秣马，准备下一轮战争。出乎意料的是，新的战争是以越国先发制人，从水路入侵吴国开始的。吴越此次战事的主要战役为夫椒之战，战场在今太湖中的东西山岛，已经逼近吴国首都。孤军深入的越军惨败之后，反击的吴军也深入越国境内，甚至追到了越都会稽城。

关于之后吴国对战败方越国的处置问题，已经有过太多的讨论，传统的寓言故事认为夫差妇人之仁，甚至衍生出他贪图西施美色的故事；有的人认为勾践还有着几千死士，并且能向西进山打游击，所以孤军深入、补给困难的吴军难以彻底消灭他；也有的人认为越国就算灭亡了，吴国也无法控制宁绍平原，还不如扶植一个已经被打服、暂时听话的附庸国。后两种说法都有一定的道理。

但是有一个原因很少被人关注到：楚国此时已经完全恢复了元气，吴国在淮河流域和楚国争夺的前线全面崩盘，吴军不可能在越国地界驻留太久。

夫差即位之后，楚昭王相继灭亡了顿、胡等昔日附庸的小国，大概是因为这些国家在吴师入郢的战争中给吴国提供了帮助。夫椒之战时，楚国明确打着"报蔡国跟随吴国之仇"的旗号，开始进攻吴师入郢的始作俑者、现在是吴国在淮河流域铁杆盟友的蔡国。蔡国最终战败投降，楚国掠夺了大量蔡国人后扬长而去。

也就是说，吴国在击败却还没有彻底打垮楚国的铁杆盟友越国时，自己的铁杆盟友蔡国已经被楚国打到投降了。在这种情况下，接受勾践的有条件投降，让他作为附庸继续存在，的确算是那个时候吴国的最佳选择。所以，楚昭王的这次行动，可以说是剥夺了夫差在处置越国时的更多选项，间接拯救了越国和自己的老丈人勾践。

蔡国赶忙向吴国求助，吴国选择讨伐跟随楚国伐蔡的陈国。楚昭王派兵救陈，夫差不得不撤退。在这种情况下，蔡国被迫向东迁都。在夫差的支持下，蔡国从原来淮河上游的新蔡迁徙到淮河中游吴国控制下的地区，史称"下蔡"。蔡国依靠吴军的武力保护完成了迁都。几年后，楚军又绕过下蔡，攻占了下蔡东边的夷虎部落。

夫差在这轮淮河争夺战中完败。至此，楚昭王基本完成了对吴国当年入郢时的另一个盟友蔡国的复仇。

夫差咽不下这口气，又无力收复失地，只能再次攻伐跟随楚国伐蔡的陈国。楚国再次出兵救援陈国。正在此时，30出头的楚昭王病死了。在楚昭王收复郢都后的16年时间里，他完成了对唐、蔡这些曾经跟随吴国入郢的小国的复仇，也吞并了顿、胡等在楚吴之间骑墙的小国，在淮河流域的争夺中压制了宿敌吴国。因为他的节节进逼，夫差在大破越国时无法久留以彻底消灭勾践的残余力量，被迫接受勾践的求和。楚昭王死后，他和勾践的女儿所生的楚惠王即位。楚惠王年幼，向吴国复仇的重任落在了楚国辅政公卿的身上。

吴国北上扩张：楚国继续经略淮河流域

楚昭王病死了，继位的楚惠王是勾践的外孙，还只是一个幼童。吴国在这一方向的压力短期内得到缓解，获得了一段发展真空期。

吴国朝堂上开始有了两派截然不同的观点：南下继续蚕食越国，或者北上。这个争论的两个选项本身就很有意思，因为它们都把"西进"继续讨伐世仇楚国排除了，这意味着吴国朝野上下都默认——哪怕楚昭王病死，自己也无力打破目前吴楚之间的新均势。

这时出现了一个看似天赐良机的巨大诱惑：统治齐国大半个世纪的君主、夫差曾经的老丈人——齐景公病死了，诸大夫发起政变，齐景公指定的继承人被杀，齐国陷入内乱。从夫差的视角来看，齐国的乱局简直是上天赐给他的礼物。所以，他决定立刻带兵北上，在北方拓展领土来打破自己的战略困局。

关于夫差此次北上的目标，大家往往集中于"争霸"这个空泛的话题上。实际上，夫差北上既不是为了虚无缥缈的"霸主"之名，也不是因为单纯的好战，而是与战国中后期北进的楚国一样，看上了宋、鲁、泗上小国们的财富和地盘。这些诸侯军事力量相对薄弱，但是有雄厚的经济实力。司马迁在《史记·货殖列传》里所列举的为数不多的地方商业都会中，宋国就占据了三个，包括战国时代最知名的商业中心陶邑。

这些地方之所以能作为独立势力存在很久，很大程度是因为它们处于齐、晋、楚三国中间的位置。现在吴国北上，晋国名义上与吴国是盟友，自然明面上不会为难吴国，何况此时晋国内部卿大夫们争斗不休，君权本身摇摇欲坠，即使对吴国北上有所不满，也不至于直接干涉。楚国主少国疑，又要消化淮河中上游的新占土地，也暂时不会干预吴国的北上。只有齐国会，虽然齐景公死后齐国政治局势混乱，但是鲁地和泗上小国都是他们自认的传统势力范围，吴国北进的话，他们无论怎样都要打上一仗。最终，吴国击败了齐国，顺利地在北方扩大了势力范围。

吴国北上经略虽然获得了成功，但这意味着它在外交上已经彻底被孤立了。伍子胥正是预见到伐齐会导致吴国陷入四面树敌的境地，才反对北上战略。

楚国此时已经度过了权力交接的真空期，辅政班子齐心协力，继续楚昭王时代在淮河逐步推进的路线。就在艾陵之战前一年，楚国讨伐陈国。陈国之前是楚国的铁杆盟友，楚昭王死后却倒向了吴国。见楚国攻打陈国，吴国派出军队增援。按照《韩非子·说林下》的记载，吴国派去救援陈国的部队在连续十日大雨结束后计划星夜行军偷袭楚军，结果看到楚国人严阵以待，被迫返回。楚军左史认为吴军往返六十里，必然要休息和饮食，楚军追击三十里可以轻松击败吴军。楚军统帅认可这个观点并派兵追击，最终大破吴军。

在艾陵之战击败齐国后，吴国或许准备再次和楚国摊牌。但在和楚国开战之前，吴国必须处理好与长期盟友，同时也是昔日老大哥晋国的外交关系，这就有了黄池之会。学术界对于黄池之会到底是晋还是吴主盟的争议至今不断，其实这并不重要。黄池之会的意义在于，吴国让以晋国为首的中原国家承认了之前吴国在宋、鲁、泗上诸国等地扩张的既成事实，吴国和晋国实现谅解并保持双方名义上的盟友地位。稳固了和中原各国外交关系的夫差，下一个目标就是对付此时正在准备灭亡陈国的楚国。

楚国联越灭吴：大仇得报，在随后瓜分吴地的行动中成为最大赢家

公元前 482 年，正当吴国在黄池和以晋国为首的诸侯会盟时，做了吴国十二年忠实附庸的越国突然发难，一举攻破姑苏城，杀掉了留守的吴太子，并且对姑苏城大肆破坏。最后，夫差被迫向昔日的附庸越国求和，在付出了巨额赔款后，越国把已经残破的姑苏城还给了他。

"十年生聚，十年教训"的神话已经广为流传。但是，从吴国深入越地、扫荡宁绍平原，到此时勾践偷袭姑苏，加起来也就十二年。勾践再怎么鼓励生育，此时的新生儿都还是未成年人。勾践之前退守会稽山，只剩下几千人，突然发起复仇，竟然动员了"习流二千人、教士四万人、君子六千人、诸御千人"，近五万士兵。

这是什么概念呢？《国语》记载越军出征姑苏前，勾践在进行思想动员时，估计夫差的士兵总数是十万三千，这是吴国全部的账面兵力。夫差北上黄池时带去的精锐野战部队不过三万人。也就是说，越国突袭吴都，动员的机动兵力远远超过了吴国带去会盟的兵力。如此庞大的军队和支撑远征的物资是从哪里来的？答案是楚国。

楚国扶植越国，早已是吴越史研究中的基本结论，以大夫文种为首的越

国上层文官基本都是楚国人。但是很少有人注意到，这支偷袭姑苏的越军里竟有大量楚军直接参战，维持如此大军的物资也有楚国的大力支持。《韩非子》谈起这次战事时，说勾践"索卒于荆"；《吴越春秋》里，勾践临死时更是说"从穷越之地，籍楚之前锋，以摧吴王之干戈"。楚国不但出钱、出顾问，还直接借了大量兵力给越国，并且在攻破吴国的战斗中起了主要作用。

再看此时的"国际"形势，我们不难理解楚国的策略。吴国和楚国在淮河流域的争夺一直没有停歇过，楚国暂时占了上风。如果以吴国和晋国为首的中原诸侯完成了会盟，在北方获得大量资源的夫差再全力经营淮河流域，楚国面临的局势将急剧恶化。所以，在吴国忙于会盟时对其全力一击，是楚国最好的策略选择。

如果楚国直接沿着淮河或者长江东下攻击吴国，那么夫差有足够多的反应时间，楚国必须先打败吴军精锐主力才能获胜。但是吴国背后的越国却是夫差的软肋。越国有梦想复仇的勾践，有以文种为首的影响力巨大的楚国顾问团，楚军借道越国，可以很快到达吴国首都姑苏。

从另一个角度看，吴国上下并不是只有伍子胥能看出越国的潜在威胁，夫差也从来没有忘记背后的越国。《史记·仲尼弟子列传》中提到，夫差准备伐齐前，考虑对越国进行一次预防性战争；这次北上会盟，夫差也让太子带兵留守首都。真正出乎吴国意料的，是大批楚军借道参战。楚越联军的兵力过于强盛，所以对留守部队构成了压倒性优势。

公元前480年，也就是楚越联军首次攻破姑苏后两年，楚国单独在南线对吴发动大规模进攻。楚军摧枯拉朽，一直推进到越国的西部边界。

吴国遭到了极大的破坏，大饥荒也随之而来。夫差甚至解散一部分军队去东海边捕鱼，以求渡过粮食危机。曾经在破楚、攻越、伐齐等一系列军事行动中留下善战之名的吴军，到这个时候已经衰弱不堪。在随后的笠泽之战中，越军击败了吴军最后的机动部队。两年后，越军进一步围困姑苏城，在三年的血腥围城战之后，公元前 473 年，姑苏城破，夫差自杀，吴国彻底灭亡。

越人攻占姑苏城的围城战，以及战后的屠杀、掠夺和破坏，其惨烈程度堪比罗马人夷平迦太基。越人对姑苏城附近的破坏如此彻底，以至于古吴国的印记几乎被消除。两百年后的战国末年，楚国春申君被封到吴地时，这一区域仍然被称为"吴墟"。

楚国和越国如何瓜分吴国遗产呢？勾践攻占的吴都姑苏就在吴越边境不远处。占领这里后，勾践自然要继续北上，接收吴国更多的遗产。对此，《史记》中有两种完全不同的记载。

《史记·越王勾践世家》写道："勾践已去，渡淮南，以淮上地与楚，归吴所侵宋地于宋，与鲁泗东方百里。当是时，越兵横行于江、淮东，诸侯毕贺，号称霸王。"仿佛勾践获得了比夫差鼎盛时候更大的霸权，把吴国侵略的宋国、鲁国、泗上小国的土地全部还给了它们，还把"淮上地"送给了帮助自己灭吴的楚国，一副大方而仁义的霸主形象。

《史记·楚世家》对这一阶段的说法截然相反："是时越已灭吴而不能正江、淮北；楚东侵，广地至泗上。"也就是说，越国灭亡吴国之后，无力控制江淮流域，楚国大举东侵，几乎把这些地方都吞并了，随后一直把领土扩张到泗上。按照这个说法，勾践这个霸主的含金量就相当存疑了。

《韩非子·说林下》对这段历史也有记载。越国灭吴后，"豪士死，锐卒尽，大甲伤"，可谓元气大伤。为了分到更多吴国遗产，越国做出一副想借楚国的力量继续北进和晋国争霸的态势。楚国却看出越在虚张声势，抓住时机出兵，在瓜分吴国遗产的行动中吞下了精华的两淮地区大部。盛怒的勾践想和楚国决裂，却尴尬地发现实力不够，所以乖乖地认了尿。

实际上，在扶植越国灭吴的同时，楚国的东扩脚步一直没停过。公元前479 年，楚国终于灭掉了陈国，彻底奠定了自己在淮河流域的优势。此外，史书记载说，越国在发起灭吴之战前一年的公元前 476 年曾经攻打楚国，《左传》称之为"误吴"，也就是为了掩藏自己灭吴的意图假装攻楚。勾践此时的确没有攻楚的动机，然而《左传》在这里的判断明显错了，至少楚国人并不像左丘明那样，认为这次攻击是越国人和自己联合忽悠吴国的。公元前480年大破吴国后，楚国势力已经到达今日皖南地区，距离越国核心的宁绍平原已经近在咫尺。越国此次对楚国的进攻，更可能是边境一些越人部族在楚国压力下的擅自行动。边境越人部落攻击楚国后，楚国毫不留情地予以反击。《左传》载："夏，楚公子庆、公孙宽追越师，至冥，不及，乃还。秋，楚沈诸梁伐东夷，三夷男女及楚师盟于敖。"楚军追击越军未果，在越国边境以南地区长驱直入。今日温州、台州一带的"三夷"和楚国在浙南滨海的"敖"地结盟，楚国及其附庸的势力已经贯通了整个浙南。早在吴国灭亡前，楚国已经对越国核心的宁绍平原从西、南两个方向构成了威胁。

勾践灭吴后，赫然发现自己面临的局面极为不利。虽然灭亡了吴国，但是吴国最后的顽强抵抗让越国损失惨重，以姑苏为核心的苏南地区经济大幅衰退，越国战后所得甚少。另一方面，利用自己和吴国死磕的机会，楚国不但完成了对自己的战略包围，还夺取了灭吴之战中最有价值的战利品——淮上地，加上之前吞并的陈国等地，现在楚国隐然已经有全取东南之势。

至此，楚昭王和他留下的辅臣们完成了楚国复仇大业。到公元前447年，最后一个仇敌蔡国的残余势力也被楚国彻底吞并。更重要的是，在最难的灭吴问题上，楚国有效地利用了越国，无论是借道还是最后的死磕，勾践都更像是一个"工具人"，楚国却在战后的土地分配中得到了最大的好处。

尾声：越国灭亡，楚国全据东南

勾践作为一代雄主，自然不甘心屈服于如此恶劣的局面。他选择沿用吴王夫差的北进政策。越国早期的核心地盘宁绍平原位置太靠南，苏南地区在被战争破坏后又暂时无法作为基地，勾践干脆向北迁都到北边滨海的琅琊。除了迁都之外，勾践还赐死了楚国代理人中影响最大的大夫文种，范蠡等一批楚国顾问也被驱逐或清洗。

值得注意的是，越国第一次占领姑苏城时有近五万士兵，而此时勾践能带到琅琊的只有八千人。除了曾经助战的楚军离开外，许多百越部落也脱离了勾践的控制。对他们来说，勾践只是他们反吴的盟主，现在吴国已经灭亡，他们没必要继续跟着勾践去千里之外送命。勾践北迁时的力量比起他灭吴后已经大为削弱，北迁后的越国对于发迹之地宁绍平原的控制力也逐步丧失了。

楚国占领了淮河中上游大部分土地，宋、鲁等国也收复了吴国占领过的地盘，勾践和他的后人北上后经营的空间很小。随着齐国在田氏上台后实力上升，越国在北方的经略更是日渐困难，并且发生了多次宫廷政变。内讧之下，越国变得更虚弱，又被迫把首都迁回到苏南平原的吴国故地。越国早期位于宁绍平原的核心领土，已经脱离了北迁的越王国，由勾践的其他后裔统治着。

越国如此残破分裂，以致楚国吞灭之简直不值一提，甚至连越国灭亡时间都有两种相差了一代人的不同说法，这足以说明越国灭亡前其国家地位的无足轻重。不过，恰恰因为越国的组织极为粗糙、低效，部落化程度还很高，在越国嫡系被楚国灭亡后，勾践的许多南方支系后代能够幸存下来。这些支系和被辐射的百越部族一起继续统治东南沿海地区，直到汉武帝时才被统一到中央王朝中。

三十三 大秦帝国的盐霸之路：盐事兴衰为何会影响国运？

公元前 453 年，以韩、赵、魏三家分晋为分水岭，标志着中国历史正式进入战国时代。

进入战国，诸侯纷争，攻伐掠夺、礼乐崩塌，整个社会通行的法则就是在武力基础上建立起来的社会语法——剑戟说话。各国王权每天的心思都在琢磨如何伐谋别人和不被别人伐谋，已经没有太多的余力来调适国家和民生的"羹汤"。因此，整个社会秩序就像一罐盐——罐子破碎，盐粒撒一地。王侯将相、豪绅列强、摊贩游商，尽皆登场，各占一方。发展到最后，权贵阶层和财富阶层混为一体，商贾在朝，利用权力占据巨量社会财富，已经分不清谁是官谁是商了。

此时的东周天下，已经没有一个相对强大的力量将盐权统一掌控起来。正是在这样一个背景下，居于周朝中心西部边陲的大秦，依靠盐的力量，以不被察觉的姿态开始缓缓生长起来……

秦国的内心很受伤

秦人的先祖原本属于商朝贵族，偏居西北边陲，因常年与犬戎争战，积累了丰富的战争经验。这为他们日后成为周王朝的依仗奠定了良好的政治基础，也为大秦帝国的崛起奠定了雄厚的武力基础。

到秦非子时，秦非子因擅长养马而被王室器重，这与后来的卫青因养马有功而被汉武帝所器重一样。当时的国君周孝王在欢欣之下，就把秦地（今天的甘肃天水）赐给了非子，并将其纳为周王室的附庸国。非子便以封地为姓氏，号为"秦嬴"，世称"秦非子"。秦国自此封侯一方，算是进入了周王朝诸侯的圈层。

周宣王时，秦的子孙秦仲已经升为大夫，虽然后来因为讨伐西戎失败而被杀，但秦嬴家的政治和实力基础得以初步奠定。

再后来，西周王室衰微。周平王在混乱之中即位，由于经不起犬戎的常年骚扰，无奈之下，他不得不将都城从镐京东迁至洛邑。在这场东迁之旅中，秦仲之孙秦襄公因护送王室迁移有功，被周王室封为诸侯。同时，周平王还把西周发祥的故土——岐山以西的大片土地也赐给秦襄公照看，秦就此正式成为诸侯国。后经秦穆公的开拓，国土范围已扩充至千余里。这片土地，大致就是当年大禹所设定的古雍州的所在区域。

从东周迁到洛阳开始，标志着周王朝的发迹之地已经在事实上转让到了秦国的名下。

秦国虽然被封为诸侯，拥地千里，但在中原诸侯国的眼里，秦国始终是被当作夷狄看待的，按《史记·秦本纪》的说法就是："秦僻在雍州，不与中国诸侯之会盟，夷翟遇之。"

这无疑令秦国的内心很受伤，尤其在秦国的后代子孙秦孝公看来，简直是一种羞辱。据《史记·秦本纪》的记载，他在发布的国民诏告里，愤愤不平地对他的臣民说："诸侯卑秦，丑莫大焉。"

为了抚平这一内心的创伤，秦孝公发誓要找回自尊，赢回祖先曾经拥有的尊严。从他向全国发布的求贤令里可以清晰地看出他的这种焦灼和急切：

寡人思念先君之意，常痛于心。宾客群臣有能出奇计强秦者，吾且尊官，与之分土。

——《史记·秦本纪》

就是在这一背景下，商鞅走进了秦国的"后厨"，开始与秦孝公一起腌制秦国的口味。也就是从这次投靠开始，商鞅便从此走进了中国历史的酱缸，如同一把盐，腌制着后来两千五百多年的中国王朝和文人士大夫们五味杂陈的家国天下的情感。

商鞅是如何走进秦国的？

商鞅，何许人也？他是如何走进秦国的"后厨"的呢？

"商君者，卫之诸庶孽公子也，名鞅，姓公孙氏，其祖本姬姓也。"人们称他为公孙鞅或卫鞅。后来，因为他帮助秦国打败了魏国，秦孝公按照他事先的承诺，将商地（即今天陕西的商州）赏赐给了他，并赐封号为"商君"。于是，后人便习惯上称他为商鞅。

商鞅和诸多春秋战国的谋士一样，在纷乱的诸侯江湖里到处行走，以期通过将自己的谋略兜售给某个政治集团和诸侯，从而实现自己的理想。很显然，在魏国时，魏国的国君对他的谋略不是太感兴趣，不但不感兴趣，还完全无视他的存在，甚至连杀他的心思都没有。这不免令"少好刑名之学"并满腔雄韬伟略的商鞅很是郁闷和失落。

正在这个时候，那边秦孝公的一纸天下求贤（咸）①令忽闪而至，像蝴蝶的翅膀一样，隔着千里山河，在商鞅的内心掀动起滔天巨浪。冥冥之中，注定着这两种腌制咸菜的必需品将不可避免地混合在一起。

公元前361年，循着求贤（咸）令的气息，怀着天大的抱负，商鞅从魏国来到了秦国，开始了他的秦帝国"腌制"之旅。

---

① 求贤（咸）：其实，从秦孝公和商鞅最后的发酵结果来看，秦孝公发布的这个求贤令，可以形象地理解为求"咸"令。

最先，他们两个并非一上来就混合在一起，就像腌制一坛咸菜，需要测试和磨合两种原料的品性一样，他们俩也小心翼翼地打量着对方的"咸淡"。司马迁在《史记·商君列传第八》里形象地记录了他们来来回回的打量过程：

孝公既见卫鞅，语事良久，孝公时时睡，弗听。罢而孝公怒景监曰："子之客妄人耳，安足用邪！"景监以让卫鞅。卫鞅曰："吾说公以帝道，其志不开悟矣。"

后五日，复求见鞅。鞅复见孝公，益愈，然而未中旨。罢而孝公复让景监，景监亦让鞅。鞅曰："吾说公以王道而未入也。请复见鞅。"鞅复见孝公，孝公善之而未用也。罢而去。孝公谓景监曰："汝客善，可与语矣。"鞅曰："吾说公以霸道，其意欲用之矣。诚复见我，我知之矣。"

卫鞅复见孝公。公与语，不自知膝（xī）之前于席也。语数日不厌。景监曰："子何以中吾君？吾君之欢甚也。"鞅曰："吾说君以帝王之道比三代，而君曰：'久远，吾不能待。且贤君者，各及其身显名天下，安能邑邑待数十百年以成帝王乎？'故吾以彊国之术说君，君大说之耳。然亦难以比德于殷、周矣。"

前前后后，秦孝公与商鞅相互间共试探了四次。

第一次，商鞅本着"治大国若烹小鲜"的逻辑，给秦孝公上的是一桌可以比拟于尧、舜的"帝道天下"的佳肴美馔。结果，秦孝公毫无胃口，"菜"还未上全，直接睡着了。

再见的时候，商鞅降低了一个菜品档次，给秦孝公上了一道可以比拟大禹和商汤的"王道天下"的大餐，就是用王道称霸天下。结果，秦孝公依然没胃口。

又见的时候，商鞅吸取前两次的经验教训，不谈"帝道"，也不谈"王道"了，直接给秦孝公来了一道相当"霸道"的咸菜疙瘩，简单又粗暴，提神又下饭。结果，这一下就把秦孝公的胃口打开了。

等到商鞅详细地给秦孝公描绘这道"咸菜"的口感和具体腌制手法时,秦孝公早已馋得不能自已,恨不能立马就配着一碗粥吃下。

对于焦灼而急切的秦孝公来说,身处在诸侯纷争的战国江湖里,他已经没有太多的时间、心情和雅趣等待着烹制一盘如帝道和王道般的天下佳肴了。他需要最简单而又粗暴的方式,抓一把盐撒在一坛菜缸里,搅动几下,类似四川的泡菜一样,捞起来就能吃,快捷而有效。正如他所慨叹的:"久远,吾不能待。且贤君者,各及其身显名天下,安能邑邑待数十百年以成帝王乎?"

他直截了当地告诉商鞅,大菜虽美,但等待的时间太漫长,我哪里有那份闲情等待数十百年才享受它的美味呢?

在整个春秋战国的数百年历程中,包括诸子百家在内的每一个谋士和门客,都在努力期待着自己调制的"羹汤"能对应上某个诸侯的口味。其间,管仲找到了齐桓公,商鞅找到了秦孝公。孔子之所以周游列国,所求的也是一间合适的厨房,来烹制他的"礼仁"之佳肴。但不幸的是,他最后混得"累累如丧家之犬"般,也没能找到认同他的食客,以至于连自己的饭食都不能保证。

孔子在整个春秋时代之所以如此郁闷、失落,最核心的原因就是,他的这份帝国羹汤的调制时间太漫长了。三百年的西周王朝都已经朝不保夕,费时的帝国羹汤显然更对不上内心急切的诸侯们的味蕾。诸侯们此时需要的是武力和拳头,羞涩的"仁礼"之菜此时没有市场。所以,春秋战国的风云市场早已注定,孔子必然是那个时代失意的烹饪者。

而商鞅就是那个时代得意中的一位,因为在测试了几次后,他很清楚自己的定位——在风云激荡的战国角力场,对于秦国这个急需一盆简单粗暴的咸菜来提神的国家来说,他要做的,就是如何扮演好那把盐……

商鞅就是秦国的"盐"

商鞅很明白秦孝公想要的最终味道,同时,他也很清楚用这样的盐来腌制秦国这坛咸菜，会给秦国带来怎样的味觉体验。据《史记·商君列传第八》记载，从秦孝公的帐篷里走出来后，他拿着秦孝公钦点的菜单，不紧不慢地对秦孝公身边的太监说了这么一句话："故吾以疆国之术说君，君大说之耳。然亦难以比德于殷、周矣。"

什么概念？

一句看似轻描淡写、波澜不惊的话，实则透射着惊天动地的历史天机。此时商鞅的内心，有欢欣，但更多的是失落和怅然。欢欣的是，他终于可以通过一个国家的"厨房"来实现自己的雄心壮志；失落和怅然的是，尽管他可以帮助秦国实现强国之梦，但这个梦想已经远非自己想要的可以比德于殷、周的宏大志愿。

也就是说，结局在事情还未开始前就已经注定——

在还没有正式进入秦国的"厨房"前，他已经很清楚他给秦国要腌制的这缸咸菜会是一个什么样的结果。他并不是不会像伊尹那样，为商汤烹制一道"五味调和"的王道之汤；他也不是不会像周公那样为西周调制出一道"礼仪鲜美、中庸平和"的王道之汤。但眼前的这个食客秦孝公不是当年的商汤，更不是周武王。同时，他自己也不是伊尹，也不是用"盐梅"来为商王武丁调制"和羹"的傅说[1]，他需要烹制的菜肴很简单，就是一盘简单粗暴的咸菜。

对于这道咸菜来说，他就是简单粗暴的盐！

后世的文人和士子们之所以不厌其烦地向商鞅翻吐着口水，那是因为，在他们的内心，他们没有看到，或者不想看到，甚至不敢去看，宴席菜单的制定者并不是商鞅。对于商鞅来说，他至多算是个案台边的操作手。就像后世的秦桧和李鸿章一样，他们都是前台的操作手，而掌控宴席走向的，都是帘子后边的那只看不见的"手"。也就是说，最终杀死杨贵妃的，并不是愤怒的兵谏将

---

[1] 也不是用"盐梅"来为商王武丁调制"和羹"的傅说：语出《尚书·说命》，商王武丁对傅说说："若作和羹，尔惟盐梅。"

士，恰恰是唐玄宗本人。

但历史的玄机就在于，作为至高无上、一贯正确的王权，即使有过错，也要有人来替他背下这口黑锅，而王权身边的那个人无疑就会成为无法推卸的背锅者。所以，"清君侧"一直是历代王朝心照不宣的政治斗争戏码。

商鞅的治国逻辑

那么，在秦孝公的主导下，商鞅究竟是怎样帮助秦国来腌制这道帝国的咸菜的呢？其实归结到一点，就是三个字——壹山泽！

何谓"壹山泽"？

所谓"壹山泽"，与管仲的"官山海"差不多，就是本国的土地、山川、河流上的所有物产都归"国家"所有，并由"国家"统一调配运营。说白了，就是"国家物质垄断主义"。

其实，古代王朝所指的这个"国家"的"国"，本质上也并不是大众的"国"，最终还是王权的"国"。因此，所谓的"国家物质垄断主义"，究其实质，还是"王权垄断主义"。也就是说，国家土地上的所有物产收入，最后还是归王权者本人调配运营，大臣们只是他家后院的园丁和管家，民众也都是他家的佃户。正所谓"普天之下，莫非王土；率土之滨，莫非王臣"。

山泽所出，最具代表性的物产就是盐。但商鞅的"壹山泽"和管仲的"官山海"有所不同的是，"官山海"只是垄断食盐的运输、经营和销售，尽管也是统一的组织，但盐的生产还是为民众所掌握。这样，民众从生产这一端，还能得到些属于私家的国家红利，还算是国家财富的享有者之一。而到了商鞅这里，就更进一层。他的"壹山泽"政策，直接从根到梢，全由王权垄断，连民众自身也是属于国家的。在他的体系内，民众就是"壹山泽"这个机器上的一个零件。

在《商君书》里，商鞅无时无刻不在阐述着他那令秦孝公十分受用的

"壹"思想：

上壹而民平……行作不顾，则意必壹。

——《垦令》

圣人治国也，审壹而已矣。

——《赏刑》

国作壹一岁者，十岁强；作壹十岁者，百岁强；作壹百岁者，千岁强。

——《农战》

这个"壹"，就是统一！倘若再形象一点说，就是整个国家的口味只有一种味道。用在腌制咸菜上，就是只有一个"咸"味。"咸"字本身的引申义，就有"全部、都"的含义。这也是盐的味道称之为"咸"的语义背景。

其实呢，"壹思想"并不是商鞅的首创，早在齐桓公时代，管仲就在《管子·国蓄篇》里表达出了这种治国理念：

利出于一孔者，其国无敌；出二孔者，其兵不诎（qū）；出三孔者，不可以举兵；出四孔者，其国必亡。

这段话很清晰地传达出了管子的治国理念，他所倡导的经济策略，其实质就是要实行君权对国家经济的垄断性经营，并对国家的一切社会财富实行有组织、有计划的控制。只有实行了"利出一孔"，国家才会"无敌"。就是这一段话，像一道谶（chèn）语一样，给后世的王朝设定了一个盐事的基准逻辑和黄金法则：

当盐只被一个朝廷王权全面控制时，这个朝廷就很强悍、霸道。

当盐被多种势力瓜分时，王朝就很疲软。

当盐被豪强占据时，朝廷就会发生内乱。

当盐被朝廷控制，同时又能照顾民间的口感时，社会就会出现盛世之治。但这种情况在整个历史进程中，每次都很短暂，而且大都只出现在一个王朝的前期。当王朝进入中后期，随着象征权力和财富的盐不可避免地被各种势力瓜分，王朝就再也无法维持一锅羹汤的滋味平衡了。

商鞅和秦国的命途就是这样，他们起始于统一的"咸"，最终也要在"咸"中沉湎、跌落。

刻薄的商鞅

商鞅的命途清晰地验证着这样一个逻辑：

欲咸死别人，也会把自己齁死！

商鞅不仅清楚他要帮助秦孝公腌制的这道咸菜最终会是一种什么样的味道，同时也非常清楚自己的结局。不过，他只猜到了自己最终的命运，却不知道那个早晚要来的结局究竟会以什么样的方式出现。

在正式"腌制"帝国之前，秦孝公曾组织了一场关于如何料理秦国味道事务的辩论赛，辩论在以旧大臣甘龙、杜挚为代表的守旧派和持有新思维的商鞅之间展开。他们辩论的内容，都被详细记载在《商君书》的《更法》一文中。从商鞅辩论词的字里行间，我们可以清晰地察知，当时的商鞅对自己的命途结局已经有了十分清醒的认识。

一开篇，商鞅就用他倔强的性格为自己的人生定了一个基调。他说："且夫有高人之行者，固见非于世；有独知之虑者，必见敖于民。"

意思是，一个要做大事的人，只要他的行为比庸众高明，这个人肯定会遭到世俗的非议；如果一个人有独到的见解，这个人肯定也会遭到世俗的嘲讽。商鞅作为一个自视高明的人，他很明白，如果他按照自己的方式"腌制"帝国，肯定会遭到世俗的非议和攻击。在说出这句话时，孤傲而倔强的他显然也从心理上做好了迎接各种非难的准备。

所以，当守旧派的代表们提出不同的意见时，他给予了近乎蔑视性的回击："你们这些人所说的，都是世俗之言。"言下之意就是，你们这些人都太庸俗，没见识！

简单的一句话透出了商鞅的尖锐、霸道，甚至是刻薄，而且充满攻击性。这就是商鞅，这是他的性格，也注定了他的命运。

在接下来的时间里，直到秦孝公去世，有大约二十年的时间，商鞅就是这样用他霸道的腌制手法，用一把简单粗暴的盐不断格式化秦国的国家风格，这个风格包括经济、民生和政治等。

应该说，在那样一个诸侯纷争的时代，对于地广人稀的秦国来说，商鞅的手法是非常有效的。短短的几年间，秦国的国家味道就得到了全新的改良，甚至是发生革命性的变化。后来的李斯在记述当时的境况时对此这样评价："孝公用商鞅之法，移风易俗，民以殷盛，国以富强，百姓乐用，诸侯亲服，获楚、魏之师，举地千里，至今治强。"

的确如此。在商鞅执掌秦国变法的时期里，民众的生活到底殷不殷实，我们暂且不论，但秦国的国力确实是日渐强大起来。同时，社会财富也显而易见地得到了增加。就连后来的司马迁以及在《盐铁论》辩论会上的桑弘羊都认为，在商鞅的格式化治理下，秦国在短期内曾出现了"乡邑大治""路不拾遗、夜不闭户"的景象。

但正如商鞅自己所预知的，沿着这一风格，一路用粗暴的盐格式化腌制下去，不可避免地会大面积伤及"世俗"，甚至连秦国太子都无法幸免于"壹山泽"制度的严酷。那么，"世俗"对他的敌视也就无法避免了。

把自己"咸"死的商鞅

秦孝公在世时，因为有最高权力的加持，商鞅尚能在秦国的大锅里所向披靡，如鱼得水。然而，一旦背后的权力支撑撤去，他被"世俗"反杀的命运也就无法避免了。

秦孝公二十四年，即公元前 338 年，在执政二十四年后，秦孝公死去。临死之前，秦孝公还曾想把帝国的事业托付给商鞅，但商鞅推辞了。在他推掉就任秦国国君的那一刻，就预示着他被"私人预订"的命运启动了。

秦惠王即位后，因为商鞅在当年变法时曾经惩罚过他，他早就对商鞅怀恨在心，所以一继位，就以商鞅谋反为由，立即向全天下发布海捕文书，捉拿商鞅。

在新旧权力的更迭之下，眼看曾经的极度辉煌瞬间破碎，从飞扬跋扈到人间凉薄，破碎的商鞅不得不只身逃离秦国。

仓皇之下，他连身份证件都没带。当他逃跑到边境关口，已是晚上。要住旅店的时候，旅店的主人并没有认出眼前的这个人曾经是秦国一人之下，万人之上的商君，很有原则地说："商君有令，凡是来秦国的商旅客人，入住旅店一律要查验身份证明，如果住店的人没有证件，店主也要被连带判罪。"于是，拒绝商鞅住店。

过去的商鞅一直都是刷脸指使别人的，享受的都是万般的仰视和尊崇，何曾经历过如此落魄的窘境？如今物是人非，一派寥落，商鞅不免长长地叹息道："唉！没想到自己制定的法律造成的遗害竟然到了这样的地步！"

无奈之下，他不得不潜逃到魏国。但因为商鞅为相时曾经率兵攻打过魏国，并用了卑鄙的手段杀死了魏国公子，魏国上下对他更是恨之入骨，于是便毫不客气地把他送回了秦国。

商鞅再回到秦国后，几经反抗，最后还是在自己的封地内被秦军诛杀。

即便商鞅死去，秦惠王依然没有消除对他积压了多年的愤怒。盛怒之下的秦惠王，还下令对商鞅的尸身处以"五马分尸"的极刑！

公元前 338 年，在西北凛冽的寒风中，在黄土弥漫的烟尘中，在战马的嘶鸣中，在秦惠王余怒未息的目光中，商鞅的肉身被五匹战马分解得支离破碎，一如他倔强的命运，在世俗的风声中，就此消散……

回顾商鞅的命途，他因一张求贤令的文书而来，又因一张追捕令的文书而逃，命运正好走了一圈荒诞的循环——

他鄙视世俗，自己却死在"世俗"的刀下；

他格式化了秦国的体制，却被这个体制撕碎；

他制定了严厉的刑罚，结果他正是被自己制定的刑罚杀死！

从某种意义上来说，商鞅就是死在了自己的手上，或者说就是死在了自己的宿命里。命运既是一个循环，也是一场嘲弄，就连历史也无法说清！

不过，尽管商鞅的肉身被分解，但他调制的秦派风味体系已然形成。在他身后的帝国餐桌上，这把盐的力量还将继续被后世的秦国国君所享用，并一度在秦始皇的搅拌下，走向了盐势力的巅峰，一直影响着我们今天的餐桌！

秦帝国的盐霸之路

1. 继承周王朝的形盐政治遗产

秦国从周王朝"过继"来的土地原本不是盐的主产区，尽管此地曾是周朝的京畿之地，但秦国的情况和周王朝的情况已经有了本质的区别。

周朝时，虽然此地出产的盐不足以维持一个国家的用度，但是重要的产盐区都在周朝的名下。如晋国的安邑（河东解池，后期成为魏国的都城所在）和齐国的海盐，都在它核心权力层的掌控之中，每年上供的盐足以支撑周王室及其国民的消耗。所以，西周的王室根本不用为盐计民生而发愁。

秦国就不一样了，虽然秦国承袭的是周朝故地，但像晋国、齐国这样的产盐大国都不归它掌控，而且它们前期的国力都远胜于秦国。这无疑令秦国甚是羡慕和嫉妒，同时，也为秦国日后荡平它们滋生出了无限的内在驱动力。

不过，秦国虽然没有承继用以支撑民生的食盐，却从周政权的手上承袭了象征权力的"形盐"出产之地，也就是"戎盐"。一旦这块被用于周王室权力象征的"戎盐"，连同象征诸侯至尊的"胙（zuò）肉"都汇集在秦国之手时，秦国的四下讨伐就有了充分的合法性。

历史总是充满暗示和象征。或许，当这片"形盐"之地被秦国接手的时候，就预示着秦国必将有一天会代替周朝，承继国家大一统的道统。

2. 夺得魏国河东之盐

严格地说，秦国真正的盐霸之路是从拿下魏国开始的，说到底，恰恰是从商鞅伐魏开始的。

三家分晋之后，魏国占得的土地恰是当年尧、舜、禹建立都城的河东之地①。这里因拥有解池的盬（gǔ）盐而成为古老华夏文明的发祥之地。当年，黄帝与蚩尤大战，也正是为了争夺这个盐池。魏国之所以后来能在战国七雄中雄踞一方，主要也是得益于这里的盐产。

魏国分得河东之地后，便与黄河西岸的秦国接壤。两个都拥有雄心抱负的国家靠在一起，免不了会发生争端。因此，围绕着两国边境线的问题就频繁发生战事。秦国原本不是魏国的对手，经常被魏国欺负得不成样子，以至于连河西之地都被魏国抢去，更不要说拿下河东之地的盐池了。但经过商鞅改版后的秦国，味道的走向就不一样了。

公元前 340 年，趁着魏国在和齐国的马陵之战中溃败，秦孝公在商鞅的劝说下对魏国进行了一次致命性的打击。在这次由商鞅主导的战争中，商鞅采用极其流氓的诱骗手段，将魏国公子卬（áng）俘获。魏国因此大败，遂将河西之地恭送给秦国。第二年，即公元前 339 年，魏国在饮恨中，不得不把都城从安邑迁到大梁（就是今天的河南开封）。魏国撤出安邑，标志着具有中华民族文明发祥属性的盐池也尽归秦国。

在《史记·魏世家》中，司马迁以魏国之口，愤懑地记录了这次切肤之痛：

三十一年，秦、赵、齐共伐我，秦将商君诈我将军公子卬而袭夺其军，破之。秦用商君，东地至河，而齐、赵数破我，安邑近秦，于是徙治大梁。以公

---

① 河东之地："尧都平阳，舜都蒲坂，禹都安邑。"尧都平阳，大约在今山西临汾一带；舜都蒲坂大约在今永济一带；禹都安邑在今运城一带。他们都是围绕山西运城盐池而建都。

子赫为太子。

魏惠王三十一年（公元前339年），魏军大败，就等于将安邑之盐拱手送给了秦国。商鞅拿下安邑之后，随即按照他"壹山泽"的治国理念，开始征收盐税。自此，也正式开启了秦国的盐霸之路。

对此，《中国盐业史》借用两位学者的观点进行了比较全面的评断：

著名历史学家宁可指出：秦于商鞅变法（公元前356年、公元前350年共两次）后，置盐官"颛（zhuān）川泽之利，管山林之饶"，实行食盐官营。

日本学者森克已也认为：秦国不仅对制盐……征多额的税，而且，本质上是已进而为国营，而使奴隶从事于此项工作。

据此，似乎可以认为，战国时期秦国的食盐官营，比之于春秋时期齐国的盐制又进了一步——在食盐的生产上，已经不再是一般百姓私制，而是由官府强制奴隶们从事生产了。

从秦国开始掌控这个充满了华夏之柄象征意义的安邑之盐后，就注定了大秦帝国的盐霸之路正式启程。打开这条通道之门的人，不是别人，正是商鞅。

虽然商鞅被秦惠王恶狠狠地五马分尸，但他制定的强国战略并没有被废除，秦国依旧按照商鞅制定的策略大踏步地行走。

3. 占领巴蜀之盐

就是在这一策略之下，如何获取富庶的巴蜀盐邦，就被摆上了秦国的议事日程。而恰在这时，蜀国很自觉地递上了宰杀自己的盐刀。

公元前316年，南边的蜀国和自家兄弟苴国争战。蜀王出兵攻苴，苴侯出奔到巴，向秦求救。秦王欲攻蜀，以道险难至，韩又来攻，犹豫不决，遂问计于臣下。

张仪主张进攻韩国，劫持周天子，挟天子以令天下，以建立王业。

司马错则主张借机灭蜀，认为"取其地足以广国也"，"得其财足以富民"（《战国策·秦策一》）；而且巴蜀可从水道通楚，"得蜀则得楚，楚亡则天下并矣"(《华阳国志·蜀志》)。

秦惠王采纳了司马错的主张,命张仪、司马错、都尉墨等人率军经金牛道攻蜀。蜀王亲自率军至葭(jiā)萌(今四川剑阁东北)抵御,兵败遁逃,被秦军杀死。且说这金牛道本身就是蜀王在国力强大时,为贪图秦国赠送的金牛而修建的,正因如此,才使得秦朝的军队能够越过秦岭天险,长驱直入,拿下蜀国。从某种意义上来说,蜀国正是死在自己的手上。

随后,张仪、司马错等人又轻轻松松地灭掉了苴国和巴国。这样一来,巴蜀之地富庶的盐业资源就全都掌控在秦国之手,为秦国后期的征战四方提供了源源不断的能量。

到了公元前256年,一个人的到来彻底改变了历史,这个人就是蜀地太守李冰。李冰不仅修建了历史上最为伟大的水利工程都江堰,还率先开创了凿井取盐的历史先河。自此,四川的井盐就再也没有离开过中国民生的历史,深深影响着后期的历史风云。

直到今天,在我们餐桌上的咸菜碟子里,还依稀能够嗅到它的历史荣光。

秦在取得蜀地后,所掌握的食盐资源大大增加。据《华阳国志》记载,秦孝文王(公元前250年)以李冰为蜀守。李冰"察地脉,知有盐泉,因于广都等县穿凿盐井,蜀于是有养生之饶焉"。

秦国实行专营制度,财政收入大增,每年盐铁之利连同其他税收竟"二十倍于古"。这显然就是商鞅改征税制为专营制后,为秦国所取得的丰硕的财政成果。

如果说秦国从魏国手里拿下安邑盐卤之地,是一种政治上的法权象征的话,那么拿下巴蜀之地的盐,更多的是代表国力的充实与富足。当两者尽收于秦国之手,秦国的强大已经无可阻挡。而这一切,当商鞅走进秦国的土地时,就已经注定。

大秦帝国的崩塌

在群雄纷争的战国时代，秦国得益于商鞅之法而崛起。那么，它又是如何崩塌的呢？

很显然，很大一部分原因也是盐。在分析秦国崩塌的原因之前，有必要先交代一下背景：

进入战国时代后，过去的那种"工商食官"体系已经被打破，盐业的私营逐渐取代了官营。各诸侯国都放弃了食盐专卖制而实行征税制，允许私人制盐、贩盐，从而衍生了一大批盐业土豪和富商，这就是古代盐帮的雏形。

食盐放任民间私营，某种意义上等于是将权力下移到民间。这本是好事，但权力一旦放到民间，就意味着会形成少数派的豪强劣绅。

这一点，在战国时代的各国得到了充分的体现：后来各诸侯国的商人势力日渐强大，由商入仕，商贾入朝，官商合一，本应由民间共同享受的权力被商官独享，社会权力的天平发生严重倾斜。这样，各国其实和后期的齐国一样，衰落也成为一种必然。

我们所熟知的，由赵而秦，由商入朝的吕不韦，所反映的正是那个时代商人们发达升迁的路线，也是整个战国时代商官群像的一个历史缩影。

在战国时代，各诸侯国的商业和政治权力基本都由国家的地方豪强和豪族大家控制，中央政府再想把权力统一收回，已经不可能了。

秦国之所以能够崛起，就在于它在一个恰当的时机出现了一个恰当的君王和大臣。在秦孝公和商鞅的共同作用下，秦国并没有出现其他诸侯国的情况。他们从春秋的齐国管仲那里承袭了食盐专营的衣钵，并使用得有过之而无不及，直接将食盐的生产和销售全部收归官府经营。

食盐集中于官府之后，官府统一组织流通调配。这一点，其实类似于计划经济，所有社会财富都由中央统一调拨，统购统销。但商鞅的变法和计划经济的不同是，商鞅的计划经济核心思想不但抑制了豪强集团的坐大，还强大了国力。并且，早期的民生并不是那般艰涩。从本质上来看，无论是管仲之策还是商鞅之法，其实都大大刺激了民间生产力的发展。尽管在商鞅的盐权专营体系下人民税赋很重，但由于有了官方计划经济策略的调拨和干预，社会财富和综合盐力并没有集中到少数人和财团身上。这无形中等于是在把社会权力通过中央官府收回后，实行社会权力的部分共享制——既不让少数人坐大权力，又不会让广大的人民享受不到权力。

在整个战国时期，在私营商业势力大为膨胀的背景下，只有秦国真正实现了盐铁的专营。同时，虽然盐权看似被国家专营，但商鞅之法却"不赋百姓"。也就是说，百姓的负担并不重，而且恰恰是"有益于国，无害于人"。

秦始皇之所以能够统一六国，最重要的原因是他仰仗了他的祖上积攒下的盐的力量。对于秦始皇本人来说，其实，他最大的贡献是统一了度量衡。

度量衡的统一意味着秦国对盐权的控制形成了标准化和等级化，这为以后的王朝以盐来定制官员的级别提供了模板，譬如官员的级别用盐量的多少和食物的分配量来代指，"两千石"和"五斗米"不只是占有食物多少的区分，更是一种官员等级和权力大小的象征，而权力大小的象征对应的又都是占有社会财富的多少。自此以后，多少士大夫在"盐与权力、薪水等级"的逻辑圈中纠结和徘徊。

其实，不唯中国如是，在早期的西方国家，也都用盐和食物给各级官员们发放俸禄，"薪水"一词正起源于此。英语中的薪水"salary"的词根恰恰来源于盐"salt"。这正说明，早期王朝给官员的薪水都是盐。这也正是盐与权力、盐与财富间所隐含的微妙而复杂的内在关联。

所以，盐就是权力和社会资源财富的象征。一旦王朝管控不力，盐背后的掌控势力权力坐大，对社会财富的占有和掠夺就像毒瘤一样快速膨胀，从而导致一个王朝崩塌。数千年来，这个毒瘤就像一个魔咒高悬在一个个王朝的头顶。

到了后期，秦国也未能摆脱这个历史的魔咒。

尾声：大秦，兴于盐，也崩于盐

秦始皇嬴政统一六国，食盐专营也推广到全国，各国原来的私家财富皆被没收，一切盐利尽归官府。在秦始皇庞大的军政开支下，民间的利益越来越稀薄。

秦二世时，更是横征暴敛，民生越发困苦，生产力严重低下。加上庞大的军政开支和重大工程的耗费，纵使秦国土地面积再大，盐利所出已经无法支撑一个帝国奢华的消耗。这个时期的秦国也早不再沿袭商鞅之法，帝国的墙壁裂痕日渐扩大，它的崩塌只是时间问题了……

他们帮助袁绍灭公孙瓒，为何却在官渡之战时投向曹操？

从袁绍占据冀州到官渡之战前的河北形势，无论是《三国演义》还是正史，都描述得极为简略。在大部分人印象中，袁绍以渤海太守的身份夺下韩馥的冀州，最后和公孙瓒大战近十年，获胜后控制了河北四州。对于袁绍和公孙瓒之间的战事，则停留在界桥之战袁绍麾下的麴义以步兵大破公孙瓒精锐骑兵，以及公孙瓒龟缩在易京多年，最终被袁绍攻破后自焚两件事情上。

历史上，这段时间内，河北的实际局势十分复杂。常年活跃在对抗鲜卑、乌桓前线，以边境战功和镇压黄巾军武功起家的公孙瓒，最初只是幽州牧刘虞麾下的一名将军。公孙瓒和刘虞的矛盾最终引发了冲突，虽然公孙瓒取得了胜利，但这种胜利恰恰是他败亡的开始。

实际上，无论是公孙瓒还是袁绍，都从未完全控制幽州。幽州本土的力量如何帮助袁绍战胜了公孙瓒？在官渡大战及之后，这个势力又怎么样了？

董卓迁都长安后，讨董联盟的诸侯们开始火并。在北方，幽州名将公孙瓒开始了他的扩张之路。公孙瓒在多年对抗鲜卑、乌桓的战事中积累了大量经验，有着包括名为"白马义从"的精锐骑兵队在内的强大兵力，实力在河北地区首屈一指。公元191年，一支数十万人的青州黄巾军进入冀州渤海郡。当时的冀州刺史韩馥无力对抗规模这么庞大的黄巾军，邻近的公孙瓒看到了扩大势力的机会，果断出兵，在冀州境内的东光大败青州黄巾军，斩杀、俘获的士兵加起来有十几万，并缴获了无数财物。

眼看公孙瓒赖在冀州境内不走，韩馥不得不硬着头皮对付他。根据《三国志·袁绍传》记载："馥军安平，为公孙瓒所败。瓒遂引兵入冀州，以讨卓为名，内欲袭馥。"韩馥在冀州境内的安平败给了平定青州黄巾军时入境的公孙瓒，公孙瓒干脆打着讨伐董卓的旗号，准备吞并韩馥。韩馥的部将麹义也背叛了他。韩馥派兵讨伐，又战败。

内外交困之下，韩馥决定听从荀彧的兄弟荀谌劝告，把冀州刺史之位让给袁绍。袁绍获得冀州后，开始想对公孙瓒息事宁人，把自己渤海太守的位置让给公孙瓒的堂弟公孙范。按照之前几十万黄巾军进入渤海郡、公孙瓒入冀州镇压的记载，公孙瓒的势力此前已经渗入渤海在内的冀州部分地区了。公孙范也不客气，动员了渤海郡的兵力，和公孙瓒联合进攻袁绍。冀州各地纷纷投降，袁绍不得不在界桥和公孙瓒军展开会战。

随后的事情大家都知道了。投靠了袁绍的韩馥旧将麹义表现出色，在界桥战役中大破公孙瓒的精锐骑兵队"白马义从"，斩杀包括公孙瓒私署冀州刺史在内的一千多精锐。值得一提的是，此战在历史上是麹义军事传奇的开始，在《三国演义》里，麹义击败公孙瓒部后被赵云一回合斩杀，成了赵云出场的背景，这其实和历史大相径庭了。

界桥之战，公孙瓒虽然失败，但元气未伤。不久，公孙瓒再度主动进攻袁绍，在龙凑战役中又被击败。两次击败公孙瓒后，袁绍派出一位叫崔巨业的将军进入幽州境内反击，但是攻打固安不下，不得不撤军。撤军途中，袁绍军在巨马水被公孙瓒主力追上，光阵亡的就有八千余人。考虑到界桥之战中公孙瓒不过被斩杀千余人，此战可谓公孙瓒大胜。

按照《后汉书·公孙瓒传》记载，胜利的公孙瓒军"乘胜而南，攻下郡县，遂至平原"，一路向南略地，攻取冀州东部不少地区，甚至开始争夺黄巾军破坏后秩序混乱的青州。最后，双方都筋疲力竭。正好关中的朝廷派出太傅马日（mì）䃅（dī）、太仆赵岐来要求他们和解，于是袁绍和公孙瓒都有了一个台阶，暂时停战。

从界桥之战到双方停战，袁绍和公孙瓒之间可谓互有胜负；后期公孙瓒把手伸入了冀州、青州，甚至还略占上风。那么袁绍为什么能后来居上呢？

公孙瓒始终面临一个名不正言不顺的问题：他并不是幽州的行政长官，在名义上，他必须受幽州牧刘虞的节制。比起刘备这样疏远的宗室，刘虞算得上东汉根正苗红的皇亲。他是刘秀长子刘强的后裔，其祖父、父亲历任高官。早在黄巾之乱前，他已经担任幽州刺史之职，在任时堪称能臣，治理得相当出色，当地无论是汉族民众还是边境鲜卑、乌桓等民族，都对他极为拥戴。但东汉末年朝堂风云变幻，他一度"公事去官"。后来，失意的东汉高官张纯、张举等人勾结乌桓人在幽州作乱，东汉朝廷又想到了威望崇高的刘虞，把他任命为权力更大的幽州牧，负责平乱。刘虞不负众望，成功地使与叛军勾结的乌桓人反正，随后瓦解了叛军，平定了叛乱。

刘虞因此升任太尉，威望更高，在幽州积极发展农业和商业，并且接纳了因为黄巾之乱而流亡到幽州的上百万难民，让他们安居乐业。在局势混乱的东汉末年，刘虞在幽州却大行仁政，并且成绩斐然。刘虞的地位和声望如此卓越，以至于董卓立汉献帝时，不愿意承认汉献帝合法性的袁绍等人都希望拥立刘虞为皇帝，分庭抗礼。但是刘虞并不愿意用自己的声名来为袁绍等人做背书，坚决拒绝了袁绍等诸侯的劝进。

刘虞名义上是公孙瓒的上级，但公孙瓒所部是独立的，且军纪很糟糕。双方的矛盾越来越深，开始互相上书朝廷指责对方。刘虞多次邀请公孙瓒会面商谈，公孙瓒都称病不去，并且开始单独修建城池，防备刘虞发难。公孙瓒指挥所部幽州军和袁绍大打出手，还私自任命了自己手下为冀州、青州和兖州刺史，公开挑战上级权威，更是打破了刘虞的底线。刘虞终于下定决心要消灭他。

公孙瓒和袁绍停战后，久战的部队分散到各地休息，身边只剩下几千人。刘虞抓住这个机会，聚集了十万大军讨伐公孙瓒。然而，刘虞军队人数虽多，但大部分跟公孙瓒久经沙场的精锐质量相比还是有差距。刘虞本人又不善军事，且过于仁慈的性格在这里起了副作用：他下令禁止焚烧百姓民房，尽量少杀一般士卒。结果，刘虞以绝对优势的兵力没能攻下公孙瓒据守的城池。僵持之下，风势逆转，公孙瓒带领数百精锐突袭刘虞军，并一路纵火，把刘虞的大军冲得作鸟兽散。刘虞不久被公孙瓒俘获。公孙瓒借口他曾经和袁绍一起图谋篡位，将他连同妻子儿女一并处死。

公元193年，公孙瓒在杀害刘虞之后，自以为幽州从此完全落入自己囊中。按照史书记载，公孙瓒随后重用的人曾是占卜师、布贩子和商人，不愿意亲近当地士族儒生。这并非公孙瓒糊涂，而是作为庶出子的他，在杀害了德高望重的刘虞后，无论如何向士族表示亲善，士族都不可能同他合作，还不如直接放手使用自己绝对信任的人。

作为袁绍曾经试图拥立的幽州牧，刘虞实际拥有的资源是远多于公孙瓒的。公孙瓒之前和袁绍大战，最多的时候也就能动员三万多人，而刘虞一次就能出动十万人，鲜卑、乌桓等边塞民族也乐于为刘虞效力，对铁杆鹰派公孙瓒极为不满。因此，刘虞死后，公孙瓒只是表面上控制了幽州，刘虞在幽州的旧部仍然有着庞大的资源，公孙瓒始终无法完全控制。在公孙瓒任用亲信，试图完全控制幽州时，这些刘虞旧部也正在串联，准备为刘虞复仇。但是，刘虞的失败证明他们和公孙瓒在军事上差距巨大，所以，他们现在需要拥戴一个能领导他们在军事上对抗公孙瓒的人。

阎柔是一个在边境的民族混居区域长大的青年。他早年在边境冲突中被鲜卑、乌桓掳掠为奴，但因显示出了极高的人格魅力和军事天分，后来反而成为鲜卑、乌桓部族的上宾。汉末天下大乱之后，他带领鲜卑人杀害原来的护乌桓校尉，自己取而代之。鲜卑、乌桓人和公孙瓒有宿怨，因此这么一个深得鲜卑、乌桓人心又善战的枭雄，正适合领导刘虞旧部对抗公孙瓒。于是，刘虞的从事鲜于辅、齐周、骑都尉鲜于银等人纠集郡兵，随后拥戴阎柔为乌丸司马，和阎柔麾下的鲜卑、乌桓人组成一支数万之众的联军，由阎柔作为统帅，正式起兵反对公孙瓒。公孙瓒任命的渔阳太守邹丹赶忙带兵前来讨伐。双方展开激战，结果公孙瓒军大败，包括邹丹在内的四千多人被斩杀。

初战告捷的刘虞旧部引起了袁绍的注意。这两年，公孙瓒忙于整合幽州，而袁绍忙于对付威胁冀州的黑山军，以及帮助附庸于自己的曹操，平定兖州内部张邈、陈宫等人联合吕布发起的变乱，双方并没有发生大规模冲突。现在，袁绍自然不可能错过这个打击宿敌公孙瓒的好机会。袁绍正准备讨伐反叛自己的臧洪，因此冀州军的主力无法分身。为此，袁绍打出了一对王牌：除了曾经在界桥之战挫败公孙瓒最精锐骑兵"白马义从"的名将麴义，袁绍还把刘虞最成器的儿子刘和送回了幽州。

刘虞死时，家人也都被公孙瓒处死，但是刘和并不在其中。刘和很早就在汉献帝的朝廷中担任侍中的高官，并奉汉献帝的命令从长安逃出，希望刘虞带兵入关迎回天子。刘和回到袁术处被扣押，袁术假装愿意一起参与迎天子的行动，从刘虞处骗取了一支精锐骑兵。刘和从袁术处离开后，到袁绍地界再次被扣押。刘虞死后，有着天子授权的刘和成为袁绍的一张王牌。在刘虞旧部起兵后，袁绍便放他回幽州对付公孙瓒，并让麴义带领自己所部同行。麴义所部核心是他从凉州带来的部曲私兵。

在中央政府担任高官且有汉献帝授权，又是刘虞子嗣的刘和回到幽州，毫无疑问有着巨大的号召力和合法性，比起公孙瓒更有资格成为幽州之主。刘和刚回到幽州，就有许多刘虞旧部主动加入，其中深受刘虞恩惠的乌桓峭王一下子带来了七千多精锐骑兵，加上原先的反公孙瓒联军和麴义所部，现在刘和麾下已经有了十万大军，并且质量上也很有保障。

公元 195 年，公孙瓒动员自己能掌控的所有精锐，在鲍丘和联军展开了总决战。联军在人数上有着明显优势，阎柔和乌桓峭王所部的鲜卑、乌桓骑兵也足以对抗公孙瓒的"白马义从"，还有曾经用步兵击破公孙瓒精锐骑兵的优秀将领麹义，公孙瓒怎么可能打得过？鲍丘之战，公孙瓒的势力遭到歼灭性打击，仅被斩首的就有两万多人，从此一蹶不振。

鲍丘之战后，主力丧尽的公孙瓒退守易京，连剩下的那些还忠于他的城池的死活也完全不顾了。这距离公孙瓒俘杀刘虞、势力达到巅峰不过两年时间。按照常理，公孙瓒离灭亡也不远了。然而令人困惑的是，此后公孙瓒的势力又存续了整整四年。这又是为什么？

鲍丘之战后，遭到致命打击的公孙瓒放弃了角逐天下的雄心，退到幽州和冀州交界处的易京，建立起堡垒群死守。刘虞旧部并没有追击，大约一方面是因为大部分郡兵和鲜卑、乌桓骑兵不愿意花费人力和时间在围城战上，另一方面是因为此时被砍掉了爪牙龟缩起来的公孙瓒能起到缓冲袁绍扩张的作用。只要公孙瓒不灭，袁绍就很难深入幽州进行扩张。

袁绍派来的麹义则单独进行了追击。由于公孙瓒在易京有大量屯田，麹义面对堡垒群毫无办法。根据史载"相持岁余，麹义军粮尽，士卒饥困，余众数千人退走。瓒徼破之，尽得其车重"可知，麹义粮尽，只剩下几千人撤走，撤退途中还被公孙瓒攻击，被迫放弃了辎重。接下来的事情，史书记载极为模糊。按照《后汉书·袁绍传》的记载，"麹义自恃有功，骄纵不轨，绍召杀之，而并其众"，麹义似乎是因为居功自傲被杀，但是其具体做了什么，我们不得而知，只能从各种记载的比对中寻找蛛丝马迹了。

我们先看一下鲍丘之战的兵力构成。早在袁绍打出麹义、刘和这对王牌之前，幽州本土的反公孙瓒联军已经有"数万"人。刘和回归幽州后，又有大量势力投奔，单单一个乌桓峭王就带来了七千骑兵。因此，反公孙瓒联盟中，绝大部分兵力都来自幽州本地郡兵和受过刘虞恩惠的鲜卑、乌桓。另一方面，无论是在韩馥麾下，还是界桥之战时，麴义一直有着自己独立的部队，其步兵作战风格更接近凉州人，与河北军队迥然不同。麴义粮尽退还时并没有战败，却只剩下数千人，可见其所部原先也不过万余人。鲍丘之战本质上是幽州的内战，刘虞系的幽州本土势力才是重创公孙瓒的绝对主力。

幽州的实力如此强大，公孙瓒只用其中一部分力量就能和袁绍的冀州军打得难解难分，这次击败公孙瓒的联军，更是有包括上万骑兵在内的十万之众，赶上了袁绍后来在官渡决战时的总兵力。如果幽州的资源被完全整合在一个人手中，袁绍还能睡得着吗？偏偏现在幽州就有这样一个人——刘和。论身份，他比袁绍更高贵，袁绍都曾经尝试拥立其父为帝；论资历，刘和曾与汉献帝共患难，又担任着侍中的高官，从关中朝廷回到幽州后打残公孙瓒为父复仇，更是让他威望大增；论军事，幽州的军事潜力强大，刘和又同麴义在对公孙瓒的战争中有着成功的协作。

对于志在控制河北的袁绍来说，鲍丘之战后对他野心阻碍最大的已经不是被打残龟缩起来的公孙瓒，而是身份、资历和实力均不输于他的刘和，以及同刘和协作过的悍将麴义。虽然麴义是袁绍所派，但是在此之前其就有背叛韩馥的前科，袁绍很难对他彻底放心。在这样的情况下，袁绍先下手为强，将还是自己臣属的麴义召唤过来，找借口把他处死了。

与此同时，从实力和法理上都应该成为新任幽州牧的刘和也从史书中彻底消失了。虽然史书上没有明确记载，但毫无疑问，刘和被袁绍以某种方式除掉了。很奇怪史书为何对刘和之死完全没有记载，袁绍很难像杀麴义那样，把刘和直接杀掉。他可能用了类似于袁术除掉陈王刘宠的暗杀手段，甚至用了毒杀等手段，尽可能假装刘和是自然死亡。但是从刘和手下后来的选择中我们可以看到，至少他们都认为刘和死于袁绍之手。

刘和赖以讨平公孙瓒的联军，除了麴义所部外，主要有两部分：幽州边兵和鲜卑、乌桓人，主要代表人物是阎柔；幽州各郡的本土力量，主要代表人物就是最早组织反公孙瓒串联的鲜于辅。尽管袁绍对阎柔和鲜于辅百般拉拢，但是这两位对此并不买账。

在官渡之战爆发前，两人都选择了投靠实力看似比袁绍弱小许多的曹操，鲜于辅甚至还到官渡前线拜见曹操。阎柔和鲜于辅倒向曹操，意味着袁绍不但无法完全控制幽州，还要防止这个方向的敌人。因此，官渡之战胜利后，曹操充满喜悦地对鲜于辅说："之前袁绍把公孙瓒首级送给我看，我有些恍惚，仿佛看到了自己的结局。没想到现在我战胜了袁绍。这个既是天意，也离不开你们几个的功劳啊。"阎柔更是被曹操视如己出，和曹丕也亲如兄弟，成为魏国建立后长期坐镇北方边境的名臣。在官渡之战前，阎柔和鲜于辅不约而同地放弃之前联合对抗公孙瓒的盟友袁绍，选择投靠曹操，其原因应当就是刘和之死。

除此之外，袁绍火并麹义还带来了另外一个后果：麹义的部曲自成体系，并不是袁绍直辖的。虽然袁绍传记中记载他杀麹义时"而并其众"，但是实际历史却并非如此。麹义死后，他的部队大部分都投降了公孙瓒，大大延缓了袁绍吞灭公孙瓒的速度。

对于平灭麹义余部、消灭宿敌公孙瓒的袁绍来说，这个胜利来得太迟而且代价太大了。唯一堪称真正大赢家的，则是前几年还在袁绍支持下勉强平定了内部叛乱、现在已经统治了黄河以南广大地区的曹操。对曹操来说，刘虞系力量的加盟，使得袁绍不但无法利用幽州的资源对抗他，还要匀出手头的资源去防备这个方向的敌人。但是袁绍又有什么选择呢？如果不对刘和、麹义下黑手，袁绍甚至连初步整合黄河以北都做不到。在这个问题上，只能说曹操的运气实在是太好了。

最终的历史如我们看到的那样，曹操战胜了袁绍，统一了北方，成为三国舞台上的主角之一。

三十五 流民组成的北府军为何会战斗力爆表？

有着"词中之龙"美誉的宋代豪放派词人辛弃疾曾写过一阙气势雄阔的词——《永遇乐·京口北固亭怀古》，其中京口这个地方曾诞生过一支以北方流民为主体的劲旅——北府军。

北府军，又名北府兵，组建于东晋初年，因其所在地京口历来是征北、镇北、北中郎将府的所在地而得名。这支带有军阀性质的军队战力彪悍、名将辈出，为支撑南渡政权、保卫晋室正朔立下了汗马功劳，同时也为开启南朝二百七十多年的历史起到了巨大的推动作用。

公元 322 年，西晋被蜂拥而入的北方少数民族灭亡，大量汉人跟着晋室南迁，即所谓的"衣冠南渡"。山东一带的大族郗（chī）鉴率领族人在逃亡过程中不断招募青州、徐州一带的流民入伍，久而久之便聚合成一支颇具实力的军队，这也是北府军最初的班底。

郗鉴是高平金乡人，出自名门世家，是汉末第一大儒郑玄得意弟子郗虑的玄孙。当时的郗鉴应该不会想到，自己无意中创建的这支私人武装，最后竟能演化为左右东晋政局的重要力量。

王敦之乱（东晋初年发生的一场动乱，爆发于晋元帝永昌元年）后，郗鉴通过大规模招募北来的流民不断增强北府军的实力。这一举动促成了东晋兵制由世兵制和征兵制向募兵制转变。募兵制的入伍门槛较高，兵员质量也更为优秀。郗鉴的招募对象主要是从山东、河北、河南、两淮等逃亡而来的汉人流民。

公元 339 年，北府军的始创者郗鉴病逝，军权由其子郗愔（yīn）接管。但这一形势随着桓温的崛起发生了急剧变化。曾是颍川庾氏门下将领的桓温势力逐渐壮大，与中央的矛盾也越发明显。不过桓温对北府军有所忌惮，一时也不敢轻举妄动。

公元 369 年，桓温发动第三次北伐。一方面，桓温企图再次通过北伐提高自己的威望，为篡夺帝位积累资本；另一方面，他想借此机会彻底解决北府军的问题。在桓温的裹挟和儿子郗超的怂恿下，郗愔让出了京口的兵权，北府军自此被分解编入桓温军。

桓温第三次北伐的对象是前燕。此次北伐声势虽然浩大，但关键时刻，前燕起用了鲜卑族名将慕容垂，并在襄邑大败晋军，桓温从此一蹶不振。

公元 371 年，桓温废海西公立简文帝。两年后，简文帝崩。在皇帝临崩前，桓温希望简文帝能禅位于自己，但由于太原王氏的抵制，最终没有如愿以偿。孝武帝即位后，风烛残年的桓温仍没有放弃篡位的打算，他在重病中仍时不时地暗示皇帝授他九锡。所幸，桓温在等待九锡的过程中病死。

东晋政治最大的特点莫过于门阀专政。以军权谋求门户利益，本来就是东晋门阀政治的特点之一。经历了这样一场惊心动魄的宫廷争斗后，已处于风口浪尖的陈郡谢氏体会到，如果不想任人宰割，就必须掌握一支强大的军事力量，于是想方设法扩大自己的权力。

公元 377 年，谢安推荐侄子谢玄出任兖州刺史，重掌江北的军权。谢玄到任后，借鉴了郗鉴当年组建北府军的经验，大规模招募北方逃亡的劲勇。彭城刘牢之、东海何谦、乐安高衡、东平刘轨、西河田洛等后来名重一时的猛将，都是在这时应募入伍的。其中，刘牢之的父亲本是谢氏西府旧将，因此刘牢之深得谢氏信赖，被任命为参军，后升任鹰扬将军、广陵相，在相当长一段时间里是北府兵的实际掌控者。而"北府兵"这个称号也就此出现在历史舞台上（"晋人谓京口为北府。谢玄破俱难等，始兼领徐州。号北府兵者，史终言之。"《资治通鉴》）。

虽然从严格意义上讲，北府兵在历史上经历过好几个时期，但从谢氏整合开始，北府兵才正式成为一支名副其实的精锐部队。

由于得到了东晋中央的大力支持，这支全新的北府兵比郗鉴时代大有改观。《晋书·刘牢之传》中这样描述北府兵："太元初，谢玄北镇广陵，时苻坚方盛，玄多募劲勇，牢之与东海何谦、琅邪诸葛侃、乐安高衡、东平刘轨、西河田洛及晋陵孙无终等以骁猛应选。玄以牢之为参军，领精锐为前锋，百战百胜，号为'北府兵'，敌人畏之。"

北府兵的战斗力之所以强悍，与官兵的身份有着很大关系。北府兵中的底层士兵大多是从北方逃难而来的流民，或多或少对侵占家园的北方少数民族有着仇恨心理。

北府兵巅峰期的主要将领，如刘牢之、何谦、诸葛侃、高衡、刘轨、田洛、孙无终等人都是活动于江淮以南、拥有一定武装力量的流民帅。当时为了安置大批南下流民，东晋专门设置了侨州郡县。这些地方处于战场前沿，因此长官也大多以流民帅来担任。这些武装势力长期处于战争环境下，战斗经验和战斗力自然不容小觑。

北府兵除了步骑之外，还有强大的水军。东晋南渡后，造船和使船的技术更加完善。据记载，北府兵曾建造过能容纳2000人的大型楼船。这种大型船只多在内河航运，体积巨大，防护能力与运输能力都很强。

凭借着种种便利条件，北府兵被再次组建起来。而就在此时，前秦与东晋的全面战争爆发了。

淝水之战前，前秦军曾一度兵临长江。紧要关头，谢玄与何谦、刘牢之、田洛等人率领北府兵先后击败彭超、俱难等前秦将领，逼其只身北返。此役可以说是北府兵初露锋芒、小试牛刀，充分体现了其强悍的战斗力。

公元383年的淝水之战无疑是北府兵的高光时刻。

此前，前秦君主苻坚曾在肱股之臣王猛的协助下，一度统一北方。按照王猛的计划，在打下东晋之前，应该先稳定北方，解除鲜卑、西羌等部落的威胁。不过王猛早逝，急功近利的苻坚很快就将王猛的忠告抛诸脑后，坚持南下伐晋。

公元382年10月，苻坚召集群臣商讨伐晋一事。苻坚之弟苻融、石越等人认为"晋国有长江之险，朝无昏贰之衅，不宜征讨"。苻坚却不以为然，认为"以吾之众旅，投鞭于江，足断其流"，这便是成语"投鞭断流"的由来。

为了此次伐晋，苻坚强征全国公私马匹，并招募全国满十五岁的男子一律从军。截至战前，苻坚共集齐步兵六十万、骑兵二十七万，大军分四路南下。

大敌当前，东晋以谢石为征讨大都督、谢玄为前锋都督，带领八万北府兵抵御前秦南下，又任命胡彬率水军五千增援淮南军事重镇寿阳。

前秦大军很快攻陷寿阳，并截断了淮河，使得胡彬水军无法东撤。紧急关头，谢石决定在前秦大军尚未集结之前，率先对其先锋发动进攻。当年11月，谢玄派遣北府兵前锋刘牢之带领五千人袭取洛涧，歼灭秦军一万五千，取得洛涧大捷。晋军乘胜至淝水右岸。

北府兵与前秦军隔淝水对峙。此时前秦前锋主力约二十万，数量远多于晋军，晋军如果贸然强渡淝水必然不利。谢玄心生妙计，他致信秦军主帅苻融，请秦军稍作后退，让出淝水对岸的战场，好让两军痛痛快快地打一仗。

或许是轻敌，或许是另有打算，苻坚居然真的下令大军后撤。谁知这一退，整个前秦军阵发生了混乱。当前秦军前军后移时，后军还不知道是怎么回事。而之前诈降于苻坚的东晋将领朱序此时趁机大呼："秦军败矣！秦军败矣！"这几个字无异于晴空霹雳，秦军后军瞬间乱作一团。在这千钧一发之际，北府兵迅速抢渡淝水，不等全军渡河就发起攻击，秦军彻底崩溃。

乱军之中，苻融的战马被冲倒，自己也被赶上来的北府兵当场杀死；苻坚也被流矢射中，数十万大军转眼间灰飞烟灭。与此同时，襄阳、彭城等方向的晋军也闻讯展开反攻，前秦军诸路皆溃，唯有郧城的慕容垂全师而返，护送苻坚回到了洛阳。

北府兵此战打出了声威，一举奠定了自己在中国历史强军队伍中的地位。

淝水之战后，谢玄命北府兵收复徐州、兖州、青州。不久，黄河以南地区尽归东晋所有。

可惜好景不长，战无不胜的北府兵很快成为门阀斗争的工具。公元385年，谢安为避宗室司马道子，出镇广陵，让出中枢朝权。两年后，司马道子剥夺了谢玄对北府兵的领导权。此后，北府兵相继为谯王司马怡、外戚王恭统领。在王恭两次起兵反晋后，刘牢之倒戈，击败王恭。朝廷命刘牢之都督诸州军事。刘牢之率北府兵镇京口，成为割据一方的军阀。

之后，刘牢之率北府兵讨伐桓温之子桓玄，却被桓玄收买之后夺去兵权，最终被迫自杀。北府兵遂为桓玄并吞。据记载，桓玄掌控北府兵后，曾大力剿杀北府兵旧将，北府兵遭到灭顶之灾。

不久，原北府兵出身的下层军官刘裕起兵讨伐桓玄，并将其击败。公元420年，刘裕终结了东晋王朝，建立刘宋。尽管刘裕上台后重建北府兵，但经过桓玄一战，北府兵已元气大伤，风光不再。

义熙十二年（公元416年）刘裕对后秦的讨伐堪称是北府兵的绝唱。当时刘裕大军想借道北魏伐（后）秦，结果双方在黄河沿岸畔城附近（今山东聊城西）发生摩擦。

刘裕在这场以步制骑的对峙中，先遣白直队主丁旿率七百步卒上岸，将百余辆战车沿河布设，每辆车上有七名战士，又竖起一根白毦（ěr）。由于车阵两头抱河，队形弯成弧形，形似新月，故称"却月阵"。

北魏骑兵不知晋军是何用意，暂时按兵不动。刘裕又派猛将朱超石率两千人，每车增加二十人和一张大弩，车外竖起盾牌。北魏骑兵此刻方才明白过来，于是下令进攻。朱超石命令诸车先以力弱的单兵弓弩射击。北魏骑兵见晋军兵少箭弱，便放心大胆地加速进攻。当接近却月阵的北魏骑兵达三万多骑时，朱超石遂令诸车用大弩发箭，魏骑纷纷中箭。但此时魏骑数量多，距离近，大弩的近距离杀伤效果已显不足。朱超石急中生智，遂命将士把手中的千余杆槊①截成三四尺的短槊，"以锤锤之，一槊辄洞贯三四虏，虏众不能当，一时奔溃"。

关于这段记载，一种解释是，这些短槊是当作大弩的箭矢发射出去的；另一种解释是，当时北魏重装骑兵防御良好，晋军士兵缺乏破甲手段，只能手握一段短槊，后面另有人用大锤锤击，向前突刺，贯穿北魏骑兵的身体。

因为却月阵的正面狭窄，数万北魏骑兵当时已经是拥挤不堪，所以大部分的骑兵只能眼睁睁地看着晋军扎上去。晋军的这种战术很有效果，魏军此战死伤惨重，大将阿薄干当场被斩杀。魏军退回畔城，刘裕派朱超石、胡藩追击，再败北魏军一场。自此北魏不敢再袭击北府兵，刘裕得以顺利沿河西上。

刘裕北伐南燕、后秦，收复山东、河南、淮北和关中大片失地，极大地扩张了东晋的疆域。刘裕代晋建宋后，北府兵完成了最后的蜕变，由地方部队升级为中央军，成为皇帝直接控制的军事力量。不过，刘宋立国前后，随着刘敬宣、王镇恶、檀道济等一批北府旧将逐渐凋零，北府兵也开始走向没落，并逐渐消失在历史长河中。

北府兵是我国历史上充满传奇色彩的一支武装力量，始于东晋郗鉴，终于南朝刘宋檀道济，横跨约120年。纵观汉魏以来的历史，从未有哪支部队像北府兵这样，对王朝政局影响如此之大，反过来又被政局操控着自身的命运。

---

① 槊：读音为"shuò"。古代兵器，杆比较长的矛。

北府兵在保卫东晋朝廷、挫败前秦南侵等方面居功至伟，为江南地区提供了一个相对稳定的发展环境。

此外，作为东晋王朝的一支精锐力量，北府兵在镇压农民起义中也扮演了重要角色。在此过程中，一些士卒脱颖而出，南朝宋开国君主刘裕就是其中之一。

除了军事层面外，北府兵对东晋的门阀政治也产生了重要影响。北府兵的建立与东晋荆、扬之争有着密切的关联，可以视为桓、谢两大家族力量平衡的一种手段。东晋的荆、扬二州都十分重要，扬州为京畿重地，乃立国根本；荆州地广兵强，是防止北方民族南下的重要屏障。

整个东晋时期，坐镇荆州的将领大都有"不臣之心"，如最早坐镇荆州的王敦就曾发动过"王敦之乱"，后来的陶侃、庾亮、庾翼等人也都试图取东晋而代之。北府兵的设立大大加强了扬州的兵力，平衡了掌控荆州的桓氏力量。对此，明末清初思想家王夫之认为："谢安任桓冲于荆、江，而别使谢玄监江北军事，晋于是而有北府之兵，以重相权，以图中原，一举而两得矣。"

三
十
六

汉武帝晚年的失落宫斗：
李夫人、卫子夫最后败给了谁？

汉武帝有六个儿子，为了介绍他们，班固写了《汉书·武五子传》，司马迁写了《史记·三王世家》。

《汉书·武五子传》写了汉武帝的五个儿子，这是自然不过的，因为还有一个儿子就是汉昭帝，他继承了皇位，自然不应该和其他人放在一起。《史记·三王世家》只写了汉武帝三个儿子，这就有点奇怪；而且内容也很不正常，只是抄录册封三位皇子为诸侯王时的相关文件而已。

在很多人看来，只有刘据和刘弗陵才是重要的。长子刘据出生于元朔元年（公元前128年），在很长时间里被视为理所当然的皇位继承人。幼子刘弗陵出生于太始三年（公元前94年），最后摘取了皇位竞争的胜利果实。

昌邑王刘髆（bó）的年纪，比刘据小二十来岁，又比刘弗陵大十几岁。关于他的信息，即使在《汉书》中也是近乎空白的。有人因为这大块的空白，认为汉武帝从来不重视他。但这也可能是因为敏感。毕竟，刘髆的母亲是汉武帝最爱的李夫人，刘髆的舅舅是李广利。还有，刘髆死的时间也很敏感，《汉书》不同地方的说法微有差异，反正要么是汉武帝临死前，要么是汉昭帝刚即位。

卫子夫的攻擂与守擂

《史记》里介绍汉武帝的皇后，一上来就是卫子夫，然后用插叙的手法，告诉大家汉武帝还有过一位陈皇后。《汉书》则按照时间顺序，从孝武陈皇后到孝武卫皇后这样写下来。

但按照《史记》的说法，汉武帝对第二个皇后卫子夫的宠爱似乎也不过如此，在特定的环境下突然看见，特别喜欢，然后带进宫里，后来居然有一年多的时间把她忘掉了。

卫子夫无疑是汉武帝的福星。她为汉武帝生了三个女儿和一个儿子，但更重要的是带来卫青、霍去病两位绝世名将。开始的时候，卫青因为是皇后卫子夫的弟弟，才获得了带兵打仗的机会；但没过几年，大概就变成了因为是大将军卫青的姐姐，卫子夫的皇后地位才没有被撼动。

卫青武功赫赫，善于和各方面处好关系。元朔六年（公元前123年），卫青挟两次大胜匈奴之余威，低声下气地把皇帝给他的赏赐拿出一半来，给汉武帝宠爱的王夫人的双亲祝寿。显然，王夫人已经对卫子夫的地位构成了强有力的挑战。

王夫人得宠的这些年，司马迁正在宫里做郎官。后来王夫人去世，齐地的方士少翁为汉武帝召唤王夫人的魂魄，司马迁也是近距离观察到的。王夫人有多么被宠爱，他显然印象特别深。

王夫人也是生不逢时，她在汉武帝心中的地位也许已经超越了卫子夫，但她得宠的年代，正是卫青、霍去病对汉武帝来说不可或缺的时代。元狩六年（公元前117年），霍去病赶在自己去世之前，请求汉武帝封太子以外的三位皇子为土，汉武帝答应了。

无论如何，卫子夫和太子刘据挺过了第一轮挑战。

为什么李夫人的段子那么多?

接下来是李夫人最得宠的那几年,大致就是元鼎年间(公元前116—公元前111年),司马迁先是给父亲守丧,然后去做太史令,和宫里的事拉开了一点距离。

从《史记》看不出李夫人受宠的程度。但班固写到李夫人时,八卦的心简直要炸裂了:

第一,班固说,汉武帝先赏识的是李夫人的哥哥李延年。李延年唱了这样一支歌:"北方有佳人,绝世而独立,一顾倾人城,再顾倾人国。宁不知倾城与倾国,佳人难再得!"汉武帝听了很感叹,说世上真有这么美的人吗?于是汉武帝的姐姐平阳公主就向汉武帝推荐了李夫人。从此汉武帝将其宠爱得不得了。

第二,班固说,李夫人病重,汉武帝来看她。李夫人把自己蒙在被子里,说我病重很久了,"形貌毁坏",不可以见皇帝,我的心愿就是皇帝能照顾好我的儿子和兄弟。汉武帝非常想见一见李夫人,李夫人就是不肯,最后汉武帝很生气地走了。李夫人的姐妹责怪她,干吗惹皇帝生气?李夫人说,我不让皇帝看我现在的样子,是为我的兄弟好,"夫以色事人者,色衰而爱弛,爱弛则恩绝",见不到现在的我,皇帝会一直记得我最美的样子;见到现在的我,那只会从此嫌弃我了。

如果说上面的事真假存疑,那下面这两件事,班固是绝对不会胡来的:一是李夫人去世后,"上以后礼葬焉",她是以皇后之礼下葬的;二是汉武帝去世后,霍光知道皇帝的想法,"以李夫人配食,追上尊号曰孝武皇后"。

李夫人被当作皇后看待,那她的儿子应该是什么?

还有就是那首"倾国倾城"的歌,怎么听都像是带着谶语的味道。众所周知,中国的史书有个特点,既然把这个预言写下来了,它就是会应验的。

那么李夫人到底造成了什么灾难性的后果,才配得上"倾国倾城"这么一个谶语?

巫蛊之祸

巫蛊是当时流行的一种用巫术诅咒别人的手段，常用的手法就是扎小木人埋在地下。

事情的经过大概是这样的：有个叫江充的人疯狂诬陷太子，罪名是太子用巫蛊之术诅咒汉武帝。太子没办法，只好起兵造反。汉武帝让丞相刘屈氂（máo）指挥军队与太子在长安城里大战，死了好几万人。太子战败逃走，最终在外面死掉了。

司马迁有两个好朋友卷入了这件事。

一个是任安，他当时是"监北军使者"，掌控着长安城里规模最大的一支军队。太子造反的时候，曾发兵符想调任安出兵，结果任安接了兵符后，直接闭门不出。这事被汉武帝认为"怀二心"，所以任安被汉武帝腰斩。

一个是田仁，他是丞相府司直（丞相府属官，负责监察不法，秩比二千石，属于高级官员），当时被分派去看守长安城南最东边的覆盎门。太子逃到这个门时，他让太子逃掉了。这个罪行当然更严重，也是腰斩。连最初替田仁求情的人，被汉武帝一责问，都吓得自杀了。

司马迁当时就在汉武帝身边做中书令，但也只能看着朋友被处死，不敢多说什么话。其实《史记》里也有些极零碎的巫蛊案的记录，基本不讲事情本身，主要是涉案人员的结局之类。这些内容到底是司马迁所写，还是后人所补，一直众说纷纭。

到了一千多年后的宋朝，司马光写《资治通鉴》的时候，在班固那个梗概的基础上，终于提供给我们一份首尾完整、逻辑严谨、情理圆融、冲突强烈、细节丰赡的关于巫蛊事件的叙述。

这个故事讲的是一个雄才大略的父皇和没有什么才能但很善良的太子的冲突。汉武帝希望在自己生前把最棘手的事情都做完，留下一个需要休养生息的国家交给儿子去治理。这样刚好是最完美的组合。但是，那些专门帮助汉武帝去执行残暴任务的人知道，一旦太子即位，自己就完了。所以他们千方百计地破坏这个计划。这里面最凶恶的，就是那个江充。汉武帝一次次希望和儿子达成和解，但是奸臣和小人们却一边把太子往绝路上逼，一边传递给汉武帝错误的信息，终于酿成大祸。知道真相后，汉武帝惩办了奸臣，造思子宫，表达了对太子的思念。

这是个非常动人，还很有教育意义的故事。当然这个故事和李夫人没有一点关系。

不负责任地设想一下，以班固的性格，如果能读到这个一千年后的故事，大概也会表示赞赏，而不是去戳穿。

近代以来，许多介绍汉武帝的书和电视节目，都是在司马光这个故事的基础上讲述的。

卫氏外戚与李氏外戚

其实在《汉书》里，班固留下了许多蛛丝马迹，而这些记录刚好能和司马迁对之前历史的叙述完美衔接。

下面让我们回到庸俗的宫斗剧情。

比起王夫人，李夫人最大的幸运不是卫子夫更加年老色衰了，而是卫青、霍去病已经不存在了。霍去病于元狩六年（公元前117年）去世，卫青虽然活到了元封五年（公元前106年），但后来一直没有带兵。因为元鼎、元封年间，汉武帝面对的对手已经不再是巅峰状态的匈奴。

但这不意味着障碍完全扫除，现在活跃的将军们也和卫青、霍去病关系密切。卫青带出来十几个将军，霍去病培养了两个。灭东越发挥重要作用的横海将军韩说，灭朝鲜的将军荀彘，还有公孙贺、公孙敖等人，当年都在卫青麾下。灭南越的主将路博德，生擒楼兰王的赵破奴，出自霍去病系统。可见，所谓卫青不养士大夫，主要是指不养长安城里的名嘴、活动家，还有游侠之类，打了这么多年仗，在军队里杀伐决断，当然还是要培养自己的班底的。

值得注意的还有李广家族，尽管李广之死被认为和卫青有关，李广的儿子李敢据说是死于霍去病之手，但是李、卫两家还是迅速修复了关系。李广的堂弟李蔡，是因为跟着卫青打仗才拿到侯爵的；甚至李敢本人能够"赐爵关内侯"，也是在霍去病麾下。然后李敢的女儿成了卫太子宠爱的女人，李敢的儿子李禹也是卫太子宠信的部下。

这些人算一个政治集团吗？汉武帝在，太子的地位不动摇，就不算是，因为他们之间的关系也错综复杂、矛盾重重；但如果汉武帝换了太子，他们就是，因为新太子要有新班底，他们就要给人家腾位子。

太初元年（公元前104年），李广利被任命为贰师将军，指挥了一场耗时四年、使得全国上下都超负荷运转的战争。当然，战争本来就是要打的，但由李广利来指挥，说是"欲侯宠姬李氏"，还是说得轻了。汉武帝只是想让李广利封侯，让他和赵破奴这样的将军合作，打一场类似征楼兰这样轻松的战争，封侯的理由就足够了。

在李广利的指挥部里，赵始成、李哆、上官桀这些人的来历虽然不很清楚，但确实没有卫青、霍去病麾下的老将。

汉武帝想培养一个由李广利主导的，与卫青、霍去病无关的新的军功集体。这样将来即使换太子，也不会引起太大震动。但李广利实在太不争气，征大宛是得不偿失的惨胜，打匈奴是一次又一次的惨败。

当然，今天的研究者可能会认为李广利的能力也没有那么不堪。后世的经验表明，中原王朝的力量向西推进的极限就是帕米尔山东麓，李广利征大宛超出了这个极限。与匈奴作战，此时的局势也和卫青、霍去病时代完全不同。

这个时代，汉朝的战略优势对匈奴人来说是无解的，所以匈奴再怎么打胜仗都还是在寻求与汉朝和谈；但匈奴的战术优势对汉朝来说也几乎是无解的：征大宛之后，汉朝战马紧缺的问题不是缓解了，而是极大加剧了，匈奴人的机动优势变得更大，所以他们面对出征的汉军，只需要躲避、窥探、跟踪……等到汉军不得不撤退，已经临近家乡也是最精疲力竭的时候，突然发动致命一击。

所以对汉朝来说，最明智的选择就是防守，但只要远距离出征，换其他将领也没什么好结果。但这些说法在今天也不见得大家都会接受，汉朝人更不会这么想，还是拿李广利与卫青、霍去病比较。哪怕是当年讨厌卫、霍的，现在的心理也是"不需上溯文景世，回首获麟已惘然"吧？

汉武帝也在渐渐失去耐心。皇帝对一个女人的追恋能维持这么久，已经是一个奇迹了。

快速逼近的当代尧、舜

天汉四年（公元前97年）春，李广利又一次征匈奴无功；夏，刘髆被封为昌邑王。虽然不能说这就是名分已定，但终究不是好兆头。

太始三年（公元前94年），钩弋赵婕妤为63岁的汉武帝又生了一个小皇子刘弗陵。

讲到钩弋夫人赵婕妤的故事，班固又开始放飞八卦的心：汉武帝巡狩过河间郡的时候，不是官吏，而是"望气者"发现了这个奇女子。她的双手天生握成拳头无法张开，汉武帝就上去摸了摸，哇，少女的手掌张开了。

然后，赵婕妤怀刘弗陵的时间据说长达14个月。汉武帝说，听说尧也是在妈妈肚子里待了14个月才降生的。于是就把赵婕妤居住的地方的宫门命名为"尧母门"。

尧可是上古圣王啊，把天下治理得那么好，当今世上居然又诞生了一个尧，不让他当皇帝，你不觉得可惜吗？

这个地方，司马迁其实倒是蛮配合汉武帝的。关于尧的传说很多，《史记》采信的版本是，尧是帝喾的小儿子，挤掉了自己所有的哥哥，继承了天子之位。

总之，李夫人这颗当年心头的朱砂痣虽然还不至于变成蚊子血，但确实有一缕新鲜的白月光，照进了皇帝的生活。

所以，这时候紧张的不只有卫子夫和太子，也有命运和外甥牢牢绑定在一起的李广利。

征和二年（公元前 91 年）太子被逼死，征和三年（公元前 90 年）李广利又率军出击匈奴。

就在这一年，有人向汉武帝举报，左丞相刘屈氂的妻子在行巫蛊诅咒皇帝。汉武帝派人调查审理，认为"罪至大逆不道"，于是刘屈氂全家族灭。在前方与匈奴作战的李广利听到了消息，知道回汉朝也是死罪，于是投降了匈奴。

这么看来，这场太子和皇后丧命，几万人陪葬，喋血京师的大灾难，策划者实际上是李广利。按照古代女人才是祸水的逻辑，当然确实是应验了李夫人倾国倾城了。

卫太子的面目

《资治通鉴》中那些《汉书》里没有的内容是不是从《汉武故事》里抄来的？卫太子行巫蛊诅咒汉武帝，到底是江充栽赃还是确有其事？这类问题辩论下来，很容易把水越搅越浑。

比较容易判断的是，《汉书》里的卫太子形象和《资治通鉴》里确实不一样。《资治通鉴》里说，太子"仁恕温谨""敦重好静"，这个形象在《汉书》里是不存在的；"群臣宽厚长者皆附太子"这个局面，也和《汉书》的记述完全不符。

《汉书》里对卫太子的介绍，最重要的就是这句话：

上为立博望苑，使通宾客，从其所好，故多以异端进者。

意思是说太子身边聚集着一大批绝不安分的人。《资治通鉴》引用了这句话，司马光还加了评语。但这类话和那些来路不明的内容放在一起，结果是让《资治通鉴》里的太子成了很难自洽的"半截人"。

事实上，太子的团队行动能力相当强，觉得要被汉武帝的使者陷害，立刻就能做出反应，能抓的抓，该杀的杀，一点儿也不含糊——太子抢占了长安城的武库，武装自己的宾客；调动皇后卫子夫居住的长乐宫的力量；再释放长安城的囚徒并发给他们武器。

要不是早就对起兵造反做过预案，对长安城可以利用的军事力量做过深入、全面的调查分析，有详尽的计划和周密的部署，很难想象他们会有这样的行动效率。

汉武帝平叛的军队，应该是以郎中令、卫尉的精锐为骨干，配备着汉朝最尖端、令匈奴也心惊胆战的各种类型的弓弩（所以汉武帝强调不要近战），加上三辅的地方部队，可就是这样也大战了五天。

总之，反应之敏捷，行动之迅速，作战之强悍，都表明卫太子不是人善被人欺的角色，和传说要造反却束手无策的淮南王刘安相比，刘安真应该发明一块豆腐把自己撞死。

班固对太子还做了一番很有意思的评论。他说太子一出生，汉朝和匈奴之间的战争就开始了，之后仗一打就是三十年，"兵所诛屠夷灭死者不可胜数"，然后就是这场京城里的大战乱。

所以"太子生长于兵，与之终始"。《资治通鉴》认为：太子如果能即位，就象征和平年代开始。但班固觉得，太子就是战火和杀意的化身，终究有一天会焚毁自己，而太子死了，则意味着战争年代的结束。

从《史记》里关于太子的只言片语看不出司马迁对太子有任何亲近感。太子和汉武帝之间爆发矛盾，说白了就是两派政治势力的斗争而已，也没有什么道义和理想可言。只是逼到这一步了，谁也退缩不得，争的既是至高无上的皇权，也是最卑微的生存。

三十七

为子孙攒了一手好牌，又埋了两颗雷：高欢家族为何会被宇文泰逆袭？

在生命的最后几个月，一代枭雄、东魏实际控制者高欢拖着病体，率军十余万围攻西魏的玉璧城（今山西稷山西南）。

东魏大军围攻了 50 天，城就是攻不下来。士卒战死和病死者竟高达七万人。高欢内心忧愤，十几年来，他以数倍于对方的强大兵力，与死对头、西魏实际操盘手宇文泰打过四五场大战，结果败多胜少，只能眼看着西魏慢慢坐大。

史载，一颗流星坠落在东魏军营，所有的驴开始长鸣，士卒惊惧。高欢的坐骑也受到惊吓，失蹄，将他摔下马。

东魏大军撤退。凛冽寒风中，病倒了的高欢回到他的大本营晋阳（太原）。

西魏这时散布谣言，说他们的守城大将韦孝宽已将高欢射杀，以此动摇东魏人心。

为了稳定人心，高欢强拖病体，公开露面辟谣。在与军政权贵的见面会上，高欢专门让手下大将斛律金唱起《敕勒歌》，他自己也跟着唱：

敕勒川，阴山下。

天似穹庐，笼盖四野。

天苍苍，野茫茫。

风吹草低见牛羊。

唱着唱着，高欢老泪纵横。

一个多月后，这个南北朝时期的枭雄人物走到了生命的尽头。高欢死时，正好碰上日蚀，他说："日蚀其为我耶？死亦何恨。"

这一年是公元547年，离中国北方统一30年，离隋朝实现大一统42年。不过，历史的凯歌是以高欢家族建立的王朝覆灭为代价的。

胜利不属于这个高傲而疯魔的家族。

一切的伏笔，高欢在世时皆已埋下。只是他并未意识到，他既是成就、也是埋葬整个家族的那个人。

一个小兵的成长史

乱世出枭雄。魏晋南北朝是中国历史上最乱的时期之一，也是群雄并起的时期。

公元6世纪20年代，随着六镇起义击垮了北魏的朝局，武人集团开始主导历史的走向。

尔朱荣算是最早得势的大枭雄，一度控制了北魏实权，但最终只是成为那个时代的一颗流星。而在尔朱荣麾下的高欢和宇文泰，后来崛起为割据掌控中国北方的"双子星"，也是彼此大半生的劲敌。

虽然历史最终以宇文泰家族奠基的西魏—北周—隋朝，作为中国大分裂时期的统一出口，但说起来，高欢的发迹比宇文泰更早，实力也比宇文泰更强。所以高欢及其家族的故事，本质上是一个攒了一手好牌，却把一手好牌打烂了的故事。

高欢的起点其实很低。史书说他原籍渤海蓨（tiáo）县（今河北景县），但也有学者说这只是他当年为了结盟河北豪族而"伪冒士籍"，他并非出自汉族，而是鲜卑人或高丽人。

按照正史记载，高欢的祖父高谧官至北魏侍御史，因犯法流放到怀朔镇

（今内蒙古固阳南）。

怀朔镇是北魏六镇之一。六镇是拱卫北魏政权的中坚力量，六镇武人集团一度地位崇高。但自北魏从平城（大同）迁都洛阳之后，六镇拱卫都城的职能大大降低，以至于军将的选派都十分随意，这为日后六镇的起义埋下了祸根。六镇甚至成为一些被贬谪官员的流放地，高谧就是因此来到了怀朔镇。

高欢出生时，其家族已在怀朔镇生活三代，"累世北边，故习其俗，遂同鲜卑"，成为鲜卑化汉人。高欢有个鲜卑名，叫"贺六浑"。

高欢是六镇中最底层的人，最早做了一名边兵，具体负责城门站岗。他长得帅又有才，但无法升职，因为按照规定，当个小领导——队主的条件是，你必须拥有一匹属于自己的战马。他家穷，买不起战马。

家族遗传的帅气，此时成为他的隐形资本。据说他在站岗的时候，被路过的当地鲜卑豪族女儿娄氏看上了，两人很快结婚。而高欢依靠妻子的彩礼买了一匹战马，终于当上队主，实现了社会阶层的首次上升。

随后，高欢成为一名通信兵，往返于六镇与都城洛阳之间。他的眼界一下子被打开了。

据《北史》记载，高欢有一次从洛阳回到怀朔镇后，"倾产以结客"。亲友对他突然散财结交朋友的做法表示不解。高欢却说："我在洛阳正好遇见禁军造反，直接烧了他们头儿的宅子，朝廷吭都不敢吭一声。这样的朝廷，还有希望吗？守着财物，又有何用？"

敏锐的高欢从一起动乱就预见了北魏的末路。史书说他从此有澄清天下之志，尽管此时他还只是一个小军官。

很快，"轻财重士"的高欢结交了许多同阶层的朋友，打造了一个前途无量的朋友圈。

这些人跟他一样，都是怀朔镇的低级军官或官吏，但他们相互期许，"苟富贵，勿相忘"。只要军中无事，他们便聚在一起，或饮酒高论，或外出狩猎，俨然是一个小集团。

他们中有司马子如、刘贵、孙腾、侯景、尉景等人，后来基本成为高欢成就霸业的左臂右膀，被称为"高欢七友"。

从尔朱荣到高欢

公元524年，六镇起义爆发，北魏的权力格局重新配置。

高欢随着六镇降户进入河北地区。北魏镇压六镇起义后，将六镇子弟20余万人迁入河北地区以便控制，但实际上整个局面已经失控。

在群起的杜洛周、葛荣、尔朱荣等武人集团之中，高欢经过好友刘贵的推荐，最终选择了投奔尔朱荣。

尔朱荣第一次见到高欢，对这个仅比自己小3岁的破落子弟并无好印象。直到有一次，高欢跟着尔朱荣去马厩，正好有一匹烈马在里面捣乱，尔朱荣让高欢把它驯服，高欢三两下就把烈马驯得服服帖帖，技法从容娴熟，然后对尔朱荣说："对付恶人，也得这么办。"

尔朱荣颇为震惊，开始意识到高欢是个高人，遂将他请入室内，让他发表对时事的看法。

高欢问尔朱荣："您养这么多马，究竟想干什么呢？"

尔朱荣说："你只管说出你的意思。"

高欢说："如今天下大乱，但这正是您的时机。您只要打出'清君侧'的旗号，以讨伐嬖臣的名义起兵，霸业可举鞭而成。这就是我贺六浑的意思。"

尔朱荣大悦。

两人从中午谈到了半夜。

自此，高欢成为尔朱荣的首席军师和心腹。尔朱荣曾公开表示，能代替他统领全军的人，唯有贺六浑（高欢）。

在尔朱荣称霸北方的过程中，高欢与他的旧友出了很大的力气。尔朱荣的劲敌葛荣，就是被高欢的好友侯景生擒了。

公元 530 年，尔朱荣仅带着贴身随从入洛阳，遭北魏孝庄帝派人刺杀而死。一代枭雄死后，他的军队由其堂侄尔朱兆掌握。

高欢瞄准了葛荣战败后被尔朱荣收编的军队。这支军队以怀朔镇人为主，虽然归降了尔朱荣，但经常受尔朱家族的嫡系兵欺侮。尔朱荣死后，高欢一方面以同乡关系相号召，另一方面诈称"尔朱兆要把你们当奴隶"。惊慌之下，这支军队集体奉高欢为主，希望在他的带领下"当家做主"。

刚刚缢死孝庄帝、掌握北魏朝政的尔朱兆，对造反成瘾的六镇降兵头疼不已，就向高欢问计。高欢趁机说："您只要选一个心腹之人去统领六镇降兵，再有叛乱发生，拿将领问罪就好，不能每次都杀掉大批士兵。"

尔朱兆问："谁能当好这个统领呢？"

当时一起在座饮酒的贺拔允赶紧接口："我觉得高欢挺好的。"

高欢佯装大怒，起身一拳打得贺拔允门牙落地，大骂道："太原王（尔朱荣）在世时，说怎么样就怎么样；现在太原王死了，天下事都听大王（尔朱兆）的。大王没发话，能轮到你说三道四！"

尔朱兆很感动，趁着酒劲宣布高欢为六镇降兵的统帅。

高欢心中大喜，担心尔朱兆酒醒后反悔，于是赶紧冲出大营对众人宣布："我受命统管六镇降兵，都到汾东受我号令。"

在极短的时间内，六镇降兵集结到高欢麾下。

自此，高欢终于白手起家，拥有了一支属于自己的军队。史载高欢为人深沉，擅长权谋，果然名不虚传。

但高欢要脱离尔朱兆并与之对抗，实力还太弱。他采取的办法是跟河北地区的豪族结盟。当时的河北豪族，比如渤海高氏、赵郡李氏、范阳卢氏等，都有自己的私人武装，用于乱世中自保。这些豪族武装在动荡的年月里，逐渐发展为社会秩序的整合和稳定力量。

高欢出滏（fǔ）口（滏口陉，太行八陉之一，位于今河北省邯郸市峰峰矿区）时，号令部下"倍加约束，纤毫之物，不听侵犯"。路过麦田，他亲自牵着战马步行。众将士见此，无不恪守军令，所过之处，秋毫无犯。这些细节，与尔朱家族治军的粗暴以及对汉人的仇视，形成了鲜明的对比。高欢因此获得渤海高氏、赵郡李氏两大豪族的青睐，与河北豪族武装的结盟初步形成。

在"创业"过程中，高欢整合了姻亲、朋友、乡里、联盟等多种力量，慢慢攒了一手好牌，组建起自己的政治军事集团。随后，他正式与尔朱氏决裂。

经过两场决战，公元533年，尔朱兆兵败自杀，控制北魏朝政7年时间的尔朱氏彻底垮台。

高欢亲自将尔朱兆厚葬，然后进入洛阳，另立新帝，即北魏孝武帝元修。孝武帝即位后，封高欢为大丞相、太师。

北魏大权事实上已掌控在高欢手中。

这一年，高欢38岁，霸业成了。

高欢霸业的余波

对高欢而言，接下来的历史只是自己建立霸业的余波罢了。

高欢视孝武帝为傀儡，孝武帝却视自己为真正的君王，双方的矛盾一触即发。

公元534年，孝武帝假称南伐梁朝，频繁调兵遣将。高欢听到风声，感觉不妙，迅速调集20万大军，也以南伐梁朝为借口，从晋阳向洛阳进军。

孝武帝无力抵抗，仓促投奔关中，成为宇文泰借以自立、对抗高欢的一张政治底牌。而当孝武帝的政治功能完成之后，第二年年初就被宇文泰鸩杀了。或许他至死才明白，宇文泰是一个隐藏得更深的高欢。

在此期间，高欢和宇文泰先后另立元氏皇族成员为帝，北魏分裂为东、西两魏。

高欢选择的是年仅 11 岁的元善见——北魏孝文帝的曾孙，立其为孝静帝，并迁都邺城。这一下，孝静帝成了真正的傀儡皇帝，军国政务皆归晋阳大丞相府。

起初，尔朱荣就以"太原王"身份坐镇晋阳，遥制朝廷。高欢继承了尔朱荣的政治遗产，继续将表里山河、易守难攻的晋阳作为政治军事基地。与此同时，他把六镇军士从河北迁到并州、汾州一带，用于拱卫晋阳。

高欢本人长期居住在晋阳，只派心腹在邺城管理朝政。他和他的儿子高澄，在晋阳开启了长达 16 年的霸府统治。

日本史学家谷川道雄认为，邺—晋阳两都制表现了保持权威的旧王朝与新兴的军阀势力并存的状态。高欢父子的霸府统治过程，就是一个以权力不断克服旧权威，并不断强化新权威，从旧政权中逐渐生成新政权的过程。不过，如同曹操和司马懿一样，高欢也只是做到了无冕之王，并没有触碰伸手可及的改朝换代工作。捅破那一层窗户纸，都是由他们的儿子来完成的。

高欢控制东魏后的主要精力都放在如何吞并老对手宇文泰操盘的西魏上。这一野心勃勃的计划，却遭遇了西魏强有力的抵抗，毫无进展。10 多年间，在双方正面交手的四五场大战中，东魏徒然占据兵力和国力优势，却败多胜少，眼看着西魏一步步上演以小博大的逆袭戏码。甚至在高欢死后 30 年，高齐反而被宇文周吞灭。

何以至此？

从高氏家族自身来分析的话，高欢时期就给东魏—北齐埋下了两颗雷——胡汉矛盾与腐败问题。

高欢埋下的两颗雷

创业之初，高欢为了发展壮大，与河北豪族结盟，并采取了一些融合胡汉的措施。但当东魏政权稳定地控制了河北地区之后，高欢转而开始抑制汉族豪强，使得河北世家大族在东魏—北齐政坛上只能充当配角。这与宇文泰在关中吸纳本地豪族、打造关陇军功集团、缔建胡汉共同体的做法，形成了强烈的对比。

同一个时代的两大枭雄对待鲜卑化与汉化的根本态度，决定了谁能最终被历史选中。

高欢当然清楚，在那个年代，民族矛盾可以决定一国的存亡。所以在实际的统治过程中，他总以"两面派"的形象来调和民族矛盾。

号令军士时，对着六镇鲜卑人，他就说："汉民是汝奴，夫为汝耕，妇为汝织，输汝粟帛，令汝温饱，汝何为陵之？"

而对着汉人，他就改口说："鲜卑是汝作客，得汝一斛粟、一匹绢，为汝击贼，令汝安宁，汝何为疾之？"

事实上，这种"巧妙"的姿态并不能掩盖高欢军事政治集团对汉人的利用与歧视。史载，在东魏北齐，"鲜卑共轻中华朝士"。

高敖曹出身渤海高氏豪族，以勇猛善战闻名，被高欢委以大都督之职。但在鲜卑化色彩浓重的东魏政坛上，高敖曹常常感觉不自在。某日，"高欢七友"之一的刘贵与高敖曹在一起，有人进来禀报，说治河溺死了很多人。刘贵回了一句："一钱汉，随之死（汉人不值一个钱，死了就死了）。"高敖曹闻言大怒，拔刀要砍刘贵。刘贵吓得跑出军营。在侯景等人解围后，事情才平息下来。

高欢也不信任汉人，对待高敖曹亦不放心，怕他的军队中全是汉人，刻意给他安排千余鲜卑兵，"掺沙子"。临死前，他特别跟儿子高澄交代，谁是鲜卑人，谁是敕勒人，这些人"终不负汝"；而谁是汉人，这些人可能有异心。

高欢将他封闭式的民族理念传给了下一代，使得东魏—北齐的鲜卑化违背了民族融合的大势，在持续不断的内斗中走向了终点。

腐败也是高氏家族政权败亡的催化剂。而高欢生前纵容并见证了贪腐的弥漫。

史载，高欢本人"不尚绮靡""雅尚俭素"，他的刀剑鞍勒，绝无金玉之饰。但当年跟着他一起创业的人，却没有这种自制力。在霸业既成之后，这些人成为勋贵，贪贿聚敛、荒淫败德、卖官鬻爵，如同家常便饭。《资治通鉴》记载："孙腾、司马子如、高岳、高隆之，皆（高）欢之亲党也，委以朝政，邺中谓之四贵，其权势熏灼中外，率多专恣骄贪。"

尉景是"高欢七友"之一，也是高欢的姐夫。此人极为贪婪，不管在中枢还是在地方，都索贿成性，毫无廉耻之心。高欢每每提醒他不要太过分，尉景都充耳不闻。

有一次，高欢与几位亲戚聚会。席间，高欢的妹夫厍（shè）狄干突然请求去担任御史中尉。当时厍狄干已官至太保、太傅，高欢问他为何要去当纪检小官。厍狄干说，要去捉拿尉景治罪。高欢一笑了之。

然而，面对高欢的劝诫，尉景总是振振有词："我止人上取，尔割天子调。"你连皇帝的天下都"贪"了，我贪这点儿根本不算什么。一句话撑得高欢只能笑而不答。

眼看着东魏的风气被这些功臣勋贵带坏，而高欢却睁一只眼闭一只眼，朝廷上的有识之士嗅到了危机。杜弼向高欢陈述反腐的必要性，希望能够引起重视。

谁知道高欢摆出一个刀槊阵，两边的士兵举着刀、槊，引着弓，命令杜弼从中间穿过。杜弼走了一遭后，吓得汗流浃背。高欢大笑，说："矢虽注不射，刀虽举不击，槊虽按不刺，尔犹亡魄失胆。诸勋人身犯锋镝，百死一生，虽或贪鄙，所取者大，岂可同之常人也。"

反正在高欢看来，勋贵贪腐都是他们冒着生命危险打天下后应得的回报。他只要求勋贵们对他和他的家族保持忠诚，其他一概不管。

不仅如此，高欢还有一个更奇葩的理由。他曾对杜弼说，贪腐是历史遗留问题，现在三国分立，我如果厉行反腐，就会逼得功臣宿将们都去投奔关中的宇文泰或南方的萧衍。

从高欢为贪腐辩护的这番理论来看，他虽然称得上是一个权谋大师，在大乱世中白手起家、实现霸业，但他的政治视野还是十分有限，治理国家的能力比较欠缺。高欢做一个草莽大哥没问题，还能让底下的弟兄们过上为所欲为的生活，但做一个国家的领导人则有待训练。

高欢长期战斗在一线，以外战掩盖了内忧，然而，他的儿子们很快就要面对他遗留下来的国家乱局。

高齐王朝的建立者

公元547年，52岁的高欢病逝。他的长子高澄以大将军、大行台的身份，控制东魏政权。不过，权力在传到第二代的过程中并不太顺利。

高欢临死前就预见了侯景可能会叛乱。作为"高欢七友"之一，侯景对高欢一直服服帖帖。高欢对这名猛将也十分信任，"使拥兵十万，专制河南"，这样他才能够专心地用兵西魏。史书说，高欢给侯景写信，用的文句像加了密码，只有他们两人看得懂，就算是高欢的儿子们也看不懂。

但侯景服高欢，却不服高欢的儿子。

在双方失去互信的基础后，侯景率军投降梁朝，并与梁朝组成联军反攻东魏。

高澄不愧是高欢的儿子，或者说，高欢的儿子们都遗传了高欢的权谋天才。在形势十分不利的情况下，高澄使用了反间计，就瓦解了侯景与梁朝的关系，并成功将侯景这股祸水引向梁朝。最终，在梁朝境内爆发了震动南北的"侯景之乱"，梁朝日薄西山，东、西魏则趁势而起。

高澄稳定局面后，加紧代魏自立的步伐。东魏孝静帝逐渐失去人身自由，还常常被高澄辱骂为"狗脚朕"。

公元 549 年，高澄到达邺城，与亲信密谋禅代事宜。谁知道历史跟他开了一个大大的玩笑，就在代魏自立万事俱备的时候，一个厨子（膳奴）将政治天赋极高的高澄刺杀了。

高澄被刺，高氏家族的霸业可能遭遇颠覆。这时，从小被家族成员当作"傻子"的高洋出手了。

高洋是高澄的弟弟。与高澄从小就表现出过人的智慧不同，高洋显得很愚笨，常常遭到高澄的耻笑。连他们的母亲娄昭君都瞧不起高洋，后来听到高洋也要谋魏自立，公开反对说："汝父如龙，汝兄如虎，他们都没做成，你是什么东西，你也配？"

只有高欢生前看出了高洋的与众不同，曾对人说："此儿意识过吾。"

高洋被推到前台后，立马像换了一个人，镇定老练，连放了几个大招，一举稳住了东魏政局：

安定人心——高洋秘不发丧，隐瞒高澄已死的真相，对外宣称高澄只是受伤而已；

控制晋阳——在平叛、处理了刺客之后，高洋留下亲信镇守邺城，自己则带队赶赴晋阳，将东魏的政治军事基地牢牢控制在手中；

更改政令——到达晋阳稳定政局之后，高洋立即召见晋阳的旧臣宿将，并宣布调整高澄执政时一些不合时宜的政策，借此树立个人权威。

孝静帝原本想着高澄已死，天意要重振元魏威权，还想弄出点动静，结果来了个更狠的角儿，一下子被镇得死死的。

尽管高洋的母亲娄昭君反对儿子行禅代之事，但高洋还是在掌权的第二年，即公元 550 年登上皇位，成为历史上饱受争议的齐文宣帝。从公元 533 年高欢控制北魏朝政算起，历经两代三人 17 年的努力，高氏家族终于取代元氏家族，建立起北齐王朝。

建立高齐王朝后，高洋表现出了惊人的政治和军事才能。他实行了一系列改革，"留心政术，以法驭下"，极大地加强了皇权，并在制度、法律、经济等方面都有所建树。他重新整顿军队，挑选勇敢善战的鲜卑男儿充当中央宿卫军，由他亲自指挥；又从汉人中挑选勇武绝伦之人，充任边防军。

北齐立国不久，宇文泰率兵东渡黄河，高洋率领他亲手组建的新军迎战。史载，宇文泰望见北齐军容严盛，惊叹："高欢不死矣！"此后，北齐的军事力量一度超过了西魏—北周。

到此时，所有人才发现，他们眼中的那个"傻子"原来只是在装疯卖傻，以躲过长兄高澄的猜忌。就政治才干而言，高洋不在高澄之下；而就忍辱负重、韬光养晦等政治性格来说，高洋则明显强过高澄。所以，父兄未竟的改朝换代大业，最终在高洋手上完成。

不过，在将北齐带到一个高度之后，这个被称为"英雄天子"的开国皇帝彻底放飞自我，将家族和人性中的恶释放了出来——纵欲、乱伦、酗酒、滥杀、内斗，连同高欢遗留的胡汉矛盾和贪腐，所有问题一起爆发，使得北齐成为历史上臭名昭著的"禽兽王朝"。

酗酒、淫乱与权斗

高洋前后在位 10 年，后期做了许多荒唐恶事，以至于唐代史学家李百药在《北齐书》中说高洋是"淫暴"之君。

现在的一些史学家则指出，高洋前后的反差，可能源于高欢家族的精神病遗传。不仅是高洋，北齐几乎所有的皇帝都有类似的精神病态表现。

具体来说，高欢家族的精神气质表现为尚武好侠、嗜酒好色、智商较高、情商欠缺等。

高欢的子孙都具有卓越的军事才能，高洋就经常在战场上冲锋陷阵，身先士卒，表现十分勇猛。但另一方面，他也遗传了父亲爱喝酒的基因。高欢"少能剧饮"，但他的自制力很好，做大事之后，饮酒必不过三杯。而高洋则经常纵酒肆欲，到他统治晚期竟然只喝酒不吃饭，最后饮酒过度而暴毙，年仅34岁。

从史书记载来看，高洋酒后往往表现出嗜杀和乱性等行为。史学家认为这是精神病发作的表现。比如，北齐重臣杜弼和高德政，都是被高洋酒后借故杀掉的。

清醒后，高洋总是对自己的滥杀后悔不已。这种于事无补的后悔情绪，恰好可以说明他是一个精神分裂患者。

酒色一体。淫乱也是高欢家族的一种病态。高欢就是一个人妻控。除了娄昭君和柔然公主算明媒正娶之外，他在控制东魏朝政后，先后收集了北魏孝庄帝皇后大尔朱氏、建明帝皇后小尔朱氏、魏广平王妃郑大车、任城王妃冯氏等元魏宗室后妃。

在这方面，高欢的儿子们比其父有过之而无不及。

高澄先后与父亲高欢的两个妃子私通。14岁时，与父亲的妃子郑大车私通，差点被废黜；后又与父亲的妃子柔然公主私通，并生下一女。他还曾强奸东魏大将高慎的妻子，造成高慎叛逃西魏，并引发东西魏之间的邙山大战。

不仅如此，高澄还多次调戏并奸污了二弟高洋的妻子李祖娥。

此事极大地刺激了高洋。故而高洋称帝后，公然强奸高澄的妻子元氏。在强奸元氏时，高洋直言不讳："吾兄昔奸我妇，我今须报。"

同样的事，高欢的另一个儿子、北齐第四任皇帝高湛也做过。高湛在位期间，逼奸二嫂李祖娥，威胁她说："若不许，我当杀尔儿。"李祖娥为了保护儿子，只好顺从。此外，高湛还奸污了齐孝昭帝高演的皇后、六嫂元氏。

仅高欢父子两代人之间，乱伦之事已经乱套。

更变态的是，高洋、高湛还曾聚众淫乱。高湛在位期间，曾把高洋的嫔妃以及几个功臣的女儿全部招入宫中，公开宣淫。

一直以来，史学家尝试着对高氏皇室的乱伦行为进行解释，通常认为，高氏家族自认为鲜卑人，并对汉化改革十分排斥，因而其观念中没有儒家文化所宣扬的纲常伦理，反而视娶弟媳、纳寡嫂等鲜卑民族习俗为正常之事。另外，高氏家族可能存在的家族遗传病导致了他们的性格缺陷，容易做出正常人难以理解的病态举动。

而隐藏在纵酒与淫乱的情色背后，是这个家族内部的无情与杀戮。

高欢在世时，即在有意无意间对自己的儿子们进行无情而冷酷的权术训练。当他病重时，看到高澄面有忧色，便问为什么？高澄还没回答，他又问，是不是担心我死后，侯景要叛乱呀？高澄竟然回答"是"。父子之间，关心政治权斗甚于人伦亲情。

高洋建立北齐后，面临着跟他哥哥高澄一样的困局：既需要宗室成员与怀朔勋贵来维持军政统治，又担心这些人的权势膨胀会对皇权构成威胁。高洋执政后期的一项主要工作便是对宗室诸王进行重点打压，希望为自己的儿子继位扫清障碍。他先后以各种理由逼死了自己的族叔、清河王高岳，以及自己的两个弟弟——上党王高涣和永安王高浚。

公元559年，高洋暴毙后，他的儿子高殷继位。

第二年，高殷的两个叔叔高演和高湛，便联合怀朔勋贵斛律金等人发动政变，废掉了高殷。而他们政变的理由，依然是打着胡汉分野的旗号，说担心弘农杨氏出身的辅政大臣杨愔独擅朝权，威胁到鲜卑人的利益，所以直接将其诛杀。

但高演、高湛分别上台执政后，他们又纷纷起用士族或出身寒微之人，来对皇族宗室和怀朔勋贵形成牵制，强化皇权。

在一轮又一轮的内斗中，宗室和勋贵遭到屠戮。

公元563年，齐武成帝高湛杀掉高澄长子、河南王高孝瑜。

公元566年，高湛又杀掉高澄第三子、河间王高孝琬。

公元568年，高湛与其兄高洋一样，因酒色过度而死。

三年后，公元 571 年，他的两个儿子——继位的齐后主高纬与琅琊王高俨，在各自势力的支持下兵戎相见，最终高俨兵败被杀。

公元 572 年，在祖珽（tǐng）、陆令萱等亲信的怂恿下，高纬诱杀了怀朔勋贵中最有权势的斛律光，并以谋反之名，将斛律光灭族。

公元 573 年，高氏皇族最后的名将、兰陵王高长恭，因说了一句"国事即家事"，引起高纬的猜忌，随即被赐毒酒。

三年后，北周集全国之力攻打北齐。早已自毁长城的北齐，在决战中一败涂地。

公元 577 年，立国 28 年的北齐灭亡了，北周统一了中国北方。

镇守晋阳的北齐勋贵子弟家族 4 万户被北周迫令移至关中，显赫一时的高氏家族连同怀朔勋贵集团，随后消失在历史的烟云中。

接下来的 300 年，无论朝代如何更替，由宇文泰家族打造的关陇军功集团始终主导着中国的政局。与此形成对比的是，高欢家族及其军政集团完全淡出了历史，除了在唐诗中以淫乱亡国的负面形象出现：

> 一笑相倾国便亡，何劳荆棘始堪伤。
>
> 小怜玉体横陈夜，已报周师入晋阳。
>
> ——李商隐《北齐二首（其一）》

这首名诗讽刺的是齐后主高纬，说他认为自己的妃子冯小怜是绝世尤物，一定要让大臣们一起欣赏冯小怜的玉体。于是，他选了一个夜晚，让冯小怜裸体躺在朝堂之上，供大臣开开眼。在这荒淫无边的时刻，北周的军队已经攻破了北齐的军政中心、高氏家族的老巢晋阳。

诗歌何其讽刺，历史何其荒诞。

或许，北齐之亡，便是亡于高氏家族的疯癫。

三十八 瓦岗寨反隋盟主李密：
被隋炀帝集火攻击，最后让李渊得了天下

如果说《三国演义》是七分真实、三分虚构的话，那么《隋唐演义》中的人物形象往往与史实大相径庭。比如，李密就是一个被《隋唐演义》遮蔽的历史人物。在《隋唐演义》中，李密的形象脸谱化，故事也碎片化，但历史上的李密却是一位令人惊奇的豪杰！

"牛角挂书"的误读，李密是顶级贵族出身

李密是什么出身，在《隋唐演义》里语焉不详，在《三字经》中有李密"牛角挂书"的典故。受前者影响的人，大多认为李密是盗匪集团里的一员，和宋江差不多，是有点文化的失意底层文官。受后者影响的人，则往往把李密看成一个早年丧父、家境贫寒的穷书生，哪怕知道李密是贵族家庭出身，也觉得他家道中落了。

实际上，李密是顶级的豪门贵族。我们知道，在西魏、北周、隋唐，关陇军事贵族集团一直占据着统治地位。李密的曾祖父李弼在关陇集团的地位相当高，宇文泰创业时期在战场上时常分左中右三军，李密的祖先李弼和宇文泰经常各率其中一军。宇文泰和高欢的数次战役中，李弼都表现出色。在关陇集团立国第一战的沙苑战役中，正是李弼所部骑兵在关键时刻的冲锋，决定了宇文

泰的胜利。

李弼的子孙在北周和隋王朝普遍有着很高的地位。李密的祖父是北周魏国公李曜，他父亲是蒲山郡公李宽。虽然李密早年丧父，但是年纪轻轻的他继承了父亲的爵位和财产，仍算得上顶级豪门。因为身份高贵，早年的李密被选为隋炀帝的侍卫，但隋炀帝看他不顺眼，把他打发回家了。

一日，李密出门访友，骑牛出行。这在魏晋以来本是贵族出行方式之一，杨贵妃姐妹就曾用超豪华的牛车出行。因为路上无聊，李密把《汉书》挂在牛角上。他在路上遇到越国公杨素，自报家门，两人开始攀谈。杨素发现李密谈吐不凡，且读的是研究造反的《陈胜项籍传》。此时，杨素深受隋炀帝猜忌，所以暗中和李密交往甚密，并对杨玄感等几个儿子说："李密的见识、度量，你们远远比不上，要好好跟他学着些。"因此，杨玄感和李密结下了深厚友谊，对他极为信任。

这个故事经过《三字经》的演绎，误解成了权臣杨素提拔勤奋的穷书生李密的故事，被私塾先生们用来劝学，实在是让人啼笑皆非。先前，杨素家族在关陇集团内部的地位远低于李密的家族，直到杨素依附隋文帝杨坚篡位，成了政治暴发户，地位扶摇直上。"牛角挂书"的典故，实际讲述的是一个新贵和一个老牌贵族子弟结交的故事。

给必败的杨玄感献上三策，失败后奇迹般逃亡

虽然隋炀帝统治中期出现了以王薄为代表的反叛力量，但更多的造反者还是被隋炀帝折腾到活不下去才起兵的，占山为王主要是为了自保。

杨玄感是第一个以推翻隋炀帝为目的起兵的。作为杨素的长子，他见证了隋炀帝对父亲和自己家族的猜忌，很早就开始策划反叛。到隋炀帝第二次远征高句丽时，杨玄感在黄河边的黎阳负责为远征军运粮。蓄谋已久的他利用这个机会举兵反叛。李密作为他结交已久的老友，也在第一时间应邀加入了叛军。

作为杨素无比器重的人才，李密成了叛军的头号智囊。他提了上中下三策：上策是突击天津蓟州区，直接截断正在辽东和高句丽作战的隋炀帝主力归路，和高句丽夹击粮草不足的隋军主力；中策是快速向西进入关中地区，占领长安，以此为基地慢慢发展；下策则是先占领东都洛阳。

杨玄感考虑了三个方案后，最终选择了下策，先出兵洛阳。但是，辽东的隋军很快回援，加上洛阳守军的坚守和关中援军的东进，杨玄感被迫放弃围攻洛阳改用中策西进关中，被围追堵截的隋军主力追上，被迫决战，最终败死。

后世常把杨玄感的失败归咎于他一开始没有用李密的上策和中策，这是想当然了。杨玄感起兵时，隋军无论是在关中还是在洛阳均有庞大的正规军，征伐辽东的隋朝主力依旧在隋炀帝指挥下，只用一个月就回援洛阳。所以，杨玄感注定只能成为反隋起义的先烈。

杨玄感叛军的基本力量是河南地区的民众，最初几乎是"斩木为兵"，装备极差。杨玄感能够多次击败洛阳的隋朝正规军，已经是了不起的胜利。让这些人远离老家去遥远的河北或者关中作战，士气和战斗力必然大打折扣。所谓上策，很难落实。等到李密有了数十万之众，包括极为精锐的骑兵队，遇上归心似箭的十万"骁果"军，仍然极度吃力。以杨玄感临时招募的乌合之众去拦截归家心切的隋军主力，无异于螳臂当车。

杨玄感败亡后，隋炀帝依照宁枉勿纵的原则，开始大肆追查和株连参与此事的人员。上自当朝大员，下至普通士民，只要和杨玄感有瓜葛的都难逃一劫。隋政府一口气捕杀了三万多人，流放了六千多人。此外，杨玄感围攻东都，开仓赈粮，隋炀帝竟然将接受赈济的百姓全部处死。

神奇的是，在死亡名单上排在第一行的李密，在被捕之后的押送途中，竟然靠贿赂押送者逃脱了。他隐姓埋名，躲藏在民间，当起了教书先生并结了婚。最终，他的妻子和帮助藏匿他的大舅子被处死，李密再度幸运逃脱，被迫加入了当时遍地开花的反隋武装中。这时，李密发现，杨玄感当年做过的选择题，现在要轮到他做了。

成为叛军首脑的李密，才体会到杨玄感的苦衷

最初，李密流亡时投奔了几个山贼势力。此时，这几个山贼势力都不大愿意收留他，怕引来隋政府军的重点打击。后来，一个以抢劫商人为生的山贼首领翟让收容了他。很快，李密开始显示出自己的领袖气质：他游说周边许多盗匪集团加入了翟让的瓦岗军，控制了一些县城，逐渐对交通要道上的重镇荥阳构成了威胁。

隋朝派出名将张须陀镇压瓦岗军。当时，此人麾下有秦叔宝、罗士信（罗成原型）等名将，讨灭了多路影响力较大的叛军，瓦岗军也在他面前吃过亏，只因为影响力不够大，人家不那么穷追猛打。翟让准备开溜，但这时李密阻止了他。与翟让不一样，李密的目标是彻底推翻隋朝。最终，双方在荥阳的大海寺决战。此战的过程很简单：翟让诈败诱敌，按照他一贯的发挥来说算本色出演，随后李密率领伏兵侧击，大破隋军精锐，这是一场含金量极高的胜利。

伏兵不是什么高难度的计策，张须陀一路剿灭多支规模远大于瓦岗军的叛军，遇到的伏兵必然不在少数。难点在于，瓦岗军装备落后，没有成建制的骑兵，而且之前在张须陀面前每战必败，士气也不会高，堪称"乌合之众"。正常情况下，这样的部队，正面诈败很容易真的变成大溃败，彻底丧失战力。要做到败而不乱、回头和伏兵夹击，哪怕对于正规军都很难。另一方面，由于李密缺乏骑兵，只能用步兵在树林中设伏，有效地利用地形优势抵消隋军的骑兵优势，可谓极度巧妙。李密加入后，短短时间内，瓦岗军竟然变得进退有度，完成了这么高难度的战术动作，无疑显示出了李密极高的军事才华。

从此，李密在瓦岗军中的地位迅速上升，在翟让之外独领一军。瓦岗军随后又趁胜迅速攻占了中原地区的主要粮仓——洛口仓。留守洛阳的隋朝官吏没有意识到李密是多么可怕的对手，竟然不知死活地派出一支由新招募市民组成

的军队，试图收复洛口仓，毫无悬念地被轻松击败。

攻占洛口仓对李密的发展极为重要。由于李密家族地位很高，这次胜利后开始有大批隋朝任命的官吏带着地盘来投奔他。其中，影响力最大的莫过于河南道讨捕大使裴仁基的投奔。裴仁基是张须陀的继任者，不但统领包括秦琼、罗士信等名将在内的张须陀残部，还得到了程咬金等名将的加盟，和李密打得有来有回，现在竟然带着全军投向了李密。加上其他主动加入的隋朝官吏，李密很快拥有了极为豪华的文武班子。这个时期，日后大名鼎鼎的魏徵也归入了他的麾下。除了许多隋朝官吏的投奔外，周边的饥民被粮仓吸引，纷纷加入瓦岗军；各路中小规模的反隋武装也拥戴李密为盟主。大部分中原地区名义上几乎都成了李密的地盘，挂在他名下的军队一下子增长到几十万人。到这个时候，昔日收容了李密的翟让带头推举李密为王，各路加盟的军阀也纷纷劝进。李密考虑到洛阳附近的隋军仍然强大，称王时机尚不成熟，决定先称魏公。

现在，李密作为中原地区最强大的势力，突然发现自己和当年的杨玄感一样必须进行选择——当年自己提出入关和先攻占洛阳两个选择，杨玄感选择了后者，结果失败；今天的李密比起当年的反隋先驱杨玄感实力强了太多，同样面临先入关还是先攻占洛阳的选择。

直到自己完全操盘，李密才发现杨玄感的苦衷所在。放弃洛阳直扑长安，在当时的局势下是一个胜率很小的豪赌。李密在占领洛口仓势力大增时，洛阳和长安仍有着数量庞大的隋军，如果不能快速占领长安，一旦洛阳方向的隋军过来支援，这支孤军很容易被瓮中捉鳖。此外，在关中的东北方向，隋朝委任的山西地区长官李渊仍然忠于隋炀帝，要到几个月后才会起兵反隋，一旦入关，李密需要应对三面受敌的局面。

此外，虽然名下的军队有数十万人，但是李密真正的嫡系主要是以裴仁基父子、柴孝和等人为首的前隋朝官吏。翟让等人的老瓦岗军体系、新加入的饥民、各路名义上依附于他的叛军，基本都不愿意在攻下洛阳之前入关。因此，李密必须攻克洛阳，或者至少把洛阳守军削弱到一定程度时，才有可能进入关中地区经营。

所以，当李密的心腹柴孝和劝李密尽快入关时，李密答复说："你这个方略，我也考虑很久了。但是追随杨广的军队还很多，我的队伍都是山东人，不攻克洛阳的话，他们怎么愿意跟着我向西进关？而且，把绿林好汉出身的反王们留下，必然互相争夺，关东就必然全丢了。"李密自始至终都知道关中的巨大价值，但是只有当他操盘时，才能明白杨玄感当年的苦衷。

洛阳消耗战，李密和隋朝两败俱伤，李渊趁虚轻取关中

对于李密来说，必须先控制洛阳才能进行下一步。对于正在江都（今扬州）的隋炀帝来说，洛阳也是必须控制的，一方面，这里是隋王朝的东都，首都被叛军攻占对帝国体面的打击是决定性的；另一方面，洛阳占据了隋炀帝兴建的大运河中心位置，一旦被攻占，意味着隋炀帝将被隔绝在江淮地区。为此，在李密收编大量隋朝地方官，控制洛阳周边后，隋炀帝开始不惜血本地向洛阳派出援军。

第一批隋朝援军从关中派出，由庞玉、霍世举率领。李密一方面组织兵力准备和隋军再次决战，另一方面利用援军东出后关中空虚的机会，让柴孝和带数十人西进，收编当地的地方武装，试图经略关中。柴孝和成功收编了一万人，控制了关中重要门户陕县。不难看出，李密自始至终盯着关中，但是直到击败洛阳附近的隋军主力，关中隋军东进支援后，才有派出偏师经略关中的可能。

遗憾的是，得到关中精锐增援后的洛阳守军实力大增，李密却在之前的小规模冲突中负伤，指挥能力大打折扣。很快，隋军重创了李密军，李密的左右司马都战死。柴孝和收拢的地方武装听说李密主力惨败的消息便作鸟兽散，柴孝和带少量人马回去和李密会合，李密经略关中的尝试就这样以失败告终。

　　李密确实是个狠人，在身受箭伤又遭遇惨败的情况下，只休息不到一个月，又出动全部精锐去回洛仓找隋军拼命。这次会战中，李密再次挫败了隋军主力，占领回洛仓，随后又趁胜攻占了黄河边的黎阳仓。至此，洛阳附近的三大粮仓全部落入李密之手，洛阳的守军再次陷入被动，甚至河北窦建德等割据势力都向李密表达了归附之意。隋炀帝在江都得知李密大胜也慌了。一旦李密攻占洛阳，他对关中、河北地区的控制就会被进一步切断。为此，他砸锅卖铁，又从江淮流域和河北大举调兵支援洛阳。李密在相继战胜了洛阳守军和关中派出的隋朝援军后，又要对付隋炀帝从全国各地调集来的精锐。统率洛阳隋军的是刚在江淮流域剿灭了起义军的王世充，他带领 5 万江淮精锐支援洛阳。

　　王世充登场的第一战就大败李密军，连经略过关中的柴孝和也在战败逃亡途中溺水身亡。此后的拉锯战中，李密再度显示了自己的军事天赋，王世充三次大败于李密，洛阳地区十几万隋军基本或死或降。王世充试图挑起李密和翟让的矛盾，分化瓦岗军。而李密显示了自己的枭雄本质，干净利落地火并了翟让。到这个时候，洛阳的陷落似乎只是时间问题了。

　　但是，李密最心心念念的关中地区却在这一时期落入了他人之手。李渊在太原起兵后，利用关中部分隋军东出支援洛阳、洛阳守军和全国各地隋军主力都在和李密缠斗的机会，从山西直入关中，很快击败或收编了剩下的隋军，控制了整个关中。李密只能徒唤奈何：同样知道控制关中对夺取天下极为重要，当初如果不顾一切直扑关中，就必须同时面对隋朝关中驻军的防守、背后洛阳驻军的追击和山西方向李渊所部隋军的夹击，必须战胜三路大军才可能全取关中。而现在李渊进入关中，山西本来就是他起兵的基地，虽然后来被军阀刘武周攻占，但短期内是安全的；洛阳的隋军主力正在和李密打得昏天黑地；甚至关中的隋军，很大一部分也在庞玉、霍世举率领下去洛阳和李密决战了，他现在只需要战胜关中一部分守军就可以达成目标。很大程度上，正是因为李密在中原地区缠斗并且逐个战胜了各路隋军主力，李渊才能如此轻松地拿下关中地区。

当李密即将攻占洛阳时，新的麻烦又来了：控制了关中的李渊派李建成和李世民率兵 10 万东出，试图趁乱捞些好处。双方发生了若干次小冲突，互有胜负，最终李渊暂时放弃了争夺洛阳，李密也因此错过了直下洛阳的机会，因为又有一支新的敌军即将到来。

隋炀帝的精锐禁卫军"骁果"大部分是关中人，因为急于返回故乡，最终发起政变，弑君后拥戴宇文化及为主，沿着大运河北上，开始向关中进军。他们必须经过的地盘，就是李密控制下的中原地区。

穷途末路投唐，李渊却根本没打算让他活

到现在为止，李密在战略上还没有发生过严重的误判。当宇文化及率领 10 万精锐的"骁果"军向李密请求借道、借粮时，留守洛阳的隋炀帝之孙杨侗也提出先和李密停战，授予李密官职，由李密负责剿灭弑君的宇文化及。

此时的李密有三种选择：第一种是出钱出粮送走这帮大爷，让他们去和李渊抢夺关中，自己先占领洛阳，从而巩固对中原地区的控制。在进入李密地盘前，宇文化及途经的几个军阀势力都选择放任宇文化及过境。第二种就是和宇文化及部合作，一起拿下洛阳后攻入关中。第三种则是接受洛阳方面的建议，剿灭宇文化及。

影响李密做出决策的关键性因素，就是对"骁果"军战力的评估。如果"骁果"军足够强，就选择借道或者联合他们。在这里，李密的判断发生了较大偏差，在他眼中，洛阳、长安和江淮地区的数十万精锐隋军都被他消灭或者收编了，这 10 万"骁果"军并没有资格和他谈太多条件。最终，李密选择接受洛阳的求和，去对付宇文化及的"骁果"军。

然而，作为隋炀帝生前最信赖的禁卫军，"骁果"军的战斗力远超李密想象。李密在战场上多次处于下风，且中箭受了重伤。李密赖以取胜的核心力量，是从裴仁基部等前政府军中选拔出来的精锐，称为"内军"，在之前的战

役中战斗力远胜一般隋军，但现在依然不是"骁果"军的对手，死伤过半。经过此战，李密身经百战的嫡系精锐基本消耗殆尽。"骁果"军也战至力竭，又因没能攻占粮仓而断了粮，最后大部分成员反过来投降李密。

李密和"骁果"军恶战时，王世充在洛阳发起政变，杀掉了和李密关系友善的朝臣，挟持了杨侗，控制了洛阳，重新和李密敌对。李密和裴仁基最初都想拖延决战，因为洛阳已经断了粮，只需要用饥饿逼迫城里士兵投降就行。但这时候新投降过来的"骁果"军将帅和原翟让系统的单雄信等人都撺掇李密和王世充决战。

在进攻洛阳的战役中，李密军几乎是像多米诺骨牌一样地倒下。李密嫡系的"内军"最先接战，由于之前决战"骁果"军时损失过重，还没有得到恢复，一番恶战后败下阵来。随后，原翟让系统的单雄信等人和"骁果"军降将很快投降了王世充。李密一下子陷入了穷途末路之中，最后只好向西投奔李渊的唐王朝。

这次李密是彻底失算了，李渊从一开始就没打算让李密活下去。我们可以看看李渊对所有曾称帝称王的群雄的处理方针：无论是战败被俘的窦建德、萧铣（xiǎn）、薛仁杲（gǎo），还是没有大战就被手下人出卖给李渊的曾经约为兄弟的李轨，不管是出身农民还是大贵族，一律采取无差别肉体消灭的政策。

李世民亲口承诺过不杀的王世充被复仇者所杀，李渊立刻封赏了复仇者并且灭了王世充的族。即使主动投靠唐朝、本人也来到长安城表示效忠的杜伏威，也在旧部反叛后被毒死并祸及家人。对于李密这种出身、能力和野心都足以对唐帝国构成威胁的人，李渊怎么可能让他活下去？最终，在李渊的故意怠慢和精心算计之下，李密被逼逃走并在途中被截杀，一代枭雄的传奇人生画上了句号。

在隋末群雄中，李密是唯一真正有可能同唐王朝一较高下的人物。他不是评论家笔下书写的那样目光短浅，不知早占关中。可惜的是，在隋朝腹心地区洛阳周边起兵的李密，必须先战胜洛阳守军，才有资格真正实行西进关中或南下剿灭隋炀帝残余势力的战略，偏偏洛阳对于隋炀帝也是绝不可失去的地方，所以双方在洛阳城下进行了长年的消耗战，最终几乎同归于尽。

李密的事业以失败告终。曾是他臣子的魏徵在为李密立传时，称赞这位旧主"声动四方，威行万里"，只可惜因为"运乖天眷"，也就是运气太差失去了上天眷顾，不幸失败。在李密麾下效力的徐世勣、秦叔宝、程咬金等人，则继续为唐帝国南征北战，在历史的舞台上延续着自己的传奇。

三十九　五代燕云往事：为什么李存勖可以战胜契丹，后来却很难？

在混乱的五代十国初期，有几个名字是绕不过去的，他们都曾是唐朝的节度使，随着各自权力的坐大，逐渐成为军阀混战的主角，包括——

篡唐称帝的后梁皇帝朱温；

被唐朝封为"晋王"的李克用，他的儿子是后唐开国皇帝李存勖；

卢龙节度使刘仁恭，他的儿子是桀燕的开国皇帝刘守光；

后晋开国皇帝石敬瑭，他曾做了一件改变历史走向的大事……

这些人的混战，也引来了另一个历史角色登场，那就是虎视眈眈、随时趁虚而入的辽国首领耶律阿保机……

以上提到的人物，都会出现在本文中。但故事的主角，是李存勖与耶律阿保机。

李存勖经略幽燕

公元912年初，占据幽燕的刘守光称帝后不久，李存勖便大举进攻幽燕。短短一年内，坐守孤城的刘守光开始提出休战，同时联络契丹自救，李存勖和耶律阿保机的第一次对话也随之到来。

说起耶律阿保机，他和李存勖也是累世之仇。李存勖的父亲李克用病逝前，曾拿出三支箭，代表其平生的三个宿敌，一是仇寇后梁朱温，二是忘恩的幽州刘仁恭，三则是背刺的契丹。李存勖每次出征时，都要将三支箭迎奉家庙，携其出战。这一次，李存勖一下就和两个仇人撞了个满怀。

当时，李存勖的主力正与梁军周旋，两线作战虽难，但如果答应了刘守光的休战请求，给他机会引契丹南下，契丹人一定会借此机会蚕食幽燕，后患无穷。

燕山以南是一马平川之地，也是契丹骑兵发挥战力的绝好战场，因此，即使困难重重，李存勖也要把燕国彻底攻灭。公元913年末，李存勖从南方战场抽身后火速到达幽燕，猛攻幽州城池。不久幽州陷落，刘守光在出逃路途中被抓获，李存勖为父报仇的同时，幽燕之地尽归所有。

耶律阿保机尚未做好准备，第一次侵夺幽燕的机会就这样失去了。

公元916年，李存勖已经完成对黄河北岸的占据；同一年，耶律阿保机正式建国号"契丹"，两者关系急剧恶化。

契丹和匈奴、突厥有很大不同，耶律阿保机在统一草原内外的同时，彻底铲除了契丹传统的部族首领，建立了相当的权威。历史上，匈奴两度分裂，突厥也被隋文帝、唐太宗挑拨离间，胜则聚，败则作鸟兽散的草原帝国传统难题被耶律阿保机克服。在这个基础上，耶律阿保机仿照中原建国称制，已经有了问鼎中原的基础。

中原乱局纷纷，耶律阿保机意识到，这是侵占幽燕、窥视中原的契机。于是，耶律阿保机纠集各族大军，兵力号称30万，大举越过燕山进攻晋军。

晋军的军队组成和战法，对契丹并没有优势。晋军的战法承袭西突厥沙陀处月（朱邪）部。处月部是西突厥中的小部落，当地马匹精而不多，因此沙陀军的骑兵数量十分有限，沙陀军中较为流行重甲精骑兵战术。

契丹则以骑射为主，并惯于将弓骑兵集中到地方军阵的一点，通过密集箭雨撕开敌人军阵的缺口再进行冲击，在长距离作战中善用游击、斡旋等方式。

契丹军的后勤则更依赖劫掠。在耶律阿保机时代，契丹军的后勤方面做得并不好，因此，如果以适当兵力支援、坚壁清野①，足以令耶律阿保机头疼。

李存勖素来以胆大心细、灵活机变闻名，对于麾下臣僚也敢于放权，不轻易干涉前线。当契丹围困幽州后，李存勖命李嗣源、李存审前去救援。李嗣源和李存勖有着同样的默契，他也清楚契丹军机动性强，没有辎重拖累行军速度，通过四处劫掠充当补给。因此，李嗣源采取了坚壁清野的战术，同时以马步兵沿着山路行军。如果遇到契丹军进攻，晋军则据险而守，避免在平原上交战，同时防止粮道被契丹骑兵切断。

当李嗣源行进到幽州时，与契丹军遭遇。李嗣源砍伐树木、构筑鹿角，筑造土木工事坚守。耶律阿保机指挥契丹军强攻，李嗣源则以弩箭回击。晋军占据了地理优势，又疲惫了围困幽州多时的契丹军队。

这时候，李嗣源开始主动出击。他率领一众精锐重骑兵列阵鼓噪，吸引契丹军骑前锋的火力。同时，晋军步兵绕道袭击契丹后方，绝其归路、粮道。最终，契丹军进退失据，人马相踏，阵线被彻底动摇。李嗣源乘势猛攻，步骑协同作战，令契丹军不断溃败，耶律阿保机无奈撤军，幽州解围。

公元921年，契丹再次南侵，这次的耶律阿保机几乎占尽了天时、地利、人和。

耶律阿保机挑选时机的眼光十分毒辣。当时李存勖治下的成德镇叛乱连连，他趁李存勖内忧外患之际，从古北口南下，包围幽州，同时接连攻略檀州（今北京密云）、顺州（今北京顺义）、望都（今河北望都）、潞县（今北京通县东）、满城（今河北满城）等十余地，俘虏了李存勖的堂兄李嗣弼，又挑拨驻守定州的王郁叛变。接下来，只要攻下幽州，李存勖就不得不西退井陉，

---

① 坚壁清野：来源于历史故事的成语，最早出自西晋陈寿的《三国志·魏志·荀彧传》，是指坚守壁垒，使敌人无法攻进阵地；清除郊野的粮食、房舍，使敌人因缺粮无遮蔽而无法久战。这是一种作战策略。

幽燕地区便成了耶律阿保机的囊中之物。

但耶律阿保机没有料到，李存勖力排众议，否决了劝他先行回晋阳的建议，而是听从郭崇韬的意见，选择亲自率军迎战耶律阿保机。

李存勖深谙契丹战法——分兵过多又缺乏后勤，只要将其前锋主力击溃，看似强大的契丹军就会首尾失顾，散布各地的兵力缺乏统一调度，将会自行退去。就这样，李存勖亲率精骑，星夜兼程突击契丹军。当时契丹军正忙于围城和四处劫掠补充物资，这场突击又以李存勖的胜利告终。李存勖趁势追击，一路追至幽州，收复了山北妫（guī）、儒、武等州，契丹军黯然退去。

就这样，李存勖凭借主场优势击败了远道而来的契丹军。

公元 923 年，李存勖在魏州（今河北省邯郸市大名县东北）称帝，改天祐二十年为同光元年，沿用"唐"为国号，史称"后唐"。另一边，耶律阿保机仍放不下夺取幽燕之心，多次引军南下，却一无所获，多次被后唐军所破。

地缘的争夺：燕云十六州

契丹人之所以一直对幽燕之地虎视眈眈，自然和燕云十六州独特的战略地位息息相关。中原政权和契丹的优势逆转，也是发生在石敬瑭出卖国土、燕云易手之后。

燕云十六州有多重要？一图胜千言，从地形图上看，燕云之地的战略地位如何显而易见。

从军事角度看，燕云十六州正好被太行山脉割裂，分列于黄土高原东部和华北平原。武州、蔚州、应州、寰州、儒州、新州、妫州、朔州、云州这九个州位于太行山以西的黄土高原东脉；幽州、顺州、蓟州、檀州、涿州、瀛州、鄚（mào）州这七个州位于太行山以东的华北平原。燕云十六州并非因控扼交通而险，而是燕山山脉与太行山脉对北方游牧势力形成了天然的屏障，自秦汉至明长城内、外三关（锁住雁门关以北区域的内长城）沿太行山脉缺口布防，历代中原政权对北方势力的防御皆因循此例。

幽燕如果不在中原政权的掌握中，相当于从太行山脉向华北平原敞开了一个缺口，天然的地理防线失效，整个华北平原都在幽燕驻军的俯视之下。北方势力坐拥燕山山脉，就让对手如同芒刺在背，如鲠在喉。历史上的宋军也是如此，宋军的北方防线的真定、中山及河间虽名为重镇，但丧失了地缘优势，地处大平原，使各军不能呼应，在多次战役中形同空设，最多也就是迟滞拖延敌军。

从幽燕看去，北军从幽州向南伊始，沿华北平原南下，一路可直达宋都开封，千里平原除了黄河防线几乎无险可守；此外，北军向西可以扼守太行山脉的诸多关隘，等于锁住了山西地区军队东出救援的出口，可利用地形分割歼灭。

若占据了幽燕，则攻守皆宜，耶律德光南下攻灭后唐末帝李从珂，幽燕就是其前哨站。而宋军早期北伐辽军惨败的那些战役，也大多数是试图收复燕云十六州、主动进攻的战役。宋军相比后唐军，战力有所不如，又处于进攻位置，面对契丹骑兵切断粮道的战术十分头痛，加上燕云十六州山地崎岖，后勤辎重补给困难。宋太宗赵光义在两次试图收复的战争中，都是先胜后败，在补给困难的情况下，被迫撤出幽燕。

后唐的内讧与幽州的易手

后唐时期，契丹人面对后唐军屡屡吃瘪。后唐末年，中原政权内讧连连，辽太宗耶律德光终于等来机会。

同光四年（公元 926 年）二月，后唐军队发生哗变，李存勖本想亲征，却被宰臣劝阻，只得起用李嗣源。结果，李嗣源刚到魏州，就遇到亲军哗变，被劫持入城。李嗣源无法自明，也加入了叛军的队伍，率兵南下。两个月后，李存勖出战时，被流矢射中，死于绛霄殿，时年 43 岁。李嗣源进入洛阳，在李存勖灵前称帝，史称后唐明宗。

7 年后，李嗣源病死，后唐再次爆发激烈内讧。李嗣源之子李从厚登基后，与李嗣源养子李从珂发生冲突。李从珂自凤翔起兵，入主洛阳自立，改元清泰。

但后唐的内讧并未终结，石敬瑭即将登场。

石敬瑭的伯乐兼岳父就是李从珂的养父李嗣源。李嗣源还未背叛李存勖时，石敬瑭就已是他的心腹之将。石敬瑭跟随李嗣源转战各地，共同保护过李存勖。李存勖称赞他勇猛威武，抚摩着他的背脊说："大将门下出强将，这话不错啊。"石敬瑭由此而名声远扬。当然，劝李嗣源顺应形势、背叛李存勖的也是石敬瑭。

后来，石敬瑭帮助李从珂登基称帝，李从珂任命石敬瑭为河东节度使。虽然石敬瑭帮他除掉了李从厚，但他反而将石敬瑭当作最大的威胁。石敬瑭则时刻提防李从珂，处处为自己留后路。有一次，石敬瑭试探李从珂，上书假装辞去马步兵总管的职务，要到其他的地方任节度使，如果李从珂同意，就证明他确实怀疑自己；如果让他留任，则说明李从珂对他没有加害之心。而李从珂听从了大臣薛文通的建议："河东调动也要反，不调动也会反，时间不会太长，不如先下手为强。"于是，后唐清泰三年（公元 936 年）五月，李从珂改任石敬瑭为郓（yùn）州节度使，进封赵国公，又改赐"扶天启运中正功臣"名号。

结果，石敬瑭不仅拒绝了李从珂的调任，还要求李从珂让位给李嗣源的亲生儿子李从益，理由是养子不应继承皇位。李从珂被激怒了，下令罢免石敬瑭的所有官职，并遣张敬达率兵数万进攻晋阳，下令各镇联合讨伐。

兵临城下之际，石敬瑭自知势单力薄，偏居河东一隅，难以与坐拥天下的李从珂抗衡，于是向契丹皇帝耶律德光求救，并许诺割让燕云十六州给契丹，每年进贡大批财物的同时，认比自己小 10 岁的耶律德光为父。虽然后来的刘知远从中阻拦，但石敬瑭仍然一意孤行，与契丹盟约。后晋天福元年（公元

936 年）十一月，辽太宗耶律德光册立石敬瑭为皇帝，改元天福，国号晋，史称"后晋"。不久后，石敬瑭和耶律德光联军攻入洛阳，李从珂自焚而死，燕云十六州彻底易主契丹。

自此，中原面对契丹的胜负天平开始倾斜。幽燕这一中原政权对北方游牧政权的关键攻守区的丧失，意味着晋—后唐时期对契丹的屡战屡胜的局面难以再现。

燕云的易手助长了耶律德光的野心，契丹凭扶立石敬瑭之事，挟制中原。石敬瑭死后，石敬瑭之子石重贵不愿继续忍辱负重。后晋官员景延广对契丹使者说的话也十分强硬："先皇帝北朝所立，今卫子中国自册，可以为孙，而不可为臣。且晋有横磨大剑十万口，翁要战则来，他日不禁孙子，取笑天下。" 石重贵的反抗引发了耶律德光再一次动员军队南下。但这次战争中，耶律德光明显高估了契丹军的战斗力。当时的后晋军仍延续了后唐以来的战斗力，契丹军在交手中并没有占到什么便宜，双方互有胜负。

石重贵稳住阵脚、策划反击后，契丹军的战事更是陷入僵局。在河北的白团卫村，后晋将领符彦卿以远少于契丹的兵马，在风沙之中"拥万余骑横击契丹"，配合李守贞打得契丹军兵器、甲胄、马匹等丢弃一地，耶律德光也是丢弃车马、骑着骆驼才逃出生天。此战过后，契丹军损失惨重，耶律德光逃回南京（幽州），集聚散兵。

后晋的灭亡，实际上是战场外的内讧所致。当耶律德光再次南下后，后晋重臣杜重威率军归附耶律德光，晋军在滹（hū）沱河惨败。杜重威希望效法石敬瑭，成为第二个儿皇帝，耶律德光由此攻入了开封，灭亡后晋。若非有杜重威阵前倒戈，战役的胜负犹未可知。

公元 947 年，耶律德光在开封登基，改国号"大辽"，自封中原皇帝。但好景不长，在与晋军的长期作战中，辽军已经损失惨重。随着各镇的纷纷叛乱，辽军又遭水土不服，耶律德光只得引兵退出中原，自己也身死于撤军途中。

耶律德光的辽军并非坚不可摧，中原军队也不是不堪一击，后唐之后，中原政权面对契丹的被动，除了让契丹得到了燕云的地利以外，更多的是战场外的因素所致。

但是，丢失了燕云十六州的中原政权失去了地缘优势，又在不断内讧中削弱了自身的战争实力。北宋建立后，又因前代兵祸殷鉴在前，实行了以文制武、强干弱枝的政策，导致宋军战斗力急剧下降。在地缘劣势的前提下，武力值又有所下降，再如李存勖时代一样战胜契丹，已是难上加难。

四十 黄河决堤，冲垮元朝的最后一棵稻草

公元 1206 年，成吉思汗统一蒙古高原后，走上了对外扩张的道路。首先遭到蒙古铁蹄袭扰的是中国北方的金国和西夏。公元 1227 年，成吉思汗先是消灭了雄霸西北的西夏，7 年之后又消灭了威震中原的金朝。之后用了将近半个世纪，彻底终结了偏安江南的赵氏家族，统一全国。

根据史书记载，统一后的元朝疆域"北逾阴山，西及流沙，东尽辽左，南越海表""汉唐极盛之际不及焉"，可以说是前无古人后无来者，是中国历史疆域面积最大的王朝。但面积广大的大元王朝，灭亡的原因却是一次普通的黄河决堤，这又是怎么回事呢？

从元朝建立开始，就不停地有汉人反抗元朝的统治。

从至元十七年（公元 1280 年）到至元二十六年（公元 1289 年）的 9 年间，江南地区爆发了多次规模超过 10 万人的农民起义。但在强大的蒙古铁蹄面前，这些起义最终以失败告终。

面对汉人的反抗，元朝统治者采取严密监视、小心提防的政策，比如禁止汉人私藏兵器；暂停科举，限制汉族读书人进入朝廷做官；同时将大量精锐的蒙古军队派驻到重要的地方，镇压当地汉人反抗。为了配合派驻地方的蒙古军队，元朝还在全国广设驿站用于监视地方，同时将地方的情报传递到中央。

为了分化数量众多的汉人，元朝统治者一方面利用宋金对峙形成的南北地域隔阂挑拨南北汉人的关系，在社会上形成以北方汉人为主的汉人和以南方汉人为主的南人两个不同等级的汉人团体，造成汉人内部的对立，让他们无法联合起来反抗蒙古人的统治；另一方面重用在灭金、灭宋过程中投降自己的汉族官僚，在汉人当中培植自己的代理人。元朝的这些统治措施起到了明显的作用。从元成宗到元顺帝统治初期的半个世纪里，元朝内部爆发了多次农民起义，但这些起义很快被镇压下来，并没有威胁到元朝的统治。

但坚固的堡垒往往是从内部开始崩溃的。公元 1307 年，元成宗铁穆耳去世。由于元成宗没有留下子嗣，于是元朝的皇位继承就成了蒙古贵族争斗的中心。原本应该成为国家支柱的蒙古贵族们，为了皇位争得你死我活。

从元成宗到元顺帝不到 30 年的时间里，元朝换了多个皇帝，平均一个皇帝在位时间不超过 4 年，由此可见元朝政局的动荡。

蒙古贵族之间的内讧大大削弱了元朝的统治能力。上面的人忙着争权，下面的地方官则忙着夺财。到了元朝后期，地方官贪腐严重。这些在地方上任职的官员只想着从百姓身上捞钱，他们编造了各种各样的名目收取百姓的钱财。

在元朝后期，无论是红事、白事还是生日、过节，百姓都要给地方官送钱，甚至打官司面见官员也要送钱，可以说是苦不堪言。

至正五年（公元 1345 年），元顺帝从中央抽调部分官员组成宣抚官，到地方去赈济贫民，整肃地方吏治。谁曾想这些宣抚官到地方后，非但没发挥他们应有的作用，反而与地方的贪官污吏勾结在一起，一同欺压百姓。当时就流行这么一首民谣："奉使来时惊天动地，奉使去时乌天黑地，官吏都欢天喜地，百姓却啼天哭地。"

官场的腐败还蔓延到了军队中。元朝能够统治这么多年，其主要的保障就是强大的军队。但由于腐败，军官们只知道从国家和士兵手中捞钱，众多士兵由于军官的压迫，不得不走上逃亡之路。

元顺帝时期的大元朝，就是一个装满炸药的火药桶，只要一丁点火星就可以把它引爆。而引爆这个炸药桶的火星，就是元顺帝至正十一年（公元 1351 年）的一次治理黄河水患的工程。

黄河是中华民族的母亲河，在中国历史中发挥着重要的作用。但这个母亲的脾气可不好，时常会发怒，历史上就有多次黄河决堤导致河水泛滥的灾难，因此历朝历代的政府都非常重视黄河堤坝的修建。到了元朝，黄河还影响着中央政府的安全。

元朝建立后，考虑到控制漠北和中原的需要，忽必烈将都城定在了大都，也就是今天的北京。但由于气候以及多年战争的影响，北方经济一片凋敝。而江南地区的经济发展情况就比北方好很多，加上元朝灭南宋之时，对江南的破坏比较小，因此整个大元的经济主要依靠南方地区。据统计，江南地区占了整个大元约 70% 的生产力，可谓是名副其实的经济重心。

既然江南地区占了比重那么大的生产力，自然就要负起供养政治中心的责任。在古代，运输物资最快、最方便的方式是水运。但中国自然形成的河流大多是自西向东流，没有南北走向的河流。要想通过走水路的方式将南方的物资运到大都，只能开凿人工运河。

为了将国家的政治中心和经济重心连接起来，元朝政府在彻底消灭南宋后，就开始着手修建连通大都和江南的运河。这条运河的南段主要是原来的隋炀帝修建的大运河。

但由于河南地区的洛阳和开封均已衰落，这条运河的北段主要是元朝重新开凿的新运河，它们分别是从济州至须安城的济州河、从须安城至御河的会通河和从通州至大都的通惠河。这三段新的运河与原来的运河一起，构成了大元王朝的大动脉。

元朝时期，黄河在经过开封之后河道向南，流入泗水与淮河，再由淮河流入大海。而元朝的大运河正好流经黄河和淮河的主干。

一旦黄河泛滥，将严重影响大运河的航运。偏偏元朝统治时期正处于中国气候的温暖期，降雨较多，因此元朝时期黄河经常泛滥。在国家机器还能正常运转的时候，黄河泛滥不是什么大的问题；但当国家机器出现问题的时候，就是另外一种情况了。

元顺帝至正四年（公元 1344 年），河南淮北地区连着下了 20 多天的暴雨，致使黄河水暴涨，白茅堤、金堤等黄河堤坝决口，济宁、定陶、巨野等地水灾泛滥，人民苦不堪言。

对于治理多次黄河泛滥的元朝政府来说，这不过是一次普通得不能再普通的水灾了。针对这次水灾的情况，元朝丞相脱脱决定展开大规模治理黄河的工程，水利专家贾鲁担任这次治河工程的总指挥。

这次治河工程从元顺帝至正十一年（公元 1351 年）四月开始。由于工程量浩大，贾鲁征调了汴梁、大名以及庐州等地 17 万军民，负责工程的具体修建工作。本来修补黄河堤坝是个利国利民的工程，但此时恰逢元朝末年，官员贪腐严重。朝廷拨下来治河的工程款以及民工的伙食费，大多被贪官污吏克扣了，这使得大量的民工长期在饥饿的情况下从事高强度的体力劳动。而朝廷这边对工期抓得又紧，为了尽快赶工，担任监工的官吏时常鞭打工作效率低下的民工，并且给民工休息的时间也非常少。在这样的情况下，大量参与黄河治理的民工死在工地上。根据史书的记载，当时的治黄工地是"死者枕藉于道，哀苦声闻于天"。广大在工地的贫苦民工都渴望有救世主来拯救他们。这个时候，就有人站出来满足了这些民工的愿望。这个人就是韩山童。

韩山童是元朝末年白莲教的领袖，经常宣扬一些类似弥勒佛下凡拯救苍生的言论。看到这么多民工聚集在工地上，韩山童心生一计——先是散播"莫道石人一只眼，此物一出天下反"和"大宋江山将要恢复"的歌谣，然后让人在治理黄河工地的附近预先埋下一尊独眼石人像。

果然没过多久，这些民工就挖到这尊独眼石人像。挖到独眼石人像的消息迅速在黄河工地上传开了，大部分人将独眼石人与之前的歌谣联系到一起。

这下，发动起义的思想基础就有了。元顺帝至正十一年，韩山童以自己是宋徽宗八世孙的名义与刘福通等人一起谋划起义。但因为起义的消息被官府得知，韩山童被元朝官兵所杀。迫不得已，刘福通等人只好提前起义。因为起义军头上都裹着红巾，所以这支起义军又被称"红巾军"。

红巾军起义的消息传到大都后，元朝中央为了防止治黄工程出现问题，赶紧派遣黑厮等人率领军队去镇压红巾军。但此时的元朝军队已经腐败至极，统帅黑厮更是个无能之辈，还没正式与红巾军交战，就被红巾军的气势吓倒，不战自溃。

击退了黑厮等人的军队后，红巾军一连攻下了多座城池，加入起义军的人也越来越多。其他地区的人看刘福通取得的起义成绩后，也在自己的家乡发动了起义，比较著名的有徐州的芝麻李、蕲州的徐寿辉、泰州的张士诚与浙东的方国珍，一时间起义队伍遍布大江南北。

由于起义军主要的活动区域正好是大运河的中段，江南地区的物资因此无法运送到大都。鉴于这种情况，丞相脱脱决定亲自率军前去镇压起义军。在脱脱军队的打击下，芝麻李、郭子兴等人领导的红巾军损失惨重。

很快脱脱的大军就打到了高邮城下，准备一举歼灭据守高邮的张士诚。但就在高邮之战进行到一半的时候，元顺帝听信谗言，以劳师废财的罪名剥夺了脱脱的统兵权，改由河南行省左丞相太不花等人去指挥军队。

这一临阵换将的行为导致元军大乱，这支元朝的精锐很快就土崩瓦解，至此元朝再也没有能力去镇压红巾军起义。

到了至正十八年（公元1358年），江南的大部分地区都被红巾军占领。没有了外敌，这些起义军开始互相厮杀。这个时候如果元顺帝趁虚而入，或许元朝还有一线生机。但元顺帝只知享乐，而元朝中央的大臣只想着争权夺利，根本无暇顾及南方的起义军。

到了至正二十六年（公元1366年），南方混乱的起义军都统一在朱元璋的旗下。至正二十七年（公元1367年），朱元璋命徐达、常遇春率领一支25万人的军队北伐元朝。一年之后，徐达、常遇春的北伐军队攻克大都，元顺帝逃往漠北，至此元朝灭亡。

有人说元朝的灭亡是因为贾鲁整治黄河，但其实大元的根基早在修河之前就已经烂了。

明朝人修的《元史》对元朝灭亡的原因是如此总结的："元之所以亡者，实基于上下因循，狃（niǔ）于宴安之习，纪纲废弛，风俗偷薄，其致乱之阶，非一朝一夕之故。"

天下百姓忍受元朝的统治已经很久了，治黄工地上的这尊独眼石人像，不过是压垮大元帝国的最后一棵稻草。

四十一 明英宗在土木之变被俘后，于谦为什么选择了朱祁钰？

正统十四年（公元 1449 年）八月十六日夜里三更时分，一阵紧急的脚步声打破了皇宫内的宁静。司礼监提督太监金英带着从怀来传来的信件敲开了孙太后的寝宫。孙太后展开信函读罢，顿时就瘫在了座位上。虽然这几天一直预感不妙，但第一时间得知英宗被俘的消息时，孙太后还是悲痛不已。闻讯赶来的钱皇后获悉，婆媳二人抱在一起号啕痛哭。

英宗朱祁镇被俘后，让身边的锦衣卫校尉袁彬写了一封信，叙述被俘情况，要朝廷以珍宝金银把他赎回来。土木堡事变前几天，明朝曾派千户梁贵出使瓦剌军营，此时梁贵还留在瓦剌军营中。英宗署上名字后，派梁贵送往怀来卫。八月十六日，梁贵到达怀来。当时怀来城如临大敌，城门紧闭，梁贵只得攀墙入城。怀来守将得知情况后，立即派人把信火速送到京师。当天夜里三更时分，送信人从西长安门进入皇城。

英宗当时还很天真，以为也先抓住了自己，只是一般的强盗绑票，可以用金银财宝来赎回。对于孙太后而言，能用钱解决的问题当然不是问题。她和钱皇后决定先封锁皇帝被俘的消息，并且抱着侥幸心理，立即将皇宫中的奇珍异宝搜罗起来，整整装驮了八匹马，在十七日中午派太监送到了居庸关外的瓦剌军营，想要赎回皇帝。对也先而言，皇帝当然不是一般的人质，在收到"赎金"——九龙蟒衣、缎匹及珍珠六托、金二百两、银四百两等物后，却只字不提放人之事。

稳定危局

当时京军劲甲精骑皆已陷没在土木堡，京师疲卒羸马不足 10 万。满朝文武听了徐珵（chéng）主张逃跑的话后，面面相觑。稍许，成祖时便在朝为官的老臣、礼部尚书胡濙（yíng）颤巍巍地站出来质问道："不可，若去，陵寝将谁与守？"

意思是倘若南迁，昌平的皇陵就没人守了。

这话虽说是反对南迁，但理由让人感觉有点牵强，而且颇有点悲壮无奈之感。一时群臣人心惶惶，主持朝议的朱祁钰对眼前的情形也不知所措。关键时刻，兵部侍郎于谦挺身而出，高声说道："京师是天下的根本，一动则大事去矣。谁不知宋朝南渡的祸患，请立刻调动四方勤王兵，誓死守卫京师。"

于谦的意见博得了朝堂上一批正直大臣如胡濙、王直、陈循、商辂（lù）、王竑（hóng）等的称赞。司礼监提督太监金英更是让人将徐珵赶出了大殿。这种情况下，即使心里主张南迁的大臣也都噤若寒蝉，朝堂上顿时统一了意见。这样，毫无主见的郕（chéng）王朱祁钰和孙太后决定坚守北京，并将战守的责任交给于谦。

调兵备战

不久，于谦被任命为兵部尚书，全权负责北京的防守以及对瓦剌的军事作战指挥。

正统年间，以王振为首的宦官势力抬头，逐渐侵夺阁权，内阁在国家决策过程中的作用日渐式微。三杨陆续辞世，后进的曹鼐、马愉等人因资历较浅，内阁对中枢决策的影响进一步减小。土木之役，随征的曹鼐等人死于行间。于谦受命之初，内阁几乎成为摆设；本该成为六卿之首的吏部尚书王直，因年迈而又对于谦的才具心悦诚服，逊居下位，便自然形成了以于谦为核心的中枢政务参决群体。

另外，受景帝宠信的太监兴安对于谦十分敬重，屡次在于谦受到奸臣诽谤时挺身而出，加以保护。有了最高统治者的信任和支持，于谦就能放开手脚了。

于谦乃一介书生，从来没从过军、打过仗，但危急时刻能挺身而出："谦虽一介书生，素不知兵。然当此危局，敢不受命！"不过仅凭勇气、决心和空喊空号是不够的。当于谦真正了解到目前京城的情况时才认识到，摆在他面前的是一个不折不扣的烂摊子。

土木堡失利几乎把所有的老本都赔干净了，京城里连几匹像样的马也找不到。士兵数量不到 10 万，还都是老弱残兵和退休人员。但最严重的问题还在于士气不振，土木堡明军全军覆没的消息使得京师人心惶惶，形势十分危急。也先挟持着明英宗在宣府叩关，在大同城外索要金银财物，一次次的北疆紧急险情之讯传到北京。一些官员和富绅开始收拾自家的细软，预备逃难。

怎么办？于谦首先奏请郕王，要求从全国各地调兵。于谦一共调了三类兵火速增援北京。第一类是"两京、河南备操军"——备操军相当于预备役；第二类是"山东及南京沿海备倭军"——因为一直有倭寇之乱，所以有专属的备倭军；第三类是"江北及北京诸府运粮军"——也就是沿运河及海路负责漕运的部队，这在明军序列里就是后勤部队。这三类虽都算不上精锐，但不管怎么说，也凑了 22 万人的兵员。于谦更奏请调动靖远伯王骥所领湖广兵、宁阳侯陈懋所领浙江兵，来京师充实守备力量。但因王骥路远，先令陈懋率浙兵北上。

有了军队，还缺少武器，当时京师里军队只有十分之一的人配备武器、盔甲。于谦又下令将南京储存武器的三分之二，共计126万件调入北京，还派人到土木堡战场上收集明军遗弃的武器，结果收集到明军溃败时丢弃的头盔9000余顶、甲5000余件；神枪（火枪）1.1万余杆、神铳（火铳）2万多只、神箭（火箭）44万枚、火炮800余门。这些在土木堡战场上没来得及使用的武器，很快地装备了守卫北京的明军。

"兵马未动，粮草先行"，北京城作为当时的京城，当然也囤积了一定的粮草，但一下子多出这么多增援的部队，粮食问题如果不提前解决，那这仗也是无法打下去的。当时，由于大运河的运输，通州是京城粮草的主要囤积地，通州储备"仓米数百万石，可充京军一岁饷"。这么多粮食，不动员十几万人根本搬不回来。当然，打北京保卫战确实也用不了这么多粮食，但蒙古部族骑兵入寇，从来都是就食当地，这么多剩余的粮食放在通州，如果被也先占领了的话，他就可以长期围着北京不走了。所以，就算这些粮运不回来，也要烧掉。于谦征用顺天府大车500辆运通州粮进京，同时号召百姓有车之家，每运粮20石入京仓，给脚价银（运输费）一两。不过即使如此，短时间内也很难把所有粮食都运回来。于谦又想到了一个两全其美的办法，在紧急调派各地增援部队的同时，就下了另一道命令。令所有来北京增援的部队经过通州的时候，自行到通州粮仓取粮，能超额多带粮到北京的，还有赏钱。这样，调集的大军从通州一过，顺手就把通州的粮食给搬空了。

于谦的另一个措施是加固城防并在北京城外设置障碍物。明军于城上、城垣、堞口新设门扉11 000有余、沙栏5100余丈，以阻击瓦剌军。随后，他又下令关闭京师城门，以示背城死战的决心。

于谦开始大举调军运粮以及加强城防的行动后，京城人心稍安，军民上下的士气也渐渐昂扬了起来。

选立太子

除了这两个问题，于谦还面临另一个更为棘手的难题。"国不可一日无君"，此时的大明帝国，皇帝还在瓦剌手里。侥幸的是，土木惨败后，瓦剌并没有乘胜直捣京师，而是几次在宣府、大同等边镇勒索财物，使明廷得到了一个月的喘息时间。

朱祁钰虽被赋予监国之位，但缺少皇帝权威，政令无法畅通，掣肘障碍甚多，特别是当国家处于危急存亡的关头，无法进行战时的动员和布置。正因为明朝没有新皇帝，才使掌握在瓦剌手中的明英宗仍为明朝法定的皇帝，成为也先要挟牵制明廷的工具，使明朝在与瓦剌的较量中处于极其不利的地位。

得知英宗被俘后，孙太后命朱祁钰监国，对于人心不稳的时局，此举受到了朝野上下的支持。可是仅隔一天之后，这位皇太后忽然抛出重磅消息，欲立两岁的朱见深为皇太子。朱见深是英宗朱祁镇的长子，当时与次子见清、三子见浞（zhuó）均为庶出。孙太后的这波操作令众大臣瞠目结舌，国家正处于危难之际，一个两岁的娃娃何以领导全国人民共渡国难呢？

就在朝堂议论纷纷之际，孙太后又颁布诏书。这道诏书暗含心机，不仅为朱祁镇的草率行为辩白，还暗示英宗仍有望在近日返京。孙太后又"告诫"朱祁钰"暂总百官，理其事"，不能有非分之想。

孙太后何以在此时急于立朱见深为太子？对她来说，儿子祁镇被蒙古人掳去，生死难测，如吴贤妃之子祁钰监国，一旦祁镇有意外，祁钰做了皇帝，母以子贵，那朱祁钰的生母吴氏岂不是成了太后？以后的皇帝都和自己没了血缘关系。碍于后妃不得干政的祖制与张太皇太后的故事，孙太后无法垂帘听政。孙太后的如意算盘是，英宗若能脱险归来，皇位自然还是自己儿子的，若有万一，皇位也只能是她孙子的。经孙太后的这般苦心安排，年幼的朱见深便成了合法的皇位继承人。

然而，孙太后的这种想法只是出于一己之私利，对抗击瓦剌、保卫北京十分不利。不过，此时大明朝堂之上，正统时期的文官集团在以宦官为核心、锦衣卫等为辅助的内廷势力压制下，所产生的压抑、仇恨情绪，在"土木之变"国难背景下，爆发出清洗内廷势力的政治诉求与潮流，其政治局势发展已超出孙太后的控制。

血溅宫门

　　立太子的诏告发布后的第二天，郕王朱祁钰驾临左顺门朝见百官。

　　左顺门，现在又名协和门，建于明朝永乐十八年（公元1420年），东与东华门相望，这是明朝文武官员向皇帝呈送奏本以及接本的地方。按照往日的做法，朱祁钰要在左顺门与大臣们商议国事。但他还来不及询问北京的守备情况，都御史陈镒会合朝廷众臣突然上章，认为王振倾危社稷，构陷皇驾，应该诛杀王振家属及其党羽、抄没财产，以安定人心。

　　陈镒开了头后，先前被迫屈就于王振淫威之下的六科给事中和十三道监察御史纷纷附和。显然，这已经超出朱祁钰的预料，他一时不知如何是好。就在这个节骨眼上，负责皇帝朝见仪仗与保卫的锦衣卫指挥使、王振的心腹马顺竟跳出来大声呵斥群臣："王振已为国家死于土木堡前线，你们在此还啰唆什么！"

　　马顺是王振的死党，原来明英宗宠信王振，搞得整个朝廷乌烟瘴气，群臣的心中早已酝酿着一股洪流。首先跳出来的是性如烈火的给事中王竑，他冲上前抓住马顺的头发，用手里的朝笏劈头盖脸打下去。红了眼的大臣们纷纷上前，围住马顺一顿拳打脚踢，以致马顺这位锦衣卫头子，竟活活被打死在朝堂之上。他也成为古代历史上唯一被大臣们在朝堂上活活打死的官员。

　　朱祁钰见状畏惧不已，急忙抽身，打算逃离现场。这时，于谦忙抢上前去，拉住朱祁钰的衣袖，跪在地上，请求他留下来。锦衣卫极力想把于谦拖开，于谦坚决不松手，衣袖被扯掉了，还是不松手。锦衣卫的一个小头目大喝："你想干什么？"

此时，连吏部尚书王直都没明白于谦为何拉住朱祁钰不让他退朝。那么，于谦在担心什么呢？虽说事出有因，但堂堂朝官，在没有得到任何命令的情况下，在朝堂上被一群官员施加私刑，群殴致死，显然这是违犯朝廷规制的。

监国朱祁钰本来就缺乏主见，如果这个时候让他回宫，若王振残党从中挑拨，锦衣卫缇骑四出抓捕相关大臣的结果不难预料。因此，必须让郕王留下来，对眼前的事情当场做出决定，有个明确的表态。

"臣冒死请殿下传令。"于谦说，"马顺罪当死，请殿下下令百官无罪。"于谦说罢，百官们终于明白过来，又一次全体跪下，请求宽宥王竑，严办王振余党。

其后，马顺、毛贵、王长随三人的尸体被拖出，陈列于东安门外示众。军民争击尸体发泄郁积心胸的愤恨。王振家族无论老少一概斩首。

"左顺门事件"火了率先出手打死马顺的王竑，甚至还有百姓把他的画像制成门神。而于谦再次发挥了顶梁柱的作用。出了左顺门，年逾古稀的吏部尚书王直拉住于谦的手，连连赞叹："国家正是依仗您这样大才的时候，今天这样的情况，即使有一百个王直也处理不了啊！"

在左顺门事件中，虽有非理性的言行，但以于谦为代表的能臣还是基本上把握住了事态的走向，也影响了明朝的政治格局。

谋立新帝

左顺门事件成为政局转折的关键，这件事之后，责任心爆棚的大臣开始商议起立皇帝之事。

也先带着英宗朱祁镇四处要挟、招摇撞骗的消息传到北京，大臣们意识到，英宗朱祁镇返国无望，应该为大明朝立一位新天子，让也先手中的英宗失去致命的杀伤力。

百官们事先经过商议，认为解决这一问题的关键是立郕王朱祁钰为帝，以安人心。祁钰年方 22 岁，正春秋鼎盛，是英宗伯仲之中唯一一人。

朱祁钰生于宣德三年（公元 1428 年），是明宣宗朱瞻基的次子，其生母本是汉王府邸即永乐皇帝的次子朱高煦的一位侍女。宣德年间，宣宗对叔父朱高煦用兵，御驾亲征生擒朱高煦父子，并将汉王宫的女眷充入后宫为奴。返京途中，宣宗邂逅了汉宫侍女吴氏，见其美貌，将她留在身边，并生下一子，即朱祁钰。

宣宗一生只有这两个儿子，自然对吴氏宠爱有加，将吴氏封为贤妃。虽被封为贤妃，但由于出身，母子俩仍在宫外生活。宣德十年（公元 1435 年），宣宗病重，派人将两人接入宫中，正式承认了母子俩，还将他们托付给母亲张太后。宣宗死后，张太后也没有食言，封朱祁钰为郕王，还修建了王府供母子两人居住。

朱祁钰 5 岁进宫，想必这也是他与哥哥朱祁镇第一次见面。偌大的禁宫中，两位兄弟相依相伴，读书玩耍，关系一直不错。朱祁镇很早就被立为太子，朱祁钰对皇位也没有非分之想。自成祖朱棣后，明朝对藩王大加限制，不得参与朝政。他的人生好像一眼就能看到尽头，只要安分守己，一生可能也就在锦衣玉食却又平淡无奇中度过了。但此时，上天突然给他一个改变命运的机会。

因为常年在宫外过着近乎隐居的日子，朱祁钰母子的性格都有些懦弱，凡事不敢出头，所以，与孙太后和英宗母子倒也能融洽相处。如果没有土木堡的狼烟，软弱的朱祁钰母子肯定可以平静地度过一生。

但事情的发展却将其推到了前台。不过，初为监国后的体验并不好，朱祁钰根本没有大权在握的喜悦。危急时刻，朝中之事千头万绪、状况连连，每天都有棘手的事情要处理。这对于没有任何从政经验的朱祁钰来说，更多的是一种折磨。所以当得知于谦等大臣提议立自己为帝时，他首先是拒绝的。

不过，很快，孙太后的旨意也来了，她接纳了群臣的请求，"命郕王即皇帝位"。

景泰即位

孙太后这时怎么突然就同意让郕王即皇帝位了呢？

她虽然没有目睹左顺门发生的暴力事件，但太监李永昌已经向她描述过了。事件发生后，她发现此时这些浑身充满正能量的大臣们不太好惹，而且预感他们可能要对立君采取行动了。果然，八月二十九日，孙太后最担心、最害怕的事发生了。于谦等联合诸位大臣启奏孙太后曰："圣驾北狩，皇太子幼冲，国势危殆，人心汹涌。古云：'国有长君，社稷之福。'请早定大计，以奠宗社。"

这份奏疏文字虽少，却很有分量。皇帝北狩只不过是被俘的委婉说法，奏疏暗戳戳地告诫太后，当今国家有难，大明朝正处于生死攸关之际，考虑问题就应该以国家社稷为重，想立皇太子为新君或想等着正统帝回来复位，这都不现实，虽没有指名道姓说要拥立郕王朱祁钰，但指向已经很明确了。

局势已经由不得孙太后有多大的选择空间了，身边的太监也在不时地提醒。最终，孙太后下达懿旨："卿等奏国家大计，合允所请，其命郕王即皇帝位，礼部具仪择日以闻。"当然太后也是有条件的，一方面，诏书赋予了郕王即位的合法性；另一方面，诏书明确宣布皇统本在英宗一系，景帝只是在特殊情况下代任其位，不得改变皇统世系，死后仍由太子朱见深继承帝位。

九月六日，朱祁钰祭告天地、社稷、宗庙，正式即皇帝位，遥尊英宗为太上皇，改明年为景泰元年，颁诏大赦天下。

主要靠着文臣支持而上台的朱祁钰正式开启景泰时代。伴随新君登基与正统旧臣大批死于土木之变，景泰朝政治格局呈现出了巨大的变化，大批新官员开始进入政治中枢。

然而，这个生于忧患的皇帝并不好当。国家正当危难之秋，京师处于风雨飘摇的境地，新任的皇帝，必然要承担保卫大明江山社稷的历史重任，面临严峻的考验。惶然无助的景帝朱祁钰，便将宝押在积极备战的兵部尚书于谦身上。

四十二 于谦没有阻止"夺门之变"，为何最后还是被处死？

　　每一份介绍于谦的文章都会提及，他出生在一个甲第高门之中，祖上历代为官。人们往往提及，于谦祖籍河南考城，但从他太祖于伯汉开始就已经南渡，按年代推算大概是宋金战争期间。到了高祖、曾祖时代，已经到了元朝，这个家族才开始显赫起来，特别是曾祖父于九思，曾任杭州路总管。这个杭州路是当时江浙等处行中书省的省会，所辖杭州及其周边数县，是马可·波罗心目中的人间天堂，真正的国际化大都市。按元朝制度，"以蒙古人充各路达鲁花赤，汉人充总管"，于九思作为汉人，能做到杭州路总管，已经足以荣耀乡里。于九思在这份职务上退休，顺便把家族迁移到了杭州城中。

　　于谦出生在杭州城内的太平坊，凡是以"坊"命名的地方，往往是有年头的重要街区。钱塘自古繁华，于九思选定了太平坊，这里在南宋时期号称"禁城九厢坊巷"之一，地段非常优越：向西绕过杭州府厅，穿清波门可见西湖，大概一公里路程；沿着西湖岸边漫步，便走进了南宋孝宗皇帝最爱的聚景园，日后此处被称为柳浪闻莺；向西南望去，数百步之外就是高耸的雷峰塔，天晴时还能望见几里外的苏堤。太平坊向东则是南宋御街，于家的院落与皇城北城墙仅一街之隔，真正的皇城根脚下。曾经坐落于此的数个南宋王府带动了附近的商业消费，杭州最出名的两个瓦子（商业娱乐区）都在太平坊周边，坊北还有临安最有名的豪华酒肆三元楼，点名取"连中三元"之意。不错，当年的杭州府学就在隔壁。作为元代杭州的第二把手，于九思的眼光果然不错，黄金路段，堪称完美。

祖父于文，赶上了元末明初的改朝换代，在洪武朝做到了工部主事，这并非非常紧要的官职，六部各有一大帮子主事，只是六品京官而已，此时的"京"还在南京。于文很早就告老还家，而于谦的父亲于彦昭以清节自励，号称"隐德不仕"，于家也因此幸运地躲过了靖难之变。

声如洪钟的监察御史

于谦出生时，据说啼哭特别响亮，"骨相异常"。他7岁时，有个叫兰古春的和尚惊奇于他的相貌，说："他日救时宰相也。"民间也留下了许多少年于谦的传说。在传说中，于谦总是以神童的形象出现。于谦15岁成为秀才，16岁来到吴山三茅观苦读。此处离家不远，吴山紧靠南宋皇城，故当年金海陵王完颜亮有"立马吴山第一峰"的诗句。祖父有一幅文天祥画像，于谦则将一段文天祥的赞词抄下来挂在座旁："呜呼文山！宁正而死，弗苟而全。孤忠大节，万古修传。我瞻遗像，清风凛然。宁正而毙，不苟而全。"也就在这一时期，少年于谦写下了著名的《石灰吟》，刚直无畏的性格已经馨露。

22岁时，于谦在家门口的杭州府学参加乡试，考了全省第六，中举人；第二年（公元1421年）从家乡进京赶考，中进士。这个成绩已经远远超过了绝大多数同龄人。此时的北京城工程已经到了最后的收官阶段，于谦踏入了几个月前刚刚建好的紫禁城参加殿试，又在崭新的奉天殿上经历了荣耀无比的传胪[①]大典，目睹了这座宏伟都城建成的时刻，他的命运也在此时与这座城市紧密联系在一起。

---

① 传胪：科举时代，殿试揭晓唱名的一种仪式。殿试公布名次之日，皇帝至殿宣布，由阁门承接，传于阶下，卫士齐声传名高呼，谓之传胪。

此后 4 年，于谦一直在地方当七品监察御史，难得回一趟北京，但于谦每次面见皇帝时都"音吐鸿畅"，声音非常打动人，让即位不久的宣宗朱瞻基为之"倾听"。于谦此时的顶头上司是都御史顾佐，此人在民间有当世包拯的美誉，但在官场人人都忌惮他。顾佐性格刚正，疾恶如仇，不爱交际，入内廷办公总是独处一间小夹室，不到议政时间，绝不与官员们群坐，人送外号"顾独坐"。这样的领导对下属自然也非常严格，但于谦总是能得到他的赏识，无他，清高的顾佐终于发现了自己的接班人。

宣宗朱瞻基继位当年，叔父朱高煦公然造反，想模仿他爹朱棣再来一次"靖难"，夺侄儿的位，结果当月就被平定，城里人人都想绑了他出城献给官军，朱高煦不得不逃出城门投降。宣宗御驾亲征时，特地叫上了那个声如洪钟的监察御史于谦，让他在军阵前怒斥朱高煦，历数大罪。这个朱高煦是个充满恶趣味的莽夫，一辈子最大的爱好就是折腾朱高炽、朱瞻基父子俩，最后被贬为庶人还念念不忘，趁皇上朱瞻基不注意，一脚将皇上绊了个大跟头。皇上气不过，叫左右搬来 300 斤大铜缸将朱高煦扣在里面。朱高煦竟然把缸给顶起来了，可见这人是何等嚣张跋扈。而于谦当场"正词崭崭，声色震厉"，把朱高煦骂得"伏地战栗，称万死"。于谦替皇上重重出了一口恶气，朱瞻基非常开心，重赏了他。

首批常设巡抚之一

此后数年，于谦一直在监察御史的任上，官声很好，朱瞻基更加重视他。由于中原流民问题逐渐严重，各地农民反抗时有发生，政府的赋役来源也受到影响。此时各省的地方系统，布政司管钱粮赋税，都司管军事，按察司管司法监察，遇到抗税暴动这种事还要三方协调，效率低下。宣德皇帝希望在各地设立一个有权柄的最高地方行政职务，因此选派六人，于谦位列其中。原本于谦级别不够，还是皇上亲自写条子到吏部，为他特批的（"乃手书谦名授吏部"）。此后明朝官制中正式出现巡抚一职。于谦以兵部右侍郎衔兼都御史，巡抚山西河南。旧时巡抚常自称"本抚部院"，指的就是他身兼巡抚、兵部侍郎和都察院御史三重身份，行政、军事、司法一把抓。这一年，于谦才33岁。

于谦到达任上，马上开仓放粮，同时鼓励富户主动降低粮食价格，并进行表彰。朝廷拨付的救灾款也很快派发下去。同时，虽然中原旱灾，但湖广、四川粮食大丰收，于谦还派人携带公文，前去购买粮食运回灾区，又在秋闲后组织农民修筑堤坝，还减免赋税。很快山西、河南两省的经济得到了恢复。此时是明朝首次设立常设巡抚一职，于谦一个人要管理山西、河南两个重要的省份，只能冬天在太原办公，夏天移到开封，往来19年。山西北部是边防前线，于谦在任上写了不少边塞风格的诗作，如"健儿马上吹胡笳，旌旗五色如云霞。紫髯将军挂金印，意气平吞瓦剌家"。

于谦在巡抚任上19年，刚上任时，朝中是著名的三杨内阁，即杨士奇、杨荣、杨溥三位贤臣辅佐宣宗，政治清明，于谦进京奏报也一向不走关系、不送礼。而三杨在英宗朱祁镇继位几年后先后病故，英宗日渐宠幸王振，世风日下。幕僚也了解于谦的性格，并不指望他用重金打通关节，只是建议他此时进京奏对应该备些地方土特产之类，如绢帕、蘑菇、熏香用的线香。于谦又很潇洒地说出了那句名言——"两袖清风朝天去"，然后在朝堂上推荐了两个同事。王振党羽弹劾于谦因为长期未晋升而心生不满，擅自推举人代替自己。

其实那点土特产原本也不会让王振如此斤斤计较。此时朝中有个御史的名字和于谦很像，骂过王振。王振一看于谦进京了，再一查也做过御史，就想当然认为那个冤家就是于谦。在没有直接得罪任何人的情况下，巡抚于谦差点丧命，在大牢里蹲了三个月。百姓知道于谦下狱，联名上书。王振发现是个误会，于谦终于获得自由，但被调任大理寺少卿——一个主管司法复核，没有行政权的京官，实际上是明升暗降。结果河南、山西的官民组织几千人进京上访，要求挽留于谦，连就藩太原的晋王、开封的周王也替于谦说好话，可见于谦在巡抚任上将两省上下各方面利益关系都平衡得很周到。不久于谦官复原职，一年以后因为母丧回乡，守孝完毕回京后调任兵部左侍郎。结果回到北京第二年，他遭遇了土木堡之变。

言南迁者，可斩也！

明朝行政机构的主要负责人以及最精锐的野战部队，一瞬间都葬送在土木堡的荒地里。留守京师的郕王朱祁钰在孙太后的坐镇下召开会议商讨对策，结果大臣们刚到，就"聚哭于朝，不知所为"。日后南宫复辟的核心人物徐有贞，此时还叫徐珵，他第一个发言，却讲什么天数有变，必须南迁。

这时，于谦瞪着徐珵厉声说："言南迁者，可斩也！"于谦力陈，北京城乃天下根本，一旦迁都则大事去矣，一统江山的大明就要变南宋了。于谦一锤定音，在危难时刻升任兵部尚书。作为此时兵部最高负责人，他也明白京师此时守备空虚，账面上虽有数万兵力，但都是上次出征时被淘汰下来的羸弱兵士。上任第二天，于谦就建议朱祁钰迅速"檄取两京、河南备操军，山东及南京沿海备倭军，江北及北京诸府运粮军"。八月十八日于谦上任，到十月初也先攻城的一个月的宝贵时间里，这些部队陆续到达北京。连缺乏战力的运粮后勤部队都调上了，于谦此时已经将一切筹码都押上了。

内有于尚书，外有石将军

在锦衣卫指挥使马顺被打死事件之后，于谦已经是朝廷上下的主心骨，"亦毅然以社稷安危为己任"。在于谦的再三请求下，朱祁钰登基，改元景泰。于谦一口气布置了京师九门的防御计划，并向皇帝推荐了文武官员："文臣如轩輗者，宜用为巡抚。武臣如石亨、杨洪、柳溥者，宜用为将帅。"而在大同坚守城池、打退也先的副总兵郭登也获得重用。

北京城军事方面的总节制石亨更是一员猛将，"方面伟躯，美髯及膝"，在边关与瓦剌打了几十年仗，此次兵败逃回，但于谦仍对他委以重任。虽然此后他和徐有贞一起发动南宫复辟，但他无疑是此时北京城最急需的军事指挥官，瓦剌人畏之如虎，呼为"石爷爷"。明人李梦阳曾寻访石亨大胜也先的清风店战场，当地老人告诉他，当年石亨在战场上神勇无比，像割草一样把瓦剌军成排砍倒，"将军此时挺戈出，杀敌不异草与蒿。追北归来血洗刀，白日不动苍天高"。在当地老人眼中，石亨直逼霍去病、郭子仪，"应迫汉室嫖姚将，还忆唐家郭子仪"。民间有言，"内有于尚书，外有石将军"。

于谦更是颁布了著名的军令："临阵将不顾军先退者，斩其将。军不顾将先退者，后队斩前队。"在战斗中，于谦特别重视谍报工作。英宗刚随也先大营走远，于谦就得到线报，马上下令前线大炮轰击，不必投鼠忌器。随后，于谦指挥各地官员，将也先在各地的间谍逐一捕获。如也先的重要向导小田儿，经常出现在使团中间，暗中窥探明军虚实，于谦授计侍郎王玮将其擒杀。于谦主张主动出击，不向也先示弱，几场城门伏击战打消了也先的速胜梦。兼之天寒地冻，勤王大军纷纷开拔，也先遂拔营北遁，北京城保住了。

在随后关于英宗回国的交涉中，于谦始终主张接回朱祁镇。景泰帝朱祁钰将朱祁镇视为最大威胁，对朝臣生气地说："朕本不欲登大位，当时见推，实出卿等。"——都是你们让我当皇帝的。于谦却从容地回答："天位已定，宁复有他，顾理当速奉迎耳。"

但是，随后朱祁钰想改易太子，将朱祁镇的儿子换成自己的儿子，于谦勉强签字。在改换太子后，朱祁钰为笼络朝臣，给官员发双倍薪水（"支二俸"），于谦又推辞不受。明人有人指责于谦不谏景泰帝易储，认为只要于谦力争，景泰帝就能收回成命。而王世贞指出你们想多了："夫人主以私爱欲易太子，虽留侯不能得之汉高，而谦能得之景帝乎哉？"刘邦想废太子刘盈改立赵王如意，张良都不敢开口直谏，凭什么认为于谦就能说服景泰帝？毕竟这是皇帝的家事。

于谦用人，只看才能功绩，不看出身，由此得罪了不少大臣、勋贵。于谦并非精神洁癖者，并未刻意打压既得利益者，高门子弟有才立功者，他也会表彰，如土木之变后在大同城上打退也先围攻的郭登，被他火线提拔。郭登祖上就是开国功臣武定侯郭英，郭英的哥哥郭兴地位更高，是淮西二十四将之一。

顾一死保全社稷

然而，在朝中有两人对于谦仇恨最深。其一是徐有贞，就是土木之变后第一个主张迁都的徐珵。他被于谦呵斥之后，仕途非常不顺。他曾托于谦举荐自己当国子监祭酒，于谦把他名字报上去的时候，朱祁钰说这人不就是当初要迁都的那家伙吗？这种人掌管国子监，学生能学好吗？徐珵对于谦心怀怨恨，觉得一定是于谦从中作梗，对于谦恨得咬牙切齿。听从大学士陈循的建议，徐珵改名徐有贞，瞒天过海躲过了景泰帝的黑名单，在治理黄河上颇有作为，景泰七年，官至左副都御史。

其二是石亨，原本是败军之将，全靠于谦保举，立下战功，还加封世侯。石亨觉得自己功劳不如于谦，得了这么大的封赏有点不好意思，就给皇上上书推荐于谦的儿子。结果于谦在皇上面前推辞，还把石亨数落一顿，石亨从此恨透了于谦。此外，于谦也没少弹劾人，得罪的人就更多了。就这样，在徐有贞家中，南宫复辟的政变阴谋出炉了。

后世总有一种疑问，石、曹、徐搞那么大动静，执掌兵部总督十团营的于谦事先知道夺门之谋吗？他能阻止吗？

明末史学家谈迁在《国榷》中认为于谦知情："于少保最留心兵事，爪牙四布，若夺门之谋，懵然不少闻，何贵本兵哉！或闻之仓卒，不及发耳！"只是由于事起仓促，应变不急。正德、嘉靖年间的文人田汝成在《西湖游览志馀》中说，当石亨推动复辟的时候，于谦之子于冕得悉后报告父亲，于谦呵道："小子何知国家大事，自有天命，汝第去！"之后朱祁镇被从南宫拥出，于谦"神色不变，徐徐整朝服，入就班行"。明人屠隆说："夺门之役，徐石密谋，左右悉知，而以报谦。时重兵在握，灭徐石如摧枯拉朽耳。……方徐石夜入南城，公悉知之，屹不为动，听英宗复辟。"

即便上述史料有一定可信度，但考诸当日形势，于谦恐怕很难有所作为。夺门之变的实质是孙太后、朱祁镇与朱祁钰的政治斗争，于谦阻止石、徐不难，难的是如何善后。朱祁钰即位的合法性并不来自其父宣宗，而是来自孙太后的敕书，那么朱祁钰病危，孙太后复立朱祁镇当然也是合法的。要想彻底否定这个合法性，只有废黜孙太后，将"谋逆"的朱祁镇废为庶人再赐死，那么于谦将如何面对未来登基的朱见深？如果迎立外藩，那么朝局势必更加动荡，其他藩王打着"靖难"的旗号再来一次不是不可能……总之，如果于谦当日有所行动，那么他就不再是于谦，而是王莽、曹操、司马昭。

在南宫复辟当日凌晨，景泰帝听闻朝堂钟鼓大作，大惊，问左右曰："是于谦吗？"左右告诉他，是上皇复辟了。病榻上的朱祁钰知道自己的政治生命了结了，眼神空洞，嘴中无奈地念叨"哥哥做，好，好"。

千古一人

朱祁镇在奉天殿宣告复辟的同时，于谦、王文等人被当场逮捕。徐有贞要王文诬告于谦，说于谦要"谋立外藩"，迎襄王之子进京继位。王文据理力争说，"召亲王须用金牌信符，遣人必有马牌，内府兵部可验也"，结果自然是毫无依据。结果徐有贞一句话"虽无显迹，意有之"，一定要治王文、于谦的死罪。王文气得怒目圆睁，大骂不已。身披枷锁的于谦笑着说："彼不论事有无，直死我耳！"他已经明白，徐有贞在意的不是真相，一心就想自己死。此时，复辟未久的朱祁镇还有些犹豫，说于谦可是有功之人啊。他也知道，若非于谦主持战局，击退也先，自己怎么可能回到北京呢？结果徐有贞又跳出来，阴恻恻地走到朱祁镇面前说："不杀于谦，今日之事无名！"此时，已经无人可以救于谦了。

于谦就刑当天，阴霾翳天，行人嗟叹。在南宫复辟中出力甚多的太监曹吉祥麾下有个军官将酒泼向大地，大哭，被曹吉祥一把扑倒，结果此人第二天又泼酒大哭。也许他曾在于谦旗下为守卫北京城奋战过，军官比谁都清楚于谦是怎样的人。抄家的官兵冲进于谦的宅邸，只见正室被封得严严实实，里面珍藏的是从宣宗开始几位皇帝赐他的玺书、袍铠、弓箭、冠带。对于谦的死，天下无不冤之。

于谦死后，都督同知陈逵将于谦尸骸收殓，葬在北京城西。数年后，于谦养子于康将于谦灵柩扶归杭州，归葬西湖南岸。于谦死后8年，成化皇帝继位，于谦的儿子于冕上疏讼冤，得复官赐祭，诰曰："当国家之多难，保社稷以无虞。惟公道之独恃，为权奸所并嫉。在先帝已知其枉，而朕心实怜其忠。"特遣官员南下杭州祭奠于谦。

至明亡时，抗清义士张苍水过杭州，写下绝命诗："国亡家破欲何之？西子湖头有我师。日月双悬于氏墓，乾坤半壁岳家祠。"将于谦与岳飞并论。于谦以其大节大功，实现了夙愿。在民间，白话小说《于少保萃忠全传》广为传播，全书最后讲道：

"呜呼！于忠肃公功大冤深，褒崇赠锡，未足尽其烈。而灵爽昭于天地，千万世不泯。是真千古一人也。呜呼伟哉！"

四十三 年氏家族逆袭史：从年羹尧的崛起看清初八旗小圈子

受各类演义小说和影视作品的影响，清世宗爱新觉罗·胤禛的心腹重臣年羹尧常被认为是王府的奴才出身，之所以能够平步青云，除了胤禛对其赏识之外，更或多或少是凭借自己妹妹的裙带关系。

正因如此，在电视剧《雍正王朝》中，"抬旗"和"卸甲"成了象征年羹尧家族兴衰的"名场面"。正史记载，年羹尧的出身并不卑微。胤禛能够在"九王夺嫡"的纷争中崭露头角，很大程度上得益于年羹尧家族数代人所经营的人脉圈子。

从龙入关的汉军包衣

依照年氏族谱的相关记载，年羹尧家族本姓严，是军伍世家，族中甚至还出现过一位名叫严孟旸的元朝万户。元末明初之际，严孟旸错误地站到了滚滚向前的历史车轮对立面，在农民起义军进攻滁州的战斗中被打死，家族也被迫离开世代居住的滁州全椒县，避祸于同属安徽的怀远县许家河柘塘村。

按照年氏族谱说法，明初，严氏以乡音，以"严"为"年"，从此改姓"年"。不过更为合理的推断是，当年的严遇春应该主动通过谐音的方式，改换名姓以躲避可能降临的杀身之祸。

年氏家族在永乐年间涌现出了一位名叫"年富"的读书种子。会试中榜，步入官场，从德平县训导爬到了户部尚书的高位。不过，这条通天之路，年富也足足爬了50余年，先后服侍了成祖、仁宗、宣宗、英宗、代宗、宪宗6位皇帝。年富死后，同族子孙便一度游离在史料的记载范围之外。

崇祯十一年（公元1638年），一个名为年有升的明军军官，在"松锦大战"中被俘，年氏家族才重新回到历史的聚光灯下。

虽然正史中没有记载年有升被俘前后的表现，但考虑到"松锦大战"中的明军主帅洪承畴也没有坚持到底，年有升剃头降清似乎没有什么可指责的。依照大清对待明军投降者的政策——"被俘愿降者免死、倒戈一击者有功"，年有升表现积极，很快便作为"包衣"举族被编入镶白旗的汉军。

当时，镶白旗的旗主是兵强马壮、野心勃勃的努尔哈赤第十五子多铎。是以，年有升虽然只是"包衣"，却在跟随多铎击败李自成起义军及南明残余势力的过程中捞取了不少军功和战利品。

在家族经济和政治地位的稳步攀升中，顺治十二年（公元1655年），年有升之子年仲隆考中进士，从此摆脱了包衣奴籍。

顺治十五年（公元1658年），年仲隆被外放到安徽和州担任知州，两年之后有所升迁。虽然相关史料中并未说明年仲隆被调往何处，但从他随后卷入苏州、松江、常州、镇江四府并溧阳一县的"江南奏销案"来看，年仲隆很可能是由和州直隶州调往富庶的江南担任知府。

所谓的"江南奏销案"，与日后雍正初年对江苏积欠税赋钱粮的大规模清查并无本质上的差异，都是地方缙绅豪强凭借权势交通官府，贿买书吏，隐混和拖欠钱粮。但由于主持此案的乃是日后被打成"乱臣贼子"的瓜尔佳·鳌拜，手段又是"不分欠数多寡，在籍绅衿按名革职"的一刀切，时任江宁巡抚的朱国治更是一手制造了"通海案"和"哭庙案"，诛杀金圣叹等江南名士，是以引来朝野上下的口诛笔伐。被百姓斥为"朱白地"的朱国治最终丢官。接任江宁巡抚的韩世琦到任后不久，便题本参劾年仲隆"屡催钱粮未报，无法完册，难辞其咎"，被夹在上司严令和下情汹汹之间的年仲隆日子显然不好过。

有趣的是，身为年仲隆顶头上司的朱国治和韩世琦同样是"汉八旗"。略有不同的是，朱国治出生于辽东抚顺，是以较早"从龙^①"，捞了一个正黄旗的旗籍。韩世琦则祖籍山西蒲州，只能加入正红旗。

顺治末年至康熙初年间，皇权衰落，正黄旗亦萎靡不振。是以，朱国治于康熙元年（公元1662年），因为父亲去世后没等人来代职就先回家丁忧而被革职，直到康熙十年（公元1671年）才补任了云南巡抚，最终死在吴三桂发起的"三藩之乱"中。而韩世琦所在正红旗，却在代善子孙的经营之下兵强马壮。韩世琦虽然骂名远播，却依旧官运亨通。

当然，在康熙初年得势的汉军旗人并非只有韩世琦。当时京师流传着这样一首民谣："若要百姓安，除非杀三南。"所谓"三南"者，就是指江南、河南、湖南的三个巡抚，即韩世琦、张自德及周召南三位"汉八旗"出身的大将。正是在清政府为了统御江南，不得已大量任用汉军旗人的情况之下，年仲隆虽然遭到了弹劾，但仕途却并未受到太大的影响，更可喜的是儿子年遐龄在康熙三年（公元1664年）被擢升为"笔帖式"。

深得信任的笔帖式

努尔哈赤时代，为了解决文书往来中满、蒙、汉多种文字并用的乱局，清沿袭金帝国设立"史译史"、蒙古曾用"笔且齐"的惯例，在各级机关中编制专门的"书记员""翻译员"，满语称"笔帖黑"，之后逐步音译为"笔帖式"。"笔帖式"职级不高，除少数佼佼者可达五品、六品外，其他大多不过七品、八品、九品。

---

① 从龙：旧时以龙为君象，意为随从帝王或领袖创业。

但由于这些人直接接触各种机要文件，清政府对其出身和背景审核得相当严格，并有专门的培训和考试制度。满蒙亲贵子弟出任"笔帖式"之后，往往平步青云，像康熙朝辅政大臣赫舍里·索尼那样官至宰辅的不在少数。因此，"笔帖式"也被称作"八旗出身之路"。而日后把持清帝国近半个世纪之久的慈禧太后，其父惠征亦是"笔帖式"出身。

从年遐龄能够在 22 岁的弱冠之年出任笔帖式，我们大致可以看出以下几点信息：其一，清廷对其家族的忠诚颇为认可，已将其归入"自己人"的行列；其二，年遐龄的才干在同龄人中还是比较出众的。当然最为关键的一点还在于他已经被归入后备干部的培养序列，未来可期。

果然，在此后的 20 年中，年遐龄按部就班地从"笔帖式"做到了兵部主事，参与了平定三藩之乱的调兵遣将，升任刑部郎中后又经过河南道御史的历练，最终成为巡城御史，负责巡视北京中城。也正是在这 20 年中，年遐龄膝下先后有了年希尧和年羹尧等 5 个儿子和至少两个女儿。

作为年遐龄的长子，年希尧一度被视为家族未来的希望，并沿着自己父亲的道路，从"笔帖式"开始，按部就班地在 45 岁时当上了安徽布政使。然而，年希尧的仕途很快进入了瓶颈期。康熙五十九年（公元 1720 年），他更因为下属颍州知州王承勋的举报而卷入了凤阳知府蒋国正的"亏空案"。

从康熙末年清政府的政治生态来看，年希尧勒索规礼、徇庇蒋国正一事八成是真的，只是因为此时年遐龄虽然已经退休，但依旧有些人脉，年家更已然打通了雍亲王的"天地线"，才令赶来彻查此事的左都御史田从典最终以"查无实据"上报。当然"罚酒三杯"是免不了的，在蒋国正被处斩之后，年希尧也以失察之罪被革职。至此，年遐龄不得不将希望寄托在幼子年羹尧和已嫁入雍亲王府的女儿身上。

纳兰性德的东床快婿

年羹尧出生于康熙十八年（公元 1679 年），虽然在家中 5 兄弟排行老幺，但由于其出生时，年遐龄的仕途已然步入升迁的快车道，因此，年羹尧的童年生活可谓顺风顺水，其日后倨傲的性格可能是此时养成的。

康熙三十八年（公元 1699 年），20 岁的年羹尧参加科举便以第 42 名的成绩顺利通过了乡试。在此前后，年羹尧更为纳兰明珠所看中，将其爱子纳兰性德之女许配给他。关于这段政治联姻，后世多认为是纳兰明珠有意拉拢年羹尧乃至整个年氏家族。但分析当时的政治格局，情况却可能比世人想象的更为复杂。

首先，纳兰明珠出身于爱新觉罗氏的死敌叶赫那拉氏。虽然其父叶赫那拉·尼雅哈率部归降之后屡立战功，但在朝堂上下的一干满蒙贵胄眼中，终究还有几分门户之见。是以，在尼雅哈死后，纳兰明珠一度仅以侍卫的身份在宫中值班。

顺治八年（公元 1651 年）纳兰明珠迎娶了英亲王阿济格之女。这桩婚事对其仕途多少产生了一些正面的影响。阿济格虽在其胞弟多尔衮死后被幽禁赐死，但毕竟门生故吏众多。纳兰明珠不避风险，将这位王爷的女儿礼聘为妻，自然令那些树倒之后一哄而散的猢狲们肃然起敬。

康熙初年，纳兰明珠逐渐在侍卫系统中崭露头角，并于康熙五年（公元 1666 年）任弘文院学士，开始参与国政。康熙十四年（公元 1675 年），纳兰明珠调任吏部尚书，康熙十六年（公元 1677 年）又被授予武英殿大学士，兼任实录、方略、一统志、明史等重要皇家著述的总纂官，不久被加封太子太师，可谓权倾朝野。

不过，纳兰明珠的结党营私、排斥异己，最终招致了清圣祖爱新觉罗·玄烨的打击。康熙二十七年（公元 1688 年）纳兰明珠的大学士头衔被罢黜，交给侍卫处酌情留用，虽然没过多久便官复原职，但经此打击，纳兰明珠在朝堂之上一蹶不振。但其家族仍可谓百足之虫，死而不僵。

纳兰明珠的长子纳兰性德于康熙二十四年（公元 1685 年）病故；次子纳兰揆（kuí）叙于康熙三十六年（公元 1697 年）以二等侍卫的身份入宫，后升入翰林院，历任侍读、侍讲学士、掌院学士，又兼礼部侍郎、工部侍郎、都察院左都御史等职，仍掌翰林院事；纳兰明珠的三子纳兰揆方则迎娶了康亲王爱新觉罗·杰书的八格格，成为礼遇与"公爵同"的和硕额驸。

在康熙末年"九子夺嫡"战中，纳兰揆叙看好"八阿哥"爱新觉罗·胤禩（sì），多次与侍卫内大臣、议政大臣钮祜禄·阿灵阿等公开攻讦废太子胤礽（réng），并串联群臣共推胤禩为皇储。在这样的情况下，纳兰明珠将孙女嫁给年羹尧，是为了壮大自己家族的羽翼，但也有分散投资、两边下注的意图，毕竟年羹尧家族很早便与长期韬光养晦的"四阿哥"爱新觉罗·胤禛相亲近。

雍亲王的潜邸旧臣

玄烨第四子胤禛，大体是在康熙四十七年（公元 1708 年）夏、太子胤礽第一次被废后明确表现出参与夺嫡的欲望。然而，此时朝野之上大多数派系已然站到"八阿哥"胤禩一边，胤禛即便有意结党也很难找到合适的突破口。更何况，玄烨对诸子勾连朝臣一事深恶痛绝，多次公开批评"八阿哥""十四阿哥"名为"虚贤下士"，实则"颇有所图"。

为了在父亲面前树立所谓的"孤臣"形象，胤禛不得不与朝野各大势力保持距离，直至康熙四十八年（公元 1709 年），胤禛才有一个合情合理的网罗羽翼的名义。此时，他除了被封为雍亲王外，还成为镶白旗的旗主，如此一来，出身镶白旗的年氏家族理所当然地成为他的部下。

值得一提的是，康熙四十八年的年羹尧同样已非池中之物。借助父亲年遐龄积累下的人脉以及纳兰明珠家族的扶持，年羹尧在康熙三十九年（公元 1700 年）考中三甲进士，并以庶吉士的身份进入翰林院。康熙四十四年（公元 1705

年）、康熙四十七年（公元 1708 年）更先后出任四川乡试正考官、广东乡试正考官。待到康熙四十八年，年羹尧已经以礼部侍郎的身份出任内阁学士。

面对年羹尧这样一颗政治上冉冉升起的新星，胤禛自然全力拉拢。他首先通过皇家赐婚机制，迎娶年羹尧的妹妹，同时将年氏家族"抬入"镶黄旗。胤禛这一给年氏家族"抬旗"的举动，可谓一举多得：一方面，镶黄旗隶属于皇帝直属的上三旗，相当于公然告诉年氏家族自己的政治野心；另一方面，年羹尧此时在中枢官场已至瓶颈，即将外放为封疆大吏，在此时给予"抬旗"的殊荣，几乎等同于昭告天下——年氏家族与皇室的非一般关系。

喝完了妹妹的喜酒，年羹尧出任四川巡抚。在四川期间，年羹尧逐渐展现出了军事才能。康熙五十六年（公元 1717 年），准噶尔部出兵西藏。年羹尧在四川平定叛军、保障后勤，受到玄烨的赏识，此后总督四川、陕西两地军务。西藏平定之后，玄烨谕令年羹尧护凯旋诸军入边。

年羹尧在外领军，对胤禛在帝位之争的最后胜出给予了很大的帮助。雍正元年（公元 1723 年）三月，胤禛授年羹尧太保、加三等公。同年十月，敕授为抚远大将军，率岳钟琪等人出征罗卜藏丹津，加封二等公。长期赋闲在家的年希尧也被任命为广东巡抚。

等待青海部落悉数被压制，年羹尧班师回朝时，胤禛又亲自相迎，升任其为一等公。

然而，此时的年羹尧也背上了巨大的政治包袱。常年治理川、陕及出兵青海，令年羹尧麾下形成了庞大的利益集团。要安抚和使用好这些人，年羹尧需要更多的政治资源。然而，雍正对此却颇为不满，加之年羹尧长期以来在官场树敌无数，最终令其成为"雍正八案"之首的要犯。

作为清世宗爱新觉罗·胤禛的心腹重臣，年羹尧的人生伴随着胤禛的继位而走向巅峰，成为雍正初年手握数十万兵马的"抚远大将军"，却又伴随着青海战事的终结而迅速走向覆灭。他的人生悲剧，固然是与胤禛之间基于各自性格缺陷的君臣相忌所导致的，但要说年羹尧只是凭借胤禛的提携而平步青云，却也并非历史全貌。事实上，年羹尧家族三代苦心经营的人脉网络，几乎是清初满汉八旗贵族小圈子的一个缩影。

四十四

晚清塑料姐妹花：
慈安是被慈禧毒死的吗？

　　咸丰皇帝去世后，载垣、端华、肃顺等顾命八大臣体制迅速被辛酉政变粉碎，两宫皇太后垂帘听政，奕䜣担任议政王，领导军机处辅政的新体制得以建立。垂帘听政的两宫太后是慈安、慈禧，其中，慈安的政治失败者形象广为流传。在强势精明的慈禧面前，慈安似乎永远是忠厚老实、缺乏才干的老好人形象，事事都要问慈禧，以致慈安突然去世都被怀疑是不是被慈禧故意毒死的。

　　那么，慈禧与慈安的关系究竟怎么样？她们真是一对"塑料"姐妹花吗？

慈安其人

　　慈安太后，出身钮祜禄氏，满洲镶黄旗，是咸丰皇帝的第二位皇后，为人温和，咸丰帝称赞她"质秉柔嘉，行符律度"。咸丰二年（公元1852年）二月，她经选秀入宫，咸丰帝诏封贞嫔，五月二十五日晋封贞贵妃，六月初八拟立为皇后，十月十七日行册立礼。直到公元1861年咸丰去世，同治帝载淳继位后，她才以嫡母身份被尊为母后皇太后，上徽号"慈安"，这是慈安太后称呼的由来。（为行文方便，本文将她统一称呼为慈安，那拉氏统一称呼为慈禧。）

　　慈安的家族非常尊贵，祖上是清初开国的五大臣之一额亦都，那是在萨尔浒大战时，就和努尔哈赤一起击破杜松、刘綎（tīng）的老资格，绝对的名门望族。她家虽属于旁支，但在乾嘉时代再次崛起。慈安能进入皇后备选名单，这份显赫的家室绝对是重要加分项。慈安太后受过良好的教育，号称"德容言工"俱全，是封建社会的理想妇女典型。

公元 1850 年，咸丰尚是皇子，嫡福晋去世，当时咸丰只有 19 岁，无儿无女。

慈安从入宫到立后只用了 40 天，简直就是直接空降了一个皇后进宫。要知道，慈禧入宫时仅仅赐号兰贵人。可以说，慈安出道即巅峰，所以很多人都猜测，慈安这次选秀只是走过场，她早就进入了决赛圈。在慈禧还在为后宫地位而焦虑时，慈安直接就成了正宫皇后，二人根本就不在同一条起跑线上。

在这一时期，慈安和慈禧的地位实在悬殊。清代的后宫体制是，"皇后居中宫，皇贵妃一，贵妃二，妃四，嫔六，贵人、常在、答应无定数"。这样看来，慈禧这个兰贵人排不进前十，和皇后慈安能有什么怨？直到咸丰六年（公元 1856 年），慈禧生下来咸丰的长子载淳，也就是后来的同治皇帝，她才母以子贵，一路晋升，由嫔至妃，再到贵妃，成为宫中仅次于皇后的人物，但和慈安相比终究还是有嫡庶之别，慈禧对此心知肚明。

两宫垂帘

公元 1861 年 8 月，咸丰帝死于避暑山庄。当天颁布的一封谕旨表明，咸丰帝临死前钦定的政治安排是八大臣辅政，而非垂帘听政。谕旨的原话是，希望八大臣"尽心辅弼，赞襄一切政务"。虽然是"赞襄"，但一切政务、军国大事，八大臣都有参与的权力。

为防止八大臣权力过大，咸丰临终前把自己的两枚私章——"御赏""同道堂"分给两个人，特别规定，凡是皇帝的谕旨，起首要盖"御赏"印，结尾要盖"同道堂"印，如此才能生效。这两枚重要的印章，一枚交给了慈安，另一枚交给了皇子载淳。可见，皇帝的决策没有慈安的批准就不能生效。而载淳此时只有 6 岁，"同道堂"印要是真交到他手中，以他身上的乾隆血脉，估计会把这枚重要的印章盖得到处都是。所以，这枚印章就落入他的生母——懿贵妃慈禧手中。

可以说，咸丰帝的这份安排是完善的。两宫的地位虽然崇高，谕旨没有她们的钤（qián）印，就无法生效。但她们此时充其量是拥有了否决权，但具体的议程设置权力掌握在八大臣手中。面对八大臣呈来的文件，她们讨价还价的方式只能是拖着不盖章。

八大臣也是这么想的，他们手握先帝遗诏，自己是临终顾命，谕旨诏书当然要由八大臣全权拟定，两宫太后只管盖章即可，不得干政，否则就是牝（pìn）鸡司晨 [①] 。八大臣特别认为，两宫不应该过问谕旨内容，更不能改；朝廷部院内外大臣的奏折，两宫也没必要看。慈安与慈禧此时根本没有理政的权力，是真正的橡皮图章。

但是，慈安与慈禧不会妥协，两人坚定地站在一起，抵制八大臣的专权。双方僵持 4 天，八大臣也深知，如果没有两宫的盖章，他们的一切文件都无法签发，于是做出让步，允许两宫太后发布谕旨、批阅奏折，乃至允许两宫任免大小官员。此时，慈安与慈禧的实际权力已经接近皇帝，挡在她们面前的，只有一道"后宫不得干政"的祖宗家法。

八大臣不可能再退了。载垣、端华、肃顺"三人纠党忿争，声震殿陛"，直接把小皇帝吓尿了，"遗溺后衣"，尿了慈安一身。后面的事情我们都知道了，慈禧太后的政治盟友——恭亲王奕䜣坚定支持两宫太后，发动辛酉政变，将八大臣一网打尽。

奕䜣以为两宫太后垂帘容易对付，因为两宫太后均无干涉行政的权力，只能听政。然而，奕䜣很快失算了。他期待的政治安排是这样的：东宫慈安、西宫慈禧，两宫太后代表皇家，而实际权力掌握在自己这个议政王手中。奕䜣的

---

① 牝鸡司晨：牝鸡，雌鸡。司晨，报晓。即母鸡报晓，旧时比喻妇女窃权乱政。

权力来自两宫的背书，两宫却无权对他的具体施政说三道四，他尽可以专断，出了事由皇家背锅。"鬼子六"奕䜣的如意算盘实在精明。但他没有想到，这三驾马车之中，终究有一匹马会提前倒下，到那时，二马并排，分道扬镳的日子就到了。

慈安之死

两宫太后垂帘的很长一段时间内，慈安与慈禧并没有爆发宫廷斗争，关系甚至可以用"好"来形容。慈安在世时，慈禧很清楚自己的身份，深知自己是妃子出身，与先帝的正宫娘娘慈安不能相提并论，所以后人眼中那个专横跋扈的西太后，在慈安面前处处小心、事事恭谨。凡是朝廷大事需要决断，慈禧一定会先征求慈安的意见，或与慈安耐心商量，向大臣宣布时也必称二人意见一致。慈禧平时叫慈安姐姐，有好吃的东西都要专门备上一份，派贴身太监送到钟粹宫慈安住处。

慈安与慈禧共理朝政，从公元1861年算起长达20年。20年里，二人只在三件事上闹出了公开化的矛盾。第一件事是著名的安德海案。公元1869年8月，慈禧宠爱的太监安德海在山东济南被巡抚丁宝桢以"矫旨出都""招摇煽惑"为由处死，这份杀安德海的上谕由慈安决定发布。安德海的得宠不是偶然。在两宫垂帘的制度安排下，两宫太后要与臣子沟通，碍于男女大防，只能依靠太监内侍从中传话，无形之中提升了太监的地位。

安德海入宫时就跟着慈禧，在八大臣飞扬跋扈的时候经常在慈禧面前表忠心，慈禧很喜欢他。安德海在宫内因此一贯招摇，不料这次在山东济南被抓。丁宝桢的奏折抵至北京时，慈禧非常震惊，与慈安一同召集军机大臣奕䜣等商议对策，结果奕䜣、文祥、李鸿藻等人都主张严惩。这次，慈安也与他们意见一致。最终的结果是安德海与党羽20余人悉数被杀。慈安此举，很有可能是对慈禧专断已久的不满，借着恭亲王和丁宝桢的势头，给了慈禧当头一棒。

第二件事，往大了说涉及母亲的尊严，往小了说是对孩子陪伴不足的问题。同治帝载淳继位时很小，与和顺温柔的慈安比较亲近，与忙于政务、强势精明的慈禧比较疏远。慈禧很不高兴。这又导致了第三件事，即载淳的皇后人选问题。载淳不喜欢亲妈慈禧相中的女子，反而选中了慈安相好的阿鲁特氏为皇后。这件事导致慈禧的不满公开化，连宫廷外都有很多人传言慈禧与慈安不和。这些不胫而走的流言很快导致了更严重的后果。

光绪六年（公元 1880 年）初，慈禧得了重病，卧病在床，慈安垂帘听政。这段时间，慈禧很少露面。第二年初春，慈安"感寒停饮，偶尔违和"，身体不大舒服，症状实在轻微，没有引起重视，不料在第二天夜里突然去世，年仅45 岁。臣子们只听说宫中太后去世，想当然以为是重症卧床已久的慈禧，没想到是慈安，众人都感到不可思议。传闻随之而起。

清末翰林院侍读学士恽毓鼎称，当天慈安在钟粹宫观赏金鱼，慈禧的贴身太监送来牛奶饼之类的点心，看上去很好吃的样子。不料，慈安吃后很快就传太医急救，当晚就去世了。但恽毓鼎的这本《崇陵传信录》写于宣统年间，距离事件发生已经过去 30 年，名为"传信"，但可信度显然值得怀疑，更何况他写慈禧早年的事大多不靠谱。

恽毓鼎写到慈安与慈禧的事情，一贯是骂慈禧。比如他说，当年咸丰帝临终时，留下一份保密的遗诏给慈安，要她监督慈禧，若慈禧"安分守己则已，否则汝可出此诏，命廷臣传遗命除之"。但老实人慈安却将此事告诉慈禧，还当着慈禧的面，将此遗诏烧掉。慈禧表面对慈安感泣不已，实际上已起杀心，遂借向慈安进献点心之机暗下毒药，加以谋杀。

这是先帝的密诏啊，恽毓鼎都能知道具体内容，他这话有几分真？要知道，慈安去世时，恽毓鼎连举人都没考中，省城都没去过几回，他上哪儿打听宫城中的秘史？

慈安由生病到病亡，前后不到两天。慈禧在这一天则非常忙，据《翁同龢（hé）日记》载，慈安死于晚8时，半夜（子时）翁同龢就接到了入宫的通知："子初，忽闻呼门，苏拉李明柱、王定祥送信；闻云东圣上宾，急起检点衣服，查阅旧案，仓促中悲与惊并。"子时初，即晚上11点左右。可见，翁同龢在出事后3小时之内就从官方渠道得知了慈安的死讯，匆忙进宫。进宫后，翁同龢发现各枢臣陆续到来。出了这么大事情，算上抢救、商量对策、整理遗容、向各部官员通报、送信人员路上耽误的时间，林林总总3小时内完成，可以说慈禧基本没有拖延，她的态度也比较透明，直接向臣子公开，基本上没有隐瞒的意图。天明以后，各位守在宫中的大臣接到慈禧旨意，进入慈安的寝宫钟粹宫。慈禧令太监摘去慈安的"面幂"，令大臣们瞻仰慈安的遗容，如果真是毒发身亡，大概率是七窍出血，慈禧是不会这么自信地将慈安面容展示给众人的。

有清史学者认为，慈安是正常死亡，类似心血管病症。此前也有过"神识不清、牙紧"的症状，这次很快发展为大小便失禁，接着六脉将脱，药汤都灌不下去，两个小时后很快去世。太医庄守和留下了全套的脉案、处方，看上去是非常完整的证据链，一切都指向了病逝。朝廷很快公布了慈安的《遗诰》，一般认为她发病突然，这份遗嘱是慈禧或大臣代拟的。在这份遗嘱中，除了追忆慈安陪同咸丰、同治两位皇帝的旧时光，还记载了清廷官方对慈安之死的第一时间表述：

虽当时事多艰，昕宵勤政，然幸体气素称强健，或冀克享遐龄，得资颐养。本月初九日，偶染微疴，皇帝侍药问安，祈予速痊。不意初十日病势陡重，延至戌时，神思渐散，遂至弥留。

清廷官方当然不可能支持毒杀说，这份表述和翁同龢的记载一致——病故。如果相信官方的论断，以此回溯，可以看到慈安这段时间确实压力很大，容易诱发心脑血管急性病发。

同治二年（公元1863年），翁同龢就记载"慈安皇太后自正月十五日起圣躬违豫，有类肝厥，不能言语，至是始大安"，前后卧床一个月，可见慈安的身体也并不强健。到了此时，又是慈禧生了重病，此前垂帘听政的负担全部压到性情温和的慈安身上，事无巨细都要由她决定，显然压力陡增。

当然，毒杀之说从清末以来长盛不衰，从恽毓鼎到《清稗类钞》都在反复指摘慈禧。慈禧此前乐于与姐姐慈安分享美食的善行，此刻也变成了下毒的铁证。这类谣传到了甲午战争失败后尤其昌盛，原因很简单，慈禧此时已成为大清失败的祸首，政敌必然进行攻讦。民间早有两宫太后不和的传闻，此时经过说书人添油加醋，慈禧毒杀先帝遗孀的恶人形象便更加深入人心。

民间对慈安太后的评价一致很好。薛福成在《庸盒笔记》里这样描述："当是时，天下称东宫（慈安）优于德，而大诛赏大举错实主之。西宫（慈禧）优于才，而判阅奏章，裁决庶务，及召对时谘（zī）访利弊，悉中窍会。"

可见，慈安只对大事拍板，慈禧长于处理具体事务。薛福成还记载，慈安见大臣，"呐呐如无语者""或竟月不决一事"。可以说，慈安有选择恐惧症。但是，到了"军国大计所关，及用人之尤重大者，东宫偶行一事，天下莫不额手称颂"，慈安轻易不下决策，但只要做出决策，天下百姓都称赞。这样一位深受百姓称赞的太后突然去世，大众当然不愿接受现实，更何况此前慈禧与慈安不和的消息在民间早已传播，几种消息杂糅，毒杀之说应运而生，终至于风行海内。

无论如何，慈安之死，为慈禧解除了最后一道权力的紧箍。光绪初年，是慈安、慈禧两宫太后垂帘听政，当时的情形是"帝中坐，后蔽以纱幕，孝贞、孝钦左右对面坐"，与议政王奕䜣形成了一个稳固的三角形权力关系。但是到了光绪七年（公元1881年）、慈安太后崩逝以后，即是"孝钦独坐于后"，不仅直接坐到了皇帝背后，且面朝臣工，那层薄薄的纱幕也逐步被拿掉。直到有一天，帝师翁同龢看到，"皇太后与上同坐御榻，太后在右，上在左，俨如宋宣仁故事，盖前此所未有也"。失去慈安的制约之后，慈禧终于掌握了最高权力。

《历史的棋局》创作者列表

主编：

周斌　詹茜卉

编写团队（按文章出现顺序排列）：

江上苇　黑色君　赵恺

最爱君　大梁如姬　咸奶茶

南麓　张鸿腾　郭晔旻

念缓　林屋公子　番茄汁

李媛　窦宝越　张磊

涂俊峰　酒神　白玮

李谨言　刘勃　湘桥蓬蒿人

时间魔法师　黄金生　罗山